隋唐五代史

宁可 宁欣 著

THE
HISTORY OF
SUI, TANG
AND FIVE
DYNASTIES

人民出版社

目 录 CONTENTS

一、隋唐五代的世界与中国

隋唐时期，中国作为统一的多民族国家已经过一千多年的发展，并达到了一个发展的高峰阶段。此时，中国在世界上是社会发展水平最高、国力最强盛、文化最发达的国家。因而，隋唐时期的中国在世界历史上占有崇高的地位，放射着灿烂的光彩。

（一）隋唐时期欧洲历史发展概况

这个时期，旧大陆的其他地区，东起日本、西至西欧的欧亚大陆，以及非洲北部地区，各个国家的社会发展远远落后于中国。在西欧，公元 5 世纪后期，西罗马帝国的灭亡标志着奴隶制的崩溃和封建化的开始。

西欧遭受日耳曼民族的侵入，在西罗马帝国的废墟上建立了一系列新兴的封建国家，如东哥特、西哥特、汪达尔、勃艮弟、法兰克及不列颠岛上的盎格鲁-撒克逊等国。西欧处于封建割据和分裂的状态，在经济上，生产力水平不高，铁器稀少，木质生产工具流行，森林覆盖面积广，耕地面积小。公元 6 世纪时，日耳曼的耕地面积只占土地总面积的 3.5%—4%，高卢平均每平方公里人口只有 5.5 人、英格兰 2 人、日耳曼 2.2 人。社会生产力较低，农业落后，粮食产量少，收获量一般是种子的 1.5—2 倍，而唐朝的粮食年产一般是种子的 20—40 倍。由于农业落后，西欧农民不得不以渔猎和畜牧作为生产的重要内容。在自然经济占统治地位的情况下，商业不发达，几乎没有城市。西欧这种落后的状况，随着封建化的不断发展，直到公元 11 世纪才开始有明显的转机。

拜占庭帝国（即东罗马帝国）的版图，包括巴尔干半岛、小亚细亚、叙利亚、巴勒斯坦、两河流域以及埃及等地，幅员广大，经济发达。由于拜占庭统治区域，多数是已经形成独特社会经济制度的古代东方文明发源地，奴隶制并不像西罗马帝国那样充分发展，农业劳动集中，奴隶较少，隶农、佃农及自由农民占多数，因而农业持续繁荣，手工业和商业也相应发达。帝国

《普瓦提埃战役》，查理斯·德·斯托本（1788—1856年）绘，现藏法国凡尔赛宫

732年，阿拉伯帝国征服西班牙后，开始了对法兰克王国的进攻。此役法兰克宫相查理·马特帅军击败阿拉伯军队。这是一场决定整个西方文明命运的决战，直接保证了中世纪基督教文明的生存和发展。

首都君士坦丁堡扼黑海出海口，是欧亚交通的枢纽，人口众多，商业繁荣，城市建筑壮丽辉煌，但其繁荣富强的程度仍然无法与唐王朝相比。到公元7世纪时，由于不断受到阿拉伯国家从东部的进攻侵扰，以及斯拉夫人从北方的进逼，拜占庭帝国很快衰落下去。

欧洲的东部和北部要比西欧更为落后，社会经济的发展程度也极低。

（二）隋唐时期亚洲历史发展概况

在公元7世纪之后，西亚出现了阿拉伯人建立的帝国，中国史书称为大食。大食是当时西方势力最强大、经济最发达、文化最繁荣的国家。它横跨亚、非、欧三大洲，东起帕米尔高原及印度河，西迄西班牙。阿拉伯帝国的兴起与伊斯兰教的创立和发展密切相关。伊斯兰教的创立者穆罕默德(570—

632 年）是一位宗教领袖，他主张奉安拉为唯一的真神，创立了自己的宗教理论及祈祷、斋戒等各种仪式，信徒称穆斯林。穆罕默德利用伊斯兰教，组织群众，进行圣战，建立了统一的国家。大食帝国通过与拜占庭帝国和萨珊波斯的战争，疆域迅速扩张。唐太宗时（626—649 年在位），阿拉伯帝国势力进入中亚地区，与唐安西地区相邻，因而必然要发生矛盾冲突。751 年，唐朝将领高仙芝对中亚石国（今乌兹别克斯坦塔什干一带）用兵，石国求援于大食，大食将领吉雅德·本·萨利赫率军东来，两国在中亚怛罗斯（今哈萨克斯坦境内，一说为吉尔吉斯斯坦境内）会战，高仙芝军队因葛逻禄部临阵倒戈而失败。这场遭遇战并没有对唐朝控制西域造成太大影响。双方对西域和中亚的争夺仍在继续。在这次战争中，大食掳走大量中国俘虏，其中有织匠、金银匠、画匠等，中国各种先进工艺因而得以西传。其中，最为重要的是中国造纸匠人将造纸技术传播到西方（一说此前造纸术已经外传至中亚），对保存和发展古代文化，促进东西方经济文化的交流作出了重大贡献。但大食帝国的强大，也仅仅保持了一个世纪，到公元 9 世纪中叶，由于统治阶级的内部纷争和农民起义，大食帝国实际上已经分裂成以中东巴格达为中心和以西班牙科尔多瓦为中心的两个国家。到公元 10 世纪时，以巴格达为中心的阿拉伯帝国境内，出现了许多独立的小王朝，互相混战，互相兼并，帝国实际已分崩离析。

在南亚次大陆的印度，公元 4 世纪时有强大的笈多王朝，一度基本上统一了北印度，并把势力伸向南印度，这个时期是印度古代史上经济兴盛、文化昌明的时代。到公元 5 世纪后半期，由于游牧民族嚈哒人的入侵，笈多王朝陷入分裂混战之中，出现了许多独立的小国，中国史书记载有东、西、南、北、中五天竺，其中，最强大的是戒日王（606—647 年在位）统治的北天竺，都城为曲女城。玄奘取经至印度就在此时。戒日王逝世后不久，国家迅速衰落瓦解，北印度又长期陷入分裂混乱之中。公元 6—10 世纪，印度的种姓制度进一步得到巩固和完善，原来最早在印度形成并蓬勃发展的佛教这时却逐渐衰落，由佛教与婆罗门教相结合而成的印度教则逐渐兴起，并迅速发展。与此同时，从印度传入中国的佛教却在隋唐时期达到了兴盛的高峰，中国代替印度成为佛教的中心。公元 10 世纪中叶以后，来自今阿富汗的信奉伊斯兰教的突厥人不断侵入印度，并建立了伊斯兰教的封建国家，使印度的历史发生了新的变化。

中国东边的朝鲜半岛，当时处于高句丽、百济、新罗三国并立的时代，其中新罗社会经济发展很快。公元 7 世纪中叶，在唐朝的支持下，新罗统一半岛三国，结束了分裂局面。但到公元 9 世纪时，由于新罗统治阶级内部纷争不断，政治腐败，社会矛盾激化，人民起义不断，朝鲜半岛又出现了新三国鼎立的局面。公元 10 世纪，高丽王朝实现统一，成为朝鲜半岛的主人。

日本列岛原处于氏族制，社会相当落后。公元 7 世纪初，开始与中国深入交流，646 年的大化革新，是日本社会迅速发展的标志。隋唐时期日本曾多次派出遣隋使和遣唐使、留学生、学问僧到长安学习先进的文化，把隋唐的各种制度，甚至包括服饰、城市建筑规划移植到日本。例如，大化革新（646 年）颁布的班田制度，就是仿照唐朝的均田制。日本确立中央集权的国家制度，仿唐制设立了中央、地方机构和官职；大宝元年（701年，唐武则天大足元年）修成的《大宝律令》，以法典的形式把各项改革的措施肯定下来。《大宝律令》就是依照唐律而制定。日本都城奈良也是仿长安建筑的。正是在唐朝高度发展的经济文化影响下，日本社会步入了先进文明国家的行列。

由此可见，在隋唐五代时期，世界上多数文明，如西欧诸国、拜占庭、印度、朝鲜、日本等，经济和文化的发展程度都相对较低。阿拉伯人建立的大食帝国是唯一可以和唐朝抗衡的大国，但也仅强盛了一个多世纪，就分崩离析了。当时，只有中国是保持长期统一的大国，中国几千年的古老经济文化在这一时期继续得到高度的发展，成为当时世界上经济文化最先进的国家。

（三）隋唐时期中国与世界的联系与交流

隋唐时期，中国和世界的联系进一步加强。从汉朝开始，中外直接交往主要靠陆路，汉武帝（前141—前87年在位）时张骞开辟了被称之为"丝绸之路"的国际交往通道，通往中亚、西亚、印度；东汉和帝永元九年（97年），班超派甘英出使大秦，甘英到达条支国（今波斯湾北部）。隋唐时，一方面通过丝绸之路与中亚以至远达北非沿岸和伊比利亚半岛的广大地区建立了广泛的经济、文化联系；另一方面唐代海路的对外交通有很大的发展，与日本、朝鲜、南洋群岛、印度支那半岛以至非洲东岸都建立了联系，形成了唐前期陆上丝路与海上丝路并举的对外交通格局。唐中叶以后，由于吐蕃入据河西陇右，中西陆路受阻。随着经济重心的南移，东南海路得到加强，沿海的明州、温州、福州、泉州、潮州、广州、交州成为新兴的外贸港口城市，特别是广州，各国商船云集，商品荟萃，定居的外国侨民众多，堪称当时国际贸易的第一大港。唐后期，海路对外交通的重要性远远超过陆路。

对外联系的空前发展，使唐朝与各国之间外交使臣、商人来往不绝。商队的马匹和骆驼沿丝绸之路西去，过帕米尔山口，越中亚沙漠，辛苦跋涉；满载货物的商船在中国南海和印度洋上扬帆远航。

在频繁的对外交流中，唐王朝推行兼收并蓄、广采博取的开明文化政策，在音乐、舞蹈、绘画、雕塑、天文、历法、医学等领域，以及金银器制造、玻璃、制糖等手工业技术方面都广泛吸收了外国文化的有益影响，从而创造了绚丽多彩的唐代文明。由于唐朝是当时文明水平最高的国家，唐文化也给予其他国家，特别是周边国家深刻的影响。中国的丝绸、瓷器、造纸术、印刷术西传促进了中亚、西亚乃至欧洲文化的发展；唐文化对东亚、东南亚诸国的影响尤其明显，日本、朝鲜等国的历史发展都深受唐文化的影响。隋唐五代时期的中国成为亚洲的中心，也是世界的中心地区之一。在唐朝都城长安的100多万人口中，有不少来自大食（阿拉伯帝国）、波斯（伊朗）、天竺（印度）、日本、朝鲜等国的人。他们有的是政治文化使节，有的是留学生或学问僧，更多的是商人。在长安城的外国人，有的任职朝堂，有

唐三彩载乐骆驼俑，出土于西安中堡村　　　唐三彩胡人骑驼奏乐俑，出土于西安郭杜乡

的求学庠序，有的经营国际贸易，有的甚至典质田宅、留滞中华。他们住在长安，"久者，或四十余年，皆有妻子，买田宅"。唐朝政府也充分尊重他们的风俗习惯和宗教信仰，长安城里除佛教寺院外，还有祆教、摩尼教、景教等宗教的寺庙。长安成为一座名副其实的国际都会。可以说，中国是当时世界经济文化交流的中心，给世界历史，特别是亚洲历史以深远的影响，占有特别辉煌的历史地位。

二、隋唐五代历史发展脉络

隋唐五代的历史，大致可以分为四个阶段。

（一）隋朝的建立到灭亡（581—618 年）

隋朝虽然享国短暂，但它为强大的唐王朝奠定了基础，在历史上具有重要的意义。这主要体现在两方面：

一是隋朝结束了 400 年的分裂割据（其中，西晋曾实现短暂统一），形成了全国统一的新局面。北朝后期，中原地区各族人民逐渐实现了民族间的融合，南方经济不断发展，不仅为统一创造了物质基础，也孕育了统一强有力的客观需求。隋文帝即位后，在政治、经济、军事等方面，进行了一系列改革，加强了中央集权。最终完成了北方入据中原的少数民族从游牧向农耕经济的转化，社会经济得到迅速的恢复和发展，具备了统一的雄厚物质基础。此时，北强南弱的局面异常明显。因此，隋文帝在经过精心的准备和布置之后，能够很快平定南方，实现全国的统一。

二是隋朝对秦汉以来的制度进行了总结，实行了一系列重要的改革，对后世的影响深远。如在中央确立了三省六部制；在地方，整顿了南北朝以来地方行政机构重叠混乱的状况，实行州、县两级制，把对地方官员管理和控制的权力收归中央；在选举制度上，废除了曹魏以来的九品中正制，实行科举制，从而打破了门阀士族对仕途的垄断，使国家政权建立在更广泛的阶级基础之上，有利于人才的选拔和吏治的改善；在兵制上，隋文帝对府兵制进行了改革，把府兵制与均田制结合起来；隋文帝还修订法律，在北魏、北齐法律的基础上，制定了《开皇律》；此外，隋文帝还下令整理户籍，实行均田，允许 50 岁以上的均田民以庸代役，推行输籍法，统一度量衡、货币；等等。

隋朝的一系列政治、经济、军事改革，具有继往开来的重大意义。唐承隋制，正是在隋朝改革的基础上，进一步深化和完善各项制度，从而取得了巨大的成功。

隋文帝统一中国，推行改革，发展经济，聚集了大量的财富，仓库富实、国力强盛是历史上仅见的。隋炀帝继位之后，在政治上，进一步深化了隋文帝的改革，从而使三省制最终得以确立，开创了唐代以知政事官为宰相的先河；进一步限制和削弱了门阀士族，科举制中增设了进士科，形成了通过考试选拔不同层次人才的选任模式，最终完成了从察举制到科举制的过渡；营建东都洛阳，开凿贯通南北的大运河。隋炀帝的许多举措是顺应历史发展大势而具有积极意义的。例如，大运河的开通就是顺应了从两晋南北朝以来，长江流域特别是江南经济发展，全国经济重心开始南移，西北政治军事重心需要加强与江南经济区域的联系这一客观需要而开凿的。运河的开通对于沟通南北经济的联系和加强中央集权的经济基础具有极其重要的意义。

但隋炀帝在位期间，政策执行超过了社会承受能力，年年大兴土木，巡视远游，对外用兵，奢侈享乐，毫无限度地给百姓强加徭役兵役，征敛财富，因而使原本富强的国力迅速消耗，原本安定的社会很快动荡，以致崩溃，使隋朝成为历史上继秦王朝之后的又一个短命的王朝。隋末农民战争无论是在扫除社会发展路障、创造客观条件上，还是在制约和影响统治阶级思想上，都起到了重要的作用。

（二）唐前期（618—755年）

唐朝的历史以安史之乱的爆发为界标，可分为前期与后期两个阶段。唐前期，又可分为贞观之治、高宗武则天时期、开天盛世三个阶段。

1. 贞观之治

唐高祖李渊基本上结束了统一战争，在全国范围确立了统治地位。李渊次子李世民通过玄武门之变，登上帝位，次年改元贞观。唐太宗统治时期史称"贞观之治"，是中国历史上政治清明、经济发展、社会稳定、对外开放的时期，在历史上产生了深远的影响。

2. 高宗武则天时期

高宗武则天把贞观之治时社会经济恢复和发展的势头推向前进，从而为联结贞观、开元两大盛世架起了坚实的桥梁。这一时代是唐代社会开始发生重大变化的阶段。唐初各项制度如均田制、租庸调制、府兵制等在武则天时代开始破坏，其背景是阶级关系和生产关系在发生重大的变动。

武则天坚决打击士族地主，竭力扶植普通地主阶层，通过修改《氏族志》为《姓氏录》，广开制科，重视进士科等措施，提高普通地主阶层的社会地位，这使武则天的统治在地主阶级中具有更加广泛的代表性和坚实的社会基础。她的政治举措，顺应了社会经济的发展趋势及社会阶层重组的需要。

3. 开天盛世

唐玄宗继位之后，首先把巩固皇位、稳定政局放在首位。其次，大力革除弊政。唐玄宗在贤相姚崇、宋璟的悉心辅佐下，整顿武则天后期的政治乱局，奠定了开天盛世的良好基础。这时期，唐初建立的各项重要制度，从武则天时代开始，都不同程度地表现出不能适应新的形势，唐玄宗在形成稳定的局势的基础上，开始着手对各项制度调整和改革，根据社会生产力发展的状况，调整生产关系以及上层建筑。唐玄宗对户口、税制、兵制、宰相制度、使职差遣等进行改革和调整，对发展农业生产、改善军队素质、提高行政效率都起到积极作用，有利于社会经济的发展和国家的强盛，对开天盛世的形成作出了巨大的贡献。

但唐玄宗在调整中央和地方关系上，留有重大隐患。他在沿边设置十镇节度使，在不断加大节度使权力的同时，并没有采取相应的有效措施制约和防止他们私人势力的增长。军事体制的变革和边防形势变化固然是客观需要，但地方军事力量不加节制的增长，使国家力量格局变为外重内轻，最终酿成兵变。正当人们陶醉于太平盛世时，天宝十四载（755 年）十一月爆发了安史之乱，使国家顷刻之间陷入了分裂与战火之中。

（三）唐后期（755—907 年）

安史之乱的爆发，破坏了唐朝正常的统治秩序和安定统一的局面，激化了社会的各种矛盾，成为唐朝由盛而衰的转折点，此后，唐朝政治、经济、军事等各方面都发生了很大的变化。从这个意义上也可以把安史之乱视为唐朝历史前期与后期的分界点。

唐后期，政治腐败，社会矛盾尖锐，中央集权削弱，在民族关系和对外关系上也由主动转为被动，但唐王朝的统治依然维持了 100 多年，在政治、经济、军事制度方面不断进行调整和改革，对当时及后世都产生了重要乃至深远的影响。唐后期又大致可分为三个阶段。

1.755—780 年

安史之乱爆发后，唐政府倾全力进行平叛，并借助了回纥的兵力，经过八年的奋战，终于平息战乱。但安史之乱使唐朝的社会经济尤其是北方地区遭到严重的破坏，农田荒芜，人口锐减。安史之乱平定后，唐政府任命一批安史降将为节度使，内地军将、地方长官也被委任为节度使，形成了藩镇割据的局面，削弱了中央集权。地方割据势力的发展，成为唐后期的严重问题。

唐代宗时期，在刘晏主持下，对财政制度进行了一系列改革。例如，改进漕运法、改进盐法、平抑物价等。刘晏的改革取得很大成功，使混乱的财政状况得以改善，财政收入大量增加。在农业税收方面，代宗大历四年（769 年）下诏改革户税、地税，大幅度提高户地两税税率，使资产税在农业税收入中的比重越来越大，为过渡到两税法奠定了基础。

2.780—874 年

唐德宗建中元年（780 年），在宰相杨炎的建议下，两税法正式实行。两税法的实行是中国财政史上的一次重要变革，它是当时生产力发展及生产关系变化在财政上的反映，对后世财政制度的影响十分深远。

从两税法实行到黄巢起义的近百年间，唐朝的统治江河日下，集中反映在藩镇割据、宦官专权、牛李党争三个方面。

一是藩镇割据。唐朝中央虽然在与藩镇的斗争中取得一些胜利，但无力彻底解决藩镇割据的问题。中央与藩镇及藩镇与藩镇之间的不断战争，给社会经济和人民生活都带来了严重的后果。

二是宦官专权。宦官专权主要形成于唐代宗、唐德宗两朝。唐代宗时，宦官程元振、鱼朝恩先后掌管禁军，代宗又设内枢密使，由宦官二人担任，实际代替皇帝处理政务。德宗时，宦官分任左右神策护军中尉，宦官典掌禁军成为定制。从此宦官集团形成一股政治势力，掌握国家军政大权，干预国家大事，甚至任意废立皇帝。外朝大臣曾试图联合皇帝，反对宦官专权，唐顺宗朝的"二王八司马事件"、唐文宗朝的"甘露之变"，但都以朝官的失败而告终。宦官专权使社会矛盾更加尖锐，唐朝的统治更加黑暗。

三是牛李党争。牛党的首领是牛僧孺和李宗闵，李党的首领是李德裕。牛李党争从唐宪宗朝开始，至宣宗朝以牛党当权而结束，持续了近半个世纪左右。政见的分歧，无谓的意气之争、门户之见，同时掺杂着人事的倾轧、权力的争夺，加重了朝政的混乱，严重地削弱了唐朝统治的力量。

尽管唐后期存在藩镇割据、宦官专权、牛李党争等一系列重大问题和腐朽势力的干扰和破坏，但唐朝的统治仍然维持了百余年，其原因主要是社会矛盾、阶级矛盾的尖锐和激化需要一个较长的过程，在此期间，社会经济仍然在缓慢地、富有特色地发展着，生产关系方面也呈现出一些新的变化。

第一，随着均田制的破坏、门阀士族地主的衰落，土地所有制形式发生变化，普通地主的大土地所有制有所发展，私人的租佃关系占据主要地位，两税法的实行，适应了土地所有制和生产关系的变化。第二，农业虽然受战乱和政局动荡的影响有一定的衰落，但手工业、商业在唐后期却有所发展，货币经济也有所发展，城市更加繁荣。国家从商业的发展中取得的税收有所增加，商业税收成为农业税之外国家财政收入的另一个重要支柱。第三，唐后期经济重心已经南移。安史之乱和藩镇割据，南方却处在相对安定的环境之中，农业有较大的发展，人口增加，耕地面积扩大，各地兴修了不少水利工程，农业生产技术有明显的进步。随着稻麦杂种制的推广，亩产量增加，这使江淮一带成为全国重要的产粮区，因而有"天下以江淮为国本""赋税出江淮者十之八九"之说。也因此，联结政治军事重心关中和经济重心江南的漕运运河，就成为维持唐王朝存在的生命线，发挥着极其重要的作用。

3.875—907 年

唐朝末年，土地兼并愈演愈烈，贫苦农民不断逃亡，而统治者又不断加重剥削，苛征暴敛，阶级矛盾空前尖锐。唐末农民大起义的序幕是由唐宣宗大中十三年（859 年）裴甫领导的浙东农民起义揭开的。唐僖宗咸通九年（868 年）又爆发了庞勋领导的桂林戍卒兵变。唐懿宗乾符元年和二年（875—876 年）先后又汇在一处爆发的王仙芝、黄巢起义坚持了 17 年，并一度建立了大齐政权。唐王朝在起义军的打击下名存实亡。

（四）五代十国（907—960 年）

五代十国是唐末农民战争以后割据局面扩展到全国而形成的。五代是指建立在北方黄河流域的后梁、后唐、后晋、后汉、后周五个先后更替的王朝。十国是指南方的吴、南唐、吴越、前蜀、后蜀、楚、闽、南汉、南平及北方的北汉十个政权。这时期，虽然处在地方割据的混乱状态下，但统一的因素同时在不断增长，因此，这是一个割据局面延续并为统一奠定基础的时期。在这一时期里，有以下几个问题值得注意。

1. 社会关系和阶级关系的变化

在唐末农民大起义中，残存的士族地主受到沉重打击。五代时，门阀制度和观念被进一步清除。五代后期，北方农业生产和商品经济开始恢复和发展，从而为北方的统一和经济的繁荣打下了物质基础。

2. 五代更替的军事形势

在五代十国的前期，黄河流域主要是两大割据势力之间的斗争。一是以汴州为根据地的朱温集团，另一是以山西太原为基地的沙陀族李克用集团，两个集团之间进行了拉锯式的激烈斗争，最终以太原势力的胜利暂时告终。936 年，李克用的女婿石敬瑭从太原起兵，依靠契丹的势力，南下灭唐，建立后晋。947 年，刘知远又从太原起兵，南下灭晋，建立后汉。951 年，郭威灭后汉，建立了五代最后一个王朝后周。从后周建立开始，黄河流域的政治局面逐渐澄清，在中原地区五个小朝廷走马灯式的改朝换代时，伴随着不断的战争，军事力量发生了深刻的变化。突出表现在藩镇军队的内部结构和性质发生了变化。黄巢起义失败后，藩镇割据遍于全国，不仅有安史之乱以来的旧镇，如河朔三镇等；又出现了许多新藩镇，如陕西的李茂贞、韩建，河南的朱全忠，山西的李克用等。新藩镇的军队主要靠强迫征发而来，他们没有结成牢固的军人集团，社会地位较低，割据性弱。因而，当旧藩镇军队被消灭后，新藩镇的军队便逐渐转化为实现社会统一的力量。

与此相应，中央禁军和地方藩镇在军事力量的对比上也发生了变化。在五代改朝换代时，每一次胜利的藩镇入主中原建立新的小朝廷，它的军队就成为中央禁军，因此，中央禁军具有新藩镇军队的特点。到五代末，后周的中央禁军已成为国内最强大的力量。新的皇帝已经不靠地方割据势力之间的战争产生，而是由中央禁军拥立。郭威建立后周，柴荣继位，赵匡胤陈桥兵变取代后周都是如此。当皇帝能够控制中央禁军，中央禁军的力量强大到能够取得对割据势力的优势时，统一全国由可能变为现实就成为不可抗拒的历史必然趋势。

3. 全国统一的趋势

在五代更替进行着不断的军事斗争时，政治、经济等方面的历史条件同时发生着深刻的变化，全国统一的趋势日渐成熟。周世宗柴荣顺应了历史潮流，进行了一系列改革，使黄河流域的社会经济得到迅速的恢复和发展，为实现统一事业奠定了物质基础。到五代末，南方经济的发展已经超过了北方。各地区之间，尤其是南北之间的经济交往日趋密切，分裂割据的政治格局和不断的战乱，已经成为社会经济发展的严重障碍，结束这种混乱，成为历史发展的迫切要求。国家统一成为不可阻挡的历史发展趋势。

三、隋唐五代的历史地位

（一）隋唐五代的历史地位

隋唐五代时期起自隋文帝统一全国的开皇九年（589 年），止于宋朝建立的建隆元年（960 年），跨越公元 6 世纪末至 10 世纪中叶。经过魏晋南北朝的长期分裂和动乱，从隋朝开始，中国再次进入了基本稳定的统一时期。继隋而立的唐朝，经济繁荣、文化发达、国力强盛，和同时代的世界各文明古国，特别是周边国家交往频繁，对世界影响巨大，是当时世界上最强大进步、最文明昌盛的国家。唐灭亡后，全国又出现了短暂的分裂和动乱，这就是五代十国。这个时期是唐后期藩镇割据局面的延续，也是为宋统一全国奠定基础的时期。

陈寅恪（1890—1969 年），中国现代著名历史学家、古典文学研究家、语言学家。祖父为清末湖南巡抚陈宝箴，夫人唐筼为台湾巡抚唐景崧孙女。因其身出名门，而又学识过人，在清华任教时被称作"公子的公子，教授之教授"。与王国维、梁启超、赵元任并称为清华四大国学导师。其《隋唐制度渊源略论稿》《唐代政治史述论稿》两部著作，对隋唐史提出了许多新的见解，为后人研究隋唐史开辟了新的途径。

　　隋唐五代是中国古代社会历史发展的重要时期，也是政治、经济、文化和官制、兵制、赋役制度等发生重大变化的时期。这时期发生的变化对以后历代王朝都产生了深远的影响。隋唐五代上承南北朝，下启宋、辽、金、元，不论是在中国传统社会发展方面，还是在统一多民族国家方面，都处于极其重要的历史转折时期。

　　陈寅恪先生认为唐永徽六年（655 年），唐高宗废王皇后、立武后诏在"吾国中古史上为一转折点，盖西魏宇文泰所创立之系统至此而改易，宇文氏当日之狭隘局面已不适应唐代大帝国之情形，太宗以不世出之英杰，犹不免牵制于传统之范围，而有所拘忌，武曌则以关陇集团外之山东寒族，一旦攫取政权，久居洛阳，转移全国重心于山东，重进士词科之选举，拔取人才，遂破坏南北朝之贵族阶级，运输东南之财赋，以充实国防之力量诸端，皆吾国社会经济史上重大之措施，而开启数百年以至千年后之世局者也"。① 他在《论韩愈》一文将其论点明确概括为："综括言之，唐代之史可分为前后两期，前者结束南北朝相承之旧局面，后者开启赵宋以降之新局面，关于政治社会经济者如此，关于文化学术者亦莫不如此"。日本学者曾提出"唐宋变革说"，实际上唐宋时期的社会变革应是一个长时段历史演变的结果，陈寅恪的上述论点则明确提出这一变革过程自唐高宗、武后时期已开始启动。半个多世纪以来，学者们就社会结构、国家形态、国家体制、政治制度、经济制度、军事制度、法律制度、人才选拔、农业发展、礼仪文化、城市特点、商品经济、学术思想、新兴阶层、民族国家、价值追求、社会风貌、夷夏观念等诸多方面进行了深入探讨，虽然各种不同的制度、社会的不同层面的变化并非同步，学者们的把握也不尽相同，但以安史之乱作为划分唐前后期的关键事件，此前此后社会整体面貌呈现出明显不同，唐宋时期历史变革的转折点亦应以此为界标，这点已得到中国唐史研究学者的广泛认同。

文学艺术方面，隋唐时期空前繁荣，达到了很高的成就，涌现出一批优秀的文学艺术家。宗教方面，佛教完成了中国化的历程，儒、道、佛合流更为明显，唐代中晚期，在阐发儒学思想时引入佛学思想，从而为宋代理学的形成奠定了基础。在中国作为统一的多民族国家形成的历程中，隋唐五代占有重要的地位，民族团结和和睦是这一时期民族关系的主流，汉族和各民族共同奋斗，创造了强大的唐王朝和辉煌的唐文化，从而使统一的多民族国家在这个时期有新的发展。

（二）隋唐五代的历史分期

隋唐五代时期大体上处在发展的封建制时期，封建制度这时已经成熟，从生产力发展水平及生产关系特征上看，仍是比较标准的封建社会，破坏封建制度的多种因素基本上还未起作用，这时期封建社会的政治制度、思想意识已经定型，统治思想、国家制度、法律典章、宗教信仰等也趋于稳定；社会分工发展，手工业从农业中分离，城市发展，国内市场扩大；阶级斗争基本是农民与地主之间的矛盾和斗争，阶级斗争的尖锐，促成封建君主制的不断强化。

---

① 陈寅恪：《记唐代之李武韦杨婚姻集团》，收入《金明馆丛稿初编》，生活·读书·新知三联书店 2021 年版，第 279 页。

中国封建社会开始进入繁荣期，且为后来的新经济因素的出现[1]创造了条件。隋唐和宋元是两个前后相继，又相对独立的阶段，而五代的归属似乎存在着不同看法，或看成唐后期的继续，或认为与北宋是同一阶段。应该说五代时期具有过渡性质，但又具有独立和开创性。

隋唐时期是中国历史上第二个统一封建大帝国出现时期，中国疆域又有拓展，进一步奠定了现代中国的版图；由统一所带来的安定局面，创造了社会经济和文化的高度发展。在这一时期的后段，形成的割据混战的局面，是从秦汉以来的第二次大割据混战，延续 200 年之久，此后中国便再没有出现过这样长时段的割据局面。

（三）隋唐五代经济的发展和阶级关系

我们从以下几个方面看隋唐五代时期社会经济的发展。

1. 生产力

隋唐五代的农业进一步发展。农具改进方面，曲辕犁的推广使用，筒车等提水灌溉工具的发明和使用，对精耕细作为主要特征的农业生产的发展起了很重要的作用。单位面积产量与前期相比虽未见显著提高，但水利事业的发展和耕地面积的扩大，促进了人口的增加和传统粮食产品以外的茶业、糖业等经济作物的发展。

唐鸳鸯莲瓣纹金碗，出土于西安何家村

手工业方面发展较快，表现为：水力及可借助畜力的工具（水碓等）有所发展；部分手工业脱离农业独立成为作坊，专业分工（特别是官营手工业中）发展；产品的数量、质量、技术都有进步，纺织新产品送出，瓷器逐渐普遍使用。

2. 生产关系

农村土地所有制方面，唐前期封建国家土地所有制与私人地主土地所有制同时存在，唐后期私人土地所有制占了统治地位。

---

[1] 明清时期的新经济因素，也有学者称之为"资本主义萌芽"，在中国史学界曾引起热议和争议。

生产分配关系方面，唐前期，国家收取租庸调，劳务地租与实物地租同时存在；唐后期两税法，基本上是实物地租，依附关系较前期减弱，雇佣关系有所发展。

工商业中，商品经济比前代进一步发展，特别是在唐后期，两税法为商业及高利贷的发展提供了条件。瓷器等已从奢侈品成为日用品，从城市进入农村。货币经济的发展促进了城市交通的便利，某些农产品的商品性增强（茶、糖等）。在手工业中，具有雇佣性质的劳动者已开始出现了，但非后世的自由雇佣工人。这一时期自然经济仍占统治地位，商品经济还未侵入生产领域，封建政府及行会对工商业的控制仍很强烈。商业经济这时对封建社会起巩固作用，而不是瓦解作用。

封建经济的发展还表现在发达经济地区的扩大上。南方渐渐变为重要经济区域，由于北方受到战争的破坏，几个主要经济地区的发展逐渐呈现不平衡发展态势。到宋代，随着经济重心的南移，南方成为中国最重要的经济区域。

3.阶级关系

统治阶级方面，各地主集团之间，从东汉末魏晋南北朝以来的以讲门第出身为特征的豪族地主，经过土地占有制的发展变化及隋末唐末两次农民大起义而趋于衰落，新兴的普通地主阶级渐渐发展。政治方面，官僚政治变化，科举制的发展反映了他们政治力量的增长，武则天时代的一些措施反映了新兴地主与豪族地主之间的矛盾。

封建国家与一般地主之间的关系，唐初由于实行均田制，政府与豪族地主有一定矛盾，表现在对农民的控制权问题上；到唐后期以后，因土地所有制形式变化，在法律上地主也要缴税，国家与大地主的矛盾表现在均税问题上。但总体而言，政府和地主的利益基本上是一致的。

门阀士族地主的衰落与中央集权的加强有关，贵族政治被官僚政治取代。但中国封建经济发展还不足以使中央集权统一政权巩固与稳定。故割据因素的作用使唐后期又出现约 200 年割据局面。但这已是中国古代历史上的最后一次了。

农民阶级的情况，在隋和唐前期有被束缚在国家土地上为国家承担赋税的农民及佃农，后来佃农渐渐成为农民中的多数，他们与地主的依附关系不像南北朝时那样强。此外，奴隶、依附关系较强的贱户和身份类似农奴的人也还存在。

手工业者之间表现为封建的依附关系，师傅、帮工学徒，而不是契约关系，手工业者的分化还不显著。商人阶层也有变化，占主要地位的是官僚、地主、高利贷者、大商人四位一体的大商人。为维护手工业者及商人的利益，以及官府管理的便利，出现了行会组织。手工业者、商人与其他一些城市居民渐渐形成了有中国特色的市民阶层。

（四）隋唐五代的民族交往

今天中国境内许多少数民族的祖先也已在这一时期出现在历史舞台上，包括维吾尔族祖先回纥，藏族祖先吐蕃，云南少数民族祖先南诏。此外还有突厥、契丹。他们与汉族关系十分密切，在与汉族交往的过程中进行了高度的融合，如鲜卑、匈奴、羯、氐等族，这一时期已经成为华夏族发展的新鲜血液。这是中华民族多元一体格局形成的重要时期。

隋及唐前期，是汉族向外扩展时期，建立了中国历史上最大的帝国。唐后期是汉族政权衰落，各族向内发展的推进时期，这种推进逐步深入，契丹在东北地区强势崛起，成为中原王朝最大的威胁。

各族之间的冲突和战争，一方面造成了经济的破坏，另一方面却促进各族经济文化交流。这是此时期历史发展的极重要内容。

（五）隋唐五代的文化与科技

隋唐五代时期是中国封建社会的繁荣发展时期，为中国历史的进一步发展、社会转型及迎接新的挑战创造了条件，也为文化与科技的发展和繁荣创造了条件。隋唐五代时期在史学、经学、哲学、文学、艺术以及科技的诸多领域都取得令人瞩目的成就。而且在广泛吸收外来及边境各族文化的同时，华夏文明的影响及传播具有很强的辐射力，形成了东亚文化圈，影响到日本、朝鲜以及东南亚。这一时期文化与科技发展最主要的成就表现在以下几方面。

第一，随着封建经济及政治的发展，科学技术有所进步，特别是瓷器及雕版印刷的发展影响很大。

第二，随着中央集权制度的发展及封建法典的成熟，儒家学说发展成为理学的源流，韩愈等人的学说维护了中央集权的政治制度，对宋元明理学有很大的影响。

第三，外来文化对中国文化有很大影响。不仅使之丰富多彩而且有新内容，对中国人民的社会生活风俗习惯也有很大影响。

第四，具有中国特色的市民阶层开始形成，市民文学艺术渐渐成为此后文学的主流。

四、隋唐五代基本史料概述

隋唐五代基本史料很丰富，其中常见和重要的史料可以分为几类：除正史、政典类史书、地理志书和类书等基本史料外，还有诗文、笔记小说、杂史、佛道典籍等。

（一）传世文献

1. 正史

正史中的《隋书》《旧唐书》《新唐书》《旧五代史》《五代史记》都是纪传体断代史。还有不在二十四史序列的《九国志》《南唐书》和《十国春秋》也都是纪传体，因其弥补了二十四史之缺失，亦可视作正史。

《隋书》85 卷，署名魏徵等撰。其中，本纪 5 卷，列传 50 卷，由魏徵领衔，成书于唐太宗贞观十年（636 年），记述隋朝 38 年的历史和重要人物。由于贞观年间修成的梁、陈、北齐、北周和隋五史都没有志，遂命李淳风等编撰志书 30 卷，高宗显庆元年（656 年）修成，长孙无忌监修，即《五代史志》，包括礼仪、音乐、律历、天文、五行、食货、刑法、百官、地理、经籍十志，概述了梁、陈、北齐、北周和隋的典章制度，有的内容还上溯到汉魏及南朝的宋、齐，与已撰成隋书纪传部分合为一书，弥补了此前五史无志的缺憾。

《旧唐书》200 卷，署名后晋宰相刘昫撰，实为赵莹主持编修，成书于后晋开运二年（945 年）。包括《本纪》20 卷、《志》30 卷、《列传》150 卷。原名《唐书》，《新唐书》修成后，遂改称《旧唐书》。因唐亡不远，史臣所能搜集和依据的资料丰富。唐前期历史的编撰主要依据实录和已编成的国史，记述比较完整；唐后期历史多方搜集资料，较为芜杂，多有疏漏。该书保留了很多珍贵的原始史料，为《新唐书》所不及。《新唐书》修成后，该书罕有传抄，明嘉靖年间才重新刊刻。

虽然《旧唐书》已修成，但宋仁宗很不满意，认为"纪次无法，详略失中，文采不明，事实零落"[①]，下诏重修。《新唐书》225 卷，署名北宋欧阳修、

---

① 《新唐书·进唐书表》，中华书局 1975 年版，第 6471 页。

宋祁等奉敕修撰，宋仁宗嘉祐五年（1060年）成书。本纪10卷，志50卷，表15卷，列传150卷。欧阳修撰写本纪、志、表，宋祁修撰列传部分。该书以"文省事增"为原则，对《旧唐书》的内容进行大量删减，如本纪部分删减量达十分之七。新增《仪卫志》《选举志》和《兵志》，《兵志》附以马政，《天文志》和《历志》篇幅比《旧唐书》增加三倍，恢复立表，即有《宰相表》《方镇表》《宗室世系表》《宰相世系表》。文字和体例较《旧唐书》更为完整和严谨，所搜集和依据的资料更为丰富。但有的部分删减史料过多，为求精炼，有些史事的描述过于枯燥。两《唐》书各有优劣，既可互相参照，亦可取长补短。

《旧五代史》150卷，北宋薛居正撰，实为奉敕监修，卢多逊、扈蒙、张澹、李昉、刘兼、李穆、李九龄等同修。全书本纪61卷，志12卷，传77卷。按五代断代分为梁书、唐书、晋书、汉书、周书，《志》概述五代典章制度，《杂传》记述包括十国在内的各独立政权的情况。以中原王朝更迭为主线，以十国兴亡和周边民族盛衰为副线，实为整个五代十国时期的断代史。由于五代各朝实录保存比较完整，又有据实录改编的实录简编，因成书于宋太宗开宝七年（974年），时代相距不远，资料比较齐备，保留了丰富的史料。在欧阳修《新五代史》修成后，《旧五代史》渐废，金章宗泰和七年（1207年）正式下诏废止，遂散佚。清修《四库全书》，命馆臣从《永乐大典》《册府元龟》等书中辑出，基本保持薛史原貌，可与《新五代史》参照使用。

《新五代史》74卷，本名《五代史记》，北宋欧阳修撰，为区别薛居正等修撰的五代史，故名。是北宋设馆修史以后唯一的私修正史。全书本纪12卷，列传45卷，考3卷，世家及年谱11卷，四夷附录3卷。作者以孔子"春秋笔法"为主旨，寓褒贬于其中。删减了《旧五代史》的部分内容，尤其是"志"的部分消减尤多，同时增加了不少新的史料，内容更为充实。对"十国"与"四夷"的记述更为详细。与《旧五代史》可互补。

十国诸史并不系统和完整，主要有《九国志》《南唐书》和《十国春秋》三种，或为抄本或为辑本，没有列入二十四史，但也可作为多个政权(国家)并立历史时期的各国正史。

《九国志》现存12卷，原为49卷，北宋路振撰。九国即吴、南唐、闽、北汉、南汉、楚、荆南、吴越、前后蜀，实为十国。君王传记为世家，臣僚为列传。后人曾有补撰，后亡佚。清邵晋涵从《永乐大典》中辑出，周梦棠重编为 12 卷，计列传 136 篇，并补撰世家，略述之，置各卷卷首，即可缕清脉络，又便于检索。是研究十国史的重要文献。

《南唐书》是记述五代南唐国史实的史书，现存两部。第一部是北宋马令所撰《南唐书》，30 卷，仿《三国志·蜀书》体例，先主（李昪）书、嗣主（李璟）书及后主（李煜）书，共 5 卷。人物列传 22 卷，灭国传 2 卷，谱 1 卷，撰有序、论，寓褒贬于其中。现存为明抄本。第二部是南宋陆游所撰《南唐书》，18 卷，本纪 3 卷，列传 14 卷，浮屠、契丹、高丽列传总 1 卷，该书言简意赅。现存最早版本为明抄本。马书谙熟旧事，广泛搜集旧史逸闻，资料来源丰富，事多详尽；陆书严谨简练，文字甚佳。两书可互为参照。

《十国春秋》114 卷，清吴任臣编撰，计有吴 14 卷，南唐 20 卷，前蜀 13 卷，后蜀 10 卷，南汉 9 卷，楚 10 卷，吴越 13 卷，闽 10 卷，荆南 4 卷，北汉 5 卷，十国纪元表 1 卷，十国世系表 1 卷，十国地理表 2 卷，十国藩镇表 1 卷，十国百官表 1 卷。康熙八年（1669 年）成书。作者广泛采集史料，包括五代、两宋时期的杂史、野史、笔记、地方志等，"人以国分""事以类属"。可作为研习十国史的重要文献。

《资治通鉴》294 卷，北宋司马光等编撰。记述了自周威烈王二十三年（前 403 年）至后周显德六年（959 年）共计 16 朝 1362 年的历史，历时 19 年撰成的编年体史书，其中与隋唐五代史有关的《隋纪》8 卷、《唐纪》81 卷、《后梁纪》6 卷、《后唐纪》8 卷、《后晋纪》6 卷、《后汉纪》4 卷、《后周纪》5 卷。另有《考异》30 卷，《目录》30 卷。宋神宗认为此书"鉴于往事，有资于治道"，故由此定名《资治通鉴》。作为编年体的《资治通鉴》，明确是为资政而作，注重对政治、军事、民族关系和经济、文化的记述，并兼及历史人物评价，以作者对国家治理、盛衰兴亡的历史经验和教训的总结垂诫后世。其中隋唐五代部分，可与《隋书》、两《唐书》、两《五代史》等参照互补，虽然不在二十四史序列，却被列入正史，所附考异，对相关史事、故事进行了详尽的考辨，并引用了很多后世已不存的珍贵史料。元人胡三省的注也有很高史料价值，是学习隋唐五代史必读文献。

2. 典志类

《唐六典》30 卷，唐玄宗撰、李林甫奉敕注，实际撰写者为张说、张九龄等人。是中国最早的系统的行政典章。仿周礼六官体例，以开元时职官体系为本，条缕源流，以唐代诸司及各级各类官署为纲，各类职官为目，分述其沿革、机构规模、编制品级、职掌范围。保存了大量唐前期的诏敕、令式等资料，具有较高的文献价值。

《通典》200卷，唐杜佑撰，是中国第一部典章制度通史，记述了从远古的唐虞到唐玄宗天宝末年（食货典包括肃宗、代宗、德宗朝的记述）历代制度沿革变迁，唐朝部分尤为详尽，分为九门，食货居首，表达了作者对经济的重视。以下依次为选举、职官、礼、乐、兵、刑、州郡、边防等典，每门又各分子目，并加入前人及自己的评论。

《唐会要》100卷，北宋王溥撰。以唐德宗时苏冕《会要》（40卷）和唐武宗时崔铉《续会要》（40卷）为基础，采撷唐宣宗以后故事，分为514目，分类叙述唐朝各项制度沿革及变化。天宝以后的记述，所引原书很多已散佚，所存史料尤为珍贵。

《五代会要》30卷，北宋王溥撰。共计279目，体例同《唐会要》。每目以朝代更迭及年代顺序为纲，相关史料分系于目下。成书早于《旧五代史》，不仅保存了大量《五代史》略而不详及缺失的资料，还大量引用了五代诸朝实录中的诏令、奏议等，汇编了梁、唐、晋、汉、周五代典章制度及其损益沿革，可补正史之缺，是研究五代史极为宝贵的资料。

《唐律疏议》30卷，唐长孙无忌等撰，是中国现存最早、最完整的封建法典。高宗永徽年间，诏长孙无忌、李勣等人对已有的武德律、贞观律、永徽律加以修订和注疏（解释），合编而成，共十二篇502条。虽然是刑事法典，但涉及政治、经济、社会生活等各个方面。"疏"与"律"具有同样的法律效应。唐律不仅对此后历朝的法典给予深刻的影响，还对东亚各国产生了深远影响。

《唐大诏令集》130卷，北宋宋敏求编撰。所汇编资料主要来自唐朝历代实录，将皇帝的诏书、制书分为帝王、妃嫔、追谥、册谥文、哀册文、皇太子、诸王、公主、郡县主、大臣、典礼、政事、蕃夷等13类。由于唐代诏令《新唐书》《旧唐书》《通典》《唐会要》《册府元龟》等书或所收甚少，或讹误较多，而唐朝实录除《顺宗实录》外，都已散佚，因而《唐大诏令集》是研究唐史尤其是唐代法律史极为宝贵的资料。唐时诏令制类汇编很多，仅存是书，删节较多，应依他书校补。

日本学者仁井田陞将两《唐书》《唐六典》《通典》《唐会要》《大唐开元礼》等各书中所引用的唐令搜辑归类，撰成《唐令拾遗》，附以参考了唐令而制订的日本大化革新时代的《养老令》。池田温又撰有《唐令拾遗订补》。天一阁明抄本天圣令（附唐令）的整理和研究，复原了部分唐令，也起到了补遗的作用。

《大唐开元礼》150 卷，原名《开元礼》，唐萧嵩奉敕修撰，实际参与编纂者为张说、萧嵩、徐坚等。共计 226 目，载 152 仪，是研究中古礼制和法制的重要文献。主要以唐太宗贞观和高宗显庆两代礼仪为基础，并系统总结了汉魏以来的礼制，序例 3 卷，此后依次为吉礼、宾礼、军礼、嘉礼、凶礼五礼，以皇帝为中心的国家礼典为主，兼及地方祭祀和一般吉凶之仪。

3. 地理类

地理志书主要有《括地志》和《元和郡县志》。

《括地志》，正文 550 卷，序略 5 卷，唐李泰编撰。以贞观时期十道即关内道、河南道、河东道、河北道、山南道、陇右道、淮南道、江南道、剑南道、岭南道为纲，配列 358 州，按州分述所辖各县行政沿革、山川形势、古迹地望、人物掌故、民俗物产、神话传说、重大历史事件等。资料丰富，征引了不少六朝地理书的资料，非常珍贵。原书不存，现有清人孙星衍《括地志辑校》四卷。

《元和郡县志》40 卷，唐李吉甫撰。是中国现存最早的地理总志。因成书于唐宪宗元和八年（813 年），故名。以贞观时十道为纲，配列以宪宗时 47 镇，广征博引，分述各镇所辖州县建制沿革、地理形势、古迹名物、户口、贡赋、四至八道，包括行政、自然、经济地理、人文地理等诸方面内容。每镇篇首配以图，故称《元和郡县图志》。南宋以后图已佚，故略称《元和郡县志》。该书体例完备，并保留了魏晋以来珍贵的地理志方面资料，对后世地理志的编纂具有重要影响。

古人的地理典籍概念比今天范围更广，往往将风俗、行记也归入其中，属于广义上的地理志。除了上述提到的两书，《太平寰宇记》《两京新记》《长安志》《入唐求法巡礼行记》《蛮书》等都属于地理类典籍。

4. 史学理论

《史通》52 篇，其中内篇 39，外篇 13，唐刘知几撰。是中国乃至世界第一部史学理论专著。包括史学理论与史学批评两部分。全书的主体部分为内篇，重点评述史书体裁体例、史书编纂方法及特点、史料采集以及作史原则等，外篇则重点论述史官制度、史籍源流，并对历史家得失进行了评论。该书前后花费九年时间。在流传过程中，内篇的《体统》《纰缪》《弛张》三篇散佚，今存49篇。

5. 笔记小说

笔记小说类著述可分为两类，一类是纪实性的，如杜宝《大业杂记》、刘餗《隋唐嘉话》、刘肃《大唐新语》、张鷟《朝野佥载》、郑处诲《明皇杂录》、姚汝能《安禄山事迹》、李肇《唐国史补》、封演《封氏闻见记》、裴庭裕《东观奏记》、孙棨《北里志》、王定保《唐摭言》、王仁裕《开元天宝遗事》、孙光宪《北梦琐言》、钱易《南部新书》以及王谠《唐语林》等，内容丰富，正史和政典类中往往缺载的社会生活资料，笔记小说恰能弥补之不足；一类是传奇类的，尤其是长篇传奇，如白居易《长恨歌》、白行简《李娃传》、陈鸿（一为陈鸿祖）《长恨歌传》《东城老父传》、温庭筠《窦乂传》，虽然属于有意识地文学创作，但反映了很多社会生活和人际交往的情景，尤其是城市社会和市民生活的资料更为丰富生动。宋人笔记以纪实性为主，尤其是北宋文人的笔记，保留了很多隋唐五代的史料。可查看今人汇编点校的《全宋笔记》和《宋人笔记中的隋唐五代史料》，兹不一一列举。

6. 宗教典籍

宗教典籍类著述既是研究宗教史的文献，也涉及了隋唐五代的政治、经济、思想文化、人物、重要事件、民俗和中西交通方面的内容。

《法苑珠林》100卷，唐道世根据其兄道宣所著《大唐内典录》及《续高僧传》而编集，全书100篇，668部，征引诸经、律、论、纪、传等400余种，其中有一些已经亡佚，保留了非常珍贵的佛教文献。按内容分类，包括佛教之世界观、宇宙模式、思想、伦理、戒律、修持、仪礼、历史、习俗、传记、故事等。该书作为一切佛经之索引，使用方便，系佛教类书，堪称佛教百科全书。该书被收入大正藏。

《大唐西域记》12卷，唐玄奘口述，门人辩机奉唐太宗之敕令编集而成。记录了玄奘游历印度、西域19年之见闻。不仅包括亲身经历的110个国家和许多民族，以及传闻的28个国家的山川形势、都城疆域、气候物产、商业贸易、语言文字、农业发展、社会经济、风土民俗、宗教信仰、生活方式、疾病治疗、音乐舞蹈等情况，还记载了各国重要的历史事件和历史人物、佛教各教派的演变与分布状况，并用 17 个专题重点概述了古代印度的情况，非常珍贵。是研究西域史地、南亚史地、中西交通、佛教史地、通俗文学等的珍贵史籍。

《入唐求法巡礼行记》4 卷，日本高僧圆仁撰，按日程记述，共计 597 篇（一说为 595 篇），属日记体著作。与《大唐西域记》被视为佛学东渐的姊妹篇。全书从唐文宗开成三年六月十三日（838 年 7 月 2 日）开始写起，一直写到唐宣宗大中元年十二月十四日（848 年 1 月 23 日），前后历时九年七个月，内容涉及政治、社会生活、习俗禁忌、人口、物产、交通、宗教等，记述了和唐皇室、官僚士大夫、宦官交往的情景及武宗废佛前后的情况。是研究唐代政治史、经济史、社会史、佛教史和中西关系史珍贵的第一手资料。

《开元释教录》（略称《开元录》）20 卷，唐智昇撰。该书分为两部分，前半部为"总括群经录"，后半部分为"别录"。对译经资料的搜集尤为缜密，非常珍贵。

《南海寄归内法传》4 卷，唐义净撰。详细介绍了印度及其所历南亚诸国所行佛教仪轨 40 条及相关情况，并将其与他所著的《大唐西域求法高僧传》2 卷及新译经论 10 卷一起托人寄归国内僧人。是研究南亚历史、地理和佛教史的珍贵史料。

《大唐西域求法高僧传》2 卷，唐义净撰。书中记叙自唐初至义净时代西行求法的 60 余僧人行迹，后附作者自传。并记录了前往印度的天山南北两道、吐蕃道、南海海路等，以及印度的一些重要寺院，如那烂陀寺、大觉寺、新寺、羯罗荼寺等。是研究中西交通史的重要文献。

《道教灵验记》15 卷，唐杜光庭撰。记述汉魏至隋的各种灵验感应事迹，着力宣传道教的弃恶从善、罪福皆有报应的思想。保存了很多与道教有关的珍贵史料。该书自序称共计 20 卷，《文献通考》亦记为 20 卷，现存 15 卷，其余 5 卷已佚。

《云笈七签》120 卷，宋张君房辑录。是从作者编撰的《大宋天宫宝藏》中择要辑录出万余条，编成一部大型道教类书。该书以上清派为正统，收录书目和叙述时也有明显的倾向性，并收录了较多唐代以前的道教著作。

7. 类书

类书的编纂，为后世留下比较系统和详细的各类资料。《北堂书钞》《艺文类聚》《初学记》《白氏六帖事类集》合称唐代四大类书。

《北堂书钞》，唐虞世南编撰，全书分为帝王、后妃、政术、刑法、封爵、设官、礼仪、艺文、乐、武功、衣冠、仪饰、服饰、舟、车、酒食、天、岁时、地 19 部，部下又分类，共 852 类。由于成书早，文献价值较高。

《艺文类聚》100 卷，唐欧阳询编撰，是中国现存最早的一部完整的官修类书。全书分天、岁时、地、州、郡、山、水、符部、帝王后妃、储宫、人、礼、乐、职官、政治、刑法、杂文、战伐、产业、衣冠、食物、杂器物、巧艺、方术、百谷、鸟、兽、鳞介、祥瑞、灾异等 46 部。征引古籍1431 种，很多已经亡佚，其中包括大量唐以前的各类文学作品，尤为珍贵。

《初学记》30 卷，唐徐坚等编撰，共计 23 部，部下列 313 子目。原为唐玄宗诸子作文时检索典故事类之用，故名。搜辑群经诸子、历代诗文。每子目下又分叙事、事对、诗文，所引既有整段整篇，也有单句，内容丰富，编撰精巧，制度、诏册制敕、社会生活、名物等都有涉及，类似一部百科全书。

《白氏六帖事类集》30 卷，又名《白氏六帖》，白居易编撰。白居易为汇集资料编辑此书，置数千瓶子，命人将唐以前群经、典籍中的典故词语、诗文佳句投置瓶中，分为 1367 门，汇辑成册。成书后影响甚广。南宋孔传汇辑唐、五代部分，仿《白氏六帖》体例，30 卷，1371 门，名《孔氏六帖》，后两书合一，名《白孔六帖》。抄录的古籍很多已经不存，具有珍贵的史料价值。

8. 杂史、别史、谱牒类

隋唐五代时期的杂史、别史类撰述较多，传世的主要有以下几部值得重视。

《大唐创业起居注》3 卷，唐温大雅撰，堪称中国古代最早的起居注。按时间顺序记述李渊自隋炀帝大业十三年（617 年）五月甲子起兵直到入据长安计 357 天的史事。温大雅曾任李渊大将军府记室参军，典章机要文案，随军征战途中撰成此书。其经手李渊所发布的一应檄文教令，所记史实翔实，可信度高，既可补《资治通鉴》、两《唐书》之不足，亦可辨正上述诸书之误。

《贞观政要》10 卷，唐吴兢撰。该书为政论性史书，分为 40 篇，主要记述了贞观二十三年间唐太宗与魏徵、房玄龄、杜如晦等大臣讨论和总结治国理政的政治、军事思想、重大政治经济举措及其政治得失，也涉及君臣道德规范，以此垂诫后来继承者。该书比《旧唐书》《新唐书》《资治通鉴》等书记载的相关史实更为详细，为研究唐初政治和李世民、魏徵等人治国理念提供了珍贵资料。

《元和姓纂》，唐林宝撰，中国唐代谱牒姓氏之学的专著。唐宪宗朝宰相李林甫命擅长姓氏之学的林宝修撰，于元和七年（812 年）成书。原书已佚，现存为清人辑本，有 10 卷和 18 卷两种。该书体例以皇族李氏为首，再按四声韵部分系姓氏，按姓、望、房依次叙述各姓氏。该书详细记述了唐代姓氏族系、人物、源流，征引了大量古姓氏书，因原书多已不存，故尤为珍贵。但采集资料包括私家谱牒，需甄别慎用。

9.诗文

目前通行的诗文集大多是经后人整理。可分为个人别集和全集两类。现存唐人别集 400 余种，著名文人基本无遗漏，多为后人辑录某一作者作品之大全或选集，如《李太白集》(李白)、《杜工部集》(杜甫)、《陆宣公集》(陆贽)、《白氏长庆集》(白居易)、《元氏长庆集》(元稹)、《刘梦得文集》(刘禹锡)、《韩昌黎集》(韩愈)、《樊川文集》(杜牧)、《会昌一品集》(李德裕)、《李煜集》《桂苑笔耕集》(崔致远)等。后世有不同的整理、汇辑和校释版本。此外，还有汇编的诗文总集。

《全隋文》36 卷，清严可均辑，录文 683 篇。

《全唐文》1000 卷，清董诰等编，是收录唐五代文章最大的一部文集。搜采广博，参编者众多，录文 20025 篇，作者 3035 人，并附有小传，对有异说的作者进行了考辨。但辑录不注出处，搜录亦有遗珠。今人有补遗。

《全唐诗》900 卷，目录 12 卷，清彭定求等编。采录诗篇 48900 余首，作者凡 2200 余人。以明胡震亨《唐音统签》和清季振宜《唐诗》为基础，兼采残碑、断碣、稗史、杂书，作者皆附小传，是迄今为止古典诗歌总集中篇幅最多、影响最大的一部。但存在误收、漏收、重出等缺憾。后世陆续有补遗之作。

这些诗文中保留了丰富的政治、经济、社会方面的史料，可与正史、典志相互参证，互为补充。

10.宋人著述

宋人编撰的文献中有很多隋唐五代的记载，比较集中的除上述提到的宋

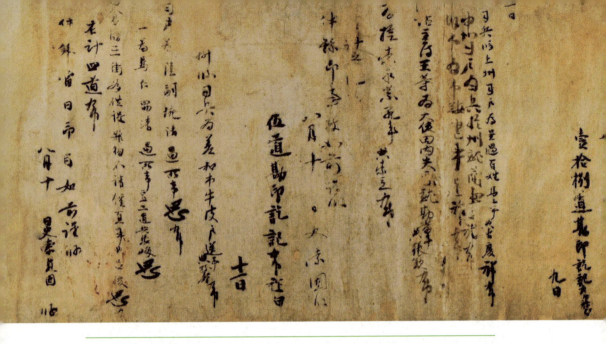

敦煌吐鲁番出土文书中的唐代牒文，牒即官府公文、文书，分为上行文、平行文与下行文

人笔记外，还有四部北宋初期编撰的大型类书。宋太宗朝李昉等编的《太平御览》《文苑英华》和《太平广记》，宋真宗朝王钦若等编的《册府元龟》，都保存有大量的隋唐五代时期的史料。《文苑英华》是一部文学总集，唐人作品约占 90%；《太平广记》收集汉到宋初的野史小说，大部分都是唐人作品，引用的书大多亡佚，每条目后注出处，有大量正史中无法见到的社会、经济、民俗等材料，非常珍贵；《册府元龟》收录大量《旧唐书》中的史料，而《旧唐书》已亡佚，赖此得以保存。

（二）出土文献

1. 敦煌吐鲁番文书

敦煌文书，又称敦煌文献、敦煌写本，1900 年发现于敦煌莫高窟 17 号洞窟，包括公元 2—14 世纪的古写本及印本，总数约 6 万件，其中佛经约占 90%。发现后陆续被英、法、日、俄等国所谓的"探险家"劫掠，目前分散在全世界多个国家，主要收藏于大英博物馆（图书馆）、巴黎国立图书馆、俄罗斯科学院圣彼得堡东方文献研究所、日本龙谷大学等。中国内地收藏最多的是国家图书馆，目前馆藏有 16000 余件，不仅有汉文写本，还包括多种文字的写本。其中，大部分汉文写本写于中唐至宋初。除经和其他宗教文献外，还有经、史、子、集、官私文书、医药天文、诗词俗讲等，内容涉及历史地理、政治、经济、思想文化、军事、科技、文学、语言文字等广泛的领域。

吐鲁番文书指的是 19 世纪末，在敦煌文书被劫掠的同时，吐鲁番地区发现的公元 4—14 世纪的古代纸质写本，也先后遭到来自俄、英、德、日等"外来者"的劫掠。这些文书主要是汉文，也包括古粟特、突厥、回纥、吐蕃文等。由于从文书年代、性质、内容和地域都有相同及相通之处，通常和敦煌文书合称敦煌吐鲁番文书。

敦煌吐鲁番文书的发现，为研究隋唐五代史提供了新资料，很多文书具有填补空白的极高学术价值。其整理和研究，推进、拓展和深化了隋唐五代史的研究。目前，已陆续出版了法藏、英藏、俄藏、中国国家图书馆藏敦煌文献等大型图录本，《新获吐鲁番出土文书》等。整理本有《敦煌社会经济文献真迹实录》《英藏敦煌社会历史文献释录》《吐鲁番出土文书》《大谷文书集成》等。

2. 出土墓志、碑刻

出土墓志、碑刻一般都收在传统的金石学图录和整理及著作中。如《千唐志斋藏志》《北京图书馆藏历代石刻拓本汇编》《隋唐五代墓志汇编》（全30 册）、周绍良《唐代墓志汇编》《隋代墓志铭汇考》、毛汉光《唐代墓志铭汇编附考》(全 18 册)、周绍良《唐代墓志汇编续集》和吴钢《全唐文补遗》。《新中国出土墓志》以省分卷，也收录了大量的隋唐五代墓志。上述诸种亦有重复。随着出土墓志的日益增多，图录和整理也逐渐增加，尤其是陕西省（以西安地区为主）和河南省（以洛阳地区为主）发现的数量最多。各地都陆续推出了新的图录或整理本。

碑刻资料如西藏拉萨大昭寺前的唐蕃会盟碑、西安附近发现的大秦景教流行中国碑、云南大理太和城遗址内的德化碑、唐太宗昭陵的《李勣碑》，唐高宗和武则天合葬的乾陵的《述圣颂》、北京房山云居寺石经等等，内容丰富，涉及广泛，不仅有考古学价值和艺术价值，也有珍贵的文献价值。

（三）考古遗存

历史学研究的主要依据是传世文献，随着考古技术和考古发掘的日新月异，越来越多的地下地上遗物、遗址被陆续发掘、发现，如何利用并与传世文献的结合对历史学研究越来越重要。其中包括世界文化遗产敦煌莫高窟、洛阳龙门石窟、隋唐大运河遗址、丝绸之路(包括隋唐时期的很多重要遗址、遗迹）、乐山大佛等；再如唐长安大明宫遗址、五台山大佛光寺、唐帝诸陵、陆续发掘的各类各族墓葬等。

（四）遗留的图像资料

历史遗留的图像越来越多地受到重视和利用，包括石窟考古、墓葬中发现的大量图像资料，以及传世的雕塑和绘画作品。如敦煌壁画中绘制的曲辕犁、星象图，雕像和壁画中的人物、服饰、器物、建筑等，都为研究隋唐五代史提供了大量、丰富、具象的资料，不仅推动了研究的深入，也展现了更丰富的内涵和史料价值。但图像与历史之间的关系和距离，我们在运用图像资料时需要认真考量。

（五）近当代学者辑佚、整理、汇集的各种文集

隋唐五代时期留下大量的文献资料，很多原著已散佚，后人进行了卓有成效的辑佚、校释、汇编和整理工作，参与者不乏大家，如上述列举的二十四史系列、《资治通鉴》等，数量众多，版本各异，需要甄别和酌情使用。

有关隋唐五代史的史料有几个特点：一是传世文献比较齐整，但唐后期的记载比较凌乱，残缺，因此很长一段时间对唐后期和五代的研究不足；二是敦煌文献面世后，对隋唐五代研究有重大的推动和启示作用，也拓宽了隋唐五代史和其他学科的交集；三是考古发掘和图像资料的贡献日益明显，也使学者对史料的含义大为拓宽。我们学习和研究时必须重视这些资料。

进入唐史研究，重点是阅读传世文献，同时注重多重证据法的内涵，了解认识和利用不同类别的史料，并缕清它们之间的联系。

第一章　隋朝的统一与灭亡

隋朝建立于 581 年，灭亡于 618 年，共 38 年。经过西晋以来近三百年的长期分裂与战争，中国到隋代又走向统一。这开启了中国历史上第二个统一的王朝时代，隋代奠定了隋唐时代的基础。隋虽然立国短促，但在历史上却有重大意义，这不仅因为它结束了长期分裂局面，使中国重归统一，开创了中国历史的新时期，而且因为其各种措施和制度，多被后来的唐朝所继承，对中国历史的发展起了重大的影响。从这个意义上来说，隋代和秦代是有许多类似之处。

第一节　隋朝的政治和经济

一、隋朝的建立与统一

577 年，建都关中的北周宇文氏政权，经过苦心经营，在武帝宇文邕时，灭亡了宿敌、即建都于关东的北齐高氏政权，分裂了四十多年的北方地区又归于统一。不久，西南的巴蜀及东边的江北淮南等地也被北周控制。

578 年，北周武帝去世，其子宇文赟继位，即北周宣帝。宣帝沉湎酒色，五后并立，又杀叔父齐王宪，导致宗室势衰。579 年，宣帝禅位太子宇文衍，自称天元皇帝。此后宣帝纵欲过度，病危之际御正下大夫刘昉、内史大夫郑译矫诏命外戚杨坚（宣帝皇后父）总揽朝政，开始阴谋篡位。杨坚一面结纳北周高级官僚，一面废除宣帝时的苛政，如停止营建洛阳，废入市之税等。此外又派亲信镇守潼关，并出兵消灭各地反对他的军事集团。由于北周统治集团的核心力量以关陇地区为中心，中央势力强大，地方势力的反抗被迅速地镇压。杨坚权力稳固之后，581 年 2 月，废北周小皇帝周静帝宇文衍，而自称皇帝。由于其父杨忠晚年被封为随公，杨坚遂立国号为隋，即隋文帝。

杨坚是北周最高统治集团——关陇集团① 中的重要人物，关陇集团是以宇文泰为首的八柱国军事集团② 与关陇豪族组合而成。所以杨坚的代周只是最高统治集团内部的一次宫廷嬗替政变，统治集团的基础及其所执行的政策并未因此而发生重大的变化。

　　关陇集团的军事基础是府兵制度，财政基础是北魏以来的均田制。宇文泰建立北周攻灭北齐；杨坚建隋，灭陈统一中国，都是依靠关陇集团的力量。

隋文帝杨坚像

　　就关陇集团核心成员的出身地位看，不仅不能和北齐统治集团相比，就是对比起山东③ 士族来，也是处于劣势。关陇集团为了和东方豪族相抗，以图生存和发展，实行了一系列改革政策，正是在此基础上，关陇集团最终攻灭了北齐和南陈，统一了中国。

　　隋文帝是一位杰出的政治家，他改革了北周统治者特别是北周宣帝的一些暴政，继承北周原有缓和社会矛盾、发展农业生产的政策，隋政权的内部得到稳定，军事力量也迅速强大起来。隋文帝倚靠关陇集团的军事力量继续北周已经开始的统一事业。

　　但是，隋的统一不能简单地归因于关陇集团的军事政策或隋文帝的统治方针，而是有更深刻的社会原因。从北朝后期开始，全国已经出现促成统一的各种因素，统一已经是当时历史发展的必然趋势。南北朝末期，尽管形成

① 陈寅恪先生将从北魏以来主要籍贯位于陕西关中和甘肃陇山（或称为六盘山）周围形成的门阀军事势力称之为"关陇集团"。有学者认为隋文帝时关陇集团已经退出历史舞台。
② 鲜卑贵族、鲜卑化的汉族，北魏六镇武将、代北武川镇的鲜卑贵族和关陇地区豪族为其主要成员。
③ 主要指太行山以东的广大黄河流域，包括今天的河北省、山东省，以及河南省的部分区域。

了北方的北周、北齐，南方的陈、西梁四国对峙的局面，分裂局势似乎更加扩大，但从整个社会的历史发展趋势来看，新的统一的趋势已经出现了，统一不但必要而且也有了可能。

1. 统一的必要性

在战乱与分裂的漫长年代里，安定统一的社会局面一直为饱受痛苦的南北人民所向往，南北朝末期这种愿望越来越强烈，主要表现在以下三个方面。

第一，受战争威胁的人民要求统一。南北朝之间大战有数次、小战不计其数，人民在战争中受到极大威胁。

第二，南北经济的发展要求统一。持续分裂不利于经济的发展，数百年的分裂和战争中，人们认识到统一是生产发展的必要条件。南北朝时期，北朝比较安定，经过北魏孝文帝的均田制及西魏北周奖励生产的政策，农业生产有了恢复和发展；南方由于北方移民与当地农民的共同劳动，经济也得到发展。局部统一带来的生产恢复被广大人民所感受，统一成为南北人民的共同期望。

农业经济的恢复和发展刺激了手工业的发展，商业开始活跃起来。南北经济都开始突破自然经济的藩篱，打破地方局限性，要求互相交流，但是南北的对立及其形成的对自由通商的禁止，却使南北经济交流受到阻碍。

第三，防御突厥侵扰的需要促成统一。北朝后期，突厥取代柔然成为北方草原最强大的力量，骑兵几十万，经常攻入长城，大肆掠夺人口财富。北周、北齐对其极为恐慌，经常献上大量财物，以求突厥休兵。突厥的佗钵可汗曾骄傲地说："我在南两儿常孝顺，何患贫也！"[1] 突厥成为北方最严重的威胁。

南北的分裂削弱了防御突厥的力量，使中原王朝不能集中全部人力、物力、财力有效组织防御突厥，这也加速了统一的中央集权国家的形成。583年隋文帝下诏讨突厥即云：

> 周、齐抗衡，分割诸夏。突厥之虏，俱通二国。周人东虑，恐齐好之深，齐氏西虞，惧周交之厚。谓虏意轻重，国逐安危，非徒并有大

---

① 《隋书》卷84《北狄传》，中华书局1973年版，第1865页。

敌之忧，思减一边之防。竭生民之力，供其来往，倾府库之财，弃于沙漠，华夏之地，实为劳扰。犹复劫剥烽戍，杀害吏民，无岁月而不有也。①

2.统一的可能性

历史的发展只有必要性还是不足以实现统一。南北朝以来，统一始终是人民向往，但统一并没有实现，究其原因：第一，当时部族之间的矛盾十分尖锐，南北分裂的局面即起因于此，汉族人民不甘心忍受鲜卑族的奴役，鲜卑族也不能征服南方，南朝政权十分腐败，虽然依靠大族和南北民众的支持在南方站住了脚，但也无力统一北方。第二，地方豪族势力相当强大，中央政权的力量相对较弱，会聚在南方的土客势力集团都怕彼此坐大，因此统一的尝试屡屡受到阻碍。第三，南北朝在政治、经济、军事上大体维持均势，而南北朝之间长期保持均势，南北双方都没有形成压制性优势。

南北朝末期，这种情况发生了变化。从北魏孝文帝开始，北方社会主要矛盾由族与族之间的矛盾转化为阶级矛盾，胡汉贵族地主融为一个剥削阶级，胡汉人民融合为一个被剥削阶级，南北朝末期这种融合过程已经完成，最后统一北方的北周鲜卑政权较平和地转入汉族官僚杨坚手中，影响统一的民族阻碍消除了。

此外中央集权制度的强化。北方民族融合的过程，也是中央集权的皇族政权与地方豪族地主斗争的过程。北朝政府运用均田制，使自己掌握了大量的土地与劳动力，从而具有雄厚的经济基础，北周更以府兵为军事基础，与地方豪族斗争，扭转了西晋以来尾大不掉的地方割据局面，南朝豪族势力也开始衰落。这使统一拥有了经济、政治、军事优势的中央势力基础，从而可以巩固下去。

南北均势的破坏，导致北方统一的物质基础已经具备。在经济上，从北魏孝文帝开始，北方农业经济渐渐超越南朝，特别是均田制的实施，农民拥有了一定的土地，劳动力与生产资料的结合也使国家经济实力得到增强。在政治上，北周和隋统治者尽可能采取有利于巩固中央集权的新政，并实行一些缓和阶级矛盾的政策，中央集权的稳定性较强。南朝却是政治腐化，阶级

---

① 《隋书》卷84《北狄传》，中华书局1973年版，第1866页。

矛盾尖锐，门阀士族的影响力还在，中央权力相对较弱。

北朝在疆域、人口、军事等方面也占优势。在疆域方面，北周灭北齐后，共有1124县，而陈只有430县。在人口方面，北周平齐后，共有600余万户，而陈只有五六十万户，加上西梁也不到100万户。在军事力量方面，隋平陈之役动员兵力51.8万人，陈军兵力仅10万人，而且由于北朝实行府兵制，军队战斗力也比南朝强大。政治、经济和军事上都占有优势的北朝统一已成历史必然，至于这个任务由杨坚来完成，则具有一定偶然性。

当时的周边环境，威胁最大的是北方的突厥。隋文帝开皇二年（582年），隋军击败侵扰河西以至弘化、上郡、延安（今陕西北部）的突厥军，引起突厥汗国内部矛盾的激化。开皇三年，突厥遂分裂为东、西两汗国。开皇五年，东突厥沙钵略可汗归附隋朝，并主动要求率部众迁居白道川（今内蒙古呼和浩特西北）。北方的威胁得以解除，使隋朝无后顾之忧，开启统一全国的大业。

3. 隋的统一

隋文帝经过数年准备，积蓄了雄厚的国力，开始了统一全国的战争。首先解决的是西梁政权。此前，梁朝遭"侯景之乱"，梁武帝困守建康而被饿死，梁武帝七子萧绎镇守江陵，派王僧辩和陈霸先率军击败侯景，夺回建康，遂在江陵即帝位，即梁朝第六任皇帝梁元帝。554年，西魏攻下江陵后，杀掉萧绎，立萧詧为梁朝皇帝。同时，王僧辩在北齐的利诱和胁迫下立萧渊明为帝，陈霸先又杀王僧辩和萧渊明，

梁武帝萧衍像

梁武帝萧衍（502—549年在位），字叔达，南朝梁的建立者。原为齐雍州刺史，乘齐内乱起兵夺取帝位。擅长文学，精乐律，善书法。尊崇门阀世族，宽待分封宗室。统治后期怠于政事，沉溺佛教，大兴寺院，曾三次出家为僧。接纳北方降将侯景，酿成叛乱，都城建康被攻破，饥病而死。侯景之乱后，江南地区的社会经济遭到毁灭性的破坏，加剧了南弱北强的形势。

立梁元帝萧绎之子萧方智为帝，即梁敬帝，后废敬帝自立，国号陈，即陈武帝。萧詧自愿归附西魏为藩属，冀有所倚，所据以江陵为中心，不过方圆三百里，典章多依梁旧制，史称西梁（555—587年），又称后梁。历中宗宣帝萧詧、世宗明帝萧岿、惠宗靖帝萧琮3世。587年，隋文帝征召萧琮入朝封莒国公，废西梁。

西梁的问题解决后，隋文帝遂与宰臣商议伐陈大计，群臣争相献策。尚书左仆射高颎建议可趁江南收获季节，以少数兵力袭扰，反复多次，则陈军疲敝懈怠，可举兵渡江，潜入陈境，焚其储备物资，损其财力；虢州刺史崔仲方建议在长江沿岸部署精兵，加快建造战舰，使陈上下游首尾顾此失彼，隋军可顺江而下，直捣建康；杨素、贺若弼等也多次献策。隋文帝广泛听取并采纳了众人的建议，加紧备战，建造大型战舰"五牙"（装有拍竿的大型战舰），储备船只，训练水师，以备水战，并派士兵沿江骚扰和采取多种形式迷惑陈军。

开皇八年（588年）三月，隋文帝首先对平陈之役进行了充分的战前宣传，下诏列举陈后主（陈叔宝）之罪状，并将诏书抄写30万份，广发至江南各地，昭示天下出师有名，达到笼络民心的作用，并派遣间谍刺探军情，扰乱民心。十一月，隋文帝以晋王杨广为元帅，高颎为长史，发水、陆军共 51.8 万人，沿长江上、中、下游分八路大军南下，正式拉开伐陈之役的大幕。

陈朝到陈后主时，国土日蹙，辖境仅为长江以南、西陵峡以东到东南沿海的 400 余县，人口仅有 200 余万。政治腐败，赋税苛繁，国库空虚，陈后主沉湎酒色，骄奢淫逸，宠爱张丽华，不理国政，却荒谬声称帝气仍在江南，可以凭借长江遏制隋军的南下，身边大臣也有人附和献媚，他听信谎报的军情，并不积极备战，疏于江防。在隋军兵临城下后，不采纳主战大臣的意见，反倒懦弱怯战，将军事大权委托他人。589 年正月，杨广统帅下游五路大军，渡过长江，攻占建康外围城区。正月二十日（2 月 10 日），隋大将贺若弼、韩擒虎分别从北、南两面攻入建康台城，陈后主被擒。至此，陈朝灭亡。

隋军随即正式控制了陈所辖的长江中游地区，又镇压了起兵反隋的江南地方士族（主要指三吴地区）①，并在高凉（今广东阳江西）太守冯宝妻冼夫人的协助下使岭南地区归附了隋朝。

从此，自东晋（318 年）以来 270 年的分裂局面结束了。如从董卓入京（189 年）起算，则为 400 年，中国历史进入一个新时期——隋唐时期。

4.隋统一的历史意义

隋朝统一对于历史的发展具有十分重大的意义。在经济上，隋统一使南北经济交流的渠道畅通，促进中国封建社会的发展；在政治上，隋朝建立了一个中央集权的强大政权，使国家获得安定；在文化上，由于前一时期汉族和多民族的长期接触与文化交流，使中国固有文化加入新的成分，为隋唐大帝国的多方面活动与生活带来了新的因素。隋立国虽然短促，但它起了承前启后的作用，一方面结束了前一时期纷乱的局面，并继承了前一时期政治经济文化上的成就；另一方面隋的许多典章制度多为唐所继承，在中国历史上的地位是应当被重视的。因此，隋的统一具有重大的历史意义。

二、隋朝的经济政策

关陇集团虽然凭借府兵制与均田制控制了较雄厚的军事和经济力量，并在此基础上统一全国，但比起关东（北齐）及江南（梁陈）的士族集团，自

---

① 三吴，狭义指吴、吴兴、会稽三郡；广义泛指江南地区。

隋全图①

身力量相对较弱。为了和关东及江南士族对抗并确立优势地位，隋文帝实行
了一系列缓和阶级矛盾和抑制士族的措施，以加强中央权力，削弱地方豪族
势力。隋朝统一前后所实行的这些政策不但使隋的统治得到加强，在客观上
也促进了中国封建社会的发展。

　　虽然隋朝典章系承西魏北周，但实际上制度及具体措施的渊源有三：一
是北魏北齐的制度；二是南朝后期梁陈的制度；三是西魏北周的制度。

　　隋代政治经济文化的三大渊源是陈寅恪先生在《隋唐制度渊源略论稿》
中归纳和概括的。三源之中，北魏—北齐这一支最为重要。魏孝文帝时实行
汉化改革，文化直承汉魏及宋齐的江左前期文化，汉化运动中最重要的人物
即是江左来归的王肃，而北魏统一北方后，其文化中又杂有中原故有的河西
士族文化因素。梁陈为江左后期文化，隋也多所继承。至于借周官之复古为

---

① 　引自谭其骧：《中国历史地图集》（第 5 册），中国地图出版社 1982 年版，第 3—4 页。

号召，实际上是糅合鲜卑野俗与汉魏遗风。但与北齐及南朝相对立的北周制度，则隋因袭的并不多。一般人都以为隋系承继关中传统，实则隋为南北文化的一大综合，而以旧的中原文化（北齐）所占的成分为多。

隋朝制度决定其经济政策，主要是从土地分配与劳动力控制两个方面来保证中央政府权益、财政收入，相应地采取了抑制、限制士族地主的措施。

1. 均田制的延续

隋文帝代周后，继位之年继续推行均田，其制度大体承袭北齐，北齐之均田制则又承袭北魏，内容大体如下：丁男（法律规定的成年男子）授露田（口分田）80亩，丁女40亩。此外，丁男给永业田20亩。隋制规定一夫一妇为一床，共授田140亩。奴婢受田同平民，但受田人数有限制（自亲王的300人至平民的60人），丁牛一头受田60亩，限4牛。自诸王以下至于都督皆给永业田有差，多者100顷，少者至40亩。这明显照顾到贵族官僚利益。

和前朝的均田制一样，隋的均田制不但承认原有大地主的土地所有权，而且给地主官僚优厚的待遇，只是把官地和荒地分给无地少地的农民，以将他们固定在一定的土地上，便于征收赋税。在人多地少的狭乡里，由于地主占有大量土地，政府往往不能按规定的数目分给农民土地。如隋文帝开皇十二年（592年）派使均田，狭乡成丁（21岁）每人才得20亩，老幼还不足此数，但却和一般受田农民一样纳税服役。

隋文帝推行的均田制，虽没有打破现有土地的占有状况，但使农民多少得到一些土地，地主兼并土地也受到一些限制，在一定程度上能提高农民的生产积极性，扩大了耕地面积，对农业生产的发展起到了积极作用。

2. 减轻赋役

分到土地的农民要纳税和服役，从开皇三年（583年）起隋文帝规定赋役制度，隋的徭役及赋税比北周轻。具体规定如下：21岁成丁开始服役纳税调（北周法律规定18—59岁为成年劳动力，隋制成丁年限减少了3年）。丁男一床租粟3石（北周5石，北齐3石），调绢4丈（593年改为2丈，北周为4丈），绵3两或麻3斤（北周为绵8两，麻4斤）。每丁每年服正役20日（北周为丁男18—59岁，每年服力役一月，为12番，周宣帝时一度增为45日）。590年改为50岁免役收庸（用布帛代力役）。隋文帝又注意徭役日数不超过规定，大型工程常在农闲时动工，还多次减免全国赋税。

大体上说，隋的租赋比北周、北齐减轻的不多，但徭役却大大减轻了。均田制下的农民负担主要是赋税和徭役，租赋的减轻可使农民收入相对增加，徭役的减轻可使农民在自己的土地上耕作时间增多，这些措施都能减轻农民负担，提高生产积极性，对当时生产发展是有利的。

此外，隋文帝还废除许多杂税，如入市之税；酿酒煮盐也允许私人经营，不再纳税。

3. 整理户籍

北朝后期，封建国家常常向"受田"的编户农民预征租调和无限制地延长徭役时间，加之官吏从中敲诈，农民实际负担大大超过规定的赋役量。因此，编户农民往往瞒报年龄，诈老诈小，逃避纳税和服役，这种现象在北齐尤其普遍。大地主也利用这种情况来控制农民，他们替农民隐瞒户口和土地，向农民收取劳役和地租，使农民成为他们的荫附。政府控制的户口从户籍册上消失，造成国家财政收入的减少，严重影响劳役和兵役的征发。

为了使农村劳动力归入国家控制之下，北周统治者采取了许多办法，其中最重要的是勒令僧道还俗。继北周之后，隋文帝采取三项重大措施：

第一，建立严密的地方基层组织。隋立国后即推行里保制度，五家为保，保有长，保五为闾，闾四为族，皆有正；畿外置里正，比闾正；党长比族正，负责检查户口、均田和收税事宜。

第二，大索貌阅。开皇五年（585 年），隋朝政府开始推行大索貌阅的政策，即按户籍上登记的年龄和本人体貌进行核对。隋初，户籍严重失实，地方仍然承袭北齐旧俗，"避役惰游者十六七。四方疲人，或诈老诈小，规免租赋"[①]。隋政府遂下令各州县，按户籍人口登记，注明并逐一核实相貌、体征、年龄、三疾（残疾、废疾、笃疾），凡查出所报户口不实的，里正长都要配徙到僻远之地。同时又开相纠之科，奖励民户互相检举，凡亲属分支在大功以下（堂兄弟）均勒令析居，使各为户头，以防容隐。

第三，输籍之法。大索貌阅只能检查有户籍的人，对于亲族地主户籍内的荫附人口，则采用高颎建议实行输籍之法。开皇五年（585 年）施行，具体做法是：政府对各级民户所应负担的赋役先都确定名称，轻减其额数，于每年岁初向民户宣布，不得多收，对于划定民户等级的标准，也作专门规

---

① 《隋书》卷 24《食货志》，中华书局 1973 年版，第 681 页。

定。每年岁初，每县各随便近，由三党五党，共为一团，依政府颁布式样，规定新附民户等第，以期所订等级与实际情况相符。这样，不仅地方官不能舞弊，而且一般浮户都知道国家赋役比地主地租轻，从而使大量劳动力脱离亲族地主归入国家控制之下。仅大索貌阅一项，在北方即有443万丁、164万口新编入国家户籍册上。这些措施一方面使大批劳动力归入政府控制之下，增加封建国家收入与力量；另一方面也打击了士族地主势力，限制了土地兼并。

4.统一货币和度量衡

南北朝时期币制混乱。北周、北齐所铸钱凡四等，民铸私钱品种更多，轻重不等。隋文帝刚继位，即铸五铢钱，禁用他钱。其后又据冀州刺史赵

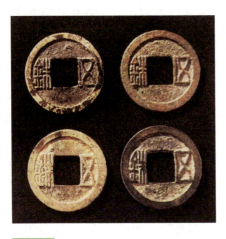

隋五铢钱

煚（jiǒng）建议造铜斗和铜尺，颁行天下。这些措施为工商业的发展及经济交流提供了便利条件。

5.社会经济的繁荣

隋朝统一和隋文帝实行的一系列有利于安定社会、发展生产的政策，使社会经济迅速呈现繁荣景象，表现为农业生产的发展与封建国家财富的增加。农业生产的发展表现为如下两方面。第一，土地的开垦。据史载，文帝开皇九年（589年）全国垦田数1940万顷，炀帝大业二年（606年）全国垦田数5886万顷。前者平均每户2顷多，后者平均每户6.5顷，与历代垦田数字差距大，但垦田数字增加是肯定的。第二，户口的增加。文帝初年，与南陈合并计算，全国户口为710万—740万户，3100万口；到炀帝大业二年（606年），已达890万户，4600万口，26年中户数增加150万—180万，口数增加1500余万。数字的增长一方面是由于人口自然增长，另一方面是由于大量隐瞒的户口被清查出来。

在封建时代，农业生产是主要经济指标，农业生产的发展是衡量社会经济发展水平的标志，而农民是分散的个体经济，生产技术的提高比较缓慢，不够显著，故农业的发展常以农业劳动力及耕地面积的增加为主要标志。

伴随户口的快速增长，租税收入大大增加，国库和粮仓充裕。各州租赋每年从河南经潼关、河北经蒲坂（今山西永济）运到长安的租调络绎不绝。直到唐朝立国数十年，隋代仓库的物资还未用完。洛阳所存布帛，在隋末农民战争时期还堆积如山，贵族官僚之家竟以"绢为汲绠，然布以爨（cuàn）"[1]。并州（今太原）在隋亡之后四年，还存有上千万匹布帛，且粮米亦可支十年。隋文帝平陈，一次赏有功将士布帛即达 300 余万段。

此外，在沿黄河东自卫州（今河南卫辉）西至长安的运输线上，隋修了许多规模巨大的粮仓，如卫州黎阳仓、兴洛仓（即洛口仓，今河南巩义）、洛阳回洛仓等等，这些粮仓储备关东及山西供应长安的粮食，多存粮数百万石乃至一二千万石。规模最大的洛口仓，共凿 3000 窖，每窖可容 8000 石，合计可容 2400 万石。各州县防备灾荒的义仓"又皆充满"，文帝晚年"天下储积可供五十年"[2]。

洛阳回洛仓遗址

国家的富裕并不一定和社会经济的发展成比例，但多少能反映社会经济的发展趋势。隋朝的富足，唐太宗谓之："隋文不怜百姓而惜仓库。"[3]

三、隋朝的政治措施

隋朝在政治制度方面改革的基本目标是加强中央集权，适应统一国家的繁复政务的需要，巩固统一的基础，削弱地方豪族势力，维护关陇贵族集团的统治。

---

① 《隋书》卷 24《食货志》，中华书局 1973 年版，第 689 页。

② 《资治通鉴》卷 192，中华书局 1956 年版，第 6048 页。

③ （唐）吴兢撰，谢保成集校：《贞观政要集校》卷 8《辨兴亡》，中华书局 2009 年版，第 466 页。

（一）官制的改革

1. 三省制的确立

隋文帝继位之后，不再沿袭北周时模仿周礼的"六官"[①]制度，而是对汉魏南朝诸代中央政府的组织架构作了一次大综合。中央政府分为尚书、门下、内史（避杨坚父杨忠讳改中书为内史）、秘书、内侍五省，御史、都水二台，太常、光禄等十一寺，左右卫等十二府（即禁卫军）。五省中，秘书职较优闲，内侍为宦官机构，这二省的地位与职权不能与其他三省并论。

内史省（中书省），初置监、令各1人，后废监，改置令2人，为长官；下设侍郎、舍人、通事舍人等。职责为草拟诏诰典册，献可替否，定旨出令。

门下省，置纳言2人，为长官；下设给事黄门侍郎、散骑常侍、谏议大夫、散骑侍郎等。职责为审核政令，驳正违失。

尚书省，置令1人，为长官，左、右仆射各1人，为副长官；属官设左、右丞各1人，都事8人，分管各司。事无不总，为执行机构。下辖吏、礼、兵、都官、度支、工部六部，各设尚书1人，为长官，属官设置有所不同。尚书令、尚书仆射与六部尚书合称"八座"。各部下设四司，吏部设吏部、主爵、司勋、考功四司；礼部设礼部、祠部、主客、膳部四司；兵部设兵部、职方、驾部、库部四司；都官设都官、刑部、比部、司门四司；度支设度支、户部、金部、仓部四司；工部设工部、屯田、虞部、水部四司。共二十四司，各司设侍郎1—2人，共36侍郎，宿值禁中，分司处理庶务。

三省平行设置，形成互相制衡的关系。三省是中枢决策和行政的中心，长官共同定令立法，参决大政，即三省共行宰相之权。中央集权的制度设计比秦汉有更精细的发展。自古中国政治就有内外朝之分，内朝为皇帝及其左右侍从，外朝为宰相及其属官。尚书、中书、门下原都是内朝之官。外朝宰相是辅佐皇帝管理国家的最高行政长官，通常是一个决策群体。秦朝时丞

---

① 六官是指《周礼》中的天官冢宰、地官司徒、春官宗伯、夏官司马、秋官司寇、冬官司空，又称为六卿。西魏大丞相宇文泰接受苏绰、卢辩的建议，于恭帝三年（556年）开始仿照《周礼》，实行六官制度，借此表明继承和奉行的是中原地区华夏传统。北周取代西魏后，宇文泰之子北周开国皇帝孝闵帝宇文觉继续沿用六官制。但六官是否是西周官制，存在疑问。

相、太尉、御史大夫都是宰相正官。其中丞相的地位最为显赫，处于首要位置。秦朝宰相有御史中丞为副，副丞相兼管皇帝家事，内朝外朝不分。西汉初以功臣为相，相位渐高权渐重，逐渐形成以丞相为中心的外朝政治集团，而与内朝渐远。皇帝周围的人集成内朝，均为皇帝亲信。汉武帝时，内朝设大司马以夺太尉之军权。武帝死时，大司马霍光据遗诏辅政，内朝与外朝乃分庭抗礼，丞相车千秋只能治外朝。又如霍光废昌邑王时竟谓这是内朝之事，外朝丞相杨敞并不知道，内朝官多为外戚宗室，最盛时则是由宦官充任。

东汉光武帝刘秀时，丞相无行政实权，皇帝躬亲政务，而内朝近臣由尚书行之。尚书地位不高，但已颇有实权，东汉权位高的辅政大臣均为太傅录尚书事，迄魏晋，尚书已职无不统，权又渐大。

西汉时尚书多由士大夫担任，是皇帝身边更亲近的人，中书则由宦官充任，又称"中尚书"。到曹操父子时，中书也由士大夫充任，曹操时称中书令，曹丕时称中书令或中书监，尚书与皇帝关系渐远，中书于是代尚书成为皇帝左右最亲信的人。

侍中本是内朝较低的官，即侍从，或负玺或护驾，南朝时渐渐成为皇帝亲信，且以士大夫充之。梁侍中掌禁令，相当于宰相。

到隋代，三省制确立，三省共行宰相之权，等同于秦汉之相而非皇帝私人亲信，且已成为政治上的共识。唐代则进一步制度化，成为正式宰相职事。诏令之发布，需先经中书省讨论与门下省封驳才能施行；实施之时又有六部；可知相权初分割，非政出一人，皇权的增长显而易见。但是同时贵族政治色彩仍颇为浓厚，延续六朝重门第之风，相位多由关陇集团人士所把持，与皇帝分庭抗礼。由此可见，内朝官职权势逐渐变大说明皇权的增长，但内朝官逐渐变为外朝官却又说明在一定程度上仍保留了贵族政治色彩。总体而言，三省六部制的确立加强了中央集权，完善了中央行政系统，有利于提高行政效率。

2. 地方行政制度的变化

秦汉时中国地方制度本郡县两级，东汉末置州牧，变为三级。隋初机构简化改为两级，先称州，后称郡，下辖县，上属中央。另外，各级地方行政官吏及佐贰椽曹之类，甚至原由县官委任的僚属，隋代也规定全由尚书省的吏部负责选任，"一命之官悉归吏部"，其政绩考核和升降调补也由吏部主持，用人行政之权完全属于中央，不再为大族所把持。此外，又合并许多州郡，减少政区数量。这些举措，使隋朝中央控制地方政权的力量大大加强了。

（二）科举制的创立

由于均田制的实行和北周至隋初对地主、寺院的打击，土地一度从集中趋于分散，中小地主及富裕农民增多，他们希望并努力提高自身的政治和社会地位。隋朝政权为巩固其中央集权统治，也希望吸收他们参加政权，扩大统治基础，并利用他们打击原有的旧士族。在这种情况之下，原来为保护门阀士族垄断仕途的九品中正制度及两汉以来的察举制度，就已不能适应新的要求。传统的州举里选的办法，也不适合隋政府要求的中央集权原则。因此，隋代废除九品中正之制，并明确规定任官取士不论门第。文帝开皇七年（587 年）令诸州岁贡 3 人，又考试秀才（过去由中正推荐，这时唯重才学）、明经。炀帝时又设进士科，科举取士制度化，士族势力又一次受到了打击。虽然这时科举取士人数还少，制度还不完备，但意义是很重大的。

（三）府兵制的演变

府兵制创设于西魏大统年间（535—551 年），是根据鲜卑族部落制度又糅合了秦汉征兵制而建立的一种兵制。从公元 6 世纪中叶开始至 8 世纪中叶才废除，持续有 200 年左右。关于府兵制的记载，唐朝以后的材料较多，学界已有定论。但唐以前，材料很少，而且矛盾与不可解之处颇多，各家之说法也不一致，现大致归纳如下。

1. 北魏的府兵制

府兵名称缘于因按地区设军府以统兵而来。从现在材料看，北魏初期即有军府之设，大体和北魏鲜卑部落军队即所谓六镇之兵有关，府兵的身份和权利与一般平民不同。其具体制度及再多的情况因材料不足而无法知道。有人据南朝亦有府兵之名而谓南朝亦有府兵，这是误会。

2. 西魏的府兵制

西魏府兵制度之较详记载，始于西魏大统年间，为宇文泰等关陇集团为谋求自己存在及发展，糅合鲜卑部落旧制与周官之制者，其内容如下。

第一，适应鲜卑八部旧俗，符合周礼六军之制。鲜卑旧有八部，府兵制则设八柱国以统兵，其一为宇文泰总领全军，一人为元魏宗室并无实权，实

北魏六镇形势图

六镇指的是北魏前期在都城平城（今山西大同东北）以北边境设置的六个军镇，自西而东为沃野（沃野镇分为中、东、西三连城，呈"凸"字形）、怀朔、武川、抚冥、柔玄、怀荒六镇，是为了防御来自北方的侵扰，拱卫首都平城。随着孝文帝大力推行汉化政策以及迁都洛阳，北方六镇的作用日渐式微，军镇将领也逐步失去往日优厚的待遇，政治地位和经济状况日益恶化。孝文帝正光四年（523年）六镇爆发起义，在起义打击下，北魏政权分崩离析，各族豪酋和汉族地主也受到沉重打击。各族人民在共同的起义过程中，加速了各民族间的融合。

际领兵者为六柱国，不仅符合周官六军之制，而且实际上符合宇文泰独揽大权的野心。一柱国督二大将军，一大将军督二开府，凡二十四开府。

第二，兵士据鲜卑旧制，分属各军将从其姓，不直隶君主。而且原则上武器给养都由六柱国准备，即直属部落首领。

第三，兵士是特殊阶层，从鲜卑贵族及后来的关陇豪右中选出（上户中等以上），与一般平民身份不同。自相督率不编户贯，实行世兵制，没有其他租调负担。半月训练，半月执勤（如巡警、守门等），完全不从事农业，兵农分离。由此可见，实际是保留了浓郁的鲜卑部落兵制色彩。

3. 北周的府兵制

北周承袭西魏制度，力图削弱鲜卑贵族及豪族力量，把军权集中到皇帝手中。周武帝时对府兵进行了两次改革。

第一，改军士为侍官，即侍卫天子，变更府兵部属观念，使之直隶君主，改变部落旧制。

第二，募百姓充之，除其民籍，兵民分籍，百姓已经可以人人为兵，改变此前只有鲜卑人才能为兵的制度。汉人当兵的更多，并且非全为贵族地主。出任大将军的很多是汉人。

4.隋的府兵制

隋文帝继承北周府兵制，灭陈以后，对府兵进行了根本性的改革。

第一，设十二卫，以统兵。军府改称骠骑府，后又改称鹰扬府。各府分隶于十二卫，士兵称卫士。军权集中在皇帝手里，中央集权加强。

第二，"凡是军人，可悉属州县，垦田籍账，一与民同。军府统领，宜依旧式"[1]。府兵一律编入地方户籍，在均田制下分得田亩，即与一般平民相同，兵士不再是社会特殊阶层，而是作为对国家负担特殊义务的农民（也包括地主）。另一方面，这些军士仍受军府管辖，世代为兵。有人说这是兵民合一或兵农合一。实际上，这是有条件的兵民合一（即非在一切场合下均如此），可避免有人借当兵逃避赋税，有利于中央集权。这也是府兵一次根本性质的转变。

具体说来，隋朝的府兵制在全国各个地区设军府，选择精壮富裕的农民编入军队，当兵农民受军府管辖，成为府兵，平时从事农业生产，农闲时受军事训练。他们不纳租调不服徭役，但军装、军粮、军器皆需自备（与西魏不同），平时要到首都或边疆去担任防卫，战时要到前线作战，他们对封建国家的负担比一般农民要重些。

由此可见，从西魏到隋朝府兵制度的改变，一方面是部落遗痕逐渐泯灭，另一方面是中央集权逐渐加强。这一变化到隋朝完成，唐朝府兵不过是继承隋制而已。新的府兵制不仅加强了中央权力，削弱了地方及豪族权力，而且可以使大量壮丁参加生产，又可节省国家财政开支，有利于生产的发展。

（四）隋律的制定

隋律是唐律的蓝本，而它又是依据北齐的法律制订出来的，隋律在中华法系发展史上占有重要地位。和前代法律，特别是汉代以后游牧部族统治时期的相对原始的法律相比，隋律是比较进步的。

---

① 《隋书》卷2《隋文帝本纪》，中华书局1973年版，第35页。

隋律中规定刑罚 5 种，从重至轻依次为死、流、徒、杖、笞。刑罚较前代有所减轻，废除以前的鞭刑、枭首、辗裂等酷刑。在量罪定刑上，也较过去为轻。如非谋叛以上，无诛族之罪；死刑只绞、斩两等；废除前代讯囚酷法；讯囚加杖不得过二百；等等。隋律条文也比南北朝时各种法律少了百分之五十到八十。隋律 500 条，梁律 2529 条，北齐 949 条，北周 1537 条。"自是刑网简要，疏而不失"[1]。在审判手续上，也比前代慎重。最初规定判错的案子可以依次申诉，直至上诉到皇帝；后来又规定各地判死刑的要送中央核定，甚至三奏而后刑。总体上看，隋代法律较前代有所减轻，人民生活较有保障，这对社会秩序的安定与生产的发展有一定积极作用。

但隋律仍然保留了南北朝时期依附关系与等级制度的痕迹，如主人可随意殴打部曲，即使打死部曲，只需一年徒刑，和打落平常人一颗牙齿相等，并在某些情况下还可免罪。主人侮辱自己部曲的妻女，法律不加过问；反过来部曲殴打主人，过失杀主或和女主人通奸，均为死罪。部曲和平常人有斗殴、杀伤等事，部曲罪加一等，平常人罪减一等。奴婢地位比部曲更低，法律规定他们和牲畜财产一样，主人只要报请官府，就可把他们随意杀死。

隋律是中国法制史发展的重要阶段，具有开创性，此后以隋律为蓝本的唐律，成为中国封建社会后世各朝法律的基础，其所创立的基本原则被后世王朝所遵循。

（五）隋朝政治经济措施的积极意义

隋朝的政治经济诸多措施，有极大的积极意义。第一，稳定与巩固了中央集权的政权，从而给社会带来安定；第二，有利于经济的发展与繁荣及社会财富的增加；第三，更重要的是打击地方豪族势力，削弱了士族特权。南北朝时期的士族在经济上的特权，由于均田制及输籍法的实行而衰竭；士族在政治上的特权也由于中央集权、科举制、府兵制的改变而逐渐消失；士族所保留的只是根深蒂固的特殊社会地位、门第、婚姻等，但缺乏经济政治基础，只靠习惯维持的特殊地位也在动摇之中，到唐时逐渐消失，至五代两宋而完全泯灭。

---

① 《隋书》卷 25《刑法志》，中华书局 1973 年版，第 712 页。

四、隋朝的营建工程

1. 营建东都

隋炀帝继位伊始，为了更好地控制东方，大力营建东都（洛阳）。先发丁男数十万人在洛阳的北、东、南三面掘一条弧形长壕，从龙门（今山西河津）到长平（今山西高平）、汲郡（今河南汲县）抵临清关（今河南新乡东北），渡河至浚仪（今开封西北）、襄城（今河南襄城）达于上洛（今陕西商县）作为保护洛阳的外围防线，并沿此线设置关防。

大业元年（605 年），即隋炀帝继位第二年，正式营建东都，每月征发

役丁 200 万人，并徙天下富商大贾数万家实之。新城周长 39 公里，又在东都内外大建宫室禁苑，其中最大的宫苑是西苑和显仁宫，周长超过百里。

此外，又在东都城内外修了许多大粮仓，以供应官僚机构及军队粮食。如前文所述最大的洛口仓（今河南巩义）仓城周围 20 里，有 3000 窖，每窖容粮 8000 石，仅这一处粮仓即可储量 2400 万石。

2. 开通大运河

隋炀帝最为著名的营建活动当属修凿大运河。隋代运河是利用前代运河旧道基础上修建而成。隋文帝时，为便利漕运，曾在开皇四年（584 年）沿汉代旧渠道修筑了广通渠，从大兴（长安）延伸到潼关，长 300 余里。开皇七年，为伐陈转运军需，又沿邗沟故道开山阳渎。到炀帝时，利用或疏浚已有的断续的运河，并开凿大段新河，修成了四段互相连续的运河，共长约2000公里。这就是后代所说的隋代大运河。隋炀帝共有三次大规模修建运河。

第一次，修凿通济渠和邗沟。大业元年（605年），发民夫前后数百万修通济渠，从洛阳附近的西苑沿汉阳旧渠道经巩县入黄河，到郑州之北的板渚，出黄河沿汉汴渠旧道（战国时的鸿沟）入汴，又从开封之东引汴水入淮。又发淮南民10余万修邗沟，从山阳（今江苏淮安）至扬子（今江苏仪征）入江。渠广40步，渠旁皆筑御道，植以柳。通济渠和邗沟的开凿，使黄河、淮河、长江三大流域连接起来。

第二次，新修永济渠。大业四年，发河北男女百多万修永济渠，从河南武陟县沁水入河处开始向东北沿卫河经山东德州入河北境，经现在天津达涿郡（今北京附近），把河北、山东、河南三省连接起来了。

第三次，修建江南河。大业六年，修江南河，从京口（今江苏镇江）到余杭（今浙江杭州）长800余里，广10余丈，将长江和钱塘江流域连接起来了，现在的江南运河名称就是那时候传下来的。

经过这三次大规模的开凿，大运河最终开通。它以洛阳为中心，北至今北京附近，南达杭州，纵贯今河北、山东、河南、安徽、江苏、浙江六省，连结海河、黄河、淮河、长江、钱塘江五大流域。

现代大运河河道和隋代已不完全一致，现代大运河的八段河道中，只有中运河（今邳州至淮阴）、淮南运河（今淮阴至扬州）和江南运河（今镇江至杭州）三段依稀犹存隋运河的遗迹。

隋炀帝营建东都、开通运河，旧史家往往归结为隋炀帝本人好大喜功，满足其追求奢侈的欲望，但最根本的原因却是由于政治、军事与经济的需要。

首先是政治及军事的需要。隋统治的核心区在关中，而当时处于敌对状态下的周边各族也都处于北边及西北塞外，故军事、政治重心在关中。但统一后，如何控制北齐的关东地区与陈的江南地区，就成了隋统治集团必须解决的一个重大问题。东都的兴建与运河的开凿就是为把政治、军事基地向东伸展，建立交通线，以加强对东方及南方地区的控制。此外，北到涿郡的永济渠的开凿，则是为了进攻高句丽转输的需要。

其次是经济的需要。魏晋以前，中国的经济和政治重心是在北方，特别是在关中地区。可是经过汉末魏晋五胡十六国的大变乱，北方受到严重的破坏，而江南经过东晋南朝的建国及南迁与当地劳动人民的开发，渐渐成为中国第二个重要经济区，主要是荆襄及长江下游地区。隋统一中国后，其基地关中地区经济始终未能重新恢复，庞大的军队及官僚机构的粮食需要江淮地区供应；另外，河北地区也是当时主要经济区。因此，建设东都，使洛阳成为关中军事、政治中心与关东大生产区及江南大生产区的联络点，就可缩短运输战线。而陆路又不如水运便利，中国的天然河流多是东西流向，因此，纵贯南北的大运河的开凿就有了必要。

运河的开凿其积极作用远远超出了某些人认为的只是隋炀帝为享乐巡游的狭隘目的，由于南北经济的发展，南北经济交流成为当时迫切需要。运河的开凿客观上符合了这种需要，成为古代南北交通的大动脉，使海河、黄河、淮河、长江、钱塘江五大流域经济、文化交流更加繁密，对中国经济文化发展有很大帮助。由于隋的年代短促，运河的作用还不十分显著，到唐宋时期就充分展现了其在历史上的积极作用。

由此可见，东都的兴建及运河的开凿正是隋朝巩固统治加强中央集权政策的重要组成部分。

3.筑长城与修驿道

隋代长城共有六次大规模修筑，分别是文帝时，581年、585年、586年、589年；炀帝时，607年、608年，目的是为防御突厥。规模最大一次是607年，发丁男百余万，筑长城，西到榆林，东到紫河（今内蒙古和林格尔南）。

此外，又凿山开道，以备巡幸和国防之用。重要的有两条，一条凿太行山，从洛阳对岸的黄河边到太原；一条从榆林之北到河北。

第二节　隋朝与周边各族的关系

一、隋朝与突厥

突厥在公元6世纪50年代时强盛起来，控制地区东到太平洋，西到巴尔喀什湖，南抵大漠，北到贝加尔湖。其军事力量超过当时东亚任何一个国家和民族。北周、北齐争相与之交好，但仍不免受其侵扰。隋初，突厥40万人大举南侵，东起平州（今河北卢龙），西至临洮（今甘肃），隋军全线崩溃。特别是延安到武威一线损失极为惨重。

隋朝统治集团清醒地认识到军事实力不足以对抗突厥，但突厥各可汗之间存在极大矛盾，政治上分化瓦解突厥是可行之策。因此，隋朝采取一方面严治关塞稳固防线，一方面离间分化的方针。581年，杨坚称帝代周，同年突厥佗钵可汗去世。突厥内部发生权力之争，沙钵略可汗摄图成为突厥大可汗，同时分立庵逻为第二可汗，驻牧于独乐水流域（今图拉河）；大逻便为阿波可汗，居于沙钵略东北；玷厥为达头可汗，居于乌孙故地（今伊犁河流域）；还有贪汗可汗，居于高昌北山。突厥汗位之争，最终以沙钵略可汗摄图的胜利暂时告终，但是突厥汗国内部大小可汗之间的矛盾却愈演愈烈。隋文帝开皇二年（582年），突厥沙钵略可汗命阿波可汗南侵，但被隋军击败。沙钵略借口阿波先退，袭击阿波。阿波投奔西部达头可汗，达头联合阿波与沙钵略对立，拒绝承认沙钵略可汗的宗主地位。突厥则正式分裂为二。

西突厥和契丹成为北突厥（东突厥）东西两翼的重大威胁。北突厥内部又有矛盾，于是沙钵略可汗迫于形势于开皇五年向隋称臣，愿以大漠为南北分界线。隋政府在免去北顾之忧后，才得以致力于出师伐陈。

隋统一全国后仍遵循远交近攻政策，扶持突厥北部的突利可汗，诱其率众南迁，并封之为启民可汗，以攻击沙钵略之子都蓝可汗（突利之兄）。602年，突厥主力远遁。603年，铁勒等部皆叛突厥大可汗，于是启民可汗成为北突厥唯一首领，与隋维持不侵不叛关系直到隋末。

突厥石人

学术界主流观点认为，新疆草原地区常见的石人属于突厥石人。我国著名考古学家黄文弼先生在20世纪50年代对新疆伊犁考察时发现了几尊石人，经过初步研究，他第一次提出了新疆草原石人就是突厥石人的观点。突厥汗国存在于公元6—9世纪，前后历时280余年。在中亚的哈萨克斯坦、吉尔吉斯斯坦、土库曼斯坦，以及蒙古国和我国新疆发现的众多武士型石人，是突厥汗国留在草原上的历史见证。草原石人分布比较广，具有代表性的是乔夏类型石人。乔夏类型石人是典型的武士型石人，多为圆雕，表现出了头、颈肩、两臂及服饰，雕刻了髭。右手或做托杯状，或做执杯状，左手握刀或剑。

隋炀帝西巡

大业五年（609年）三月，隋炀帝率10
万之众西巡，经扶风、陇西狄道，出
临津关渡过黄河到西平郡。隋炀帝西行
同时，隋军在覆袁川（今俄博河）合围
并歼灭了吐谷浑主力，吐谷浑可汗只十
余骑逃走，十万部众投降。炀帝在吐谷
浑故地设置西海、河源、鄯善、且末四
郡，发天下轻罪徒移此屯田，以实边
陲。九月二十五日，炀帝车驾回长安，
西巡结束。隋炀帝西巡，实现了征服吐
谷浑，打通丝绸之路的政治目的。

    隋朝对西突厥，也采取分化政策。隋炀帝扶植酋长射匮，立之为西突厥大汗，使攻原来的处罗可汗，处罗败奔。611年入朝被留。隋炀帝把西突厥分为三部，西突厥从此不再成为西北边患。

二、隋朝与吐谷浑及西域诸部

    吐谷浑是鲜卑慕容部的一支，西晋末在首领吐谷浑率领下西迁，辗转定居于青海一带。隋文帝时和吐谷浑有过多次战争。隋炀帝大业五年（609年），派裴矩经营西域，同时派杨雄及宇文述率兵大破吐谷浑，其王伏允逃走，隋在其地设郡县。隋的势力接着向西伸展，进入今新疆南部，派兵屯戍，但供给多要由内地运去，路途险远，人畜多半死亡，西北民众因此大困。

    在此前后，隋炀帝开始经营西域，使者到罽宾国（中亚古国，今印度河上流克什米尔）、王舍城（恒河旁）、史国（西域古国，阿姆河与锡尔河之间，中亚昭武九姓之一）。此后又令裴矩在武威、张掖等地招致中亚诸国，来朝贡的有30多国。破吐谷浑之后，在今青海及新疆境内设郡县，谪罪人为戍卒，保护南部。又设西域校尉负责接应来隋诸国使者。大业四年，高昌（西域古国，今新疆吐鲁番）使者来朝。次年，其王麴伯雅亲自来隋。其他如康、安、石（阿姆河及锡尔河流域）、焉耆、龟兹、疏勒、于阗等，均派使者来中国。

    中原和西域的商业也随之发展起来。当时和西域的交通比较便利，道路有三：北道为天山北路，中道为天山南路之北道，南路为天山南路之南道。许多西域商人到长安及洛阳来做生意。大业六年，隋炀帝在洛阳盛陈百戏，招待西域商人及许多周边各族酋长，并允许各族商人到洛阳丰都市交易。

三、加强与台湾地区的联系

台湾在当时称流求，很早即与内地交往不断，社会发展尚处于氏族公社时代，农业生产方法是"厥田良沃先以火烧而引水灌之，持一插，以石为刃，长尺余，阔数寸，而垦之"[1]，尚用较原始的石器。大业三年（607年），隋炀帝令朱宽入海求访"异俗"到了流求。大业六年，派陈稜和张镇州率军巡视流求，"流求人初见船舰，以为商旅，往往诣军中贸易"[2]。可见，台湾地区此前即和大陆有过商业往来。陈稜率军巡视流求。从此台湾岛与内地的经济、文化联系日益加强，并成为中国的一部分。

第三节　隋朝的对外政策

一、隋朝与东南亚

越南北部自汉代以来皆为中国州郡。今顺化（越南中部）以南为林邑国，林邑屡屡侵扰北方郡县。隋文帝末年出兵攻打林邑。炀帝大业元年（605年），林邑战败，向中国朝贡。大业年间，南海诸国有十多国使者来中国，其中包括赤土（马六甲）、真腊（柬埔寨）、婆利（婆罗洲）。隋炀帝曾派屯田主事常骏出使赤土。当时的主要交通口岸是广州。日本也曾多次与中国互派使者，中国文化即因此更多地传入日本。

隋朝经过文帝、炀帝的经营，疆域在大业年间达到极盛，东南到大海，最南到日南（今越南东北），西至且末，北至五更（今内蒙古），成为当时亚洲乃至世界疆域最广、文明程度最高的国家。

---

[1]　《隋书》卷81《流求国传》，中华书局1973年版，第1824页。

[2]　《隋书》卷64《陈稜传》，中华书局1973年版，第1519页。

二、隋朝与朝鲜半岛及三征高句丽[①]

从公元前 1 世纪的末期起，朝鲜半岛上新罗、百济、高句丽三国并立。新罗在半岛东南，百济在半岛西南，高句丽在半岛北部及辽宁、吉林和黑龙江一部分。三国中，高句丽最为强大，其极盛时北隔松花江、图们江与漠河为邻，西南则与营州（今辽宁朝阳）地相接。离隋富庶的河北不远。高句丽的存在，对中原王朝对东北亚地区的控制造成巨大的威胁。

隋文帝曾以驱通漠河，违禁契丹，暗中收买中国政府弓弩匠，促之逃亡高句丽，侵扰边境军等罪名，于开皇十八年（598 年）发 30 万人，分道进攻高句丽。但陆军因逢水潦，粮食不济，水军遭风而均告失败。

隋炀帝继位之后，在对外战争不断胜利的鼓舞之下，再度酝酿出征高句丽。大业六年（610 年），隋炀帝制订了一个庞大的军事计划，企图一举击败高句丽。隋炀帝用全年时间做进攻高句丽的准备工作。大业八年春，隋朝调动 113.8 万大军，号称 200 万，在隋炀帝亲自指挥下，分陆海两路，由涿

---

① 　高句丽和高丽并非同一概念。高句丽是中国古代东北地区的少数民族政权，起源于吉林，后来进入朝鲜半岛发展。主要民族构成是扶余人和濊貊人，后又吸收一部分靺鞨人、古朝鲜遗民及三韩人。南北朝时，高句丽消灭了建国东北地区的扶余国，疆域大大扩展，辖境包括今天的辽宁、吉林省部分地区，朝鲜全境和韩国的部分地区。隋炀帝曾三次亲征高句丽。唐朝继续征高句丽，高宗总章元年（668 年），右威卫大将军薛仁贵攻破高句丽都城平壤，至此，高句丽国亡，其民众大多与东北、华北当地民众融合。其土被唐朝和朝鲜半岛的新罗国瓜分。

　　高丽，是公元 9 世纪末（中国的五代时期），新罗人弓裔在混战中统一了朝鲜半岛创建的国家，名高丽国。弓裔后被属下大将王建杀死，王建成为高丽王朝的国王，由此进入了王氏高丽的历史时期。王氏高丽历 34 世，享国 475 年，先后向后唐、后晋、后汉、后周、北宋、契丹（辽朝）、金朝、蒙古（元朝）、明朝等称臣，国土大体上相当于今天朝鲜半岛中南部。1392 年，李成桂废黜高丽末代君主恭让王自立，建立了朝鲜王朝。高丽国至此不复存在。

　　高句丽和高丽从民族构成、存续时间、国土范围、文化渊源等方面都是不同的，应严格区分。但旧史书中往往有所混用。以两晋南北朝为分野，晋及之前称呼以高句丽为主，南北朝及之后以称呼高丽为主。《隋书》和两《唐书》在记述高句丽史事时，往往以"高丽"代指"高句丽"。如《隋书》，高丽出现 112 处，高句丽仅仅出现一处。又，包括《中国大百科全书》隋唐五代史部分在内的众多书籍，两种称呼都交相使用，而没有加以说明。这都是造成后人认识混乱的重要原因。

　　这里为加以区分，把隋唐史籍中出现的"高丽"，统作"高句丽"。

郡、东莱出发。陆军发一军相距 40 里，40 日才发完，首尾长达千余里。出关之后，兵分二道，计划在平壤会师；水军则支持陆军。但隋军出师不利，起兵前就爆发了山东农民起义，行军中又受到恶劣天气和补给困难的影响，隋炀帝亲自指挥，诸军处处请示，往往贻误战机，高句丽军民又殊死抵抗，致使隋军陷入被动。先是水军擅自进攻平壤，战败先还，陆军渡过鸭绿江后在朝鲜北部被高句丽军击败，渡江的 30 余万军队几乎全军覆没。隋炀帝只好狼狈收兵。

隋炀帝不甘心失败，大业九年（613 年）春，又大肆征调，发动第二次征高句丽的战争。这时农民起义风起云涌，隋朝统治集团内部矛盾激化，两军正在相持间，得到杨玄感起兵的报告，隋炀帝引军即还，军资器械全数损失。

大业十年，隋炀帝再次调兵，打算进攻高句丽。这时国内局势已经混乱，所征兵多不前来，高句丽因连年战争也颇为困弊，因此遣使来降。隋军随即班师，第三次征伐也就草草结束了。

隋炀帝征讨高句丽之所以失败，一方面是高句丽的顽强抵抗，另一方面则是国内矛盾激化导致隋军实力受损。进攻高句丽的战争使广大民众陷入贫困和破产的境地。在进攻高句丽之前，国内就爆发过农民起义。到第三次进攻高句丽时，农民起义已在全国范围内普遍发生，阶级矛盾发展到了最高峰，隋王朝也到了崩溃的边缘。

第四节　隋炀帝的统治与隋末农民起义

一、隋炀帝的统治

仁寿四年（604 年），隋文帝死，其子杨广继位，史称隋炀帝。他继位之后，利用雄厚的国力，修驰道，筑长城，四方巡游，宣扬国威，加强统一；为更有效地控制关东和江南地区，营建东都洛阳，开凿运河，打通南北水路交通，顺应并推进了经济重心南移的历史大趋势；积极进行了一系列制度创设和改革，尤其是科举制的确立，不仅适应了当时社会阶层变动的需要，也奠定了选拔人才的基本标准，影响了其后一千多年的历史。隋炀帝继承其父文帝杨坚的统治，积聚了大量财富，但不恤民力，三征高句丽、三游江都（今江苏扬州）、屡起兴造、征伐不已，最终引发内叛外乱，在席卷全国的农民起义和各地贵族军阀群起割据的夹击中，继位短短14年，盛极一时的隋王朝便土崩瓦解，隋炀帝本人也命丧江都。

隋炀帝杨广像

1.隋立国后的政策局限

在隋立国之初，以隋文帝为代表的统治集团实行了一系列减轻农民负担、改良政治、打击士族的政策。这些政策的实施，使隋得以统一全国，并且富强起来。但是在隋统一全国以后，这种政策特别是其经济方面就渐渐被放弃了。这是因为：第一，隋的统一是统治集团内部互相兼并的结果。旧的豪族势力并没有受到严重的打击，即使是隋实行的某些打击豪族的政策，不仅带有很大的局限性（如均田制之优待官僚贵族），而且也往往不能彻底贯彻，如大索貌阅之法推行过急，在江南的推行引起江南豪族高智慧等在文帝开皇十年（590年）起兵反抗。在镇压了豪族反抗之后，也就不在江南推行貌阅之法了。第二，上述政策主要目的是为统一战争的需要，经过初期一系列镇压措施，隋政权的统治已经巩固，打击与限制豪族，减轻农民负担的政策就不是当务之急了。第三，在取得全国政权后，统治集团本身也逐渐腐化，不可能再积极实行打击豪族和减轻农民负担的政策了。从隋文帝晚年开始，政策渐渐转变。一方面，封建国家开始过度地役使民力，开皇十三年，隋文帝造仁寿宫，工程浩大，期限紧迫，官吏严加督促，民夫死者上万人，尸体就抛在路旁，有的埋在楼下，以致入夜鬼火遍野。另一方面，土地兼并日益加剧，有的狭乡地区，每户才能分到20亩土地，不到均田规定授田的四分之一。国库虽然充实，人民却颇为贫困，一有水旱就要流亡。开皇十四年，关中大旱，隋文帝粮储充足却不赈灾，而令百姓扶老携幼去关东就食，以致唐太宗说"隋文不怜百姓而惜仓库"。

只有执行打击士族豪强、减轻人民负担的政策才能保持隋王朝的强盛和统一。但是隋的统治者已经不能再继续实施这一政策了。隋的国内矛盾必然发展起来，势必不能再维持富强统一的局面，这是历史发展的必然性。隋炀帝的暴政只不过是加速了这一进程的速度而已。

2. 隋炀帝的暴政

隋炀帝所进行的一些巨大的营建工程，固然都有积极意义，但与此同时而来的是大量人力、物力、财力的浪费和应役民夫的极端恶劣的生活与悲惨的死亡。修建东都的 10 个月中，每月役丁达 200 万人，由于官吏督促严格，民夫死者达十之四五。营造东都工事所需大柱，均从江南运来，一柱需费数十万。修建洛阳皇城宫苑又役百万人左右。此外，到处修建离宫，从长安经洛阳到江都，即有 40 余所。风景优美之处，如渭南、涿郡、太原、徐州等处也都大建宫室。

这些营建工程相随而来的是隋炀帝到处巡游，这种巡游很大程度上带有炫耀统治阶级的豪华与威武之意图，却使人民遭到极大的痛苦。大业元年（605 年），隋炀帝从东都坐船去江都，各色船只不下 5000 艘，长度达 200 余里。大业二年（606 年），隋炀帝从陆路回洛阳，大肆修建车路、仪仗，用费 20 余万。为了装饰车辆和仪仗，令天下各州县置办鼓角、皮革、毛羽，期限十分迫促。百姓遍地撒网捕捉禽兽，仍不能供应，只得以高价向富豪之家购买，以致一只野鸡尾也要十匹绢的代价。隋炀帝在位 14 年中，待在长安的时间不足 1 年，到处巡游却占了绝大多数时间。北到长城，西到张掖，南到江都，所到之处不胜其扰，州县官吏供应丰富就能加官，稍不如意就被谴责、免官甚至处死。因此，官吏拼命剥削百姓，从中自肥。此外，兵役和战争也使大量民众死亡。征吐谷浑之役，路遇大风雪，冻死一半以上士兵。攻打林邑，士卒患脚肿病，死者十之四五。巡视流求，死者十之八九。

大业六年（610 年），征天下有奇技人汇集洛阳端门，大演百戏，令官吏打扮得很华丽，向当时在洛阳的少数民族及外国人夸耀，持续一个月才结束。少数民族人请求到市内交易，隋炀帝又大肆铺张，甚至用缯帛缠在树上，以示奢华。由于兴发大役，奢侈浪费，民众的负担等于多交若干年的租赋。但更严重的是徭役，通济渠 100 多万民工修五个月，全部工程共用一亿五千万工，按全国人口 890 万户平均计算，在五个月内每户大约出了 20 个人工，并负担了 20 天力役，仅此一项就达到法律规定的应服役的天数。修永济渠时，丁男不够，甚至征调到妇女。在隋炀帝统治期间，这种征调十分常见。每年几乎总有几十万到二三百万人在服役，不仅役期超过规定，而且又在农忙时动工，因此，更严重地妨害了农业生产。再因为督促的官吏十分贪暴，许多人死于繁重的劳动。在这样的情形之下，普通民众当然无力克服天灾，因此，隋末灾荒特别严重。大业七年秋，大水淹没 30 余郡。大业八年，山东等地大旱灾，死人更多。其后，关中又发时疫，大旱，死者尸骸相枕。接连不断的灾荒之下，出现了耕稼失实，田畴多荒，"黄河之北，则千里无烟；江淮之间，则鞠为茂草"①的局面。统治者虽然存有大量粮食，却不肯开仓赈济，以致人民以树皮、树叶充饥，甚至煮土浆为食。

与经济的残酷剥削和沉重的役使掠夺同时，隋朝的政治也日益腐化。官僚们大都贪赃枉法。如杨素任用私人，"若有附会及亲戚，虽无才用，必加进擢"②，任意杀人，权贵卖官鬻爵，徇私枉法。由于隋炀帝的暴政，隋内部的矛盾顿时发展到极端尖锐的程度，而隋王朝因此也濒于崩溃的边缘。

二、隋末农民大起义

隋末农民大起义规模浩大，大致分为三个阶段：611—613 年，山东长白山王薄起义到杨玄感兵变；613—616 年，杨玄感兵变到农民军三大集团的出现，全国性起义形成；616—618 年，三大义军集团形成到隋的灭亡。

（一）山东地区农民起义的爆发

大业七年（611 年），隋炀帝为进攻高句丽而进行第一次大征调时，邹平人王薄首先聚长白山起义（今山东章丘、邹平境内），自称知世郎，作《无向辽东浪死歌》③，号召农民起来反抗，躲避军役的农民纷纷投归。不久，平原富豪刘霸道聚负海带河、地形深阻的豆子䴚（gāng）（今山东惠民）起义。漳南（今山东恩县）人孙安祖家为大水所淹，妻子饿死，县令还强迫他去服军役，孙安祖杀死县令，逃到友人窦建德（上层农民）家里。窦建德此时被征为 200 人长，乃召数万逃兵及无产平民，由孙安祖率领，占据广数百里的高鸡泊（今山东恩县西北）。不久，郡吏以窦建德交结起义人民，杀其全家，窦建德乃率同被征发的 200 人投高鸡泊参加起义。清河（今山东夏津）人张

---

① 《隋书》卷 70《杨玄感传》，中华书局 1973 年版，第 1617 页。
② 《隋书》卷 48《杨素传》，中华书局 1973 年版，第 1288 页。
③ 歌词今不传，从歌名可知，系号召民众反对隋炀帝进攻高句丽。

金称聚众数百在夏津河阻之中起义。高士达率众千余在清河（今河北清河）起义。这样，在今天的冀鲁豫交界地区，以北方的涿郡及南方的东都为起义两极，以永济渠为中线的地区，起义纷纷爆发，而且长白山、高鸡泊、豆子䴚不仅在此时也在以后成为起义军的重要根据地。

起义首先在山东爆发并不是偶然的。一是山东人口集中，当时占全国人口40%以上，地方豪族势力大，土地集中的情况最为严重；二是隋炀帝继位以来的多项力役多落在山东人民头上，特别在大业六年（610年）以后，这里接近征高句丽前线，是进攻高句丽的军事基地与供应基地，民众负担的兵役徭役最重，剥削也重，骚扰也多；三是天灾不断，大业七年山东发生大水灾，40多郡中有30多郡被淹没，但人民负担却丝毫未减。因此，山东地区就成为当时阶级矛盾最为尖锐的地区。此外，这里岗峦起伏，河渠众多，也便于起义军的集结和活动。此时起义军规模较小，多者千人，少者数百，却能存在和发展。大业九年，隋炀帝为了进攻高句丽进行第二次大征调时，起义进一步发展起来，起义军达几万至十万人，已可攻夺小城邑。在大业九年上半年全国较大规模的起义军有七支，除一支在今甘肃地区外，其余都在山东地区。

（二）杨玄感起兵

农民起义打击了隋统治者，促使统治阶级上层内部分裂。炀帝大业九年（613年）六月，隋开国功臣楚国公杨素之子礼部尚书杨玄感在黎阳起兵反隋。隋文帝、隋炀帝统治政策原本就使旧贵族集团颇为不满，上层内部矛盾暗流涌动，这表现在：第一，关陇集团中从北周以来，宇文泰与杨坚这派掌握着大权，其他几柱国权力渐衰而没落，如李密（八柱国李弼后人）即为没落贵族；第二，关陇集团中的新贵，由于隋文帝、隋炀帝加强中央集权，也与皇帝有一定矛盾，如隋炀帝嫉恨杨素，而杨玄感就是杨素

杨素像
杨素（544—606年），字处道，弘农华阴人。隋朝权臣。出身北朝士族，与杨坚深相结纳。杨坚为帝，任杨素为御史大夫，统军平陈。灭陈后，晋爵为越国公，任内史令。帮助杨广夺取帝位，后拜司徒，改封楚国公，杨广即位后对其颇有猜忌。去世后谥曰景武。

之子；第三，上层统治集团与地方豪族矛盾。这就是大批中小地主及地方豪族参加起义或独立起兵的原因。这些矛盾随农民与统治者矛盾之激化而发展起来。杨玄感就是在这种形势下起兵的。

杨玄感起兵标榜为"为天下解倒悬之急，救黎元之命"[1]，不仅贵族地主纷纷参加，同时也得到广大民众的支持，队伍很快发展到十万人。这时隋炀帝正屯兵高句丽，国内空虚陷入被动。但是，杨玄感没有利用这样的有利时机和条件，在战略上犯了严重错误。他没有采纳李密的长驱山海关、遏隋炀帝退路的上策；也没有选择直捣长安动摇隋之根本的中策，反而攻击防守坚固的洛阳，屯兵城下四五十天，使隋炀帝得以迅速从高句丽前线撤兵反击。结果，杨玄感兵败自杀。杨玄感起兵虽然失败，但却有很大影响。第一，农民起义推动杨玄感起兵，杨玄感起兵反过来又推动农民起义的高涨。江浙、河南不少人起兵响应，队伍达到10多万人，使起义地区扩大。第二，吸收许多统治集团中的反隋人士，造成统治阶级的分裂，削弱隋的力量，便利农民起义的发展。第三，导致第二次征高句丽战争的失败。

（三）全国性农民大起义的形成

杨玄感的起兵，使起义地区扩大到全国。到大业九年（613年）年底，今陕西、广东、浙江等地也出现了人数不等的起义队伍，全国性大起义已初步形成。大业十年二月，隋炀帝又进行第三次大征调以进攻高句丽，激起了范围更广、规模更大的起义。据史书记载，大小起义队伍就达130多支，参加人数约达三四百万，起义地点遍于全国。就连隋统治阶级的腹心地区关陇、河洛一带，也出现了起义的旗帜。全国性大起义形成了，河北、河南、山东及江淮等地仍是起义中心。

隋朝统治者对待起义军的办法是残酷的镇压。隋朝动员了大量军队来镇压起义军。大业十年（614年）以后，更是以全力镇压起义，其措施为：第一，分派高级官员负责固定防区专门镇压。如派屈突通为关内讨捕大使，李渊为山西河东抚慰大使，张须陀为河南道十二郡处置讨捕大使。第二，派出最精锐的部队，包括护卫军队，如陈稜、王辩、杨义臣等部投入战斗。第三，采用坚壁清野的办法，勒令百姓集中居住，下令城镇、村庄都筑城堡，企图割断起义军的补给来源及其与民众的联系。第四，疯狂

---

[1] 《隋书》卷70《杨玄感传》，中华书局1973年版，第1617页。

屠杀民众。杨玄感兵败，隋炀帝说"玄感一呼而从者十万，益知天下人不欲多，多即相聚为盗耳"①，于是，裴蕴、樊子盖等秉承上旨，一次活埋3万人。王世充击溃江浙起义军，也一次坑杀3万多人。农民起义军虽遭到局部失败，处于被围战的被动局面，但总的来说，力量还有发展，战斗经验也日益丰富。大业十年（614年）以后，山东、河北的起义军不但巩固了自己的据点，而且向江淮地区发展，其中的孟浪、卢明月二支先后被隋军击败，但杜伏威、李子通等部却因合并了当地义军而日益壮大，使隋的南方重镇江都受到严重威胁。

（四）农民军的三大集团

从炀帝大业十二年（616年）下半年开始，农民军渐渐形成了三大集团，并且产生了各自的核心领导者。分别是河南一带李密领导的瓦岗军、河北窦建德的起义军和江淮一带杜伏威的起义军，其中以瓦岗军最为强大。

1. 瓦岗军

瓦岗位于山东、河南交界。首领翟让曾做过东郡法曹这一小官，手下多是山东一带善使长枪的渔猎手，故这支起义军成为附近义军中最强大的一支。但由于其处在最冲要地区，不宜发展，又屡被隋将张须陀打败，直到炀帝大业十二年（616年）李密参加瓦岗军后才起了变化。李密是西魏八柱国李弼之后，属没落贵族，曾参加过杨玄感起兵，败后逃脱。李密参加瓦岗军后，首先团结了附近许多支小起义军。大业十二年（616年）十月，张须陀率军2万进攻瓦岗军，李密抓住张须陀轻敌冒进的弱点，设伏引诱张须陀，隋军大败，张须陀自杀。这是农民起义第一次大的胜利，河南郡县为之震动，这是农民军在军事上取得主动地位的开端。大业十三年二月，李密、翟让攻下巩县附近最大的粮仓兴洛仓（洛口），开仓任百姓取食。这样，瓦岗军不但解决了自己的粮食问题，而且也得到广大民众的拥护，队伍大为发展。紧接着又击败东都派来进攻的隋军。李密被翟让等推为瓦岗军的领导者，同时成为赵魏（今河北）以南、江淮以北的盟军的盟主，多地义军纷纷归附，瓦岗军发展成为几十万人的庞大队伍。瓦岗军攻下河南大部分郡县，同时占领黎阳与回洛二仓，与隋军展开了争夺东都的斗争。隋军一再增援，先后投入几十万军队，在王世充指挥下，与李密相持。虽然互有胜败，

---

① 《隋书》卷67《裴蕴传》，中华书局1973年版，第1575页。

但瓦岗军仍占优势。大业十四年年初，王世充全军溃败，部下勇将王辩等先后被杀，王世充只剩残兵数千，躲入东都，不敢出战。东都几乎被瓦岗军包围了。

2. 窦建德起义军

大业十二年（616年）年底之后，河北义军在窦建德领导之下，也转入主动。窦建德当时是高士达部下。十二月，隋大将杨义臣亲自攻张金称，并派涿郡通守郭绚率兵万余攻高士达，窦建德用计大败隋军。但杨义臣却在击溃张金称部后又击杀高士达，河北义军余众集合在窦建德周围，很快就发展到十几万人。大业十三年正月，窦建德于乐寿（今河北献县）称长乐王，攻占河北许多郡县。七月，隋炀帝令涿郡留守薛世雄率河北精锐3万南下，解东都洛阳之围，并相机镇压沿途多地起义军。窦建德得知这个消息，乃选拔数千精锐埋伏于河间南境水泊之中，同时扬言害怕薛世雄要回豆子䴚。正在行军的薛世雄乃不设备，窦建德见突击时机成熟，遂率勇士1000人，乘雾发起攻击，先击溃驻扎在薛世雄附近的河间多县兵力，使之自相惊扰，然后进袭，薛世雄军大乱，自相践踏而死者即有1万多人，薛世雄逃回涿郡，余下隋军均成了俘虏。此役不仅有力地配合了瓦岗军，而且也从根本上打开了河北的局面。从此，河北郡县大都被窦建德乘胜攻下，隋仅能控制几座孤城。

3. 杜伏威起义军

杜伏威16岁即参加长白义军，十分勇敢。大业十年（614年）率部移到江淮，打了许多胜仗，并歼灭隋炀帝禁卫军。大业十三年正月，隋炀帝再派陈稜率关内精兵8000进攻杜伏威。陈稜征过流球，是隋军勇将，他打算屯兵不战，但杜伏威送他一身女人的衣服，称之为陈母，以激怒他。陈稜愤然出战，结果大败。杜伏威乘胜攻取江淮广大地区，江淮之内小股起义军纷纷归附，杜伏威义军成为这个地区最强大的力量。

三、隋炀帝局势失控与隋的灭亡

以李密领导的瓦岗军为中坚，窦建德、杜伏威为左右两翼的农民起义军在与隋军的战斗中取得了决定性的胜利，隋军一再战败，隋政权的统治在起义军的沉重打击下，已几近崩溃。到炀帝大业十四年（618年），隋所控制的北方只有洛阳和其他几座孤城，南方只有江都附近一小块地区，且都被起义军切断了联系，隋的灭亡已是不可避免了。

1. 官僚贵族的起兵反隋

农民起义军动摇了隋统治的基础，这种形势被多地的官僚地主所利用。从炀帝大业十二年（616年）年底起，正当李密和隋军在洛阳大战的时候，今河北、山西、甘肃、湖南、湖北一带的地方势力纷纷组织反隋军队，脱离了隋的控制，其中势力最大的是李渊。地方军阀的起兵，有几点是值得注意的：第一，他们多在边远地区及隋的控制力较弱的地区，决定了他们对隋政权的打击决不能与中原地区的农民军相比；第二，他们在自己控制的地区内镇压农民起义，因此削弱了农民起义的力量；第三，在西北的地方武装为李轨、薛举、梁师都、刘武周等，多半向突厥称臣，求得保护，并且成为日后统一战争中的严重阻碍。所以，地方军队的兴起，虽有其削弱隋统治的一面，但从总的方面来看，对农民起义的开展是起了阻碍作用的。这里面只有李渊的情况比较特殊。

2. 李渊进兵关中

李渊是北周八柱国李虎之孙，隋文帝文献皇后独孤氏是其姨母，虽然他的家族不像李密家族业已破落，但也不如西魏北周时显赫。炀帝大业十一年（615年），李渊被隋政府派为山西河东宣慰大使，镇压农民起义，先后击败了一些起义军，反而遭隋炀帝的猜忌，陷于矛盾之中的李渊看到农民军已基本上摧毁了隋的统治根基，多地割据武装纷纷兴起，为了保持自己的地位，开始伺机而动，遂派长子李建成去河东，次子李世民在太原，分头联络地方势力。大业十三年五月，李渊在太原起兵，杀掉隋炀帝的亲信、太原副留守王威，利用当地所积贮的雄厚物资，二十余日就召集数万人的队伍，并决计西进关中。

3. 隋朝的灭亡

隋朝盛极而衰的转折点大致为大业十年（614年），此时，隋炀帝刚刚平定杨玄感的反叛，统治集团四分五裂、各怀异心，全国各地"盗贼"蜂起。他仍不顾群臣的反对，兴起第三次征高句丽战役，虚功而返。大业十一年，又匆忙第三次北巡，以镇抚雄踞北方、屡为边患的突厥。不料，早已觊觎中原的突厥始毕可汗率数十万骑兵突袭，将隋炀帝围困在雁门，幸亏远嫁始毕可汗的义成公主出手援救，谎称"北边有急"，始毕可汗撤围，隋炀帝才逃过一劫。脱险后，他从太原回到东都洛阳，面对中原狼烟四起的严峻局势，却下诏建造数千艘龙舟，准备三下江南。大业十二年，瓦岗军在河南连战连捷，攻破金堤关，占领荥阳诸县，消灭张须陀，声势大振，中原局势已经失去控制。隋炀帝没有选择坚守洛阳，也没有听从臣属"百姓疲劳，府藏空竭，盗贼蜂起"[①]，应及早返回京师长安的劝谏，整日沉湎于声色。同时继续为南游做准备，征集江南10郡兵数万人，大事建造毗陵（今江苏常州）宫苑，周围12里，其中有离宫16所，另建凉殿4所，仿东都西苑之制，"奇丽过之"。七月，隋炀帝便迫不及待地乘坐造好的龙舟三下江都。大业十三年，隋炀帝离开东都洛阳后，中原局势急转直下。李密领导的瓦岗军攻占兴洛仓，开仓赈济，迅速聚集数十万民众，发布讨隋檄文，全力进攻东都，彻底断绝了隋炀帝返回东都之路。王世充抵挡不住只能退保洛阳。李渊从晋阳直入关中，另立杨侑为恭帝，遥尊炀帝为太上皇，明显有取而代之的意图。全国各地义军蜂起，连江南也有杜伏威、辅公祐义军如火如荼。大业十四年，隋炀帝已失去对局势的控制。曾照镜对萧皇后说："好头颈，谁当斫之？"又说："外间大有人图侬，然侬不失为长城公（陈后主），卿不失为沈后（陈后主妻）"，并自嘲说："贵贱苦乐，更迭为之"[②]。他选江南美女充斥后宫，宫中设百房，每房有众多美女轮流做东设宴，整日酒杯不离手，昼夜狂饮。随驾南下的10多万侍卫骁果将士，大多是关中人，"见帝无西意，谋欲叛归"[③]。特别是听到李渊进兵关中，更是军心浮动。统领骁果的虎贲郎将司马德戡等，推关陇贵族时任右屯卫将军的宇文化及为首，联络宫内外各关键部门人员，并放出谣言"陛下闻说骁果欲叛，多酿毒酒，因享会尽鸩杀之，独与南人留此"，迫使骁果将士"谋叛逾急"[④]。三月十日晚，数万骁果将士举火起事，攻入宫中，炀帝被缢杀而亡。历时38年的隋王朝至此灭亡。

4.隋末农民大起义的特点及作用

（1）隋末农民大起义的特点。第一，起义不仅源于国内的阶级矛盾的尖锐与发展，而且与隋朝与周边民族的矛盾与斗争的发展直接联系着，隋炀帝为发动征高句丽的战争促成了农民起义，而农民起义的发展反过来又导致隋炀帝征高句丽的失败。

---

① 《隋书》卷 65《赵才传》，中华书局 1973 年版，第 1541 页。
② 《资治通鉴》卷 185，中华书局 1956 年版，第 5775 页。
③ 《隋书》卷 85《宇文化及传》，中华书局 1973 年版，第 1888 页。
④ 《隋书》卷 85《宇文化及传》，中华书局 1973 年版，第 1889 页。

第二，起义更与统治阶级内部的矛盾和斗争直接联系着。农民起义促使征高句丽过程中的隋统治阶级内部矛盾日益增长。关陇集团内部、关陇集团与地方豪强矛盾尖锐化，促使统治阶级一再分裂，而这一分裂就促使隋统治集团更加削弱，而使得起义发展，各地军事武装势力、官僚贵族最终也加入了反隋的战争。

第三，起义首先发生在山东地区，并且主要也是在山东地区，这充分说明了政治、经济的发展与阶级矛盾发展的不平衡性。起义活跃地区不仅给予隋巨大打击，同时也给予山东士族重大打击。

第四，农民起义本身具备了以下的一些特点：一是隋末农民起义是秦汉以来农民起义中规模最大的一次。二是起义具有分散、复杂等弱点，斗争口号、直接指向还是比较低级的。各支起义队伍不相统帅，各自为战，没有中心力量，没有统一作战目标与计划，即使后来主要形成三大集团，但仍是一些小股组织，力量分散，甚至互相吞并。这是农民起义不可避免的特点与弱点，根源是封建经济的分散性与小农经济的落后与保守性。在这次起义中，这一点表现得更为明显与突出。三是比起过去的起义，这次起义有了很大的进步，主要表现在有了较强的军事领袖，积累了更丰富的战争经验，而在某些地区如窦建德、杜伏威，也有建立政权、进行改革的尝试。但总的来说，这次起义就其直接目标和斗争口号来看，仍是处于农民起义的低级阶段。农民之起义只是反抗隋的暴政，反抗隋炀帝的残暴统治，还没有更具体的政治、经济要求或纲领，起义农民和反隋的其他军阀与地方武装往往看不出有明显的区别，甚至能共同作战。

（2）农民起义的作用。隋末农民起义推翻了腐朽的隋王朝，使新的比较符合生产力发展要求的政权有了出现的可能。一方面农民有可能再度正常从事生产，从地主手中夺取了部分土地，迫使唐初统治者必须采取缓和矛盾、恢复经济的措施，农民获得喘息的机会。另一方面打击了腐朽的地主阶级特别是北朝以来的山东士族。这些士族在南北朝末期渐渐失去势力，到唐朝初年，其社会地位已经下降到只有依靠旧时门第，以多纳货贿、广为贩鬻或买卖婚姻来维持其存在了。由此可见，作为社会残余而存在的山东士族，乃是经过隋末农民起义的扫荡才失去他们原先的经济力量和社会地位，但对社会的影响仍然存在了一段时间。

第二章 唐前期的政治与经济

618 年唐建立至 755 年安史之乱通常称为唐前期，唐前期以唐玄宗开元元年（713 年）为界分为初唐、盛唐两个阶段。唐前期从政治上看，是中国封建社会发展的第二个高峰期，许多重要的政治制度都在此时期实行并有所发展；而唐后期则是形成藩镇割据局面，几经周折、逐渐衰落乃至灭亡的阶段，或以唐文宗开成元年（836 年）为界，分为中唐和晚唐两个阶段。安史之乱前是唐朝繁荣的顶点，而安史之乱正是唐朝由盛而衰的开始。从经济上看，唐前期具有某种国有土地制度因素的均田制占主要地位且达到这一制度的顶点，唐后期则私人地主经济占主要地位，税收制度也随土地所有制的变化而变化。唐前期商品经济逐渐活跃，而唐后期商品经济、城市、私人手工业作坊有更巨大的发展。从唐王朝对周围各族关系上看，唐前期是向外扩展的，而唐后期则向内收缩。从文化的发展上看，唐前期是孕育时期，盛唐开启并延续到中晚唐，文化艺术有了空前的发展。唐代历史贯穿在这一切变化中的基本线索是随社会经济特别是商品经济的发展，促使社会阶级关系变化，庶族地主代替门阀地主。土地所有制的变化，引起了社会生活一系列的变革，并且改变了社会结构和矛盾，但也不能忽视唐代历史发展的继承性，这在社会经济及文化的发展中表现得特别明显。

第一节　唐朝的建立和唐前期的统治

一、唐朝的统一

（一）隋灭亡后的历史形势

618 年，隋炀帝被弑，隋朝灭亡。以此为分界线，隋末农民大起义明显地分成了两个不同的阶段。前一阶段战争目的主要是推翻残暴腐朽的隋政

唐章怀太子墓壁画

唐朝建立后，对隋末各地的起义军和割据势力进行了长期的战争。主要有：薛举薛仁杲父子（618
年）、刘武周宋金刚（619—620 年）、王世充（620—621 年）、李子通（620—621 年）、窦建德（621 年）、
萧铣（621 年）、林士弘（621—622 年）、刘黑闼（621—624 年）、辅公祏（623—624 年）等地方军
事集团的斗争。唐政权在 624 年基本统一中原，628 年，柴绍率军消灭依附突厥的梁师都，唐朝统
一战争最终结束。

权，战争的性质是农民战争；后一阶段战争的目的和性质就较为复杂。[1] 隋
炀帝死后以反隋为主要共同斗争目标的战争过去了，代之而起的是多达十几
个武装集团的混战。当时这些武装力量的性质，大致可以分成三类：第一类
是农民军，如瓦岗军集团、窦建德集团、杜伏威集团等；第二类是隋朝残余
势力，如东都的王世充集团、江都北归的宇文化及集团；第三类是打着反隋
旗号的地主贵族军阀武装，李渊是其代表之一。这些集团为争夺最高统治权
展开混战，形成了复杂的战争局势。

　　地主武装、农民军、突厥势力相互交织，使得这场混战中反映出三种趋

---

① 在史学界曾经展开讨论，但并未达成共识。

势：第一，农民战争还在延续，这不仅表现在农民军与隋朝残余势力的斗争上（李密、窦建德与宇文化及、王世充），也表现在农民军与地主的武装斗争上（窦建德与罗艺、李渊），地主和农民军有时又联合起来，而农民军之间又自相残杀。第二，战争一开始就表现为争夺最高统治权，斗争的目标是实现全国的统一。这表现为地主和农民军双方的对立、联合，及农民军之间的互相残杀。第三，突厥与中原民众的矛盾尖锐了起来。

这些集团之中谁能最后获胜，取决于他们的政策、措施、地理条件、军事力量乃至领导者的个人才能等综合实力，李渊最后统一了全国，正是这种必然性与偶然性相统一的绝好例子。

（二）李渊控制关中

李渊集团是以关陇贵族集团为核心，吸收其他反隋力量壮大起来的军事集团。起兵伊始便面临两大问题：第一，如何对付北方控弦百万，时常南下侵扰的突厥。为了避免背后受敌，李渊也和其他北方武装集团一样，派刘文静去联络突厥。李渊对突厥采取两面手法，一方面称臣，一方面又尽量维持自己独立的地位。第二，如何处理和农民军的关系。李渊起兵，并不愿与农民起义军为敌，并且还想在农民起义的空隙中保存与发展自己的力量。李渊对农民军采取的政策相当精明。李渊西进时，李密曾致书约李渊共同灭隋，李渊则卑辞答谢，推李密为主，而目的是让李密挡住东都隋军，以利于自己西进。李渊进军到黄河东岸，就派人和关中起义军孙华、白玄渡等联系，因而得以顺利渡过黄河。进兵关中之后，改编了多支起义军，在短期内得胜兵（精兵）9 万，军事力量大大加强。

关中是隋上层统治集团起家之地，关陇士族正因隋政权即将灭亡而不安，对自己集团中李渊的起兵，自然表示欢迎，李渊集团在渭水流域一带也具有相当的势力。李渊在太原起兵之后，其族弟李神通、女儿平阳公主（柴绍之妻）、女婿段纶（高密公主夫婿）即起兵响应，与附近农民军汇合，攻占了长安外围各地，便利了

唐高祖李渊像

李渊的进军。隋炀帝大业十三年（617年）秋，李渊从太原出发，进军关中。由于东都隋军被李密牵制，长安外围据点又多被李渊攻陷，导致扼守河东的隋军屈突通部实际成为孤军。李渊为了早日攻占关中，在斩杀了霍邑隋将宋老生后，分兵牵制屈突通等部，并在起义军孙华帮助下，渡河南下，攻占永丰仓（位于今陕西华阴）和潼关。十一月间进入长安，立代王侑为幼帝。李渊在西进途中招慰乡村坞堡中的地主，到关中后对来归的三秦士庶、衣冠子弟、郡县长吏、豪族弟兄老幼都予以适当安排。关陇贵族集团纷纷团聚在李渊旗下，军队由3万人增至20万人，东至商洛、南到巴蜀、西到甘肃、北到山西、河北，相率归附。

（三）瓦岗军的失败

随着瓦岗军最初的胜利，参加瓦岗军的地主分子及投降的隋朝文武官员日益增多，瓦岗军出身贵族的李密势力的扩大，瓦岗军上层矛盾尖锐化。大业十三年十一月，李密杀掉了翟让，事情虽未扩大却种下了内部分裂的根苗。大业十四年（618年），隋炀帝被弑使中原地区的局势发生重大变化，最终导致了一度成为反隋主力的瓦岗军最终失败。

隋炀帝被杀后，宇文化及率10多万隋军北上返回关中。这时李密为避免两面作战，以全力对付宇文化及，和东都的隋残余力量取得妥协。六月，李密向东都的越王侗称臣，被封为魏公。但李密并未取得东都隋军的信任，东都贵族希望李密与宇文化及同归于尽，又或依靠李密牵制王世充集团。宇文化及内部不稳，北归途中曾发生兵变，占据黎阳后，物资不足，李密乃坚壁固守，并假意与之和好，等到宇文化及军食将尽，两军在童山(又名同山，今河南浚县西南）下决战。经过激烈战斗，宇文化及大败，李密虽然胜利，但也受到严重损失。当李密和宇文化及对峙之时，东都的王世充消灭了异己力量，进一步控制了越王侗的小朝廷，李密投归东都的计划成为泡影，李密又与东都王世充形成对峙之局。大业十四年九月，李密与王世充在偃师展开了决战，由于诸将的自满，没有采纳李密的主张，坚持和王世充正面决战，结果瓦岗军失利，王世充乘胜追击，守洛口仓的翟让旧部叛变，瓦岗军瞬间瓦解。李密率领残余军队投奔李渊，不久被杀害。

（四）唐政权统一全国

在当时各武装集团中，李渊的力量不算强大，从太原起兵时仅3万人，到控制长安时20万人，李渊军事上并没有绝对优势，但能最终击败众多武装集团，统一全国，原因有以下四点：

第一，农民军特别是李密的瓦岗军牵制了隋军主力，使李渊得以乘虚进入关中，并从容巩固与发展势力。

第二，李渊一方面团结地方豪强，一方面又实行一些缓和农民与统治者矛盾的政策。在进军长安途中，就抚慰乡村坞堡地主。到关中后，三秦士庶、衣冠子弟、郡县长吏、豪族弟兄老幼都给以适当的安置，又下令保护隋家庙及隋皇族，维持原有封建秩序及制度。唐军进入长安以后，又与民约法十二条，规定杀人劫道者死，以保障地主阶级和普通民众的生命财产安全。由此，李渊父子很快就取得了关陇集团的支持。

第三，唐军具有优越的地理条件。李渊占据的关中、四川地区，离混战的中原地区较远，四面有备可守，这一带原就比较富饶，受战争破坏较少，再加上唐政权的缓和农民与统治阶级矛盾的措施，经济力量很快超越了其他地区。由于有险可守，唐军在战略上居于主动地位，可以从容训练士兵，唐又占有隋代饲养的大批战马，因此，军事力量也很快地超越了其他武装集团。

第四，唐的统治者们特别是李渊次子李世民等善于作战，并有高明的政治手腕，各地武装集团都在唐军的分化、收买和军事进攻下一一被消灭。这就是唐能分别战胜当时各个武装集团，统一中国的条件。

李渊进入关中后，鉴于关东群雄互相攻杀的情况，便决定首先巩固关中根据地并打击西北一带的割据力量。当时西北地区主要有两大势力，一是割据陇西的军阀薛仁杲，一是割据河西的李轨。

1. 平定薛氏父子

薛仁杲（？—618 年），本名薛明，字仁杲，金城（今甘肃兰州）人。其父薛举，隋末为金城校尉，家财巨万，称雄地方。隋炀帝大业十三年（617年）四月，利用官府募兵讨伐贼寇之机，起兵反隋，自称西秦霸王，年号秦兴。封长子薛仁杲为齐公，小儿子薛仁越为晋公，归附者甚多，迅速略取并据有陇西之地，拥兵 13 万。大业十三年七月，称帝，都秦州（今甘肃天水），立薛仁杲为太子。次年，击败唐军，在乘胜进军长安的途中病逝，薛仁杲继位。薛仁杲骁勇善战，但性格贪婪暴虐，刻薄寡恩，与众将积怨颇多。武德元年（618 年）八月十七日，李世民奉命率军攻打薛仁杲，薛仁杲派宗罗睺迎击唐军。李世民在与宗罗睺对峙的过程中，采取坚守营垒、动摇其军心、诱敌涉险等方式，待对方极度疲劳后，突然遣精兵突袭，大败宗罗睺军，并乘胜进军，包围了薛仁杲据守的泾州城，守城士兵纷纷投降。薛仁杲看大势已去，被迫率文武百官出城投降。薛仁杲属下的1万多名精兵，5万多民众悉归唐所有。陇西至此平定。薛仁杲被押解到长安后斩首。

2. 平定李轨

李轨（？—619年），字处则，李氏为凉州豪族。隋大业末年，李轨被任为武威郡鹰扬府司马。乘隋末之乱，闻知薛举于金城起兵，遂与同郡人谋议举兵，收捕隋官，众人响应，自称河西大凉王。收服突厥曷娑那可汗之弟达度阙设，击败前来进犯的薛举军，陆续攻下张掖、敦煌、西平、枹罕等郡，尽有河西之地。李渊谋伐薛举，派使者往凉州慰劳李轨，称为从弟，封为凉王、凉州总管，时李轨已称帝，年号安乐，其子李伯乐被立为太子。臣下建议可依照西梁萧詧旧例，自称梁帝而称臣于周。李轨遂派人入朝，自称"从弟大凉皇帝"，李渊震怒，囚其使者不返。李轨政权内部关系错综复杂，外来的胡人、旧隋官员、原有故人等多方势力，内部矛盾重重。安修仁时为李轨掌枢密，其兄安兴贵在长安，自请赴凉州招慰李轨。但李轨拒不接受招慰，安兴贵遂与安修仁引胡人兵马围攻凉州城，李轨出城迎战，心怀不满的薛举降将奚道宜也率部攻击李轨。李轨不敌，退入城中，被安修仁捕获，押往长安后被斩首，河西平定。

3. 平定刘武周

刘武周（？—620年），河间景城（今河北交河）人。隋末为马邑（今山西朔州）鹰扬府校尉。乘隋末乱局起兵反隋，北依突厥，引突厥兵击败隋军，接收突厥封号为定杨可汗。唐高祖武德二年（619年），刘武周攻占了太原，略取河东大部地区，并进据汾水流域，关中大震。刘武周自称皇帝，改元天兴。隋守雁门将领张伦杀主将陈孝意，举城归降武周。又有隋易州叛将宋金刚为窦建德所败，率4000余人投奔武周，被封为宋王，招为妹婿。刘武周接受宋金刚"入图晋阳，南向以争天下"的建议，联合突厥，进逼晋阳，接连打败齐王李元吉和裴寂指挥的唐军。刘武周攻取晋阳后，继续南下攻城略地，占据了山西大部分地区，又有夏县吕崇茂自号魏王，与其相呼应，隋旧将王行本据蒲坂（今山西永济北）与宋金刚相联合，唐仅余晋西南部分地区。唐高祖命秦王李世民率军讨伐。李世民率领唐军主力渡河与刘武周主将宋金刚相持，李世民一面严守关塞与宋金刚部形成对峙，一面出军敌

什伐赤

平世元建德时东
来第三纯赤色前
中四箭背中一箭

瀍涧未静

朱汗骋足

斧钺中威

青旌凯归

什伐赤，李世民征洛阳战虎牢关时乘骑的战马。

《昭陵六骏图卷》，（金）赵霖绘，现藏北京故宫博物院。此图依据唐太宗昭陵六骏石刻而绘，绢本设色，全卷分六段，每段画一马，分别为：飒露紫、拳毛騧、白蹄乌、特勒骠、青骓、什伐赤。原刻中飒露紫、卷毛騧现藏美国宾夕法尼亚大学博物馆。其余四件浮雕现藏西安碑林博物馆。

后截断敌军粮道。宋金刚乏粮后撤，唐军趁机猛攻。李世民三日不卸甲，两日不进食，一日凡八战，击溃刘武周主力，宋金刚逃走，尉迟敬德、寻相、张万岁等收其精兵，归降李世民。依此役战事，贞观年间改编为《秦王破阵乐》，是最著名的宫廷乐舞。刘武周兵败后恐惧之极，仅率五百骑弃城向北逃往突厥，宋金刚无力抗击唐军，也选择了逃往突厥。武德三年（620年），唐军收复太原，进据并州，尽复故地。宋金刚、刘武周先后被突厥杀死。

隋末战争中突厥利用自身军事力量，勾结北方各个军事集团，进而获取经济利益，因此，唐军为争取主动以子女玉帛为贿赂，去拆散他们与突厥的联合，并换取突厥的妥协。唐军与西北及北方割据势力的斗争有重大的积极意义。这些割据势力屈服于突厥，他们的存在大大便利了突厥对中原民众的掠夺与侵扰。唐虽称臣于突厥，但始终保持了自己的独立地位，用对突厥妥协的手段逐一消灭割据势力，不仅有利于自己的统治，而且对于统一及反抗突厥侵扰也起了一定作用。在解决了北方和西北的军事威胁后，唐的进攻锋芒转向了东方。唐对突厥仍采取妥协政策，对与突厥勾结的梁师都及苑君璋也采守势。

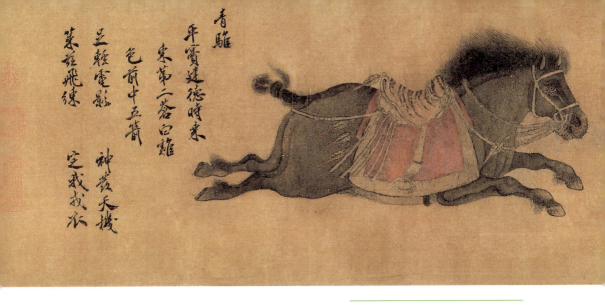

青骓，青骓 平窦建德时乘骑的战马。

4. 窦建德和王世充的败亡

瓦岗军失败后，武德二年（619年）四月，王世充在洛阳称帝，继承了隋炀帝东都留下的统治体系，但内部十分不稳。他所真正控制的实际只是洛阳一城。此时窦建德消灭宇文化及余部和一些武装力量，占据河北大部州县，但始终未能攻下北方的幽州（今北京地区），受到归附于唐的幽州罗艺的威胁。至武德四年年底，江淮之间多支武装力量均为杜伏威所统一。窦建德和杜伏威的政权均是仓促建立，势力没有巩固，制度和措施也不全备。这三支力量加起来超过李唐，但却处于分散状态，并且互相敌对，这就便于唐军各个击破。李渊派人拉拢山东李密旧部和山东反隋义军（如王薄），江淮地区的杜伏威也被唐军拉拢，这是唐在政治上的重大胜利，使唐军对窦建德、王世充形成了北、西、南三面包围的战略优势。

武德三年七月，西北局势稳定后，李世民率大军进攻王世充，初战胜利，王世充被包围于洛阳。王世充不得不向窦建德求救。为了维持均势，保持自己在山东、河北的统治，武德四年，窦建德亲率大军10余万来援。面对强敌，唐军中出现两种主张，第一种是先据虎牢关（今洛阳以东）之险，阻止建德西进，不令其与王世充结合，然后伺机打垮窦建德，使王世充陷入绝地不战而降。第二种主张认为唐军东去虎牢，不免腹背受敌，最好退保武安，或据险而守，再图进攻。前者是积极防御，后者却是消极退守。李世民企图从被动中争取主动，采取了前者，亲率精锐进据虎牢。窦建德在虎牢与

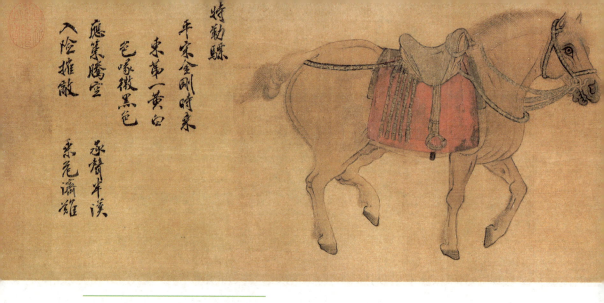

特勒骠，李世民平宋金刚时乘骑的战马。

唐军相持月余，几次小战失利，士气低落，粮运又被唐将抄袭，部下有人建议，不如渡河攻山西，威胁蒲津关（今陕西大荔县东）及关中之地，可由被动转主动，且可解洛阳之围。但由于窦建德部将受王世充贿赂，讥为求生之见，窦建德也觉得这是畏敌而背信，这一有利计划被搁置。当年五月，唐军伪装诱敌出战，窦建德中计，全军出动，摆出了长达20里的大阵，准备孤注一掷进行决战，李世民按兵不出，以部分军队吸引窦军全体，直到晌午，窦军士卒饥倦，阵势显得紊乱，李世民见时机已到，渡汜水进击。窦建德与群臣正在聚会，仓促应战，阵势大乱，李世民更率精锐插入窦军阵后，窦军溃散，唐军追杀30里，俘获5万人，窦建德受伤被擒杀。此役窦建德败亡，王世充自缚投降。同时，另一支唐军顺江东下，消灭了割据荆湖的萧铣。

5. 平定刘黑闼

621—624年，这一时期是唐政权统一全国的最后阶段，此前王世充集团、窦建德集团已被荡平，唐军取得了决定性胜利，全国局势已明朗，仅剩江南辅公祏和河北刘黑闼两个较强的势力。

窦建德的主力虽被击溃，但河北一带还残存着一部分势力。武德四年（621年），窦建德部将拥刘黑闼在漳南起兵，这时距建德之败仅两个月，唐在河北控制力还很弱，而窦建德影响却极深厚，刘黑闼打着窦建德旗帜，法律行政均师法建德旧制，很快在半年之内恢复故地。此外，刘黑闼又和其他割据势力呼应，并与突厥勾结。武德五年初，唐高祖命李世民东征，幽州的

白蹄乌，李世民平薛仁杲时乘骑的战马。

罗艺也南下进攻，刘黑闼处于两面作战的不利局面。双方在洺水东南相持数十日之后，刘黑闼粮尽求战，李世民将洺水上游阻塞，等刘军渡水决战时，放水淹决，唐军大胜，刘黑闼仅以 200 骑逃奔突厥，此后充当了突厥南下侵扰的先锋。六月，刘黑闼领突厥万骑寇河北，突厥也同时调遣骑兵，两路犯山西、陕甘，这一军事行动已不再是隋末统一战争的范围，唐朝与突厥矛盾上升为主要矛盾。这一变化也影响了唐与突厥关系，唐虽也曾派使臣求妥协，但更积极备战调兵予以打击。在唐抵抗突厥期间，刘黑闼在河北取得重大进展，杀死唐军主将李道玄，但由于他投靠突厥，失去民众支持，终于在唐军进攻下部众瓦解。武德六年，刘黑闼领残部北逃，被部将捉住，送回洺州（今河北永年）后被斩首。

6. 平定南方

割据江陵、巴蜀、湖南一带的萧铣，为南朝梁武帝萧衍六世孙，于 618 年（唐武德元年）称帝，国号梁，典章制度皆依梁旧制，控制范围主要为江陵、巴蜀、湖南一带，南至交趾（今越南河内），号称拥兵 40 万。但内部矛盾重重，萧铣多疑促狭而导致人心涣散。武德四年，唐高祖李渊派李孝恭、李靖进攻江陵，时长江涨水，唐军顺流而下，大败梁军，萧铣被迫出城归降。

盘踞江西的林士弘，隋末随同乡人加入当地起义军，后攻占豫章郡（今江西南昌），于鄱阳湖大败隋军，队伍扩展至 10 余万，先称王，后称

拳毛騧，李世民平定刘黑闼时乘骑的战马，前中 6 箭，背中 3 箭，说明这场战斗之激烈。

帝，国号楚，年号太平，盛时控制范围北起九江，南至今广州。与南方各分散的势力互有争夺，在唐军的征讨下，辖地缩小，部下纷纷归降唐朝，但有广州和新州今广东的"贼帅"高法澄、冼宝彻的归附，后又收集了萧铣败亡后的散兵，势力稍振。武德五年，林士弘见大势已去，向唐朝请降，后又躲进山洞，旋即病死。平定了萧铣和林士弘，长江中游及岭南地区遂为唐所据。

据有江南的杜伏威和辅公祏，是当时南方势力最强的力量。隋末江淮地区兴起三大势力，杜伏威、李子通和沈法兴，互有争战。沈法兴败于李子通之手，杜伏威灭掉李子通，于武德四年统一江南。武德五年，唐军陆续平定中原和西北群雄，杜伏威为避免成为下一个打击目标，上书归附李渊，并自请入朝。杜伏威入朝后将军事大权托付给心腹义子王雄诞，引起辅公祏不满，遂伪造杜伏威密信，借机起兵反唐，在丹阳（今江苏镇江）自称皇帝，国号宋。李渊派军征讨，宋军大败，唐军遂直取丹阳，辅公祏弃城而逃，被唐军俘获杀死。

武德七年，唐军在山东和江南地区的统治稳定下来了，统一战争基本结束。但西北还残存有梁师都的势力。

7. 梁师都的覆亡

西北除了薛仁杲和李轨，占据朔方的梁师都（？—628 年），也成为唐统一过程中必须解决的割据势力。梁师都为夏州朔方（今陕西横山区西、靖

颯露紫，平东都时来，骝前中一箭，西第一紫骝，威凌八阵，紫鬃五延崔，氣龍三川

颯露紫，李世民平王世充时乘骑的战马。

边县东北）人，隋末时为鹰扬郎将，其家世代为当地豪族。梁师都于大业十三年（617 年）起兵，自称大丞相，联合突厥反隋，据有雕阴（今陕西绥德，米脂南）、弘化（今甘肃庆阳）、延安（今陕西延安）等郡，遂称帝，国号梁，建元"永隆"。被突厥始毕可汗封为大度毗伽可汗、解事天子。多次勾结突厥，南侵唐境。刘武周被唐所灭后，梁师都失去山西作为屏障，政权内部矛盾加剧，部将又先后降唐。唐太宗遂于贞观二年（628 年）发兵压境，形成威慑，梁师都被其堂弟梁洛仁所杀。梁师都的败亡，唐政权正式完成了全国的统一。

二、唐朝土地赋税制度及"贞观之治"

（一）唐初国内情况

经过隋末动乱，唐初中原地区社会经济凋敝，人口锐减，生产力受到严重的破坏，出现了"万户则城郭空虚，千里则烟火断灭"[1]的惨状，史书记载"秦、陇之北，城邑萧条，非复有隋之比"[2]，"今自伊洛以东，暨乎海岱，灌莽巨泽，苍茫千里。人烟断绝，鸡犬不闻，道路萧条，进退艰阻"[3]，全国

---

① 《旧唐书》卷 53《李密传》，中华书局 1975 年版，第 2214 页。

② 《旧唐书》卷 198《西戎·高昌传》，中华书局 1975 年版，第 5295 页。

③ 《旧唐书》卷 71《魏徵传》，中华书局 1975 年版，第 2560 页。

"率土百姓，零落殆尽，州里萧条，十不存一"[1]。据统计，唐高祖武德年间（618—626 年），全国近 200 万户；唐太宗贞观初年，不满 300 万户，较隋鼎盛时的 890 万户不及三分之一。许多过去人口较为密集的地区，也是田地荒芜、人户稀少。因而唐初财政窘困，每岁租米不实仓廪，随时出给，才供当年。

（二）玄武门之变与唐太宗继位

唐朝建立后，高祖李渊立长子李建成为太子，协助处理军国要事，次子李世民则被封为秦王，领兵作战，四处征讨，在统一战争中取得赫赫战功，周围也云集了一批文臣武将，因功勋卓著被李渊封为"天策上将"，位在诸王之上，同时兼司徒、陕东道大行台、尚书令、中书令等，诏令秦王可开府设置官属，实力雄厚，由此与李建成和齐王李元吉（李渊四子）逐渐形成势同水火的两个集团。双方在扩充实力、削弱对方，以及争取高祖和后宫的支持方面斗争不断，而李渊更倾向于太子李建成集团。武德九年（626 年）六月初四，李世民与谋臣策划，先发制人，策反了把守玄武门的禁军大将常何，利用入朝的时机发动政变。李世民及臣属长孙无忌、尉迟恭、侯君集等，经玄武门在临湖殿附近设下埋伏，而不知情的李建成和李元吉入朝经过玄武门，分别被李世民和尉迟恭射杀。随后声称"秦王以太子、齐王作乱，举兵诛之"，迅疾派尉迟恭等亲信以"宿卫"为名控制了李渊，迫使其接受既成事实。李建成和李元吉所带人马溃散。三天后，李渊立秦王为太子，国家大事，一律由太子处置，秦王府臣僚分别晋升为军政要职。当年八月，唐高祖李渊被迫让位，自称太上皇，李世民继位，即唐太宗。次年改年号为贞观。这次政变史称"玄武门之变"。

（三）唐太宗与"贞观之治"

以李世民为代表的唐初统治者集团，亲身经历过隋末的暴政和农民大起义的风暴，比较清晰地认识到新政权建立的基础还不稳固，面临严重的社会问题，必须对农民采取比较宽松的政策。[2] 特别是，看似强大的隋王朝，经过起义军的打击，很快就灭亡了。残酷的事实，使唐初统治者总结隋灭亡的教训，得出统治者及其政权的存在与否，决定于民众的意志和趋向，"舟所

---

[1] 《旧唐书》卷 185 上《陈君宾传》，中华书局 1975 年版，第 4783 页。

[2] 唐初，李世民君臣采取的一系列政策和治国理念，可见《贞观政要》一书。

京剧电影《贞观盛事》剧照

唐太宗任人廉能，知人善用；广开言路，虚心纳谏。以魏徵为代表的一批贤臣，耻君不如尧舜，胆识与见识同在，尽忠尽职。贞观时期的政治、经济、军事各个方面，都出现了古代社会的治世局面，不仅奠定了唐朝三百年的制度基业，也为此后一千多年的中国政治树立了楷模，成为中国传统治国理念下的经典案例，为历代所赞扬歌颂。

以比人君，水所以比黎庶，水能载舟，亦能覆舟"[1]，天子无道则弃而不用。唐太宗更是"但知常谦常惧，犹恐不称天心及百姓意也"[2]。不能过度剥削农民，将其逼到无以为生的地步，"为君之道，必须先存百姓。若损百姓以奉其身，尤割胫以啖腹，腹饱而身毙"[3]，"崇饰宫宇，游赏池台，帝王之所欲，百姓之所不欲。帝王所欲者放逸，百姓所不欲者劳弊……劳弊之事诚不可施

---

[1] （唐）吴兢撰，谢保成集校：《贞观政要中补集校》卷4《教戒太子诸王》，中华书局2009年版，第213页。

[2] （唐）吴兢撰，谢保成集校：《贞观政要中补集校》卷6《论谦让》，中华书局2009年版，第323页。

[3] （唐）吴兢撰，谢保成集校：《贞观政要中补集校》卷1《君道》，中华书局2009年版，第11页。

于百姓"[1]，"人君赋敛不已，百姓既弊，其君亦亡"[2]。

贞观君臣中如魏徵、房玄龄、杜如晦等，也同样产生了应该给予农民一定的生存空间的思想[3]。唐初上层集团认识一致，采取了对农民的宽松政策，从而出现了历史上著名的"贞观之治"。

鉴于隋炀帝刚愎自用导致天下大乱，贞观政治中重视广开言路，出现了一大批犯颜直谏的大臣，同时唐太宗虚心纳谏。贞观政治表现出唐太宗的知人善任与官僚政治相对清明。由于隋末农民起义给了地主阶级特别是世家大族以沉重打击，许多地主死亡或逃亡，大量土地又都归入农民手中，士族地主社会地位下降了，地主阶级力量削弱了，这就使唐初统治者对农民实行宽松政策时阻力比较小。

同时，唐太宗君臣的开明政治态度也起了很大的积极作用。唐太宗首先克制自己的享受欲望，尽量避免奢侈铺张，并一再接受臣下的意见，如停止修宫殿、封禅等；同时也制约官僚贵族的过度奢侈，规定邸宅、车服、丧嫁等不得逾制等；并对能干的官吏升迁，贪婪的官吏惩处。这样，很多官僚地主都畏威屏迹，不敢过分欺侮小民，从而使农民不致遭受严重地压迫。

爱惜民力、减轻刑罚的政策取得了显著成效。据记载，贞观四年（630年），全国处死刑者不过29人，虽不免夸大，但也反映了一定程度的真实。由于大型修建的极大减少，民众可减少徭役负担，而且政府遇有水旱，则减免赋役，极大地稳定了社会秩序，促进了生产恢复。贞观三年，唐太宗以玉斧金宝赎回农民因灾荒卖掉的子女。贞观五年，从突厥赎回8万口。这些措施都使农民获得了利益，也使民众受的剥削相对减轻。

（四）均田制与租庸调制

中国古代社会土地是核心问题。土地问题实质是地主阶级及其代表者封建国家与农民之间的关系问题。贞观时期，均田制的调整与实施缓和了地主

---

[1] （唐）吴兢撰，谢保成集校：《贞观政要中补集校》卷6《俭约》，中华书局2009年版，第320页。

[2] （唐）吴兢撰，谢保成集校：《贞观政要中补集校》卷8《辩兴亡》，中华书局2009年版，第468页。

[3] 当代史学界对此问题曾经讨论得很热烈，不少学者将之归结为统治者对农民实行的"让步政策"。改革开放后，包括"让步政策"在内的很多带有明显"阶级斗争"色彩的概念逐渐不再使用，本书在重新修订时，也适当地进行了调整。

与农民的矛盾，保证了社会经济的恢复和发展。

1.均田制与租庸调制的颁行及其主要内容

唐统治者沿袭了北魏以来的均田制。武德二年（619年），颁布了新的赋役制度，主要内容是：每丁租2石，绢2丈，绵3两，自兹以外，不得横有调敛。由于这次令文的记载不全，故未见有徭役制度的规定，但据其他材料推断，徭役负担也是存在的。武德七年（624年），统一战争基本结束，社会秩序安定下来。唐政府有了实施均田制的条件，于是将均田令与赋役制度合并公布。主要内容如下。

第一，对农民的土地分配。规定：凡天下男子18以上丁男、中男受田1顷（百亩）；笃疾、废疾受田40亩，寡妻妾30亩，若为户主者加20亩。所授之田，20亩为世业，其余为口分；世（永）业田身死则承户者受之，口分田身死之后，由官府收回，更以给人。口分田、世（永）业田一度不许买卖，授受办法为每三年造一次户籍，每年调查一次，在岁终授受。

第二，农民的赋役负担。以丁为单位，每丁每年缴纳粟2石，称为"租"；调是均田户每年向国家缴纳的纺织品，随乡土所产，绫或绢或絁（shī）各2丈，布加五分之一；输绫绢絁者，兼调绵3两，输布者，麻3斤。凡丁岁役二旬，若不役则收其庸，每日3尺(以绢代役工值)，布则日收3.75尺；有事而加役者，旬又五日免其调，三旬则租调俱免。通正役不过50日，夷獠之物，皆从半输。凡水旱虫蟊（bá）为灾，十分损四以上免租，六以上免租调，损七以上课役俱免。

开元二十五年（737年），又更加详细地规定均田制的多方面问题。较前两次的令文，增加了部分内容。

第一，在农民及工商业者授田方面，狭乡所授减宽乡（指可开垦耕地多人口少的地区）口分之半，其州县之界内，所有授田悉足者为宽乡，不足者为狭乡，诸给口分田务从便近，不得隔越。应给园宅地者，良口、三口以下给一亩，每三口加一亩，贱口、五口给一亩。并不入永业、口分之限。其京城及州郡县郭下原宅不在此例。诸以工商为业者，永业、口分田各减半给之。在狭乡者并不给。

第二，在土地买卖方面，诸庶人有身死、家贫无以供葬者，听卖永业田，及流移者亦如之。乐迁就宽乡者，并听卖口分（卖原住宅、邸店、碾硙者，虽非乐迁，亦听私卖），诸买地者不得过本制。虽居狭乡亦听以宽置。

其卖者不得更请。凡卖买皆须经所部官司申牒，年终彼此除附。若无文牒，辄卖买，财没不追，地还本主。诸田不得贴赁及质，违者财没不追，地还本主。若从远役、外任，无人守业者，听贴赁及质。

第三，均田制还规定了官吏的给田。王公及职事官受永业田，从亲王百顷，职事官正一品60顷开始，按等递减，一直到云骑尉60亩。均可传子孙，不在收授之限。可自由买卖。

第四，官吏、军官有职分田。京畿及外地各不同。从12顷到80亩，田租等于是俸禄之一部分。各级官署有公廨田。在京官署给田自26顷至2顷；在外诸州官署给田自40顷至1顷。田租供官署之办公用费。

2. 唐代均田制与前代相比之变化

唐代均田制是北魏以来均田制的延续，但根据当时情况，也做了一些改变，这些改变比前代完备、严密，农民负担比过去均田制规定的负担有所减轻。主要表现为：

第一，以男子为单位，唐代一对夫妻授田亩数比隋少40亩，但女子不授田也就不用承担租庸调，实际上减轻了赋役。又根据宽乡、狭乡规定，授田亩数不同。

第二，奴婢和耕牛不授田，也不课税。一定程度上限制了大地主的土地占有，这也反映了北魏以来，人身依附关系的削弱。

第三，土地自由买卖加以限制。口分田的买卖一方面被迫允许，另一方面又用去官府申请并不许逾限的办法加以限制。官吏可以买卖土地，但也有限制（北齐时已有可买卖之例）。从当时三番五次的规定土地买卖办法来看，前期土地兼并得到一定程度的抑制。

第四，鼓励开发落后地区和开垦荒地。政府用均田制来鼓励人民发展生产，特别是开垦宽乡土地。如宽乡授田多，去宽乡听卖口分田，并随迁去远近，免去三年到一年的租。远役在外，无人守业者，可贴赁。地方官监督生产，田有荒芜，官吏及户主均受处分等等。

第五，在赋税负担方面，唐的租粟比隋少1石，平均起来隋每亩合2.14升，唐每亩合2升，似乎稍轻，但由于当时的计算法是口分田出租，永业田出调(桑田)，则隋唐以口分田计，平均为每亩2.5升，看来好像一样，但是，收租以丁为单位，非以田为单位，因此唐制还是比隋制轻的。若隋和唐实授之田差不多（据敦煌户籍载，平均每丁授田只有30亩左右），则唐之负担比隋减少的意义就更大了。隋虽已有输庸停防（即以缴纳纺织品代替劳役）的规定，但年龄限制在 50 岁以上，至唐则成为普遍规定。这对农业生产的发展是有利的。

第六，均田制的实质是国家将自己所掌握的土地分给无地、少地的农民，并未改变原有的土地占有状况，并向其征收租庸调形式的赋役，租调实际上是实物地租，力役则相当于劳役地租。隋朝以前二者并立，劳役地租比重较大。隋特别是唐以后，劳役地租的力役渐向实物地租转化（庸），至两税法则改为全部征收实物地租。

3. 唐代均田制实施的情况

关于均田制是否真正推行史学界曾有过争论，从现有材料上来看，唐代均田制是实行过的，但是并不彻底，或者说是有很大局限性的。

唐代均田制度也和前代一样，由于全国各地情况复杂，地主的土地私有制的存在，国家只是把部分无主的荒地和政府控制的土地分给农民，再加上授田还田情况复杂，这就使均田制的授受基本上不能照规定的数额执行（但租庸调仍按规定的数额征取）。敦煌文书中，敦煌地区每丁授田不过 30 亩上下，土地也颇零碎，大小不一，犬牙交错，恰恰说明均田制终究不是具文。在推行之中，除去上述原因外，也还有一些阻力，一是封建国家日益加重的赋役，使农民逃亡，因而必须强迫他们重新编入户籍；二是地主的土地兼并及买卖，使国家掌握的土地日益减少，而编制在国家户籍簿上的劳动人民也日益减少，这些成为均田制破坏的主要因素。

4. 均田制度的实质及其积极作用

唐朝均田制继承前代制度，国家把直接控制的土地分给无地少地的农民，均田分配并没有动摇地主土地所有权，官僚地主按官爵等级占有大量土地，均田制并不能从根本上解决土地问题。均田制下农民被国家强迫编制在土地上，以租庸调的方式为国家承担赋税，有人认为这相当于国家的佃农。在当时历史条件下，均田制的实施具有其积极意义。

第一，均田制使大批政府手中的荒地与没有土地的流亡农民劳动力结合起来，绝大多数农民能够从事生产，耕地面积扩大，生产快速恢复，促使唐前期户口迅速上升。

第二，在唐初授田较充足的情况下，赋税是较轻的，而且唐朝初期统治者能以隋朝覆亡为借鉴，不破坏自己定的租庸调法，不在法定数额之外更有

《十八学士图轴》（局部），（宋）佚名绘，现藏台北故宫博物院

武德初，秦王李世民为天策上将，开府置学馆以待四方之士，引杜如晦、房玄龄、于志宁、苏世长、薛收、褚亮、孔颖达、姚思廉、陆德明、李玄道、李守素、虞世南、蔡允恭、颜相时、许敬宗、薛元敬、盖文达、苏勖为十八学士。贞观时期，十八位学士的政治地位差距较大，有的封公拜相，显赫一时；有的仅为刺史、侍郎，游离在统治核心之外。这很大程度上源于初唐特殊的政治格局和士族集团分野。

所苛求，再加上以庸代役的规定，就使农民所受封建剥削相对减轻，促进社会经济的恢复。

第三，均田制对于贵族地主的兼并起到了限制作用。唐朝初期，均田制在保护小农、抑制兼并、收纳流民的效果显著。均田制和其他宽松政策，例如，奖励人口增加，新附户免当年役和课役，流散塞外的人口归还后免去三年至十年的课役等。太宗贞观三年(629年)，塞外入居内地人口已达120万，又奖励婚配，以人口增加作为州县考课标准等，使唐代生产逐渐恢复，并且有了发展。

三、唐初的政治制度

唐初统治集团轻徭薄赋、恢复社会生产的同时，从政治上也进行了改革和调整，维护关陇集团统治和加强中央集权，并努力扩大自己的统治基础。

（一）唐初的统治集团

唐初承魏晋南北朝之绪，士族按地域划分，主要有三个集团：山东、江左、关中，各有所尚。几百年的变迁，士族集团升降沉浮，变化很大。

江左士族亦称江东士族，是指经六朝(孙吴，东晋，南朝的宋、齐、梁、陈）几百年形成、发展和演变的江东士族集团，如孙吴时期的顾、陆、朱、张；晋室南渡后支持与辅佐东晋王朝的大族联合执政，形成"王与马共天下"的局面，即皇室司马氏与以王氏为代表的世家大族，包括颍川庾氏、谯国桓氏、陈郡谢氏等共同执政，门阀士族发展到鼎盛。南朝门阀士族逐渐衰落，出现"寒门掌机要"，统治集团的家世背景也不是魏晋以来显赫的士族，中间经过孙恩卢循起义和侯景之乱的打击，江左士族的经济基础、政治地位、社会影响全面下降。隋末，李世民秦王府十八学士中，虽然涵盖三个地域集团的精英，但江东士人在唐太宗继位后的统治集团中，并没有人得到显赫的官爵。正如刘禹锡所感慨的"旧来王谢堂前燕，飞入寻常百姓家"[1]。

关陇集团是指北魏以来籍贯在甘肃和陕西关中地区逐渐形成的军事贵族集团，西魏的八柱国、十二大将军都是当时关中地区最显赫的大家族。关陇集团创建了西魏、北周、隋、唐四代王朝，西魏、北周和唐朝的先祖都曾是

---

[1] （唐）刘禹锡撰，卞孝萱校订：《刘禹锡集》卷24《乌衣巷》，中华书局1990年版，第310页。

八柱国之一，而隋朝的先祖曾是十二大将军之一。北周、隋和唐初的后族大多都也出自这些家族，北周的历代皇后多出自这些家族。例如，隋文帝皇后独孤伽罗为北周八柱国之一、卫国公独孤信嫡女，唐高祖李渊之母为独孤信之四女。但有人认为关陇集团在杨坚取代北周以后已经瓦解，隋的统治核心和唐建立后所依靠的力量，关陇集团已经不是主要成分了。

山东士族指崤山以东广大区域内的门阀士族，主要有李、崔、卢、郑、王五姓。隋唐时期有所谓五姓七望，即陇西李氏、赵郡李氏、博陵崔氏、清河崔氏、范阳卢氏、荥阳郑氏、太原王氏，再加上琅琊王氏、琅琊颜氏、兰陵萧氏、河东裴氏，都是这一时期著名的大士族。其中山东士族占有很大比重，社会地位崇重，文化传承悠久。在唐初仍然受到世人的尊崇。

（二）唐的法律制度

1. 完备的法典体系——律、令、格、式

唐朝已经形成了比较完备的法典体系，律、令、格、式，是其表现形式。《唐六典》曰："凡律以正刑定罪，令以设范立制，格以禁违正邪，式以轨物程事"。《新唐书·刑法志》云："唐之刑书有四，曰律、令、格、式。令者，尊卑贵贱之等数，国家之制度也。格者，百官有司之所常行之事也。式者，其所常守之法也。凡邦国之政，必从事于此三者也。其有所违而人之为恶而入于罪戾者，一断以律。"

律是对各种违法行为的惩罚条文。唐高宗永徽年间新修订的《唐律》12卷，共 500 条，分为《名例律》《卫禁律》《职制律》《户婚律》《厩库律》《擅兴律》《贼盗律》《斗讼律》《诈伪律》《杂律》《捕亡律》，除第一篇《名例律》为刑法总则外，其余十一篇都是对相关违法行为的具体规定和判罚。唐承隋制，隋律虽然减轻了刑罚，但是实际执行中却未严格执行律令的规定。隋文帝常律列刑人，炀帝面对起义民众，更是下诏："窃盗以上，罪无轻重，不待闻奏皆斩。"[1] 高祖武德元年（618 年），唐废《大业律》，颁新格 53 条，因《开皇律》而增损，凡律 500 条。太宗贞观元年（627 年），房玄龄、长孙无忌主持更定律令凡 500 条，分 12 卷，比隋律者减大辟者 92 条，减流入徒者 71 条。此外，又定令 1546 条，删武德以来敕 3000 余条为 700 条，以为格；又取尚书省列曹及诸寺、监、十六卫计帐以为式。高宗永徽二年（651 年），

---

① 《隋书》卷 25《刑法志》，中华书局 1973 年版，第 717 页。

新删定律令格式，其中律 12 卷，是为《永徽律》。永徽三年，修疏 30 卷，长孙无忌等主修及今流传之《唐律疏议》。

令是各项制度、规章的规定。武德、贞观、永徽、开元年间都曾经重新修订令，均为 30 卷（贞观律另记为 27 卷），但可惜没有完整保留下来。据《唐六典》卷六"刑部郎中员外郎"条所记，开元七年令 1546 条。日本学者从众多史籍中辑录出 750 条，按旧有令目分成官品令、三师三公台省职员令、寺监职员令、卫府职员令、东宫王府职员令、州县镇戍岳渎关津职员令、内外命妇职员令、祠令、户令、学令、选举令、封爵令、禄令、考课令、宫卫令、军防令、衣服令、仪制令、卤簿令、乐令、公式令、田令、赋役令、仓库令、厩牧令、关市令、医疾令、捕亡令、假宁令、狱官令、营缮令、丧葬令、杂令 33 门。[1] 敦煌文书中也发现了职员令、公式令、假宁令等残卷。公元 19 世纪发现的天一阁明抄本北宋《天圣令》残卷，经过学者的整理和研究，复原了部分唐令。[2]

格是对令的补充和变通条例。由于是朝廷对各机构临时发布的单行指示，因此往往以接收和发布机构命名。需要昭告全国的叫"散颁格"，仅针对具体官署的叫留司格。敦煌文书中发现有刑部格、户部格、兵部格、职方格等。

式是官府机构的各种章程细则。据《旧唐书·刑法志》载，式有 33 篇。据专家考订，篇名除六部二十四司（如吏部式、司封式、司勋式、考功式，依次类推各部），还有秘书式、太常式、司农式、光禄式、太府式、太仆式、少府式、监门式、宿卫式、记帐式。敦煌、吐鲁番文书都发现了唐式或依照唐式规定的文书残卷。

唐朝的法典体系对中国法律制度的发展至关重要，尤其是唐律，宋元明清基本以此为蓝本。同时，还广泛影响了东亚各国，朝鲜、越南、日本都学习和仿效唐朝的典章制度，尤其是对日本的影响更为深远。日本的《大宝律令》和《养老律令》即是仿唐律令而制订的。《大宝律令》已佚，《养老律令》至今大部分保存下来，与唐律、令相比，形式和内容相同之处甚多。可以说

---

[1] 日本学者中田薰、仁井田陞、池田温等，著有《唐令拾遗》《唐令拾遗补》等书。

[2] 天一阁博物馆、中国社会科学院历史研究所天圣令整理课题组校证：《天一阁藏明抄本天圣令校证（附唐令复原研究）》，中华书局 2006 年版。

唐的律令格式是促进东亚文明圈形成的重要因素。

2. 唐律的特点及作用

第一，保护封建国家土地所有制及国家对农民的赋役征收。强制实施国家土地授受权，官吏执行不力就要受罚。不许占田过限及不按规定出卖土地。强制劳动力固着在土地上进行生产，凡有脱户、漏口、逃亡、浮浪，民众或官吏要受罚。地方田畴荒芜，官吏受罚；到时不纳赋税，或不服徭役，从官吏到户主分别受处罚。战时不服兵役的甚至要处死。可见唐律实质所在。

第二，保护封建等级制度。按唐律，唐代社会阶层划分为两大等级，一类是良民，一类是贱民。贱民又分为官、私两类。

官贱民一是指官奴婢，一般是反逆之家属或俘虏没为官奴婢，为官府服役，且长役无番。尚书省刑部都官担负总监管之责，官奴婢大多配隶司农寺，诸行宫、王公、公主、监牧等部门所役使的奴婢，也都由司农寺拨给。法律地位最为低下。二是官户，又称番户，分番服役（与部曲同），规定一年三番，其籍隶属本司，主要是隶属少府的工户和隶属太常寺的乐户，也有少部分为长上。三是杂户，低于良民，高于奴婢，籍贯隶属于州县，属贱籍，只能当色为婚，但可拥有土地，分番服役，规定二年五番。官户、杂户都在官府特定部门，可纳资代役。按唐律规定，官奴婢者，一免为番户（官户），再免为杂户，三免为良人。如遇大赦，杂户可即免为良人。

贱民，若诈为良民，则会判处徒刑。杂户若私自逃亡，一日笞三十，十日加一等，罪止徒三年。杂户主要在官府各级机构充任杂差，虽隶属于国家，但非完全的人身占有。有人认为杂户身份接近于农奴。此外，太常音声人（太常寺奏乐者）

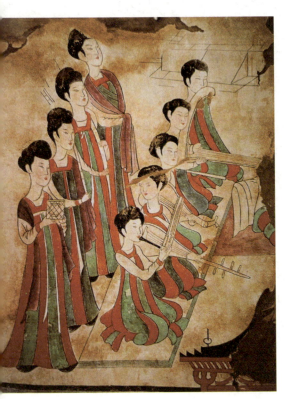

唐李寿墓壁画《乐舞图》，出土于陕西三原

也类似于杂户，亦有认为唐朝的太常音声人法律地位高于普通乐户，人身依附关系明显松弛，他们应是前朝乐户经放免后的乐人，有些待遇已经类同于百姓，但服役方式不同。也有人认为音声人已不属于贱民阶层。总的趋势是贱民阶层的人数逐渐减少，人身依附关系逐渐松弛，一方面是贱民向良民的转化，另一方面是原役使工乐等官户的职役逐渐吸收平民充任了，也部分改变了官户的成分。

私贱民主要是私属个人的奴婢和部曲。他们的来源主要是因贫困自卖或被掠卖的贫困户子女。附籍于主人之家，律比畜产，视同资财，可被随意买卖、赠予，随意役使，没有人身自由，且当色为婚。官私奴婢之间也因各种原因可以发生转换。五代宋初官府乐人主要从民间招募，这些人的身份都是平民。部曲地位稍高，属于主人的私属，不同资财，规定当色为婚，身份世袭，大多从事农业生产，经主人（家长）允许可放免为良人。唐朝的部曲已逐渐减少。

良民包括统治阶级的皇族及各级官僚、贵族、地主（含僧侣地主）和社会下层的农民、普通工商业者，按社会地位和身份等级享有不同的政治、经济、法律权益。

从法律地位上看，皇亲贵族官吏有"八议"的优免待遇，即议亲、议故、议贤、议能、议功、议贵、议勤、议宾。这八种人犯罪必须交由皇帝裁决或依法减轻处罚，"流"罪以下，减一等处理。但如果犯了十恶重罪，则不能完全免罪。官吏犯罪还可赎免官当，即可以用钱、官品、爵位等减、免刑罚。

按唐律的规定，各等级犯同样的罪，因贵贱而有轻重。各等犯人彼此相犯，低等罚重，低级的最重，高级的罪轻。

第三，反映父权制及维护男尊女卑。父母在，不许异籍别居；不奉父田，不孝有罪；家长可教戒子孙，反之子孙忤逆有罪；家长为男子，特殊情况如寡妻妾才可为户主；女子地位低，夫杀妻处徒刑三年，妻杀夫斩；夫殴妻不论，妻殴夫处徒刑一年。男女地位不平等。

第四，反映国家对社会经济的某种控制与管理。如用水溉田的办法，禁止盗水决堤。对私人手工业的规格、质量、原料、尺寸大小、市场的管理价格均由国家申报与规定。

第五，严惩叛逆行为。法律虽然对皇亲国戚贵族官僚等犯罪有各种形式的减免，但对犯有"十恶"罪的则严惩不贷。所谓的"十恶"，即谋反、大逆、谋叛、恶逆、不道、大不敬、不孝、不睦、不义、内乱。《隋书·刑法志》曰："又列重罪十条：……其犯此十者，不在八议论赎之限。"① 对犯有盗贼、抢人与杀人罪者处以极重刑罚。盗绢一尺之罪，等于良人殴杀奴婢，或折人一肢之罪。

唐律对封建社会秩序的保持与巩固起了一定作用。刑罚比前代轻，且有一定标准。因此，在当时起了一定的积极作用。

（三）行政制度

1.宰相制度

唐朝进一步完善了隋代开始确立的三省六部制度。三师三公虽名义上是最高品秩，但已成为荣誉性的虚职，协助皇帝处理政务的是尚书、中书、门下三省。国家主要政令由中书出旨，门下审核，尚书执行。三省长官：尚书令（为正二品，因唐太宗曾在武德年间为尚书令，贞观以后尚书令有官名而不再实授，以左右仆射为尚书省实际长官）、中书令、侍中都领有僚属，三省长官共行宰相之权。

设在门下省的政事堂为集体议政之处，后移至中书省，即为协助皇帝统治国家的最高决策机构。贞观时，唐太宗将一些品级略低的官员加上参知政事、参议朝政等名衔参与中枢议政，如贞观四年（630年）以太常卿萧瑀为御史大夫，与宰臣参议朝政，贞观十三年以李洎为黄门侍郎、参知政事。唐高宗时，加"同中书门下平章事"者，即可参议大政，位列宰相，而尚书仆射不带此衔反而不参与中枢决策，此后尚书省退出宰相行列，成为中央行政机关。以后又出现"同中书门下平章事""同中书门下三品"等头衔，同为宰相之列。这样，宰相群体已不限于三省长官。三省长官中书令、门下侍中都为正三品，他官品级不到三品者，加上述头衔则可以入政事堂与宰相共同议政，后形成即便本官品级高者也必须带"同中书门下平章事"或"同中书门下三品"才是真宰相。

2.中央机构

唐尚书省为国家最高行政机构。尚书省长官为尚书令（正二品），因唐太宗李世民曾任此职，此后惯例不置，而以左右仆射（从二品）为实际长官。

---

① 《隋书》卷25《刑法志》，中华书局1973年版，第706页。

尚书省的中心为尚书都省，设左右丞，主持尚书都省日常事务，勾检六部诸司文案。以左右司郎中、员外郎为副，分判六部诸司事务。下设吏、户、礼、兵、刑、工六部，以尚书左右司及兵、吏为前行，刑、户为中行，工、礼为后行。六部长官为尚书（正三品），侍郎为副，各部下设四司，各司设郎中、员外郎，员额不等，判具体事务。是中央最高行政机构，凡有关军政、财政、文教政务无不汇总于尚书省。由于尚书省官署位于长安皇城承天门大街东侧，处于中书、门下二省之南端，故亦称南省或南宫。从中书门下发出的诏令制敕，均经由尚书省转发到中央各机构及地方各州县，地方上计（情况汇总报告）也都汇总到尚书省，凡各类公文符、移、关、牒，"必遣于都省乃下。天下大事不决者，皆上尚书省。"[1]

尚书省设六部分工如下：吏部掌文选、勋封、考课之政。下辖吏部、司封、司勋、考功四司。各司具体事务包括文官阶品、朝集、禄赐、给假告身、假使、选补流外官、封命、朝会、赐予之级、文武百官功过、善恶之考法及其行状等。唐玄宗开元二十四年（736年）以前，由考功员外郎主持科举考试。

户部掌国家财政、民政，下辖户部、度支、金部、仓部四司。各司具体事务诸如户口、土地、赋役、贡献、蠲免、优复、婚姻、继嗣之事；租赋、库藏出纳、权衡度量之数，管理两京市、宫市等交易，供给宫人、王妃、官员奴婢衣服、天下库储、出纳租税、禄粮、禀食之事等。

礼部掌礼仪、祠祭、燕飨、贡举之政令。下辖礼部、祠部、膳部、主客四司。具体职掌包括礼乐、学校、衣冠、符印、表疏、图书、册命、祥瑞、铺设，及百官、宫人丧葬赠赗之数；祠祀、享祭、天文、漏刻、国忌、庙讳、卜筮、医药、僧尼之事；陵庙之牲豆酒膳；诸蕃朝谨之事等。开元二十四年，科举考试由吏部移至礼部，唐玄宗下诏由礼部侍郎主持，大大提高了礼部的地位。

兵部掌六品以下武官选授之政令。下辖兵部、职方、驾部、库部四司。各司具体职掌包括选授、军令、军籍、军训、武举、考课、阶品、番上、差遣，及地图、城隍、镇戍、烽候、防人道路之远近及四夷归化之事；舆辇、车乘、传驿、厩牧马牛杂畜之籍；兵器、卤簿仪仗之管理等。

---

① 《新唐书》卷46《百官志》，中华书局1975年版，第1185页。

刑部掌律令、刑法、徒隶勾覆及关禁之政令。下辖刑部、都官、比部、司门四司。各司具体职掌主要有：掌律法、按覆大理寺及天下上奏诸案件、赦免事宜；管理俘虏及官奴婢；勾检百官俸料、公廨、赃赎、调敛、徒役课程、逋悬数物及内外经费的使用情况；掌天下诸门、关出入等。

工部掌国家工程、屯田和山泽之政令。下辖工部、屯田、虞部、水部四司。各司具体职掌包括都城之修浚、各项水利、土木工程；屯田、职田、公廨田的管理和分配；苑囿、山泽之时禁，京城百官蕃客的菜蔬薪炭之供给；渔捕、漕运、灌溉等。

与六部平行的九寺五监，则是负责具体事务的中央机构。

九寺为太常寺、光禄寺、卫尉寺、宗正寺、太仆寺、大理寺、鸿胪寺、司农寺、太府寺，长官为卿，品阶比六部尚书略低，为从三品，少卿为副。太常寺掌礼乐、郊庙、社稷之事，辖郊社、太庙、诸陵、太乐、鼓吹、太医、太卜、廪牺八署；光禄寺掌国家酒醴、膳羞之事，辖太官、珍羞、良酝、掌醢四署；卫尉寺掌器械、文物收藏保管之政令，辖武器、武库、守宫三署；宗正寺掌皇九族、六亲之属籍，辨别昭穆，排定序列，辖陵台、崇玄（原隶鸿胪寺，开元时改）二署；太仆寺掌厩牧、车舆之政令，辖乘黄、典厩、典牧、车府四署及诸监牧；大理寺掌刑狱之政令，负责重大案件的审理、复核、勾检，以及刑罚的执行；鸿胪寺掌宾客及凶仪之事，辖典客、司仪二署；司农寺掌国家粮仓积储、仓廪管理及京官之禄米供应等事务，辖上林、太仓、钩盾、导官四署及诸仓监；太府寺掌国家财政宝货之事，管理京、都四市、平准、左藏、右藏、常平八署。

五监为国子监、少府监、将作监、都水监、军器监。五监长官品阶均为从三品。国子监长官为国子祭酒，将作监长官为匠作大匠，都水监长官为都水使者其余均为监。国子监长官为国子祭酒，掌国家儒学训导之政令，下属中央六学，即国子学、太学、四门学、书学、算学、律学，是国家最高学府；少府监长官为监，掌官府手工业工匠及缮做之事，辖中尚、左尚、右尚、织染、掌冶五署；将作监长官为监，掌管宫室、陵墓、郊庙、在京官署之建造和修葺之事，总领四署（左校、右校、中校、甄官）以及设置在各地负责采伐原料的诸监；都水监长官为都水使者，掌川泽、津梁之政令，辖舟楫、河渠二署及天下诸津，监管漕运、沟渠开塞、渔捕时禁、供应宫内水产等。

御史台是中央最高监察机构，长官为御史大夫，正三品，中丞为副，负责监临百官，审覆案件，有"风闻弹事"之权，受理词讼，与刑部、大理寺组成三法司，联合审理重要案件，辖台院、殿院、察院，由侍御史、殿中侍御史、监察御史分属之。分察六部，出使巡查地方，纠视刑狱，整肃朝仪。

此外，还有勾检系统，由尚书省都省比部主掌，各级官署都设有兼职负责勾检的官员，主要监督和审核文书的履行和各级财务的执行情况，类似于现代审计制度。这是加强中央集权的重要措施之一，有利于提高行政效率。

此外，属于中央系统的还有秘书省、殿中省。

秘书省，长官为秘书监，从三品，掌国家经籍图书和天文历法，辖著作、太史二局；殿中省，长官为殿中监，从三品，掌乘舆服饰之礼物，并供应所需，辖尚食、尚药、尚衣、尚乘、尚舍、尚辇六局。

属于内宫系列的有内官和内侍省，有自成系统的官职、品阶序列。内官由正一品的夫人主事，掌宫内后妃等名号及女官职掌，负责和管理宫内的衣食住行等一应事务。内侍省是宦官系统，长官为内侍，从四品上，本职为在内侍奉、出入宫掖、宣传制令，辖掖庭、宫闱、奚官、内仆、内府五局，掌管宫内事务及宫内有关的外事。

此外，东宫、亲王、公主都开府，有自成系统的职官序列。

3. 地方行政机构

唐初地方行政机构基本为州（郡）、县二级，州设刺史（郡则为太守）属官有长史、司马，并设司功、司仓、司户、司兵、司法、司士六参军，与尚书省六部相对应。州分雄、紧、望、上、中、下等不同级别，主要根据地理位置和人口数量而定。

县为长或令二级，僚属有县丞、主簿和县尉等。县分赤、畿、望、紧、上、中、中下、下八等，京都所在为赤县，如长安、万年为两赤县，京师周边为畿县，其余是根据地理位置和规模而定。

唐中叶有州300余，县1500余。太宗继位后，在全国按照山川地理的形势设十道，十道初设时并非监察区，但经常以十道为据，派遣风俗大使、巡察使等，访察各地民风政情，并逐渐固定由御史台官员出巡，使者不是常设专职官员，但对于唐代行政制度有承前启后的作用，唐代地方行政区划此后逐渐由州（郡）县二级制向道州（郡）县三级制过渡。

"道"的出现是中央集权政治有进一步的发展的表现。唐太宗贞观时，在全国陆续设置十道，即关内道、河南道、河东道、河北道、山南道、陇右道、淮南道、江南道、剑南道、岭南道，基本是因地理形势而划分的，每道各辖若干州。唐前期道属监察区名称，并非实质性的一级行政机构。唐玄宗开元年间扩至为十五道，即京畿、都畿、关内、河南、河东、河北、陇右、山南东、山南西、剑南、淮南、江南东、江南西、黔中、岭南等道。每道置采访使，仍以监察为主，有治所，此后遂成各道的中心城市。京畿、都畿的治所分别在京师和东都城内，关内道以京官遥领，河南等道的治所分别为汴州、蒲州、魏州、鄂州、襄州、梁州、益州、扬州、苏州、洪州、黔州和广州。安史之乱以后，道演变为地方州县之上的一级行政机构。

中央扩大监察职权范围，也加强三省分工，州县到乡里，有一套严密组织。一切政令全操作在中央，三省互相牵制，皇帝从中加以控制，因而加强了中央集权。各级政权组织日益谨严，分工较明确。官员更趋官僚化，任官非由私人，也不再允许长官选辟，而由中央主持的铨选机构负责选任官吏，"一命之官悉归吏部"，科举出身的官员越来越受到重视。行政制度的完善体现了中央集权的加强与统治阶级基础之扩大。

（四）教育与学校

唐朝继承隋制，中央官学设国子学、太学、四门学、书学、算学、律学六学，隶属国子监，各学设博士、助教等，生员有名额限定并有严格的等级入学规定。国子学，限定为三品以上及国公子孙、从二品以上曾孙；太学学生限定为五品以上及郡县公子孙、从三品曾孙；四门学学生为勋官三品以上无封和文武七品以上子，也招收庶人之俊异者入学。律学学生以八品以下及庶人子为之；书学、算学同律学。又有专门为皇宗国戚及当权高官子弟设置的弘文馆、崇文馆，两馆生在入仕时享受特权，由于员多阙少，因此竞争很激烈。

国子学、太学和四门学学生主要研习儒家经典，并与科举结合。书学生专修书法和文字学，算学生专修数学，律学生专修律令等法典和法例。此外，有些机构还根据需要培养专业学生，如秘书省辖的太史局，设有历生、漏刻生等，并设博士教其学业。太常寺所辖太医署，分为医学、按摩、针灸和咒禁四大科，分别设有医生、金针生、按摩生、咒禁生，人数不等。太常寺所辖太卜署，设有卜筮生。太仆寺设有兽医学生。

地方官学，京都、都督府、州、县都有官学，置博士、助教教授学业，各级官学生人数 20—80 人不等。太宗贞观时府和州开始设医学，置医药博士及学生若干人。玄宗开元二十九年（741 年）又设崇玄学，习《道德经》《庄子》及《列子》。府州县学的学生，一般招收下级官吏及平民子弟，所习内容与中央官学一样，以儒家经典为主，但要求较低，毕业后可升入中央官学之四门学。

唐代官学与科举结合，官学设置科目、研习内容都与科举接轨，低品官和平民子弟在中央官学中所占比例最大，虽然因等级入学的条件限制，他们主要在级别较低的四门学就学。四门学直接招收地方学校的优秀生，因此，唐代官学教育逐渐向平民阶层渗透。安史之乱以后，官学趋于衰落，中央官学的教育和养士功能逐渐萎缩。

（五）科举制

1. 明经与进士科

科举制的形成和确立，是有一个历史过程的。中央设立科目，对举送到中央的士人进行考试，并不始自隋唐，但两晋南北朝的考试只是选拔官吏过程中的一个环节，最关键的是举荐环节。唐朝的科举，承袭隋制，逐渐完善，在几个方面体现了科举制不同于此前的选官形式：一是以考试成绩定取舍，考试成为中心环节；二是除工商及子弟和"刑余之人"外，普通士人都可以自由报名，即"怀牒自列于州县"；三是考试取人的原则渗透到选拔官吏的各个层面，如门荫的三卫、斋郎、挽郎，都需要经过考试环节，再如任流外（吏）职有考试环节。获得出身仍需要经过吏部铨选，考试合格者才有机会做官。

唐朝的科举分常举和制举，常举每年举行，有固定的科目，即秀才、明经、俊士、进士、明法、明字、明算，一史、三史、开元礼、道举等，武则天时还设立武举。考生主要来自各地投牒自举的士子与各级学馆的生徒。由于秀才科要求高，考试难度大，应试人少，遂废止。常举最主要的是进士和明经两科。明经科的考试内容主要是儒家经典，考试形式为帖经（记诵）、经义（大义），玄宗开元二十五年（737 年）加试时务策（策论）。分为明一经、两经、三经、五经四个级别。经典中，《孝经》《论语》必考，有时也考《老子》。明经每年录取名额大约 100 人。

隋炀帝大业年间始设进士科，考试内容为时务策，唐太宗时曾加试经、史；高宗永隆二年（681 年）加试杂文（诗赋），于是"为进士者皆诵当代之文，

孟郊像

而不通经史"[1]；玄宗天宝年间始专诗赋；"缙绅虽位极人臣，不由进士者，终不为美。"[2]

凡常举及第者，仅获得出身（即做官资格）。虽令文规定州、县须先试，才能举送，实际上只是过场而已，礼部主持的考试才是正式和关键性的。

但进士科名额少，一般限制在20人左右，与明经相比，录取难，如能及第，则世人视为"白衣公卿"。唐高宗时宰相薛元超临终时遗言，平生有三恨，不由进士晋升，是其中一恨。46岁才登第的孟郊，发出"春风得意马蹄疾，一日看尽长安花"[3]的感慨。当时有"三十老明经，五十少进士"的说法。进京应举的士子最多时达万人，而进京参加调选的选人最多时竟达5万人。每年礼部诸科目录取名额一般在数十到二百名之间。由于进士重诗赋，更能体现才华，而明经重帖经墨义，只需熟读经传，多体现记诵之能，两者高下自见。

2. 制举

制举是皇帝为选拔"非常之人"而设置的特科，随时根据皇帝和国家的需要临时设立科目，科名繁多，仅史书记载就达上百个。比较常见的有贤良方正能直言极谏科、博学宏辞科、才识兼茂明于体用科等，还有博通坟典达于教化科、策问识洞韬略堪任将帅科、洞晓玄经、辞藻宏华、军谋出众等科，不一而足。唐文宗以后制举实际停废。

---

① 《新唐书》卷44《选举志上》，中华书局1975年版，第1166页。
② （唐）李肇撰，聂清风校注：《唐国史补校注》卷之下44《宋济答客嘲》，中华书局2021年版，第268页。
③ （唐）孟郊著，韩泉欣校注：《孟郊集校注》卷3《登科后》，浙江古籍出版社2012年版，第130页。

3.诸科

除进士、明经外，其他科目有道举、三史、三传、明法、明书、明算、童子举等。

道举。唐玄宗时始设道举，考《老子》《庄子》《文子》《列子》，合格及第者称道学举士。设崇玄馆，在长安和洛阳各招 800 人研习上述经典。

童子举。凡 10 岁以下能通一经及《孝经》《论语》者均可应试，每卷试诵经文 10 道，全通者授官，通七以上者即获出身。

三史科。唐穆宗长庆二年（822 年）始设，考试《史记》、两《汉书》和《三国志》，目的是明善恶，垂劝诫。鼓励国子监学生研习和报考。

（六）铨选

铨选制是唐朝选拔和任用官吏的重要环节和组成部分①。汉代，州郡佐吏自别驾长史以下，皆长官自辟。北魏末年，"州郡辟士之权浸移于朝廷"②，隋则"一切归在省司"，统由吏部掌管，确立了中央铨选体制。隋朝铨选已有层次之分，"尚书举其大者，侍郎铨其小者"，"自是，海内一命以上之官，州郡无复辟署矣"③。唐朝铨选制度更加严密和完备，范围更广，选任对象不仅包括"入流"之官，也延伸至"流外"之吏。分为流内和流外两大层次，分别选任，流内又分为五品以上和六品以下两个等级，不同层次和不同等级选任的方式、标准、内容有严格的区别。《新唐书·选举志下》对铨选制的概述，可归纳为：颁格州县、取解台省，南曹检勘，三铨试、察，长名留放，三唱三注，依格拟官，都省审覆，门下过官，授予告身，廷谢圣恩。④

吏部主持铨选考试，又名曰"释褐试"，凡经考试中格者，才能始授以官职。参加考试的对象称"选人"，包括通过科举及第、门荫结品、杂色入流、军功晋升等途径获得出身及部分六品以下停替待选的前资官。考试标准为德、才、劳，以身（体貌丰伟）、言（言辞辩正）、书（楷法遒美）、判（文理优长）作为考察考试内容。其中，判文的优劣，是定夺予留的关键。进京参选的选人最多时竟达 5 万人，吏部注拟官阙约在 2000 到 4000 之间。玄宗

---

① 唐朝科举只是取得入仕资格的方式之一，科举及第并不授予官职。授官还需要经过吏部考试，即铨选。

② （唐）杜佑：《通典》卷 14《选举二》，中华书局 1988 年版，第 341 页。

③ 《通典》卷 14《选举二》，中华书局 1988 年版，第 342 页。

④ 参见《新唐书》卷 45《选举志下》，中华书局 1975 年版，第 1171—1172 页。

言此云郭勺藥者漢度遼將軍陽平鄉襄女
也少好道精誠真人因授其六甲趙愛兒者
幽州刺史劉虞別駕漁陽趙詠婦也好道得
尸解後又受此法于魯連者魏明帝城門校
尉范陵王伯綗女也亦學道一旦忽委墻李
子期入陸渾山中真人又授此法子期常司
州魏人清河王傳者也其常言此婦狂走云
一旦失所在
上清六甲靈飛隱道服此真符遊行八方行
此真書當得其人按四極明科傳上清內書
者皆列盟奉脆啟擋乃宣之七百年得付六
人過年限足不得復出洩也其受符皆對齋
七日脆有經之師上金六兩白素六十尺金
鐶六雙青絲六兩五色繒各廿二尺以代翦
髮歃血登壇之擋以盟奉行靈符玉名不洩
之信矣違盟負信三祖父母獲風刀之考詣
積夜之河捷蒙山巨石填之水津有經之師
受脆當施散於山林之寒捶成投東流之清
源不得私用割損以贍己利不遵科法三官
考察死為下鬼

开元年间，铨选制的完善化过程基本完成。

吏部设有宏辞拔萃科、科目选（开元礼、三史、三传等）等，及第者可不拘格限，获得超迁。但由于吏部专总，铨选逐渐流于形式，限年蹉级，铨选制度弊端百出，屡受抨击。又由于选人大大多于每年可提供的官缺，往往使人生出"英才沉寂下僚"的感慨。

唐代官和吏已经开始分途。官即指流内官，自一品至九品，为职事官。此外，流外官则是具体办事的吏员。流内六至九品，需参加吏部主持的铨选。流外选由吏部郎中一人典掌，称为"小选"，或谓之"流外铨"，选任更注重实际工作能力。流外铨的选取对象主要是具备基本文化素养的低级官吏子弟、身份较低的勋官和地方上财势之家的子弟，大多数人已经担任了杂任、杂职掌等，积累年劳或业绩，最好的出路可流外入流，进入到流内职官序列。

（七）考课制度

唐朝有严格的官僚管理制度，升迁、贬黜、考核、奖励、惩罚都有明确的条文，以保证国家机器正常而有效的运转。先有考核，才有奖惩。唐朝对官吏的考核制度称为考课，即考核官吏的标准和具体规定。

唐朝的考课制度简要归纳就是"四善二十七最"。"四善"是对官德的基本要求，按照《唐六典》的记载，一曰德义有闻，二曰清慎明著，三曰公平

《灵飞经四十三行墨迹》，（唐）钟绍京书，现藏美国大都会博物馆

钟绍京（695—746年），字可大，虔州（今江西赣州）兴国人，三国著名书法家钟繇的第17世孙。钟绍京幼时家贫，出身微贱，以才学见用，初任司农录事，官职卑微。因书法超群，得兵部尚书裴行俭推荐，被破格提拔进入中书省任职，当时宫殿里的门榜、牌匾、楹联多出其手。其主要活动在武则天、中宗及玄宗开元年间，曾因平韦氏之乱有功，拜中书令，加光禄大夫，封越国公。

可称，四曰恪勤匪懈。每名官员担任的具体职任也有具体的要求，官员分成27类，每一类都有自己规定的考核内容。比如像选司类，具体考核标准是"铨衡人物，擢尽才良，为选司之最"；对法官的要求是"推鞫得情，处断平允，为法官之最"。考核的结果分为三等九级，即上中下三等，上中下各等之内又有三级。如果得到一最四善为上上；一最三善为上中；一最二善为上下；无最二善为中上；无最一善为中中；执事粗理，善最不闻为中下；爱憎任情，处断乖理为下上；背公向私，职务废缺为下中；居官谄诈，贪浊有状为下下。按照各自得到的善最，列出考评的等级，记录在案。在调选的时候，即参加吏部铨选时，根据其在任官期间的考课等级决定升降奖惩。

实际上在具体考核时，还会根据不同情况有具体或特殊的要求。如地方官，属于亲民官，人口数字、垦田数字、治安情况也是重要的考课内容，尤其是前两项。不少皇帝都很重视对地方官的这种考核。唐太宗还把地方官的

政绩书写在屏风上，以表示重视。唐玄宗甚至亲自主持对县官的选拔和考核。主考官主持考课时往往带有随意性，如卢承庆曾经主持考课，某次一官督漕运，遭风失米，卢承庆给予其考辞曰：监运损粮，考中下。不料那人神色自若，不置一词，卢承庆认为该人很有雅量，于是改考辞为：非力所及，考中中。但那人无喜无愧，卢承庆大为欣赏，又改曰：宠辱不惊，考中上。虽然是一段佳话，却反映了考课的标准具有很大弹性。

当然考课制度实行了一段时间以后，逐渐程式化、僵化，尤其是唐中叶以后，敷衍塞责，官官相护，徇私受贿，严格的考课制度规定逐渐成为一纸具文，考课制度的流于形式，也是官场腐败的一个重要表现。

唐后期官场腐败日益严重，很多制度形同具文，考课每年还在进行，但是只是走一个程序。

（八）门荫制度

据唐令，皇亲、国戚、尚主（驸马）、爵位、散品、职事品、勋品，都享有门荫特权，并按亲疏、品级、类别分成若干层次，不同层次的群体享有不同层次的特权。

除用荫结品达散品四品以上者，可直接参加铨选外，绝大部分中高级官

《宫苑图卷》，现藏北京故宫博物院

此作传为唐李思训所作，也有学者考证为南宋人作。此图描写唐朝皇帝及侍臣们在离宫别苑中游赏的情况。画中山峦起伏，林木葱郁，河道萦回，其中气宇轩昂的楼、阁、亭、台、廊、桥星罗棋布。画中游人悠闲风雅又热闹欢快，虽然熙熙攘攘，却如人间仙境。体现了唐代贵族官僚阶层悠闲而奢华的生活。唐代贵族官僚的俸禄制度体系完备、内容复杂，俸禄水平在中国历史上属于较高时期。

僚子弟须通过入学、充任卫官、斋郎、挽郎等途径，才能入仕。下级官吏（六品以下，九品以上）虽无门荫特权，但其子弟，可以品子身份充任各种杂掌，服役期满，也有资格参加铨选，可进入仕途。

在门荫入仕群体中，当朝权贵子弟占有绝对优势，大小士族、新老士族都无法仅凭门第取得世袭高位。在"当朝品秩定高下"原则推广的过程中，由于唐代社会及唐代官僚体制仍处于调整和过渡时期，因此门荫制在实施时，门第因素的影响力还继续存在，但总趋势是逐渐减弱。与魏晋南北朝的门阀士族子弟相比，唐代门荫享有者在选官体制中的整体层次明显下降，具体表现在借门荫出身者在入仕的起点及升迁的最高极限上呈现同步下降趋势，升迁速度也渐趋缓慢。唐前期，门荫出身者不少人晋升高位，甚至官拜宰相，但玄宗开元以后，随着科举的发展，包括宰相和台省要职都被科举出身的人占据，仍然依靠荫绪起家者，除少数宗戚近属及当路权势子弟外，绝大多数人辗转于下位，即使有幸以荫绪宿卫，不少人仍终老未得一官。

由于唐代仍采取优容贵戚官勋的政策，贵胄子弟通过门荫可获得较高的出身（散品），而且门荫入仕途径（学馆、三卫等）又较其他仕途更为便捷，所以门荫一途，伪滥更甚。德宗贞元六年（790年）就因两馆学士，本应选"勋贤胄子"，但由于"幸冒颇深"，或"假市门资"，或"变易昭穆"造成"用荫乖实"而鱼龙混杂。再如三卫，出入禁署，初衷是为照顾勋胄子弟中学艺粗浅者，但文宗太和五年(831年)据兵部奏，已"奸滥纷入"，十有八九"皆非正身"[1]。

（九）官吏身份、品级及相应的规定

1. 职散勋爵

唐朝的职官制度、职官系统已经比较完善了，一名官员尤其是高官，一般具有四种身份，或四种头衔，即职、散、勋、爵。

职，就是职事官，即流内官，自一品到九品共三十阶，一到三品有正从之分，即正一品、从一品，正二品、从二品，正三品、从三品。四到九品正从又分为上下，如正四品上、正四品下，从四品上，从四品下，即每一品级又有四个阶级。品级决定待遇和俸禄。如果以他官代理某官，有守、行、知、判等称呼，职高品低称"守"，职低品高称"行"，检校官为诏除而非正命的加官。

散，即散官。散官也有品级，且分文散和武散。文散官从开府仪同三司的从一品到将仕郎的从九品下，共二十九阶；武散官最高一级是骠骑大将军从一品，到最低级的从九品下的陪戎副尉，共二十九阶。最初由散品决定俸禄，后改为依据职事品。但朝参站班时仍根据散品。散品和职事品并不完全对等。

勋，酬劳立有军功的将士和有功之臣。勋级有十二转，最高一级是十二转上柱国，视正二品，最低一级是一转武骑尉，视从七品。勋官在授田的规定上会享有优惠，可按勋级占有不等的土地。

---

① （宋）王溥：《唐会要》卷59《尚书省诸司下·兵部侍郎》，中华书局1960年版，第1031页。

爵，封赐给皇亲国戚和功臣。爵位总体分九等，细分可分为亲王、嗣王（承袭亲王的为嗣王）、郡王、国公、郡公、县公、县侯、县伯、县子、县男，并且有相应的品级，王爵为正一品，最低的开国县男为从五品上，皆为散品。唐朝的封爵有食邑，从王爵的食邑万户到开国县男的 300 户，但有虚封和实封之别，加实封者才可以享有所封地的租税收入（后改为领取俸禄）。食实封的税户远远小于名义上的食封户。皇帝的兄弟和儿子一般会得到王的爵位，皇亲国戚功臣和有政绩的大臣也都会得到相应的爵位。

职散勋爵都可以根据品级享有相应的待遇。如田令规定，亲王可授予永业田 1 万亩，郡王 5000 亩，依次递减，男爵授予 500 亩。远远多于普通的均田农民（每丁应受永业田 20 亩）。

2.品级、服饰及俸禄等待遇

唐朝官员分为流内与流外，不同品级有等级严格的政治、经济及衣食住行的规定。流内官分为九品，一品到三品又有正、从之分，而四品以下，正、从又有上下之分，共九品三十阶，是正式的官。还有流外官，也分品级，但属于吏的系列了。

根据官员品级不同，穿着不同颜色制式的官服，三品以上服紫色，四品服深绯（红色），五品服浅绯，六品服深绿，七品服浅绿，八品服深青，九品服浅青。不同的品级在品服上还有些相应的花饰、纹饰等等。庶人只能衣白布。

一般官员的俸禄由禄米、人力、职田、杂给、常规实物待遇和特殊实物待遇几部分组成。以唐朝前期京官正三品为例：每年禄米 400 石（当时的一石，今制不到 100 斤），职田 9 顷，防合(杂役)38 人，每日发常食料 9 盘(细米二升二合，粳米八合，面二升四合，酒一升半，羊肉四分，酱四合，醋四合，瓜三颗，盐、豉、葱、姜、葵、韭之类各有差；木橦，春二分，冬三分五厘；炭，春三斤，冬五斤)，大概约合每月 8 千文；每日可享受免费工作午餐；每年元正冬至各赐绢 5 匹、金银器、杂彩不等（包括夫人），依据品级国家配发至少五种不同场合的服装（包括全套衣帽鞋带配饰）；本人或祖父母、父母亡故，给营墓夫 60 人役使 10 天，按品级配给丧葬所需一应器物，赠绢、布、绵等一百段、粟百石。遇有特殊情况，还有赏赐。俸禄的总趋势是人力和实物工资的一部分逐渐被货币取代。一般官吏每三年考核一次，业绩突出者可加俸禄，反之则减扣。

当然，官吏还有其他待遇，如亲属免役、住房、乘车、受田、子孙享受优先入学和做官等优惠和特权。每年可享受公休假（每旬休一天）。父母亡故，享受"丁忧"一年。

随着商品经济的发展，官吏的工资结构也发生变化，主要趋势是实物和人力比例逐渐减少，货币比例上升。原来的一些实物和人力待遇都以货币的形式替代。不同部门和地区的实际收入是有很大差别的，一般说来，地方主管衙门、财政税收部门、工程兴造部门、司法部门、选举考核部门等，俸禄外的实惠很丰厚，行贿受贿的现象极为普遍。如白居易，皇帝念他家贫，又有老母需要奉养，于是允许他在正常调动时自选职位。白居易放弃了清要之职，而选了京兆府户曹参军一职，"俸钱四五万，月可奉晨昏；廪禄二百石，岁可盈仓囷"[①]，经济收入得到很大改观。

（十）官员管理制度

唐朝统治者在总结前朝经验的基础上，建立了一套严密的官吏管理体制，并且在长达近三百年间，不断调整。

其一，唐朝建立了中央统一的集中管理体制，将魏晋南北朝以来地方州郡及中央各司选任僚属的权力一律收上来。凡各级各类官吏的选拔、考试、任用、职掌、考课、迁转、选限、监察、奖惩、俸禄、休假、致仕及其享有的政治、经济特权与各官署的员额配置，国家都制订了统一的制度，并以法典的形式固定下来。所有官员的档案，都由中央订出"状样"，统一编册、保存。选举与选官都由中央统一主持。在职官员每年考课一次，由中央订出统一的考课标准及内容，本部长官写出评语，上报吏部考功司评定等级，以作为日后迁转的依据。这种统一集中的管理体制，使中央集权的政治体制达到了前所未有的水平。

其二，官吏管理体制与官僚体制相适应，实行分层次管理的原则。第一层次，实行官与吏的分途。唐朝的官与吏在身份上有严格的区别，有各自不同的选任对象、考选方法、晋级规定及职责范围。吏主要在各官署中从事繁剧的杂任，文化水平要求较低，一般以低级官吏子弟或庶民百姓为对象，迁转依流外品，任职到一定年限方可由流外入流（正式官品）。但入流胥吏担

---

① （唐）白居易撰，谢思炜校注：《白居易诗集校注》卷5《初除户曹·喜而言志》，中华书局2006年版，第476页。

任流内官职或升迁都受到严格限制。流内官的选任又分为两个层次，一个层次是九品以上、六品以下官吏的选任，由中央吏部主持铨选，按德、才、劳标准，以身、言、书、判四方面进行考察，合格者上报尚书都省审查，门下省复查后方能授官。另一个层次是五品以上官吏的选任，即中央和地方的中高级官吏，选任时免去考试程序，由中央指定的中高级官吏举荐，宰相与各司长官商议后拟定，要官则由皇帝定夺。这种分层次管理的方式，不仅使官吏管理体制更加严谨，增加了官吏队伍的容纳量，也有利于官吏队伍的相对稳定。

其三，分类别的管理机制。国家管理职能在官吏管理体制上的体现，从以下两方面看出：第一，官吏从血缘与地域的纽带中分离出来，成为独立于社会各等级、阶层、职业之上的特殊（统治）群体；第二，部分官吏从政治与阶级中分离出来，成为专门化的特殊职业（统治）群体，这是官吏的类别区分不断强化的过程。唐朝的官吏分类管理机制虽然受到阶级与历史的制约，但已呈现出当代文官制度所具有的能级原则及职位分类的雏形，即包括了按职能分类的因素。唐朝官僚系统按职能可分为中枢决策系统、行政执行系统、监察勾检系统、具体操作系统。每一类别的官吏在选用、资历、任期、选限、迁转、奖惩、考课、俸禄、待遇等方面都有不同的规定。如规定凡"清望官"及台、谏、学官等要职，流外出身者不能担任；凡伎术官（主要掌理天文、音乐、医药等专门知识）只能在本司任用，非任职年久，不得外叙；凡台省官主要从历任过州县之职的人中选拔。台省郎官、御史，依品应参加吏部铨选，但因品低职重，开元时遂改为与五品以上官同样由中书门下选授。对官吏的考课共分九等，其中，"四善"是对全体官员在个人品德、职业道德、工作作风等方面总体（定性）考察。"二十七最"是根据不同类别官吏所负职能的具体（带有定量性质）考察。在机构设置上，同级别的部门，由于类别不同，人员配置不同；同品级的官，由于职任不同，则待遇有别。据《新唐书》载，吏部所属吏部司，因职剧任繁，主事以下定员为141人，同属吏部的司封司，主事以下定员只有19人。这种职级的交叉，以及散、勋、爵的存在，形成了唐朝官员多重性身份的特点。唐后期使职的固定化以及职的分解，使这一特点更为突出。虽然这样会使官吏体制的运作程序复杂化，但也表明唐朝已具备了驾驭这种复杂体制的能力。

其四，制约体制的规范化。唐代官吏管理体制的制约机制渗透于各个层面与各个职类。中枢决策层面的三省具有互相制约的机制，中央有专设的监察机构御史台执掌百官的纠弹。此外，中央还经常派使巡视各方，举善惩恶。行政管理部门及财政系统，建立了从中央直贯地方的勾检系统，监督审计各级、各部门财政收支、行政办公效率以及中央政令的实施与否。选官系统中，引入竞争机制，通过公平、平等的考试，可制约主考官仅凭个人好恶任情夺法及权官贵戚门荫特权的恶性膨胀。致仕及停替制度，有利于官僚队伍的更新。各种回避制度与回避措施，也是制约官员因个人行为而损害国家利益的有效方式。当然，由于制约机制也受到种种限制，对官吏的约束力仍只是在有限的范围内及某种程度上。

上述种种制度，并非都始于唐朝，亦未穷尽唐朝官吏体制的方方面面，但它在唐朝达到了较高的层次，并用完备的法典确定下来，推进了国家管理职能的深化。于是，"百司具举，庶绩咸理"，周边国家仰慕大唐典章文物，竞相模仿。

由于阶级与时代的局限，唐朝的国家管理体制也弊端丛生。首先是最高权力的不受制约以及缺乏自下而上的监督机制。这样不可避免地造成"人治"大于"法治"，率情枉法，因人废事。其次是在国家发展的全过程中，职责重叠、交叉、纠缠不清的现象仍很严重；按类定职不彻底，使有的职掌过于笼统，权力过于集中在个人。尤其是"旧制已紊，新制未立"的唐后期，三省六部与使职差遣两套官职系统同时存在，给管理体制带来了相当程度的混乱。再次是唐前期过分强调集中和统一，唐后期对地方的控制权又渐趋削弱，影响了中央与地方关系的协调。还有是官吏体制与封建政治的相互依存关系，使官更具有鲜明的封建等级性质，影响了职业化、专业化的进程，造成官僚集团不可抑制的膨胀趋势。最后是培养、考选内容与官吏职能相分离，使官吏的整体职业素质低、专业化程度低。如此种种，不一而足。唐以后历代封建王朝都更加重视发挥国家的管理职能，但上述弊端总的趋势是愈演愈烈，成为与封建社会相始终的痼疾。

（十一）军事制度

唐朝军事制度前后期变化很大，前期以府兵制为主，边疆实行府兵轮番戍守、招募兵募和部落兵制。禁军则自成体系。

1. 府兵

府兵制是自西魏、北周以来实行的兵制，隋唐两朝继承之，而唐与隋的军事编制又有所不同。府兵制是在均田制的基础上建立的。太宗贞观十年（636 年），不再沿用隋的鹰扬府的称呼，而将外府一律编制为折冲府。唐前期十六卫是府兵系统的主要组织，以卫统府，即左右卫、左右骁卫、左右武卫、左右威卫、左右领军卫和左右金吾卫、左右监门卫和左右千牛卫。左右监门卫掌诸门禁卫，左右千牛卫统率千牛备身等为皇帝侍从、仪卫。还设有东宫六率府，即左右卫率、左右司御率和左右清道率，各领三至五个军府（折冲府）。

各卫设大将军、将军等。全国按照重内轻外的布局设置六百多个折冲府，由左右卫等十二卫领之，府兵分番宿卫京师，或戍守边疆，兵农合一。也有人将府兵分为外府和内府，即折冲府为外府，内府则指卫官系统的亲卫、勋卫、翊卫，主要由二至五品官的子弟充任，实际是中高级官吏子弟入仕的捷径。

各地设折冲府，每府设折冲都尉及左右果毅都尉统之。上府 1200 人，中府 1000 人，下府 800 人。府下有团、队、伙之编制，各府直属京师十二卫，每卫置大将军一人，将军二人。贞观十年时，全国府兵人数共 68 万。

府兵主要从均田农民中选拔，但非普遍征兵制。选入之后世袭军籍，不得更换。从 20—60 岁，先富后贫，先强后弱，先多丁后少丁。府兵也包括官僚子弟和一般地主。府兵虽然不承担赋役，但武器、行装、食粮、马匹等需自备，负担还是比较沉重。

史书记载，早年参加李渊太原起兵的 3 万军士，在战争结束之后，均被点为府兵，分给渭北七县无主肥田，作为永业。这不仅说明唐初曾实行均田制，且说明府兵制是建立在均田制基础之上的兵农合一的制度。这对减少财政开支及社会生产均有积极意义。

府兵成员包括六品以下官吏子孙及其他地主分子，将领均为地主。这说明了府兵由地主掌握，以其为骨干。这对巩固唐地主政权有重大意义。

折冲府绝大部分集中在关中、河东、河南及陇右地区。全国六百余府中，关中占 40%，上述四地区合计则占 80%，这一方面反映上述地区均田制实行较普遍，另一方面也反映唐朝军队力量之集中，即所谓"居重驭轻"。

府兵平时从事农业生产，农闲时军府训练，战时出征，其主要任务是到京师番上宿卫和出征与戍边。番上宿卫，即轮流到京师宿卫，按照距离长安的远近分别给番。百里外五番，五百里外七番，一千里外八番，每番

唐代壁画中征行的军士

一个月；二千里外九番，每番两个月。府兵到长安宿卫，由十二卫将军分别统领。出兵征防则由朝廷命将统率，军队调遣时必须持有兵部所下发的鱼符，经州刺史和折冲府将领勘合后，才能发兵。战事一旦结束，士兵归于各府，将领则还朝，以防范领兵将帅拥兵自重。

2. 禁军

唐前期，府兵番上宿卫京师，承担朝会时的仪仗，并负责戍守宫城南面的宫门和各官署，称为南衙禁军。与之相对应的是北衙禁军，因负责戍守宫城的北门而得名。北衙禁军相当于皇帝的侍卫亲军，最初由追随高祖李渊太原起兵的元从军人及子弟组成，称"元从禁军"。唐太宗贞观十二年（638年）于玄武门置左右屯营，号"飞骑"，又从飞骑中选骁健善骑射者百人，号"百骑"，作为游行时的侍从。唐高宗时将左右屯营改为左右羽林军，武后时扩为千骑，唐中宗时又扩充为万骑。唐玄宗时，将万骑从左右羽林军中分离出，单独置为左右龙武军。于是形成北衙四军，即左右羽林军，左右龙武军，兵士皆源于招募。

玄宗开元十一年（723年），宰相张说建议招募丁壮以充宿卫，称长从宿卫，开元十三年（725年）改称"彍骑"，属于南衙禁军性质，装备、资粮取自国家，遂成为职业兵。

3. 边防军和募兵

唐初边防军由几部分组成，一是由各卫大将军统领的轮番充任戍守任务的府兵，二是各都督府统领的军队，三是由突厥、鲜卑、羌人等所组成的蕃军，四是归附的契丹、奚等的部落兵。贞观十九年（645年），唐太宗征高句丽，出征大军就包括了上述诸种军队。

唐初府兵是军队的主力，但遇战事出征或边疆的戍守，往往需要招募士兵，即兵募，战事结束即遣散，一般不承担常年边防戍守之责。唐高宗武后时，随着土地兼并的加剧，均田制和租庸调制崩坏，逃户现象日益严重，府兵兵源无法保证，府兵制逐渐废弛。

玄宗开元二十五年（737 年），招募丁壮长期戍守边防，称长征健儿，亦称官健。边防军自此雇佣化和职业化，由于禁军也已经实行募兵制，府兵制名存实亡。玄宗天宝八载（749 年）五月，宰相李林甫奏请停用折冲府上下木契、鱼书，府兵有官无兵，府兵制至此正式完结。

第二节　高宗武则天的统治

一、高宗朝政局

（一）皇位之争与李治承嗣

贞观后期，随着社会相对稳定，经济恢复和发展，以及对外战争取得的一系列胜利，唐太宗逐渐"靡不有初，鲜克有终"[1]。唐太宗认为天下已定，贪图安逸，不再从谏如流，疏远忠贞之臣。当时面临的最大政治问题是继承人问题。唐太宗共有 14 子，其中长孙皇后所生三子，即长子李承乾，次子李泰，三子李治。贞观初，年仅 8 岁的李承乾被立为太子，后因被封为魏王的李泰明显受到太宗的宠爱，并暗怀夺嫡之心，于是李承乾企图谋杀李泰，未果，遂纠集汉王李元昌、陈国公侯君集等密谋自保，企图逼宫，事败被废为庶人。为防止兄弟间的继续仇杀，李泰亦被降封，安置于远离京城的均州（今湖北丹江口），并最终死于均州。贞观十七年（640 年）四月七日，改立柔弱仁孝的李治为太子。为培养李治的理政治国之才能，太宗一是为他延聘朝中元老重臣，如长孙无忌、房玄龄、萧瑀、李勣、李大亮、于志宁、马周、苏勖、高季辅、张行成、褚遂良等，以充实东宫；二是每逢上朝，常令李治在近旁观看自己如何处理政务，有时候也让他参加议事，以便从实践中增长见识和提高能力。其间，太宗三子吴王李恪，深受宠爱，唐太宗也曾有立李恪之意，遭到长孙无忌的坚决反对而作罢。

为巩固和拓展唐朝的辖境，也为了给李治创造更好的条件，贞观后期，

---

[1]　（清）方玉润撰，李先耕点校：《诗经原始》卷 15《大雅·荡》，中华书局 1986 年版，第 531 页。

唐太宗多次对外用兵，三征高句丽，出兵西域。政治上，更加倚重长孙无忌等旧关陇集团贵族，不再虚心纳谏，广揽人才。对已经去世的魏徵也起了疑心，不仅取消了魏徵长子与衡山公主的婚约，还派人凿毁魏徵的墓碑。太宗又怀疑功臣李靖有叛逆之心，李靖只好闭门谢客，以示清白。对另一功臣宰相李勣，太宗采取的是先贬为外官，嘱咐李治继位后再提拔的策略，以达到使李勣感恩而效忠李治的目的。《贞观政要》中有些篇章就是劝诫和说教太子的，如耳熟能详的"水能载舟，亦能覆舟"。太宗晚年还亲自撰写《帝范》赐给李治。

贞观二十三年，唐太宗病逝，太子李治继位，改元永徽，是为高宗。唐高宗在位共34年（649—683年）。

（二）永徽政局

唐高宗继位初年，有顾命大臣长孙无忌、李勣、褚遂良等辅政，继续保持经济恢复和发展的势头，社会安定，史称"永徽之治"。

高宗于永徽元年立嫡妻王氏为皇后，王氏出身太原王氏，得到长孙无忌等重臣的支持，但遗憾的是无子，出身于兰陵萧氏的萧淑妃受到高宗的宠爱，并在与王皇后争宠的内斗中明显占据上风。遭到冷落的王皇后，为打压萧淑妃，遂同意高宗接纳唐太宗时的才人、在太宗驾崩后依惯例入感业寺为尼的武媚娘再次入宫，并被封为昭仪。这一举动，不仅引起宫廷内部的变动，也开启政治大变局之肇端。

武则天一说为并州文水人①，其父武士彟（yuē，另一说念huò）曾为贩木材的商人，虽然从唐高祖起兵，但并非主谋，之后亦无军功，他与关陇集团的关系较为薄弱。贞观十一年（637年），武则天14岁时被太宗选为才人入宫，赐号"媚娘"，人称"武媚娘"。据史载，太宗有名马狮子骢，肥逸无能调驭者。武则天当时作为宫女侍奉在侧，于是对唐太宗说，我能用三物制服它，一铁鞭，二铁楇，三匕首。铁鞭击之不服，则以楇挝其首，又不服，则以匕首刺其喉。其性情刚烈可见一斑。武则天再次入宫后，迅速取得了王皇后的信任，又很快取代了萧淑妃"宠冠后宫"的地位。

永徽三年（652年），王皇后与舅父当朝宰相柳奭谋立唐高宗长子陈王

---

① 关于武则天的出生地，有不同说法，暂取其一。

李忠为太子，引起高宗对关陇贵族集团控制朝政的不满，适时武则天又将爱女的夭折嫁祸于王皇后，使高宗废王立武的想法有了正当理由。在征求诸位大臣的意见时，长孙无忌和褚遂良等表示武氏非名门令族出身，坚决反对改立，于志宁不表态，李勣则表示"此乃陛下家事，不合问外人"[1]，暗含支持废后之意，而高宗和武氏培植的新兴势力集团中的许敬宗、李义府等则是积极迎合者。永徽六年，高宗不顾元老重臣的反对，下诏废王皇后，立昭仪武氏为后，长孙无忌、褚遂良等反对者均遭到贬黜，不久，被废的王皇后和萧淑妃都被武后杀害。

武则天像

（三）二圣并立

武则天颇有心计，兼通文史，常协助唐高宗处理政务。长孙无忌和褚遂良等都先后死于贬所，核心人物的陨落，使关陇集团遭到重创。显庆五年（660年）高宗苦风眩，头重，目不能视，武则天直接处理政务，参与决断，显示了较高的政治才能。武则天取得皇后的地位并不满足，她继续排除异己，培植私人势力，试图完全主导政局，引起高宗的警觉，高宗遂有废后的打算，不料事泄，武后向唐高宗申诉辩解，高宗只得放弃，但协助高宗拟诏的宰相上官仪则被处死，政局的走向更加明朗。上元元年（674年），高宗称"天皇"，武后称"天后"，宫中"二圣"并称，大权已经逐渐转移到皇后武则天手中。弘道元年（683年）十二月，高宗于洛阳病逝，享年56岁。

---

[1] 《旧唐书》卷80《褚遂良传》，中华书局1975年版，第2739页。

京剧电影《谢瑶环》剧照

京剧《谢瑶环》为著名剧作家田汉先生于 1961 年根据碗碗腔《女巡按》改写的历史剧。剧情以武则天统治时期，均田制破坏、小农破产和酷吏政治、武氏诸侄弄权，引发的社会矛盾为背景，反映了武周时期的诸多弊政。但最终武则天采取了维护小农和新兴的庶族地主阶级知识分子利益，惩办酷吏、抑制诸武势力等措施。《谢瑶环》剧中所展现的矛盾与斗争，一定程度上反映了武则天统治时期的复杂性和特殊性。

二、从武则天到玄宗继位

（一）武周代唐

　　高宗去世后，太子李显继位，是为唐中宗。武则天临朝称制，中宗虽然庸弱，但却重用韦后亲族，意欲培植自己的势力。嗣圣元年（684 年）二月，继位仅 36 天即被武则天废为庐陵王，立四子李旦为皇帝，是为唐睿宗，继续临朝称制。载初元年（690 年）九月，侍御史傅游艺率关中百姓 900 人上表请武则天称帝，百官、宗室、外戚、四夷酋长，乃至僧尼、道士，也怀着不同目的纷纷劝进。李旦迫于形势，主动提出请母后称帝，武则天顺水推舟，将李旦降为皇嗣，赐姓武氏，迁居东宫，改唐为周，改元天授，以洛阳为神都，正式登上皇帝宝座，成为中国历史上唯一的女皇帝。

武则天在册立皇后、临朝称制的重要时期，受到以关陇贵族集团为核心的元老重臣的坚决反对，同时也得到她着力培植的新兴集团许敬宗、李义府等人的全力支持。光宅元年（684 年），被贬为柳州司马的徐敬业（李勣之孙）与其弟徐敬猷、唐之奇、杜求仁、骆宾王等人，以匡复李唐为号召，九月于扬州起兵。武则天读到骆宾王专门为起兵写的《讨武曌檄》（原名《代李敬业传檄天下文》）中极具煽动性又文笔颇佳的"一抔之土未干，六尺之孤安在……请观今日之域中，竟是谁家之天下！"等句时，十分感叹："宰相之过也。人有如此才，而使之流落不偶乎！"[1]李唐宗室琅玡王李冲、越王李贞先后在山东、河南等地起兵，都被镇压。反对武则天的努力均以失败告终，其间受牵连李唐宗室数百人、大臣数百家，均被武则天诛杀。

武则天晚年，倚重获罪被杀的上官仪之孙女上官婉儿，使其参决朝政，又亲近和信赖张易之、张昌宗以及薛怀义等男宠，而"二张"依势专横跋扈，并插手政务，构陷中宗长子李重润、中宗女永泰郡主、武承嗣子魏王武延基等，武则天听信谗言而迫使他们自杀。一些朝臣主张应还政于李唐，而储位之争却在武氏诸侄中激烈展开。这些都引起皇室贵族和朝臣的愤慨，导致了政局的激烈动荡。神龙元年（705 年）正月二十二日，武则天病重之际，宰相张柬之、大臣桓彦范等联合右羽林大将军李多祚等借口张易之、张昌宗谋反，率羽林军入宫，杀死"二张"，迫使武则天退位，拥立中宗复位，恢复唐国号，都城由洛阳迁回长安，结束了武周政权。中宗上尊号为则天大圣皇帝，后人因称为"武则天"。同年十一月武则天去世。中宗遵其遗命，改称"则天大圣皇后"，以皇后身份入葬乾陵。参与政变的桓彦范、张柬之、敬晖、崔玄暐、袁恕己因功同时封王，史称"五王政变"，亦称"神龙政变"。

（二）中宗复位到睿宗让国

还政于唐并没有彻底解决问题，政局的动荡并未因一次流血政变而平静。唐中宗第一次短暂为帝，后又被武则天立为太子，再次复位后，立共患难的韦氏为后，又与武氏联姻，形成韦武集团。不久韦武势力将张柬之等五

---

① 《资治通鉴》卷 203，中华书局 1956 年版，第 6424 页。

王贬逐远州，张柬之与崔玄暐先后忧愤而亡，其他三人被朝廷遣使杀害。韦后野心膨胀，欲仿效武则天做女皇，欲废黜非亲生的太子李重俊。中宗幼女安乐公主则想取代太子做"皇太女"。感到威胁的李重俊遂联合禁军将领李多祚、李思冲等于神龙三年（707年）发动政变，杀死武三思、武崇训（安乐公主驸马）父子及其党羽，又入宫谋诛韦后、安乐公主和昭容上官婉儿，乱中，韦后与中宗登玄武门，中宗现身城上喊话，羽林军随即倒戈，李重俊、李多祚、李思冲均被杀，政变失败。

唐中宗、睿宗统治时期，政治混乱，政变频繁。景龙四年（710年），中宗暴崩，死因有两种说法，一说是被韦后与安乐公主所毒杀，一说因急病而亡。中宗死后，幼子温王李重茂继位，改元"唐隆"，韦后临朝称制，并欲仿效武则天，试图取而代之。同年六月，已经感到威胁的相王李旦第三子临淄王李隆基和太平公主先发制人，联合发动政变，诛韦后、安乐公主、上官婉儿等，并全城搜捕韦氏家族，韦氏宗亲凡身高高于马鞭者一律处死。政变迫使李重茂禅让于李旦，是为唐睿宗。睿宗长子宋王李成器力主在平定韦后之乱中立有大功的三弟李隆基为太子，李隆基遂被立为皇太子。

太平公主为武则天之女，多谋善断，在神龙政变、诛灭"二张"、平定韦后之乱和拥立睿宗的多次事变中发挥了重要作用，恃功而骄。睿宗继位后，她积极干预朝政，培植党羽，权倾朝野。当她感到精明强干的太子李隆基逐渐成为其实现政治野心的最大障碍后，屡次借口李隆基非嫡长子而建议改立太子，以便自己能有效控制朝政。而李隆基也决心除掉太平公主这个强大的政治劲敌，两人的矛盾渐趋激化，双方都在蓄力谋变。

景云二年（711年），在姚崇、张说等人的建议下，睿宗命李隆基监国。姑侄矛盾进一步加深。次年，睿宗决定传位于太子，先天元年（712年）八月，唐玄宗继位，以睿宗为太上皇，继续掌控三品以上高官任免权和军政大事的裁决权。太平公主在朝中仍然掌握有强大的势力，七位宰相之中，有五位出自她的门下，文武大臣依附者为数众多，她居然提出废黜皇帝，并试图发动政变。玄宗闻知消息后，抢先动手，诛杀依附于太平公主的诸多大臣和军事将领，拒绝了睿宗的请求，迫使太平公主自尽于家中，并从睿宗手中收回了所有权力。年末，改元开元，终于结束了自唐中宗始长达八年的宫廷内乱局面，开启了唐朝历史走向盛世的新阶段。

三、高宗武则天时期的政治与经济

唐高宗李治 649 年继位，655 年废王皇后立武氏为后，674 年高宗称"天皇"，武后称"天后"，宫中称为"二圣"，683 年唐高宗死后，武则天以皇太后身份临朝称制，690 年正式代唐建周，705 年复位中宗。其间，高宗与武则天共同执政 30 年，由于武则天本人的擅断与强势，往往看成与她独立执政的 22 年具有连续性。其实，高宗晚年虽然受疾病困扰，但仍然有决断能力，很多制度和措施是在两人共同执政时期制订和推行的，且延续和影响到武周时期。

（一）高宗武则天时期的政治

1. 庶族地主力量的增长

隋唐政权的建立，结束了魏晋以来士族门阀统治的局面。新兴的政权通过科举制度为一般非士族的地主打开了仕进之途。但另一方面，由于士庶对立的遗风及唐代起兵倚仗关陇集团这一历史条件，武周以前，在唐朝政府中占主要地位的绝大多数仍是皇族、功臣、贵族以及由此大官僚集团出身的知识分子，唐太宗属关陇集团，其学校制度也为这批官僚集团的子弟入仕大开方便之门。唐高祖、太宗时期，一般中小地主势力较小，对政治地位要求较不迫切。但唐高宗以后，经过半个世纪的发展，随着农村的阶级分化，及土地兼并之逐渐展开，中小地主地位日益提高，政治地位要求日益强烈，他们虽也可通过科举仕进，但及第者还需经过吏部考试才能入仕，而唐朝选官又有门荫、军功等途径，因此，通过科举并不是最平坦的道路。这种中小地主对政治地位迫切要求的最具体表现就是当时科举选士的拥挤状况。高宗显庆二年（657 年），刘祥道上书说，当时内外文武官 14000 人，每年补充 500 人即足，但当时每年备选官达 1400 人，比需求多近两倍，以致经常有六七千人无法授职，表明当时科举制度不能满足他们的愿望。另外，通过科举而能仕进的一般地主知识分子即使除官也多属外职，清要的京官又多由大官僚子弟盘踞，因此地主阶级中这两大集团间的矛盾必然日趋尖锐。武则天正是在这一斗争明朗化的时候逐步掌握了政权。在这一斗争中，她正是地主阶级中新兴集团的代表。

2.《姓氏录》与统治集团的更新

唐高宗废掉有深厚大士族家世背景的王皇后、立庶族出身的武后，最后武则天代唐建周，这一过程的完成，陈寅恪先生给予很高的评价，认为不仅仅是简单的宫廷内部之争，也是中国古代史上的重要转折点，"开启后数百年以至千年后之世局也"①。

唐太宗贞观年间修的《氏族志》，始修于贞观六年（634年），贞观十二年完成。原则是"止取今日官爵高下作等级"。但实际上是把李氏提为一等，后族为第二等，把原来高居第一的崔氏降为三等，然后，考证天下谱牒，列九等、二百九十三姓、一千六百五十一家，仍然是以家世渊源深厚的旧士族为主。而由许敬宗和李义府提议，于唐高宗显庆四年（659年），修订的《姓氏录》完全颠覆了以往门阀士族约定俗成，再由国家颁定的排列士族等级的"惯例"，而由国家根据现任官职的品级确定等级，仍分九等。"皇朝得五品官者，皆升士流"②，当朝无官职的旧士族则被排斥在外，士族们目为"勋格"，纷纷抵制，李义府上奏焚烧天下《氏族志》，强行推行《姓氏录》。虽然此后，门阀余绪仍持续，一些人还是依托附会大族，如李义府也妄称赵郡李。大姓士族通过种种方式抵制不得自为婚姻、不得接受陪门财等规定，将女儿送入夫家，或女老不嫁，终不与异姓通婚，但不过是强弩之末。五代时，时代风气已经是"取士不问家世，婚姻不问阀阅"③了。

武则天当政之后，接连给大官僚地主几次重大打击。一方面是以谋反为名流放及杀死唐重臣长孙无忌、褚遂良等关陇集团重要人物。684年④，武则天废唐中宗为庐陵王，唐初功臣李勣之孙徐敬业等借此起兵，仅两月即被平定，大官僚集团又被消灭一批。688年，李唐宗室在关东做官的诸王共谋起兵，因缺乏准备，失败，李唐宗室大批被屠杀、流放。697年，因刘思礼案⑤，又诛放大批官僚。此外，采用告密、打击等方式，使曾在唐朝政府中成为骨干力量的关陇集团终于不复存在。另一方面，武则天却提拔了大批新官僚，不仅擢用科举出身的新兴地主集团的重要分子（从天授到长安690

---

① 陈寅恪：《记唐代之李武韦杨婚姻集团》，收入《金明馆丛稿初编》，生活·读书·新知三联书店2001年版。

② 《旧唐书》卷82《李义府传》，中华书局1975年版，第2769页。

③ （宋）郑樵：《通志》卷25《氏族略》，中华书局1987年版，第439页。

④ 这段时间改元比较频繁，故采用公元。

⑤ 刘思礼为地方刺史，为自保诬告在朝大臣谋反，使众多大臣名士遭到诛杀，亲朋连坐者达数千人。

年至705年，宰相30余人中，绝大部分为科举出身），并进一步提倡科举外，又不惜采用不拘常式破格用人的手段，令官吏、百姓可自举，加强了新兴地主集团的政治地位。又由于武则天用人唯才的作风，培养与提拔了一批新兴地主中的优秀人物，使之真正能在政治上起作用。

武则天能够压制旧官僚地主集团走上权力巅峰，究其原因：第一，均田制下小农经济发展，人民生活较为稳定，不支持贵族官僚集团起兵反抗。第二，府兵制度下，中央兵力远较地方强大，地方兵士不易征集，确保武则天能够调集力量从容平叛。第三，武则天时期的政治斗争主要是统治阶级上层的权力之争，对中下层社会的影响不大。

武则天晚年政权已经巩固，与旧士族官僚集团的斗争渐趋缓和，逐渐结束了酷吏政治，对酷吏周兴、来俊臣等进行了处置，对曾经反对她甚至建议她退位的人也不加罪，对起兵的徐敬业及诸王党羽不再追究。虽然最后终于被迫让位于唐中宗，但这一变化并不影响新兴地主官僚集团的地位，他们几乎全部留用下来，而成为开元、天宝时期的重要政治力量。

高宗武则天时期，运用政权力量对士族排序的强力干预，打击关陇士族势力，扶植庶族地主力量，积极推行和扩大科举取士范围，提拔大批新官僚，这些政治举措，顺应了社会经济的发展趋势及社会阶层重组的需要，从而实现了统治集团的更新。

3.革新举措与选才任贤

武则天改洛阳东都为神都，作为武周时期的政治中心，并大肆营建。她还改旗易帜，推行政治改革。例如，旗帜改为金色；改革官制官名；改革礼制；陆续创制十八个具有政治内涵的武周新字，如武则天自己取名武曌(zhào)，"曌"即为新字，意为"日月凌空、普照万物"。这些举措都是为了提高政治权威性、巩固君主（女主）地位。还为广开言路，设四个分类意见匦，即"四匦"，由专人看守，每日进呈一次，鼓励进言和举报。

发展科举，不拘格限选拔人才是高宗武则天时期的重要政治举措。武则天执政期间，大力发展科举，为庶族地主入仕广开方便之门，不拘一格选拔各方面人才。天授元年（690年），"太后策贡士于洛城殿。贡士殿试自此始"[①]，从而创立了殿试制度，强化了君主在进士科考试和录取中的最高权

---

① 《资治通鉴》卷204，中华书局1956年版，第6463页。

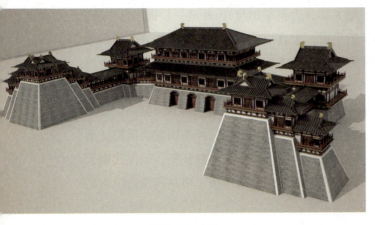

唐洛阳宫城应天门电脑复原图

威。还通过增加科举录取名额、创设武举、鼓励自举自荐，拓宽入仕途径，吸收大量庶族地主阶级知识分子参政。不拘格限选拔人才，令九品以上官吏及一般百姓，皆可毛遂自荐。又派遣存抚使 10 人分巡十道，举荐本道人才。武则天亲自接见这些被举者，并皆授予试官。从高宗乾封（666—668 年）起，陆续招纳文词之士待诏翰林院，参与机要，替皇帝起草诏敕等。因常在皇宫北门候进止，被称为"北门学士"，如刘祎之、元万顷、范履冰等。这些举措，都扩大了统治基础。姚崇、宋璟、张柬之、狄仁杰、张九龄等，都是武则天时期选拔和重用的能臣，在玄宗朝成为一代名相，为开元天宝盛世的出现发挥了重要作用。

4.武则天执政时期的弊政

这时期弊政，一是执政前期为铲除敌对势力，重用酷吏周兴、来俊臣等，大举屠杀李唐宗室、关陇集团旧士族、反对者，不惜罗织罪名、严刑逼供，甚至设计出花样翻新的酷刑，鼓励告密，滥杀无辜。史载，当时公卿上朝，必与家人诀别：不知能否重相见？可谓朝不保夕，人人自危。武则天正式登上皇位后，陆续处置了这些民愤极大的酷吏，政治环境有所宽松。

二是男宠。最受宠的则是太平公主推荐的张易之、张昌宗，即"二张"。他们得宠后专横跋扈，被赐予的田宅玉帛无数，朝臣皆惧之。张柬之等即以奉太子令诛"二张"为名发动政变，拥立中宗复位。虽然女主有男宠似无可厚非，但内侍得宠而横行跋扈，甚至干预朝政，则是政治上的非正常现象。

三是崇佛乃至发展成佞佛。武则天曾得到佛教的协助，执政后，极力推崇佛教，花费了大量人力和财力建寺院、筑明堂、天堂、造天枢、铸九鼎。著名的洛阳龙门石窟奉先寺卢舍那大佛，开凿于高宗咸亨三年（672 年）四月，武则天时为皇后身份，捐助脂粉钱两万，实际工期推估历时 15 年以上。

明堂为睿宗垂拱三年（687年）所建，高294尺，加顶部金凤，高约91米，百里之外都可遥望到，不料遭焚毁，于武则天证圣元年（695年）重建。于明堂之北又造天堂，"日役万人，采木江岭，数年之间，所费以万亿计，府藏为之耗竭"[1]。所立天枢，"买铜铁不能足，赋民间农器以足之"[2]。上行下效，全国兴建佛寺、修造佛像蔚然成风。

四是用人失之伪滥。武则天用人唯才，广开仕途之门，但也因急于求成和笼络人心而导致官员极度冗滥，并出现大批卖官现象。未经考试而"起家至御史、评事、拾遗、补阙者，不可胜数"[3]，以致民谣盛传"补阙连车载，拾遗平斗量。榷（qú）推侍御史，碗脱校书郎"[4]，嘲讽任官之滥。新官僚必然参与土地兼并，也导致了均田制的破坏。

（二）高宗武周时期的经济措施

高宗武则天时期，社会经济有明显的发展，这与统治者的重视密切相关。武则天为后时，就曾向高宗建言十二事，其中包括劝农桑、薄赋敛、给复三辅地（免除长安及其附近地区之徭役）、息干戈、禁淫巧、省功费力役等举措，唐高宗予以采纳，直接和间接促进了农业生产的发展。武则天执政后，屡次发布诏令鼓励发展农业生产，将农业收成的好坏、户口的增减作为考核地方官吏政绩的重要依据，并设定奖惩条例，下令编修《兆人本业记》，作为地方官指导农业生产的参考。同时，加强对地方官的监督和考察，以保证民众有相对稳定的生活环境。对那些因土地兼并而逃亡的农民，采取灵活而有效的新举措，改变过去严惩归乡的政策，而是积极诱导，适时安抚，达到复籍而重新纳入国家管控的户籍中的目的，保证了农业生产的正常进行。因此，高宗武则天统治时期，社会相对安定，农业、手工业和商业都有较大的发展，人口明显增加，由高宗永徽三年（652年）的380万户增加到中宗神龙元年（705年）的615万户。

（三）稳定边疆和拓展疆域

高宗武则天时期，对外战争取得一系列胜利。东北方向，龙朔三年(663年)，大将刘仁轨取得白江口（今韩国锦江入海口）大捷，击败百济与倭水

---

① 《资治通鉴》卷205，中华书局1956年版，第6498页。

② 《资治通鉴》卷205，中华书局1956年版，第6496页。

③ （唐）张鷟（zhuó）：《朝野佥载》卷4，中华书局1979年版，第89页。

④ 《资治通鉴》卷205，中华书局1956年版，第6478页。

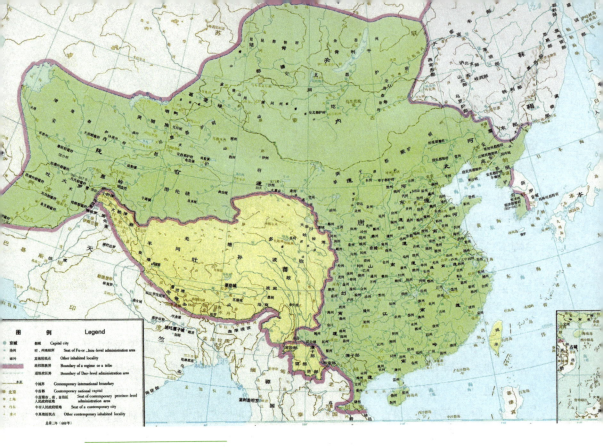

唐朝疆域图（高宗总章二年）②

军，平定朝鲜半岛，在平壤设立安东都护府。西北方向，显庆二年（657
年），大破西突厥，置崑陵、濛池两都护府，隶安西都护府。显庆三年五月，
移安西都护府于龟兹国，设置安西四镇（龟兹、于阗、疏勒、焉耆①），将
唐的西部疆域延伸到包括阿尔泰山及巴尔喀什湖以东以南地区。北边，击退
了契丹及突厥的进攻，加强了北部边疆的稳固。

边地普遍设立军镇，在西北和北部边疆地区推广屯田，很大程度上解决
了边疆的军粮供给问题。

有唐一代版图，以高宗武则天时期为最大。西越葱岭，深入中亚；东到
渤海和黄海，占有半个朝鲜，抵达日本海；北到贝加尔湖；南至中南半岛。

为告天成功，麟德二年（665 年）十月，高宗率文武百官、扈从仪仗，

---

① 相当一段时期为碎叶。

② 引自谭其骧：《中国历史地图集》（第 5 册），中国地图出版社 1982 年版，第 32—33 页。

武后率内外命妇，从东都出发前往泰山封禅。车乘连绵数百里，随行的还有突厥、于阗、波斯、天竺国、倭国、新罗、百济、高句丽等国的使节和酋长。

高宗武则天时期是唐代社会开始发生重大变化的时期。唐初各项制度如均田制、租庸调制、府兵制等在武则天时期开始破坏，其背景是阶级关系和生产关系都发生了重大的变动。

这一时期，继承"贞观遗风"，成为连接两个盛世的桥梁。

第三节　开元天宝盛世

武则天之后，经过一系列宫廷内乱，李隆基铲除了韦后、安乐公主及太平公主等各方势力，最终登基并稳定局势，是为唐玄宗。在他统治的 44 年中（712—756 年），唐朝达到繁荣的顶点。这段时期年号为开元、天宝（先天一年不计），故史称开天之盛，特别是开元，史称"开元之治"。在这段时期里，虽然唐代社会经济日益发展，但社会内部多种矛盾亦随社会经济的发展而日益尖锐，其中最主要的是土地兼并问题。唐初建立的各项制度随着社会的变化，逐渐不能适应形势的发展，在局势稳定后，玄宗着手进行了政治、经济等一系列改革，为开元天宝盛世的到来打下良好的基础。但社会各种矛盾的发展以及边疆形势的严峻，最终酿成安史之乱的爆发，成为唐朝由盛而衰的转折点。

一、玄宗时期的整顿与改革

玄宗为唐睿宗李旦第三子，性英断多艺，善骑射，知音律。屡经政治斗争的历练，积累了丰富的经验，为其执政后稳定政局、励精图治、锐意改革奠定了基础。

（一）政治举措

1. 稳定政局，清除宿敌和隐患

唐玄宗继位后，着手肃清武、韦及太平公主的残余势力，或杀或贬。先后建成十王宅、百孙院，安置年长的诸王和王孙，将他们笼络在京城，给予优厚的待遇，不授实权实职，以消除他们觊觎皇位、发动宫廷政变的隐患。

对恃功而求权位的功臣则坚决予以贬斥。

2.任贤用能，整饬吏治

平定了太平公主之乱后，玄宗立即着手选拔贤才，治理国家。他主动求贤礼贤，如姚崇为门荫出身，武周时期宰相，在睿宗复位后，他建议把太平公主迁居东都，太平公主迁怒于当时的临淄王李隆基，李隆基只好被迫上奏贬姚崇为外州刺史。但继位后，玄宗即借口渭川狩猎，亲自招徕时任同州刺史的姚崇，接受了他对国家治理方面的建议"十事疏"，并于次日任其为宰相，表现了求贤若渴、励精图治的决心。还重用武则天时培养和提拔的宋璟、张九龄等人为相，鼓励他们建言献策，各用其长，发挥他们的才干。罢免武后及中宗、睿宗时众多非正式任命的斜封官及以试、摄、知等名义进入官僚队伍的冗员，提高行政效率。重视对地方官的选任和考核，曾亲自主持对县令的考核，坚决罢黜那些不称职者。

(二) 经济举措

玄宗继位后，社会经济面临的问题主要是：土地兼并日趋加剧，均田制、租庸调制已经崩坏，逃户问题严重，不事生产并享受不纳赋税特权的贵族官僚日益增多，武则天时期大兴佛教，僧尼人数众多，奢靡之风盛行。这些都使国家财政税收受到严重影响。唐玄宗与发展经济有关的举措即是针对上述问题而实行的。

1.大力发展农业生产，注重兴修水利

开元十二年（724年），发布《置劝农使安抚户口诏》，鼓励逃户归耕，开垦荒地，大量的土地得到开垦，有力地促进了农业生产。在河东、关内、河西、陇右、河北、剑南等地推广屯田。积极兴修水利，据《新唐书·地理志》统计，全国共兴建了56项农田水利工程，相当于唐代水利工程总数的20%以上。

《五王醉归图》，（元）任仁发绘，现藏上海苏宁艺术馆

此画描绘了李隆基与他的四个兄弟宋王李成器、申王李成礼和岐王李范、薛王李业出游饮酒，醉后骑马归宫的情景。唐玄宗即位后，于殿中设五幄，与五王共处，不与兄弟商议国事，仅以"声色蓄养娱乐"为事。后又在大明宫南边修筑大宅，集中安置皇子，最初称为"十王宅"，后更名"十六王宅"。随着皇子的陆续成家生子，玄宗又下令，于十宅外修建"百孙院"。这些居所有专门的宫人配给和物资供应，各种生活起居基本上可以在其中进行，无需与外交通，严密防范宗室结交外臣，干预朝政。

2. 查核田地与户口

派遣宇文融担任劝农使，并分遣判官到各地搜括逃户，核查隐漏瞒报的田地，对逃户采取更加灵活的政策和措施。奖励客户及浮浪户归耕，不再强制返回原籍，分配田宅，只取轻税，一律编入户籍。诸道共计括得客户80余万户和相应的田亩，使国家获得了大量可支配的劳动力和土地。

3. 整顿色役伪滥

色役即各种名目的职役和徭役，承担者可免除赋役，这时逐渐成为逃避赋役的手段，名目繁多，人数众多，成为影响国家赋役征收的重要因素。唐玄宗加以整顿，核查伪滥，大量裁撤色役人数，部分改为征税的方式，尽量减少承担国家正役和兵役劳动力的流失。

4. 抑制食封贵族

禁止食实封的官僚贵族直接向封户勒索租庸调，由农民统一交到各级政府，封主则到京城户部分领；也禁止他们向农民放高利贷，以保证农业生产和减轻封户负担。

5. 沙汰僧尼，抑制佛教的发展

由于武则天时期的提倡和纵容，佛教势力迅速膨胀，寺院地主兼并土地，又享有免役特权，僧尼数量大量增加，严重影响了国家可控制的劳动力和税收。玄宗于开元二年（714年）下令沙汰僧尼，禁止建造新的寺院，禁止民间铸佛像和传抄佛经。

6.提倡节俭，抑制奢靡之风

毁宫内乘舆服玩。经常疏散长安一带人口，皇帝也常率百官和百姓去洛阳就食，以减少漕运之劳。

二、开元天宝盛世

随着政治局面的稳定，以及玄宗继位以来陆续实行的一系列有针对性的整顿和改革，唐玄宗统治前期的开元年间，唐朝进入了发展的鼎盛时期。天宝年间，社会经济继续发展，仍然持续着盛世的局面，但因社会各种矛盾渐趋激化，玄宗怠于理政，失去了励精图治的初心，因此，往往只称"开元之治"或"开天盛世"。

这一时期，由于整肃吏治，政治比较清明，社会相对安定，物价稳定而低廉。据《新唐书·食货志》载："是时，海内富实，米斗之价钱十三，青齐间斗才三钱，绢一匹钱二百。道路列肆，具酒食以待行人。店有驿驴，行千里不持尺兵。①"

国家储粮充裕，民众逐渐富足。天宝年间国库储粮达到1亿石。大诗人杜甫回忆开元时的盛景无限感慨：

> 忆昔开元全盛日，小邑犹藏万家室。
> 稻米流脂粟米白，公私仓廪俱丰实。
> 九州道路无豺虎，远行不劳吉日出。
> 齐纨鲁缟车班班，男耕女桑不相失。
> 宫中圣人奏云门，天下朋友皆胶漆。
> 百余年间未灾变，叔孙礼乐萧何律。②

---

① 《新唐书》卷51《食货志一》，中华书局1975年版，第1346页。

② （唐）杜甫著，（清）仇兆鳌注：《杜诗详注》卷13《忆昔》，中华书局1979年版，第1163页。

人口明显增长。据《旧唐书》《唐会要》等记载，官方统计人口，高宗永徽三年（652年）为380万户，神龙元年（705年）为615万户，玄宗时期，从开元十四年（726年）的706万户、4141万口，持续增长到天宝十三载（754年）的918万户、5288万口。据杜佑[1]记述，太宗贞观时户数300万，天宝年间增长为890余万户，但由于脱漏甚多，他根据前代户口统计的总数与脱漏数字的大约比例，以及唐朝的实际情况，推测人口总数下限至少应有1300万—1400万户。如按每户五人计，则应有7000多万人口。人口大幅度增长，与生产和生活环境的发展和稳定有直接关系。

在手工业、商业、城市经济、交通运输发展的同时，文化事业也呈现繁荣景象。唐玄宗重视典籍的整理与编修，编撰《唐六典》，设置丽正书院。这时期也涌现出众多著名的文学家和艺术家，如著名诗人李白、杜甫、贺知章、孟浩然，王维、高适、王昌龄、岑参、王之涣等，形成盛唐诗人群体。开元时期，边疆形势也相对稳定。

唐朝在玄宗时期达到鼎盛，是唐立国以来百余年社会经济发展的积累。"贞观之治"留下了丰富的遗产，奠定了良好的基础，高宗武则天时期社会经济继续发展，为通向盛世搭建了桥梁，玄宗实行的一系列举措和改革，将唐朝推向了鼎盛。[2]但也应注意，这时人民负担的剥削仍然繁重，土地兼并不断发展，农民流亡现象日趋严重，新的举措并不能完全适应不断变化的形势，社会经济繁荣的表面之下，各种矛盾正在发展着。

三、玄宗时期政治经济的变化

随着社会经济的发展，土地兼并的逐渐激化，庶族地主势力的增长，初唐时的某些政治军事制度有了发展和变化。

1. 科举制的发展

科举制在唐代得到较大发展，虽然常举、制举科目繁多，但进士一科逐渐处于独重地位，并且代表整个科举制发展的趋势。虽然几经周折，诗赋还是进士科最主要的考试内容，并由此受到朝野的推崇。

这一趋势到中晚唐仍然显著。德宗时，中书舍人赵赞权知贡举，"乃以箴

---

[1] （唐）杜佑：《通典》卷7《历代盛衰户口》，中华书局1988年版，第148—153页。

[2] 不仅仅是如韩愈《平淮西碑》中所言"受报其功，极炽而丰"。

论表赞代诗赋而皆试策"，文宗太和八年（834 年）复试诗赋①。由于诗歌本身的发展及统治者的大力提倡，造就了唐代诗歌繁荣的黄金时期，进士科以诗赋为主也就成为势所必然的了。然而从太宗开始，尚文词、崇进士便屡受非难。如贞观二十三年（649 年），张昌龄、王公谨二位才俊名士应进士举，虽"声振京邑"，却被主考官以"其体轻薄、文章浮艳"②为由而黜落。高宗上元元年（674 年），刘晓上疏以为"国家以礼部为考秀之门，考文章于甲乙，故天下响应，驱驰于才艺，不务于德行"。曾任洋州刺史的赵匡以为，主司取进士，褒贬实在诗赋，无疑是求巧丽、妨正习、扰淳和、长佻薄、昧本源，弊之甚矣③。虽然诗赋取士屡遭诘难，但其他形式的取士弊端更多，帖经形式只限于记诵，层次较低，"明经多抄义条"，"进士唯诵旧策"④，都不能适应新形势，正因此经史诸科在唐后期兴起，科举制发展出现新动向。

2. 使职差遣官

从唐初开始，就设诸使，代表皇帝出外到地方处理各种事物。玄宗开元天宝之后，随时因事置使，名目繁多，如巡察使、安抚使、存抚使、观风俗使、营田使、处置使（贞观）、宣抚使、转运使、户口使、租庸使等等，其中节度使为最有名者。很多官员往往兼带使职，如杨国忠便身兼 40 余使。此外，往往职官先不实授，而冠以"试、权、判、检校"等字样，以示其为代理。这种做法反映了中央集权制度中皇帝权力的发展。一方面，正式官位逐渐不主管法定职务，而由皇帝派人主管；另一方面，主管官员又都是临时任务。唐后期，"为使则重，为官则轻"⑤的局面继续发展，即成官职差遣分离之复杂现象。

3. 中书门下体制的形成

中书门下，简称中书，习称政事堂、都堂、政府、东府，是唐代中期至北宋前期的行政机构，由门下省、中书省与尚书省的最高长官共同行政。

初设于门下省，高宗时徙于中书省，玄宗前称政事堂。开元十一年(723

---

① 《资治通鉴》卷 245，中华书局 1956 年版，第 7898 页。
② （唐）封演撰，赵贞信校注：《封氏闻见记》卷 3《贡举》，中华书局 2005 年版，第 15 页。
③ （唐）杜佑：《通典》卷 17《选举五》，中华书局 1988 年版，第 419—420 页。
④ （元）马端临：《文献通考》卷 29《选举考二》，中华书局 2011 年版，第 829 页。
⑤ （唐）李肇撰，聂清风校注：《唐国史补校注》卷之下 27《内外诸使名》，中华书局 2021 年版，第 239 页。

年），改政事堂为中书门下，政事堂印也改为中书门下印，并于其后分列吏、枢机、兵、户、刑礼五房。唐后期，中书门下体制已经形成。

4. 府兵制的破坏

唐初实行府兵制，但到开元、天宝之际，逐渐破坏。兵农合一的府兵制的基础是均田制，即只有当国家掌握大量农民并有较完善的户口制度时，府兵制才能比较顺利地实行。随着均田制的破坏，大量农民贫困、破产，并导致大量逃亡，农民无力番上或置备军装、粮食。

唐初是将相不殊途，文武可兼任，武人地位很高。随着承平日久，以科场功名为晋身成为首选。高宗显庆五年（660年）以后，府兵的许多优待，如出征的可得勋级，死者可追赠官爵，或可以由子孙承袭等均被取消，与一般农民无别。甚至卫所长官将兵士借与亲戚家

唐懿德太子李重润墓壁画《仪仗图》

役使为奴隶。以致府兵为人所贱，百姓耻之，甚至逃避其役，或雇人请代。

府兵是兵农合一的制度，军士不宜离家太远，也不宜服役时间太久。但唐朝由于疆域扩大与对外战争的频繁，越来越多需要长期久驻边疆，戍边的年限因此不断增加。从一年延长到六年，到玄宗时甚至老死于边疆。而且戍兵越来越多，玄宗时边境军事防地有些征调的士兵年龄在 60 岁以上。戍边兵士又极其痛苦，出发时要置备行装，路上可能死亡，到边塞后又不免受边将虐待。开元二十四年(736年)，朔方节度使"牛仙客以积财得宰相，边将效之。山东戍卒多赍缯帛自随，边将诱之寄于府库。昼则苦役，夜系地牢，利其死而没入其财。故自天宝以后，山东戍卒还者十无二三。"[①] 于是，一般农民及地主阶级中人便千方百计地逃避府兵兵役。

---

① 《资治通鉴》卷232，中华书局1956年版，第7471页。

府兵制既然破坏，唐政府就不得不渐渐采用募兵制。早在高宗仪凤元年（676 年）即曾募兵，作为府兵之补充手段。开元时，募兵已极盛行，渐取府兵而代之。这种募兵可分三类：

长征健儿。因边塞需人常年防守，故最初从府兵中招募愿去者，后遂不限府兵，并令家属可同去，赐田宅。这种边兵性质便为招募，且从属于边将。之后，中央衰弱时，遂不听中央指挥。

长从宿卫。由于中央卫兵减少，开元十年，张说建议招募壮士供戍卫，时添得精兵 10 万。开元十一年，废府兵更番、戍卫之制，称新募兵为长从宿卫。开元十三年，彍骑、中央卫兵也行招募，说明府兵制已完全不能实行。彍骑最初还注意训练，兵士也经过挑选，但天宝后又逐渐松懈，安禄山起兵时，彍骑已完全败坏，唐后期演变为宦官手中的禁兵。

团结兵。在地方征调一部分农民不脱产组成团结兵，防护地方。

第四节　唐前期经济的发展与转变

唐前期是中国封建社会快速发展时期，社会秩序安定，土地兼并受到一定限制，农民生产积极性高涨了起来，社会经济出现了繁荣景象。但是另一方面，土地逐渐集中，封建剥削与压迫也逐渐加重，又使得土地问题日益严重，农民日益破产。但随着时间的推移，唐玄宗天宝末期，表面繁荣强盛的唐朝实际已经危机四伏。

一、社会经济的发展

（一）农业

1. 生产工具的进步

生产的变革和发展，首先是从生产工具的变更和发展上开始的。唐代主要生产工具——犁的构造有很大进步。根据唐末陆龟蒙的《耒耜经》所载，唐代的犁可根据实际需要进行浅耕或深耕，操作方便。最具代表性的是曲辕犁，多使用于南方水田，又称"江东犁"。还用耙、耢、碌碡等农具进行一系列田间作业。在灌溉方面，辘轳、桔槔等简单机械在唐代已十分普遍，此外，唐代还出现了竖筒、筒车、水轮等新工具。

2.水利事业的发展

水利灌溉事业是农业生产发展的重要方面。至唐玄宗开元年间，全国各地兴修的重要水利工程可考者达百处以上。北方大型水利工程以灌渠为主，例如，同州（今陕西大荔）自龙门引黄河新开渠溉田 6000 余顷；河北幽州引卢沟水（永定河）开稻田数千顷；河南蔡州玉梁渠（今河南息县西北）灌田 3000 余顷；河套地区唐徕渠长 212 公里，有支渠 5 万余，可灌田 6000 顷以上。南方则多侧重排水和蓄水等水利工程。特别是东南堤堰泊塘易行，大的堰塘可溉田万顷或数千顷。

3.粮食产量的提高

开元天宝时期，全国呈现"四海之内，高山绝壑，耒耜溢满"，大量的土地开垦出来，特别是江南地区，开发水平快速提高，土地肥沃，又富水利，逐渐成为最重要的经济区。由于生产工具的发达、耕作技术的改进与水利事业的发展，唐代农产品单位面积产量比过去有所提高。

4.耕畜数量的增长

唐政府重视畜牧发展。据史载，唐政权建立后十三四年内已是牛马布野，特别是击败占据牲畜产地的突厥后。仅太宗贞观三年（629 年），打败颉利可汗，俘获杂畜即有数 10 万之多，这其中必有大量牲畜散于民间供耕作。突厥内附之后，其地牲畜除输入供作战马外，也会大量散于民间。从贞观（627—649 年）至麟德间（664—665 年），官方战马 70.6 万匹，民间马匹必然很多，马之外杂畜想必也不少。

5.户口的增加

唐太宗时，全国不满 300 万户，之后逐年增长，到玄宗时，据官方统计即增至 890 余万户、5000 多万人。这一方面由于人口增加，另一方面是由于逃亡的人口大量回到土地上，即隐漏户口被搜查出来，但还有大量隐漏人口未被查出，故实际人口更多。

（二）手工业

1.手工业的类型

唐前期自然经济仍占主要地位，农业仍与手工业紧密地结合着，商品经济还不太发展，这也反映在手工业生产上。当时手工业主要有四种类型：家庭手工业、田庄手工业、官营手工业、私营手工业。前二者主要存在于农村，后二者主要存在于城市。

（1）家庭手工业①。即与小农经济结合的手工业。其最普遍的是纺织业。租庸调制规定国家征配农民纺织品，使得大部分农民都兼营纺织副业。一方面满足全家衣着之需，另一方面则作为赋税交给国家。据《唐六典》载，全国十道贡赋绝大部分是手工业产品，特别是丝麻业遍及全国各地。天宝八载（749年），政府收入除钱粟外，还有绢740万匹，棉185万屯，布1605万端，其中绝大部分是由小农缴纳的。此外，一部分纺织品也投入市场，作为商品出卖，但是有限。此外，粮食的加工也是家庭手工业的一部分。

（2）田庄手工业。即与地主经济结合的手工业。在地主的田庄里，除去农业经营外，大多还包括果园、菜园、店铺、茶园、盐畦、车坊等，有的地主田庄不仅有织机制造绌绢，且有制金、制墨的人。大文学家王维的田庄中甚至专设两人负责制造供自己扫地用的扫帚。产品大多是供地主家庭消费，或作为对农民的一种剥削形式，但也有作为商品出卖。例如，关中许多贵族官僚地主造碾硙，代人磨麦，高力士经营的碾硙，并转五轮，日破麦三百斛。但田庄中人身依附关系较强，类似农奴式的工人，与小商品经济下的私营手工业者不同。

（3）官营手工业。官营手工业有三大类：官府直接经营、官监民营和民营。其中第二种唐前期还不发达，第三种往往附属于第一种，或不居重要地位。最重要的是第一种。

唐代官营手工业生产目的主要是供应皇族消费、保障军队和官员所需、赏赐大臣、外交贡赐等，只有极小部分为供给人民生活必需品（如盐及农具）。唐代官手工业的组织比汉代庞大而整齐。中央有少府监掌百工技巧之政和各地冶监与制钱监；将作监掌土木工匠之政；军器监掌军器制造；都水监掌水利工程。地方政府也常有管理手工业的机构和作坊，其中最重要的是铸钱。在这些机构中分工细致。如少府监下的织染署即设四大部分，为织纴之作（织普通布帛），组绶之作（帽绶、绶带），绌线之作（丝线、网子），练染之作。其下又有较细分工，如织纴之作下分布、绢、絁、纱、绫、罗、锦、绮、𰀚、褐等10个作坊。四部分通计25个作坊，可见分工极细。官营

---

① 收获原料的农户本身给这些原料以加工，它是自然经济的附属物，手工业与农业紧密地结合在一起，手工业以副业形式出现。

手工业原料部分由政府采办，或用低价"和买"，但绝大部分是强迫农民"任所出州土以时而供送焉"①。

这些作坊规模很大，工人人数很多，如玄宗时少府、将作两监共用工匠34850人，少府监下绫锦坊即有365人。劳动者的身份较为复杂，有官奴婢、刑户和军人（地位相当奴隶）及比他们地位稍高的番户和杂户（官奴婢常役无番），他们可轮番服役，类似农奴。但官营手工业中主要劳动者是番匠，即政府把全国专业工匠编制起来，定期到官营手工业作坊中服役，类似于农民所服的徭役。这些工匠没有任何报酬，甚至连粮食都要自带，实际上是一种封建工役制。工匠和农民一样可以纳庸代役，即交纳纺织品代替服役。此外，还有和雇匠，即由政府募雇一些匠人给以一些报酬，后来便出现一种常上匠，指的是长期在官手工业中工作的工匠，他们以庸作为收入来源。由此可见，唐代官营手工业中封建超经济强制性质是很明显的②，劳动力主要是征发自民间的工匠与农民。唐代还有一种贡户，即技术高超之小手工业者。官府登记名字，他们必须在指定的时间里按官府所规定的式样和产品来进行生产，并在产品上记上自己的名字。从各种贡品之多来看，这种贡户不在少数。

由上可知，官营手工业建立在自然经济基础之上，依靠封建方式剥削农民及手工业劳动力。其生产基本上不是以商品交换为目的，其封建性质是十分显然的。

官营手工业大量征发劳动力来为统治者的消费生产，不可避免地存在生产力、人力、物力的浪费，给小生产者带来不少痛苦。官营手工业垄断了某些产品的生产，或对某些产品统一收购，这对小生产者的生产是不利的。这不仅减少商品生产的部门，而且往往勒令小生产者专门为官府生产或垄断某些产业，对社会生产的发展是不利的。

官营手工业是封建经济不可缺少的组成部分，增加财政收入，制造军器，修建重大水利工程，都需要官营手工业。它在财政、军事、公共事务方面对封建政权起巩固作用。官营手工业中生产力生产技术较高，这一方面因为其生产规模大，有细致的劳动分工和技术传习制度；另一方面，它

---

① （唐）李林甫：《唐六典》卷22《少府监》，中华书局1992年版，第573页。

② 和雇问题到唐后期会涉及。

也集中了民间优秀工匠，有利于交流技术，官营手工业的新技术、新产品逐渐外传，对生产力的发展起了促进。总体来说，唐时官营手工业的积极作用还是较大的。

（4）私营手工业。唐前期在城市中出现各种不同类型的私营作坊，如织锦坊、纸坊、毯坊、染坊、酒坊、糖坊、铜坊、金银作等，在这些作坊中，进行着商品生产。其中不少是自行制造、自行销售的作坊、店铺。《唐六典》称之为工作贸易者。从事同类商品生产的作坊或店铺多半集中在城市中的某一条街上，称行（商店名称，商店集中地域名称，职业分类及同职业组织）。如长安东市即有220行，作坊大体由一个师傅带几个徒弟开设，师傅随作坊性质不同而称为镰师（刀剑）、染师、长老等，师傅本人也参加劳动，出师的徒弟或另外开作坊，或在师傅店里做工，得到自己劳动产值的大部或全部。因此，这是小商品生产（建立在手工业者个人劳动基础之上），其经济特征是：一是店主收入主要靠剥削工人创造的剩余价值；二是劳动力成为商品。这种作坊同时也就是商店，师傅也就是店主。他们自己卖货。但有时也送到市上去卖。雇佣劳动及行会组织此时已经出现，但非普遍。

2.重要的手工业部门

（1）丝织业。唐代丝织业是当时最主要的手工业。唐代丝织品名称种类特别多，丝织技术已大大提高，有绢、纱、绝、绫、绸、罗、锦、绮等。各州郡贡纳丝织品繁多，数量很大，说明丝织业普遍存在，特别是黄河下游与四川一带，有许多城市以织造特种花纹的绫锦而出名，如方纹绫、仙纹绫等。四川织锦技术最高，生产规模与生产量也是最大的。唐中宗时，四川地方官曾献给安乐公主一条裙子，镂金为花鸟，细如丝发，马如小米一样大，眼、鼻、嘴清晰可见。河北定州是北方纺织中心，何明远家有绫机5百张①，唐代各州的贡品中定州丝织品数量最多，说明定州纺织业之发达。新疆出土的唐墓中丝织品无论技术及染彩、配色都十分精美。

（2）瓷器业。瓷器是中国人的伟大发明之一，在世界文化史上占有光辉的地位。瓷器的制造是从陶器发展来的。到商朝时，劳动人民又创造了精美的白陶（即用高岭土烧成的陶器），已学会在陶器上用黄色或绿色的釉。汉晋以来，陶器的制作技术有很大进步，文献中已出现"绿瓷""缥瓷"字样。

---

① 据《朝野金载》。也有人对此提出疑问。

唐代瓷器的烧造比前代有了很大
进步，唐以前是陶到瓷的过渡期，
唐代制瓷业进入完成期。瓷器成
为民间流行用具。唐初，江西浮
梁县昌南镇（即后之景德镇）居
民献瓷器入关中，称为假玉器，
于是昌南瓷器名闻天下。此外，
天下名窑尚有 20 余处，最著名的
是邢州（河北巨鹿）的白瓷，越
州（浙江会稽）的青瓷。陆羽公
元 8 世纪撰写的《茶经》中曾对
二者进行比较，曰："邢瓷类银，

唐越窑青釉碗，现藏上海博物馆

越瓷类玉，邢瓷类雪，越瓷类冰。邢瓷白而茶色悦，越瓷青而茶色绿。"大
体民间通用邢瓷，宫中喜爱越器。据《开元天宝遗事》载，"内库有一酒杯，
青色而有纹如乱丝，其薄如纸，于杯足上有缕金字，名曰：自暖杯。上令取
酒注之，温温然有气，相次如沸汤"。唐后期阿拉伯商人苏莱曼《中国游记》[①]
一书记载，中国能以陶土为器，透明如玻璃，注以酒，自外可见。此外，大
邑（今四川）亦产名瓷，杜甫专门作诗吟咏。由此可见，唐人所造瓷器是极
精美的。特别是邢、越二窑，亦即青白二系瓷器的制作占有极重要地位。唐
名窑的瓷器大量外销。1998 年在印尼海域打捞出的一艘沉船，仅中国产外销
瓷器就达 67000 多件，是准备经东南亚运往西亚、北非的阿拉伯商船，被称
为"黑石号"。正是由于唐瓷在制作技术上有极大发展，才开辟了宋代瓷器
的灿烂局面。

（3）矿冶业。煤在春秋战国时已发现，《山海经》及秦汉记载中常见，
称为"石墨""黑丹""石涅"等。西汉时，煤已用于炼铁。东汉到魏晋南北
朝"石炭"屡见记载，成为人民生活日用燃料。唐代山西一带采掘甚盛。据
公元 9 世纪前半叶来华留学日本僧人圆仁《入唐求法巡礼行记》所载，太原
府西四里，有晋山，"遍山有石炭，近远诸州人尽来取烧，修理饭食，极有

---

① ［阿拉伯］苏莱曼著：《苏莱曼东游记》第一卷，刘半农、刘小蕙译，华文出版社 2015
　　年版，第 34 页。

唐开元时期螺钿花鸟纹八出葵花镜，出土于陕西西安曲江李倕墓，现藏陕西省考古研究院

火势"①。

唐代制铜业主要有铜镜、铸钱两大类。扬州为铜器制造中心，镜之制造当为其中最多者。铸钱则由政府专营。玄宗天宝中全国有99炉铸铜，每年铸十炉，共成33万贯，每炉用钢1120斤，合起来一年在200万斤以上。

唐代铁的产量在铜之上，产铁之地由政府设监坊，由官府专营，主要造兵器及农具。剑南之利州（今四川广元）、兖州莱芜（今山东）及绛州之洞城县（今山西）均以产铁著名。武则天用铜铁造天枢，高105尺，下为铁山，周170尺，铸了许多龙凤、麒麟在上面。又铸大鼎高1丈8尺。又造12神（十二生肖），各高1丈。这样巨大的工程表明当时冶炼技术的先进。此外，唐代开采的有金、银、铅、锡、水银、盐等，金银工业很发达，有银碗、银杯、银盘、七宝银镜、宝相花镜等。

（4）其他手工业。扬州的造船业很发达，所造官船可长达20丈。宣城、婺州（金华）、成都（麻纸）等地的造纸业十分繁荣；各地漆器制造业等都很发达。这些手工业产品，一方面带有地方特点，另一方面其市场已超越了地方的限制，而向更大范围发展，扬州纺织品更远输海外。

3. 商业、城市与交通

东汉末年以后，商品货币经济一度衰落，直到唐朝初年物物交换仍极盛行，绢帛成为主要的交换单位。随着社会秩序的稳定与生产的恢复，商业开始活跃起来。随着商业的活跃，城市市集渐渐繁荣，交通运输业也日益发达，商业出现了繁荣景象。

---

① ［日］圆仁著，白代文校注：《入唐求法巡礼记》卷3《开成五年》，中华书局2019年版，第315页。

唐朝商品种类日益繁复，当时商品可分为三类：奢侈品、农产品、日用品。前者由于地主阶级财富的积累，后二者反映了民众的生活水平。当时城市居民的主要生活用品，如织物、装饰品、金属器皿、木制用具、盐、茶、酒、糖、药材、粮食等，多仰仗市场供给，这就使广大农村渐渐加入商品交换之中。当时交换的媒介除铜钱外，还杂用绢帛。唐初百余年内，市场物价波动不大，始终比较平稳，粮食价格每斗未超过百钱，绢一匹才 200 文左右。在适应商品贸易发展的要求下，各大城市中，如长安、洛阳、广州及扬州等地，邸店业也随之兴盛起来。据《唐律疏议》载，"居物之处为邸，沽卖之处为店"①，实则二者并无严格区分。兴盛的邸店业，是唐代商业发展的反映。

全国商业发展导致都市日益增多。西北有兰州、凉州，西南有成都、桂林，长江中下游有越州、明州、荆州及江陵，北方有长安、洛阳、开封、太原、定州、冀州等地，南方有交州、广州等地，沿海有泉、杭、扬、登州等地，其中最重要的是长安、洛阳。长安是隋唐两朝的首都，而唐王朝又是当时世界上最富强的国家，因此，长安不仅是中国的政治文化中心，也是当时世界上最重要的城市，作为中国内地对今新疆、青海、四川等地的贸易集合地点，商业十分发达。

4.唐代商人

唐代商人可分为大商人、小商贩、官商和外国商人。大商人，一般称商客或估客，他们有雄厚的资金。例如，武则天时，裴伷先货殖五年，至资财数千万。玄宗曾询问长安富商王元宝家财几何，元宝对曰：臣请用一匹绢挂终南山一株树，南山树尽臣绢未竭。玄宗说：我是天下最贵人，元宝是最富人②。玄宗又曾一次没收某商人财产60万贯。这些案例说明大商人的财富巨大。他们到处贩运大批货物，其贩运多经过大都市的中间商人，甚至自己还有一些武装，多在都市内开设邸店。这些大富商虽仍被时人称作"贱分"，但地位已较前大为提高。他们投资土地，勾结官府放贷，从事奢侈品的贩运。

小商人与小贩一般开设店铺，批发手工业产品，或到邸店里由行头、主

---

① 刘俊文：《唐律疏议笺解》卷 4《以赃入罪》，中华书局 1966 年版，第 333 页。
② （宋）李昉编：《太平广记》卷 495《杂录三》，中华书局 1961 年版，第 4063 页。

唐彩绘黑人立俑，现藏陕西
长武县博物馆

人、牙人做中介，收购商客货物，然后零售给主顾。小贩没有充足资本，只能每次购进小量货物，街头叫卖，或在市售卖，如卖钱贯（穿钱系绳等）、卖药、卖鲜鱼等。

还有一种商人利用官府资本在市场上交易，到大都市转易货贩。在安史之乱前后，官府都有公廨本钱由人经营，这些人被称为捉钱令史或捉钱户，他们对官府只负担一定利息，但却有免课役与升官的权利，是商人中的特殊群体。

外国商人，又称"胡商"。胡商在唐代可以自由贸易。外国商船到港纳泊脚后，货物由官府市易一部分，然后即可自由贸易，亦可开设邸店。例如，唐小说中常出现波斯邸，波斯阿拉伯商人多为富商，贩运珠宝及放债（出举）。但也有所谓穷波斯以卖胡饼、胡酒等为业。

由上可知，唐前期商业已很发达。但远距离及较大规模交易对象仍以奢侈品为多，性质是贩运贸易，商业还未介入生产中去，对自然经济的瓦解作用不明显，因此，这时的大商人，对社会经济发展起的作用是非常有限的。此外，国家对商业控制颇严。

综上所述，在唐前期近 140 年中，农业、手工业、商业均有重大发展，社会生产力有重大提高，这在中国封建社会史中占有显著地位，并有重大历史意义。由于这一时期经济的高涨，中国封建社会前进了一大步，强大的专制主义中央集权国家的存在与发展，才成为可能。同时，也给公元 7—8 世纪中国社会文化的发展及对外经济文化交流提供了物质基础。但由于封建生产方式的束缚，这一时期经济的发展带有很大局限性。地主官僚浪费了大量财富，并且日益加强剥削，农民和普通工匠时常处于贫困之中，这种贫富之极端分化，遂使社会孕育着极端的危机，而导致唐朝的衰败。

5. 都城与市集

唐代都城长安是在隋朝大兴城的基础上扩建和完善而成。唐长安为三重城，内城二重为宫城和皇城，外郭城为一重。外城周长 36.7 公里，面积约 84 平方公里。内城位于郭城北部正中，宫城中心是皇帝起居和理政之所，两侧东为太子居所——东宫，西为后宫之所——掖庭，即所谓的"大内"。高宗武后时期，政治中心逐渐转移到外郭城东北的大明宫。宫城南面的皇城是中央各官署办公之所，中央官署独立区划、与民居分离，始自隋文帝（581—604 年在位）修建大兴城，凡三省六部、九寺五监、秘书省、御史台、十六卫等官署集中于此。外郭城由坊、市和街几大部分组成，朱雀大街为中轴街，左右两侧分别称东街和西街，11 条南北向大街和 14 条东西向大街将外郭城分割为 108 坊（后有变化）。朱雀大街为贯通外郭城的南北大街，即为御街（又称"天街"），将外郭城划分为街东、街西两个城区。东西两市，位于街东和街西中间偏北，各占两坊，东南西北各 600 步，四面各开二门，四面街多广百步，市内共 220 行业，四面立邸，四方珍奇皆所积集，西市则胡商聚居较多。两市是长安繁华区的两大中心区域。

洛阳都市规划与长安略同，只是由于地势地形所限，宫城皇城都位于全城的西北，洛河从东到西横贯城中，是仅次于长安的全国第二个政治中心，又是关东、江淮粮食、物资转输关中的必经之地，因此商业也极发达。

长安、洛阳都是相对独立和封闭的格局，居民的社会活动空间则主要是在坊市里进行，商业交易活动、文化娱乐活动、社会交往活动的空间和时间都受到封闭式格局的限制。在唐代城市城区中，变化最显著的是坊市区，唐宋城市变化的关键即指坊市制度逐渐被突破。唐朝政府对都市的控制是很严的，凡有市之地皆置市吏，下有佐、史、率等官，专掌市井交易，禁市场中的非法行为。市内有严格的坊市制度，明令规定：午时击鼓三百，商人可入市，日入前击钲三百而散市。凡廛（chán）事交易之物皆以官定度量衡评示，分精、次、粗三等定价，百货中如弓矢、长刀及随身器物，并题工匠姓名方许出售。如果伪滥交易，货物没官。商业虽受官府控制，但由于农村商品交易的发展，各地交换的需要在规定市场之外，农村又出现所谓草市、庙会，大体相当于今日之定期市集。此外，在北方边境地区，则设互市监，管理对诸番族贸易。但每次互市，时间短，限制多。

6. 交通

商业的发展刺激了交通的发展，而交通的发展又反过来推动了商业的发展。唐代水陆交通都十分发达，陆路交通以长安为中心，通向全国乃至亚欧

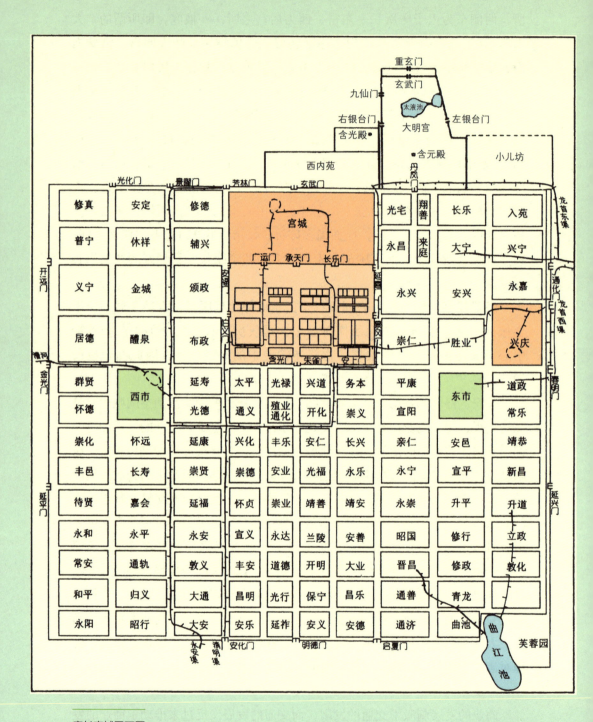

唐长安城平面图

大陆。

史念海先生的《隋唐时期的交通与都会》①，归纳了隋唐时期由长安出发，经环绕京城的各个关塞，向各地辐射的陆路主要是 14 条，即：自长安东行，出蓝田关（今陕西蓝田县东南）东南行；自长安东北行，出蒲津关（今陕西废朝邑东）东行渡河；自长安西或西南行，出散关（今陕西宝鸡市南秦岭上）越过秦岭南下；自长安西行，出大震关（今陕西陇县西北），过陇山；自长安

西北行，过六盘山下，出木峡关（设在原州西南蔚茹水源头颓沙山上）；自长安北行，经坊州（治所在今陕西黄陵县）、鄜州（治所在今陕西富县）出芦子关（今陕西延安市北）；

严耕望先生则以长安洛阳为中心，以通两京间干道为轴心，归纳了由轴心两极成辐射状的 11 条陆路交通经线（大多是官驿沿线）和联结各经线的主要纬线交通路线。②

水路交通则可借天然水系、渠道、运河、河道沟通包括今四川、华北、江南、湖南、福建、广东等广大区域。唐

唐康善达墓壁画《胡人牵驼图》，出土于陕西西咸新区布里村

人崔融形容道："天下诸津，舟航所聚，旁通巴、汉，前指闽、越，七泽十薮，三江五湖，控引河洛，兼包淮海。弘舸巨舰，千轴万艘，交贸往还，昧旦永日。"③尤其是运河沿岸、长江沿岸和东南沿海的码头、港口，成为对外商品交易的主要集散地。西北的陆路丝路，东南的海上丝路，西南丝路与茶马古道，北方沿海港口与朝鲜半岛和日本的联系与交往，构成了一个以中原为核心向长江流域和珠江流域不断扩展的对外经贸交通网。

唐代国内交通线上，都设有驿传，据史载，一般每 30 里置一驿，驿有旅馆、驿卒及车、船、马、驴等交通工具。主要为传递公文及官吏往

① 《唐史论丛》第六辑，陕西人民出版社 1995 年版，第 1—57 页。

② 严耕望：《唐代国内交通与都市》，《大陆杂志》史学丛书第一辑第四册，原载第八卷第四期。

③ 《旧唐书》卷 94《崔融传》，中华书局 1975 年版，第 2998 页。

来，但也便利了商贾行人。全国驿路 4 万余里，共设驿 1639 所。其中陆驿 1297 所，水驿 260 所，水陆相间之驿 86 所。陆路交通之便利，可从如下记载看出：

> 东至宋、汴，西至岐州，夹路列店肆待客，酒馔丰溢。每店皆有驴赁客乘，倏忽数十里，谓之驿驴。南诣荆、襄，北至太原、范阳，西至蜀川、凉府，皆有店肆，以供商旅。远适数千里，不持寸刃[①]。

开元时期，张九龄主持凿通大庾岭路。大庾岭为南岭中的五岭之一，位于今江西与广东两省交界。驿路开通后，全长十几公里，宽约三米多，路旁遍栽松树，张九龄还亲自为它撰写了《开凿大庾岭路记》。大庾岭路不仅打通了中原与岭南地区的通道，还直接缩短了南北行程，对全国陆路交通起了很重要的作用。

水路交通，最重要的是沟通南北的大运河，全国主要江河也都通航。为了把关东江淮物资运往长安，唐政府曾多次修浚三门峡附近水道，便利漕运及组织运输。其中最重要的两次是裴耀卿于开元末所实行的分段运输的办法，即各河船只分别负担本段运输，按段交换，大大节省等水之涨缩时间，且不致因航道水情不熟而失事。至于三门峡一段，则改开陆路 18 里。不久，开元二十九年（741 年），陕郡太守李齐物在三门峡凿山开路，拉纤过滩。天宝元年（742 年），韦坚据隋关中漕渠旧迹，在渭水之南开一平行运河，船只可从黄河一直行至长安城北的广运渠。长安与山东水路交通大大改进。但是，唐朝政府对交通的控制十分严格。陆路关、桥、渡等均置官桥令、津令负责检查来往行人，行人来往须有公文。私渡者有罪，不由关津而渡者亦有罪，来往关、津者都要纳税。

二、均田制的破坏

均田制度的施行，私人地主土地所有制并未取消，而且还有所发展。唐高祖进兵关中之际，即下令不许没收隋朝文武官员的田舍产业。统一天下之后，又随均田令的颁布，赐给官僚贵族大量永业田，给他们免去赋役、可自

---

① （唐）杜佑：《通典》卷 7《食货七》，中华书局 1988 年版，第 152 页。

由买卖土地等各种特权。随着地主阶级统治的日益巩固，以及社会经济的恢复与发展，官僚、贵族、军将、地主、僧侣及富商的兼并土地日益剧烈，他们凭借政治、经济特权，用"占夺""借荒""置墓""包佃"等手段，或变官田为私产，或夺民田为己有，肆行土地兼并。早在唐太宗及高宗时，兼并之风就已发展，泽州（今山西阳城县西）刺史张长贵、赵士达曾占境内良田数十顷，洛州豪富之士籍外占田达 3000 余顷。中宗时，太平公主及其夫"田园遍近甸，皆上腴"[①]。唐睿宗时，成安公主强夺民园不酬值。安乐公主竟夺百姓庄园造定昆池。玄宗初期，曾用括田、检户的办法及限制土地自由买卖的办法，限制官僚地主的兼并，但效果不大。玄宗时做过宰相的张嘉贞说："比见朝士广占良田，及身没后，皆为无赖子弟做酒色之资"[②]。李林甫"京城邸第，田园水碨，利尽上腴"[③]。卢从愿广占良田至有百余顷，以致被玄宗讥为"多田翁"。洛阳李憕在伊水两旁广置良田自城直达龙门，别业相望。玄宗时期，宦官势力发展也大肆兼并土地，关中一带半数甲地、良田、美产被宦官所占。此外还有寺院也占有很多土地，而且僧道可以免除赋税，许多苦于封建国家剥削繁重的农民就自己出家并把田地交给寺院，充当佃户，这样寺院占有了大量的田亩。武则天时，京师一带的田地多为僧有，玄宗时不得不明令限制寺观权利，并强迫寺院退出官僚贵族所献之田地。

土地兼并加剧的同时，国家的赋税、兵役、徭役却并未减轻。从唐高宗以后，官吏人数日益增加，统治阶级日益奢侈腐化，对外战争日益频繁，农民的赋税、兵役、徭役日益加重。武则天时期，彭泽（今江西九江）地狭，百姓一户有田，不过十亩、五亩，常年收成纳官之外，半载无粮，兵役调发过重，家道恶破，致使卖屋卖田，地方徭役又十倍于兵役。玄宗时期也并没有扭转这一趋势，后来连玄宗自己也日益腐朽起来。那时边疆上很吃紧，军费开支很大，每年防守边疆的士兵近 50 万人，马 8 万匹，单衣食两项所用布帛 1020 万匹，粮 190 万石。玄宗又把无数的钱耗费在奢侈生活及赏赐上，如玄宗令贵族进食，水陆每位数千盘，一盘值中人十家之产。贵族互相比附，每次送食品均有众多人护送。玄宗又重用一些善于敛财的勾剥之臣，如

①　《新唐书》卷 83《太平公主传》，中华书局 1975 年版，第 3651 页。
②　《旧唐书》卷 99《张嘉贞传》，中华书局 1975 年版，第 3093 页。
③　《旧唐书》卷 106《李林甫传》，中华书局 1975 年版，第 3238 页。

唐章怀太子墓壁画《观鸟扑蝉图》，出土于陕西咸阳杨家洼村

户部郎中王鉷替他竭力搜刮，每年贡献额外钱百亿万，说是租庸调之外的剩余，专供宫内消费，得到玄宗的赏识和欢心。封建国家剥削加重与地主阶级的土地兼并交织在一起，互相影响，迫使农民进一步贫困破产，便利了土地兼并的发展；而土地兼并的发展又使封建国家掌握土地与农民减少，赋税收入减少，但封建国家开支却日益庞大，对农民的剥削日益加重。这种恶性循环的结果，导致农民的日益贫困破产，均田制难以维系。

开元、天宝之际，均田制已不能维持。均田制是在一定历史条件下实行的，即政府掌握有大量荒地。是封建国家和地主阶级争夺赋税与依附农民特殊历史条件下推行的政策。封建国家实行均田，并在不同时期限制地主土地兼并，但均田制也规定了许多对地主阶级占有土地与兼并土地的优厚待遇。因此，随着地主阶级势力的增长，土地兼并盛行起来，均田制与土地兼并不能并行，均田制必然遭到破坏。这表现为，农民逃为客户，以及政府土地大量减少。

开元二十五年（737年），虽然颁布了一些较前更为详尽的均田令，并一再下令禁止买卖口分田、永业田，禁止王公百官遍夺民田，但终于无法制止，最终只好以无主土地不需收夺，不了了之。

天宝末年，据官方统计，全国户为890余万户，应不课户为356万余户，应课户534万余户，八分之三为不课户。但课户之中，年20以下、老男、废疾、妻妾、部曲、客女、奴婢皆为不课口。当时全国官方统计人口为5000多万人，其中不课口4470万余人，课口800万余人，课口只占全国六分之一。整个国家的赋税和徭役要由只占全国人口六分之一的人来负担，显然难以维系。

土地兼并同时，封建国家也掌握有一部分官田，设庄宅使（管政府官庄）、内庄宅使（管皇帝私庄）等来经管。其田产之来源，或为供关中需用之草木、薪炭、菜蔬、良田，或为禁苑；也有籍没入官的臣僚田产等等。官田也租与农民耕种，收纳租课，甚或形成抑配，但数量很少。到唐代宗时，籍没之田每年收租，数量极少，而且极为零星，这在社会经济中起的作用也很小。

但这也是国家采取的新剥削方法，即从用均田制剥削编户农民改为自己经营土地收租，成为宋、明、清皇庄之滥觞，表明社会经济发展及封建剥削关系的变化。

土地兼并既然发展起来，均田制就必然逐渐遭到破坏。这表现为，农民之大量逃亡，即政府掌握民户之日益减少。另一方面，最高统治集团的奢侈淫欲，使唐初对农民的轻徭薄赋政策渐渐不能维持，封建国家对农民的剥削与压迫越来越重了。

从贞观中期起，徭役、兵役逐渐繁重，唐太宗甚至说出"百姓无事则骄逸，劳役则易使"①一类的言论。贞观二十二年（648 年），修玉华宫，费已巨亿。同年，在四川发民造船，准备进攻高句丽，民至卖田宅、鬻子女，不能供。谷价涌贵，剑外骚然。到高宗、武则天以后，由于政治的腐败、长期的对外战争、官员的冗滥及贵族官僚的奢侈浪费，统治阶级则更残酷的剥削人民。玄宗前期，施行一些小改良政策，唐朝表面上还很强盛，但社会矛盾在日益发展着。

均田制是一定历史条件下的产物。一是均田制继续实行的重要条件之一是国家手中要掌握大量土地，这只有在开国之初才能做到。二是均田制要求国家严格推行规定的收授田制度，但收授田制度因种种原因始终难以切实执行。唐初，便以国家力量开垦的土地悉赐百姓为永业，放弃了收授办法。三是均田制实施需要不许自由买卖土地，但这是做不到的。均田令中已规定，在某些情况下可出卖土地。但后来，连这些限制也不能执行。玄宗天宝十一载（752 年）诏令说，买卖土地若"无主论理，不须收夺，庶使人皆摭实，地悉无遗"②。政府只能公开承认买卖土地的合法。

---

① （唐）吴兢撰，谢保成集校：《贞观政要集校》卷 10《论慎终》，中华书局 2009 年版，第 537 页。

② （宋）王钦若编：《册府元龟》卷 495《田制》，凤凰出版社 2006 年版，第 5623 页。

均田制施行的历史条件及其本身的矛盾就使它不能长久维持。到玄宗末年，田的收授名存实亡，只是收税还据户籍。安史之乱后，户籍紊乱，均田制就完全破坏了。

唐初，租庸调外政府还向人民收户税和地税。高祖武德六年（623 年），唐政府下令，把天下户依资产定为三等。武德九年，又改分为九等，依等纳税。如第九等户每年纳 220 文，八等 452 文，供郡国传驿、邮递、地方官吏薪俸之用，即户税。地税则依每户土地顷亩实数收配。这是从隋代征缴社仓（义仓）米粟办法沿袭而来。社仓本为救荒之用，炀帝却将之变为固定税收。唐贞观元年规定，王公以下每亩纳两升。名义上是备荒，但也挪用，后来遂成为政府一项固定收入。

户税是所有人（主客户）均要交的，地税凡有地就要交。因此，在均田制破坏、农民大量逃亡之后，户税及地税在国家收入中比重就渐渐增加。天宝时，户税每年约 200 万贯，约当租庸二三十分之一；地税年收 1240 万石。这种按人口及土地课税的办法，安史之乱后逐渐演变，就成为两税法的基础。

第三章　安史之乱与乱后的唐王朝

第一节　东北格局与全国政治经济重心的转移

清代学者赵翼云："地气之盛衰，久则必变。唐开元、天宝间地气，自西北转东北之大变局也。"[①] 很多人都看到了唐中叶发生的变化，如国学大师陈寅恪先生在《论韩愈》中指出："唐代之史可分前后两期，前期结束南北朝相承之旧局面，后期开启赵宋以降之新局面，关于政治社会经济者如此，关于文化学术者亦莫不如此。"[②] 如果说陈寅恪先生的论断重点在中国历史内在的变化上，赵翼的"地气"说则已经涉及东北格局的大变动了，指出古代中国的重心已经从秦始皇以来的西北逐渐向东北转移了。当然，这主要是指政治和军事重心，经济重心则是南移，主要是向东南移。

自秦始皇统一中国后，中原王朝的政治重心、军事重心都偏在西北，黄河流域的北方地区由于优越的地理条件和与政治中心的关系，也是中原王朝的经济重心。这一格局的形成与北方草原民族的活动方式也有密切关系。北方草原以游牧经济为主的民族，由于气候的变化和生存的需要，不断追逐更丰美的草场和水源，他们倏起倏灭，不断崛起了新的民族，形成一波一波的南下浪潮。

最早兴起的草原民族除匈奴来源尚未有定论，其他基本发展态势是在迁移中逐渐东移的三条线，即：偏西北的阿尔泰山的西线，呼伦贝尔草原的中线，大小兴安岭、长白山的东线。隋唐以前，中原王朝的三大重心（政治、经济、军事）都偏在西北。隋唐时期，这一格局已经出现变化。

一是东北民族格局的变化。北方草原新崛起民族的重心东移，从阿尔泰山一线转移到大兴安岭一线，使得中原王朝的政治、军事重心也随之转移。

---

① 赵翼著，王树民校证：《廿二史札记校证》卷20"长安地气"条，中华书局2013年版，第444页。

② 陈寅恪：《论韩愈》，收入《金明馆丛稿初编》，生活·读书·新知三联书店2015年版，第332页。

隋炀帝修大运河，其实已经有向东北进行战略倾斜的考虑。赵翼所谓的"地气"，就包括我们所说的"政治经济重心"。地气自西北转向东北，就是指政治和军事重心自唐中叶发生的转变趋势。

二是以丝绸之路为主要对外交通线的格局，随着东北民族格局的变迁，中原王朝政治和经济重心东移走向衰落，东南海路交通线日益兴盛。

三是政治和军事重心的东移及东北移的同时，却是经济重心的南移和东南移。经济重心与政治和军事重心的分离，有多种因素，如民族因素、战争因素、气候因素等。中国古代的地理格局，一般以秦岭淮河一线作为划分南北的分界线。北方自秦以来，一直是中原王朝和北方民族、中原王朝内部各势力争夺的主要战场，每一次惨烈的战争都给北方地区的社会经济造成极大的破坏，同时造成不同程度的人口大迁徙。一方面是北方游牧民族进入中原地区，纷纷建立政权，如两晋南北朝时期，宋辽金对峙时期；另一方面是北方原居住的以汉族为主的人口大批南迁，形成人口南下的浪潮，如西晋末年的永嘉之乱后、唐中叶安史之乱后、辽金南下侵扰等，都造成中原人口的南迁。人口的南迁不仅给南方地区带来了充足的劳动力，也带来了北方的农业生产技术。气候的变迁，也是经济重心东南移的重要原因。南方地区气候逐渐温暖湿润，水网纵横，更有利于农业生产的发展，水利的兴修，也为发展农业生产创造了更好的条件。而北方地区气候转趋寒冷干燥，多风，降雨量不平均，人口的密集造成极度的开垦，都带来了生态环境的破坏，水土流失日益严重。因此，气候、民族、人口、战争都促使经济重心向南方主要是长江中下游地区转移。长江中下游自唐中叶以后，成为经济发展最快、最发达的地区，也成为中央财政收入倚靠的主要地区。

由于有了沟通南北的大运河，解决了物资运输的部分问题。从大运河走向的变化，也可以看到自隋朝以来历代政府力图解决三大重心分离造成的运输问题的努力。隋唐时期的运河呈西北—东南、西南—东北之字形，中间由于淤塞而停运，继而元代运河的走向变为南北走向，河道也得到重新疏浚，运河继续发挥着连接南北的重要作用，标志着政治重心和经济重心转移的最后完成。大运河从西北—东南走向，变为南北走向，正是中原王朝三大重心格局变化的反映。安史之乱（755—763 年）后，长江流域的发展已经明显超过黄河流域地区。西北远离了政治中心，衰落已成为不可避免的趋势。隋唐时期，人口增长的特点，是南方人口增长的速度和数量逐渐超过了北方，城市人口的增长超过了农村，人口向城市集中的趋势极为明显。

经济重心的南移成为历史发展的必然趋势，在长江流域及其以南取代了黄河流域成为全国的经济重心后，文化重心也随之发生了相应的转移。战国秦汉时期，三大重心即经济、政治、军事重心基本重合，主要集中在黄河流域，自东汉末年到唐中期经济重心逐渐向长江中下游转移，而政治和军事重心向东、继而向东北方向转移，两宋完成并巩固了这一历史过程。

政治与军事重心转移还有一个重要原因，是唐中叶爆发的安史之乱，迫使唐王朝将原驻守西北的精锐部队悉数内调，边防空虚，青藏高原的吐蕃乘机占据了河西走廊，控制了天山南北，并对长安时有侵扰，中原王朝政治和军事重心的转移也势在必行。"地气"的转移不仅是指中原王朝重心的转移，也是指东北民族的崛起，影响了此后一千多年的政治与军事格局。

第二节　安史之乱

安禄山与史思明的叛乱（755—763 年），是唐王朝的各种矛盾发展与激化的必然结果，而叛变又进一步加深与激化了各种矛盾。在开元时期，唐王朝表面上虽然还是十分繁荣和强大，但内外矛盾却有了进一步的发展。一方面，内部由于地主阶级土地兼并及封建国家剥削的加重，均田制难以维持，这不仅加速了农民的贫困与破产，而且也减少了国家的财政收入，削弱了中央集权国家的力量，地主阶级统治集团日益腐化。另一方面，外部由于与府兵制度相连的均田制的破坏及对外战争的频繁与边境形势的复杂，府兵制度也开始破坏。这样，作为唐王朝的经济基础与军事基础的均田制与府兵制全遭到了破坏，再加上统治者的腐朽，唐王朝对内外的控制力削弱。更为重要的是，土地的兼并、剥削的加重以及残酷的战争，使农民日益贫困破产，地主阶级与农民的矛盾也日益尖锐起来。矛盾冲突的爆发具有必然性，但是矛盾的爆发以统治阶级内部斗争的安史之乱形式出现却又有其具体原因。

一、安史之乱的原因

1."外重内轻"局面的形成

从唐太宗到唐玄宗，唐王朝先后征服了中国西北部、西南部的许多民族政权和部族。为了控制从高句丽到西域的这一片广大地区，为了保卫国土及通西域的道路，从唐太宗到武后，先后设立了安东、东夷、安北、单于、安西、北庭、崑陵、濛池、安南九个都护府。到唐玄宗时，还剩安东、安北、单于、安西、北庭、安南六大都护府，以大都督统帅精兵防守，但卫戍兵马并不列入地方行政系统之内。唐睿宗景云元年（710 年），为应付西北及东北方面日益紧张的国防形势，乃在幽州及河西设节度使或大使，以幽州镇守经略节度大使薛讷为左武卫大将军兼幽州都督，节度使之名自讷始，其执掌也只是管军政。节度一名本义为节制，此时遂成官号。景云二年，贺拔延嗣为凉州都督充河西节度使，节度使开始成为正式的官职。到玄宗开元以后，北方国防线上几乎全都设置了节度使，不但兼管各州郡而且大都兼任按察、安抚、度支等使，职权除军政外，还包括了民政、财政、刑法等等。当其设置之初，还是不久其任，其后因客观形势的需要，成为专知一方的军事首脑。于是在士兵变为长征健儿的同时，边将也多久驻。天宝之后，边将任职甚至有达十几年的，改变了唐前期将领战时领兵，战后将归于朝、兵归于田的局面。玄宗天宝年间（742—756年）之后，一人专治数道的情况也出现了，前有王忠嗣，后有安禄山，于是节度使乃成为当地最高统治者。玄宗天宝时，全国总兵数 574700 余人，十节度使却统兵 486900 多人，占全国兵数十分之八，中央不过十分之二，过去三分之二兵力集中在长安附近的局面完全改变了，即兵力的分布不再呈现"内重外轻"的格局。

府兵破坏之后，中央军队为彍骑，但天宝以后，由于统治集团的腐朽及不重视军队，彍骑的生活及教练等事无专人负责。唐初府兵因番上成卫而被人称为"侍官"，但后来招募而来的卫士多被贵戚之家借为僮奴，"侍官"乃一变为讽骂人的话。关中原为府兵最多地区，但此时不仅原有军府已无兵可校，而且子弟为武官者，为父母视为不孝，人至老不闻战旅，"六军宿卫皆市人，富者贩缯彩食粱肉，壮者为角觝、拔河、翘木、扛铁之戏。及禄山反，皆不能受甲矣"[1]。于是精兵猛将皆聚于西北，畿辅地区几至全无武备。前此关中军力可以驾驭四方之局，遂完全改变。边将权力的扩大是外重的具体表现，府兵与彍骑的腐化是内轻的具体表现，而这种外重内轻局面的形

---

[1] 《新唐书》卷 50《兵志》，中华书局 1975 年版，第 1327—1328 页。

成，又是唐朝均田制度破坏及统治者腐朽与各族矛盾发展的必然结果。

2. 蕃将地位的提高

唐朝统治者虽然实行不大歧视被征服的种族和外国人的政策，归化的部族和外国人也可领兵，即所谓蕃将，但在最初时期，虽然令其统帅本部落部众但并未获重用，更从来没有让他们任主持一方的最高指挥官。随着唐朝统治者的逐渐腐败，统治集团中的人物也渐渐武备废弛，唐王朝的经济及军事力量又因府兵与均田制的破坏而削弱，边境形势又十分复杂，于是就利用蕃将控制边疆地区，他们认为这些人能打仗，又了解边疆情况，在各族之间有威信，能维持边疆秩序，可以重用。又有些文官出身的大臣，以李林甫为代表，为了杜绝出将入相之旧制，以固己之位，遂上表建议唐玄宗用蕃将，这些人文化低就不可能争夺相位（这是次要原因）。这样，到玄宗末年，边境十个节度使遂大部分由蕃将担任了。

3. 安禄山集团的强大

从南北朝以来中亚昭武九姓之胡（安、康、史、米、石、何、曹、火寻、戊地九国）很多人远从塞外到中国边境经商，其主要聚居区即高昌、河州（今甘肃）、长安、洛阳及柳城（今辽宁）。由于突厥与唐的长期斗争，这些胡人遂大量流入营州（今辽宁朝阳）一带。安禄山、史思明即出身为杂胡（九姓与突厥混血），安禄山通蕃语，与史思明同为互市牙郎，对边境情况很熟悉，后被任为军将，因屡建功勋，很快便被提拔为营州都督。后来唐要全力对付吐蕃，便把东北地区对奚及契丹的防务完全交给安禄山，他利用唐与奚及契丹的矛盾，有时与之作战，以赢得唐之信任；有时又拉拢奚及契丹，把他们的部众归于自己部下，并且渐用蕃兵蕃将以代原有的汉兵汉将。安禄山又利用统治阶级内部矛盾，表面上对李林甫等恭顺，而暗中培养自己的势力。这样，到天宝末，安禄山一人兼平卢、范阳、河东三节度，手握边兵 18 万，多半是归化边境各族

安禄山像

人，成为一个强大的军事集团，兵雄天下。这一集团有雄厚的经济力量，由于河北各州是防御契丹的重地，唐曾将江南粟米及许多布帛贮积在范阳各地，安禄山常"于范阳北筑雄武城，外示御寇，内贮兵器，积谷为保守之计，战马万五千匹，牛羊称是"①。安禄山又遣商贾到各道贸易，每年收利润可达百万。玄宗又准其在上谷（今河北）设五炉铸钱，河北地区久已蕃汉杂居，遂成一特殊区域，再加安禄山集团经济力量与军事力量逐渐强大，他就渐渐准备起兵脱离中央，满足其个人野心了。由此可见，安史之乱不过是唐王朝各种内外矛盾激化与发展的必然结果，也是东北边境民族格局与地缘格局变化的结果，又成为地方割据势力与中央抗衡的开始。

二、安史之乱的经过

1. 安禄山起兵

唐玄宗天宝十四载（755 年）冬，安禄山以诛杨国忠为名，领兵 15 万叛乱，从范阳（今北京一带）出发，直通洛阳。由于内地军队多已瓦解，中央军队又在对南诏的战争中损失 20 多万，元气大伤，因此河北州县望风瓦解，大多数地方官吏开门投降，安禄山攻河南荥阳，守城士兵听到鼓角声甚至害怕到纷纷坠入城下，一如落叶。安禄山军队很快渡过黄河，唐派安西节度使封常清募兵保卫洛阳，又在长安募市井子弟等数万人，由高仙芝率领屯陕州（今河南三门峡）。在安禄山强大攻势之下，封常清屡战屡败，连连败退，洛阳失守。封、高退守潼关，因宦官边令诚进谗言，而都被玄宗下令处死。由哥舒翰率蕃汉大军 21 万守潼关。天宝十五载（756 年）正月，安禄山于洛阳称帝，国号大燕。当时河北各地有常山（今河北正定）太守颜杲卿与其弟平原（今山东德州）太守颜真卿领兵抵抗，郭子仪、李光弼向河北进军，局势尚不算太坏。但唐廷督促哥舒翰出关进攻，在河南灵宝被叛军打败，哥舒翰本人亦被劫持投降，安军乘胜攻下潼关，玄宗仓皇逃往四川。至马嵬驿，士兵哗变，杀杨国忠及杨贵妃，随行的太子李亨则采纳宦官李辅国等人的建议，与玄宗分道，北上到宁夏灵武，自立为帝，是为肃宗。安禄山的军队遂攻下了长安。河北、山东地区本来已久困于唐室的聚敛，故安史起兵并未遇到激烈的反抗，但安军中大多是归化的边境各族，到处屠杀，每破

---

① 《旧唐书》卷 200 上《安禄山传》，中华书局 1975 年版，第 5369 页。

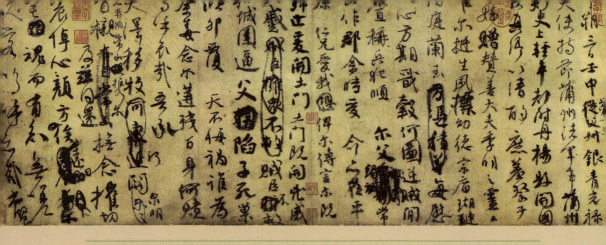

《祭侄文稿》，（唐）颜真卿书，现藏台北故宫博物院

此文是颜真卿追祭从侄颜季明的草稿。安史之乱中，颜真卿兄颜杲卿及其儿子颜季明抵抗叛军，殊死保卫常山，兵尽粮绝而英勇就义。次年，颜真卿收复常山，找回颜季明遗骨，心怀悲怆写下《祭侄文稿》。追叙常山太守颜杲卿父子挺身而出，坚决抵抗安禄山叛军，以致"父陷子死，巢倾卵覆"，取义成仁的事迹。

一座城市，城中衣冠、财宝、妇女都被抢走，壮年男子被逐去当兵士，老弱小孩都被杀死。安禄山派往各地的官吏，也都抢劫、勒索，加重残害民众，于是河北民众支持不降安军的官吏颜杲卿、颜真卿起来反抗。睢阳（今河南商丘南）民众在张巡、许远领导下，也进行了坚决的抵抗，坚持到唐肃宗至德二年（757 年）失败。共有数十万人的队伍抗击叛军，对安军的进攻起了很大的牵制作用。长安及其附近的民众也纷纷起来反抗，组成强大的游击队伍，民众的营垒一直设到长安西门外，打得安军不能据守在长安附近。肃宗依靠民众的力量挡住了安军，在灵武站住了脚以后，采取了多项措施组织反击力量：一是集合西北各路边兵。任用郭子仪、李光弼等人为大将，反攻长安、陕北，使今山西、甘肃成为唐军反攻的基地。二是借回纥骑兵以收复两京时，土地悉数归唐，金帛子女归回纥为条件。三是开辟粮道。西北经济不发达，供应大军军饷是一大问题，当时，第五琦为江淮租庸使，他收江淮租税，买轻货(丝织品等土特产，比粮食轻便于运输，这一办法开元时已实行)从长江过汉水到陕西，陆运入四川，或过扶风（今陕西）到灵武供军饷。由于张巡、许远、鲁炅（jiǒng）坚守睢阳、南阳，江淮地区未受安史叛军骚扰，交通线也控制在唐军手中。扶风离长安虽近，但由于当时附近民众武装力量强大，所以西北和东南交通未断，唐军保证了军饷的供输。

李光弼像

李光弼，营州契丹人，唐左羽林大将军李楷洛第四子。天宝十五载（756年），经郭子仪推荐，任河东节度副使，参与平定安史之乱。随后，先后收复河北，为收复两京奠定了基础。乾元二年（759年），李光弼接替郭子仪任天下兵马副元帅等，统帅朔方军。后受命镇压浙东袁晁起义，晋封为临淮郡王。广德二年（764年），李光弼因病逝于徐州，终年57岁。

至德二年正月，安军发生内乱，安禄山为其子安庆绪等所杀，于是唐与回纥趁机联兵收复了长安，接着收复了洛阳，长安民众幸免于回纥的抢掠，但洛阳民众却遭到一次大劫。安庆绪等退往邺郡（今河南安阳北）。乾元元年（758年）秋，唐以郭子仪、李光弼等九节度使率20万大军攻安庆绪。朝廷唯恐军队为大将控制，命九节度使各自为战，不设统帅，且派宦官鱼朝恩为观军容使以指挥。由于军令不一及鱼朝恩乱指挥，九节度使军在安阳、邯郸附近被史思明5万援军于乾元二年（759年）三月击败。

2. 史思明起兵

史思明战败九节度使后，即杀安庆绪等，回范阳自立为大燕皇帝。当年秋天又领兵南下，守洛阳的李光弼被迫撤退，史军又占洛阳。肃宗上元二年（761年），史思明和安禄山同样被其子史朝义所杀。代宗宝应元年（762年）十月，在回纥兵援助下，唐军再度收复洛阳，也和前次一样，洛阳一带民众又遭到一次浩劫，回纥杀了万余平民，大火累旬不灭，唐军以洛阳附近为贼境，大抢了三个月，以至"比屋荡尽，人悉以纸为衣"①。史朝义逃往河北，沿途被唐军击败，部下许多人投降。宝应二年（763年）逃到范阳，守将亦已降唐，拒不得入，史朝义自杀。前后8年的安史之乱至此结束。

三、安史之乱的性质和影响

1. 安史之乱的性质

安史之乱是源于各种的矛盾与斗争，是中央与藩镇、权臣与节帅、胡汉之间矛盾集中爆发的结果，也与东北地区民族格局变化密切相关。安、史等

---

① 《旧唐书》卷195《回纥传》，中华书局1975年版，第5204页。

人多非汉族，但已置身于统治阶级之中，起兵也只以诛杨国忠为名，而无有关族间斗争的口号，其军队虽为少数民族，但非唐所逼反，其对抗者，亦多蕃将、蕃兵及回纥，故非族与族的斗争。但安禄山起兵多少利用了各族与汉族之隔阂与矛盾，而进兵途中对汉族民众以大肆烧杀，无疑激化了他的军队与汉族之间的矛盾。

2. 安史之乱的影响

安史之乱是唐王朝内外矛盾发展的必然结果，又进一步加深与激化了唐王朝的多种矛盾。如果说安史之乱前，唐王朝表面上还维持着强盛的局面，各种矛盾的发展还被表面的繁荣所掩盖的话，那么安史之乱后，唐王朝的表面繁盛已经不复存在，各种矛盾已公开在发展着和激化着了，而且比以前更为尖锐。因此说安史之乱是唐王朝由盛而衰的转折点。安史之乱的直接影响如下：

经济上：安史之乱严重破坏了黄河南北的经济，如安、史长期盘踞的河南地区"洛阳四面数百里，人相食，州县为墟"[1]。北方经济的残破也促进了经济重心的进一步转移。

统治阶级内部：安史之乱是地方藩镇（节度使）与中央政府争夺地方控制权的开始。一方面，安史之乱后，河北地区在安、史旧部控制下成为割据状态；另一方面，安史之乱大大削弱唐中央政府的军事、经济、政治力量，客观上为在军事、政治与经济上谋求独立的节度使的割据创造了有利条件，促成了割据局面的形成，使统治阶级内部的矛盾与斗争尖锐起来。

唐与边疆各族的关系：战争削弱了唐王朝保卫西域的力量，回鹘（788年，由回纥改名而来）、吐蕃南北夹攻，切断了唐王朝通往西域的大道，今天的新疆南部又落入吐蕃之手，大食人取代了唐王朝在中亚的势力，南诏也摆脱了唐王朝的控制，中央失去了对河北地区的控制，直接影响了东北地区政治与民族格局。唐的疆域大大缩小，唐王朝渐渐失去了过去在亚洲乃至世界历史上的领导地位。

阶级矛盾：经济的破坏、统治阶级内部矛盾、边疆各族的矛盾的发展与激化，使民众生活遭受痛苦，也使统治阶级进一步加强对民众的剥削，因

---

[1] 《旧唐书》卷200上《史思明传》，中华书局1975年版，第5382页。

此，地主与农民的矛盾也激化了。就在安史之乱中，肃宗上元年（761年），江淮大饥，人相食。但第二年官吏乃按籍征收过去未征之八年租调及逋逃者，查明有粟帛即强取一半，甚至十之八九，为之"白著"，不少人据山泽为群盗，州县不能治。当年十月，浙东袁晁率众起义，攻占浙东诸州，改元宝胜，民疲于赋敛，多归之。后虽失败，亦可见阶级矛盾已在发展。

第三节　唐后期社会经济的发展

安史之乱虽然造成了严重的经济破坏，但是在民众辛勤劳动之下社会经济仍然在曲折地发展着，特别是受战争灾祸较小的江南地区，经济更有长足的发展。

一、私家田庄

1. 私家田庄及其发展

从南北朝以来，随着士族大地主势力的发展，士族大地主占有了大量的土地，并且控制了大量依附的农民，这在北方表现为坞堡、壁垒等军事与生产相结合的组织，在南方则以贵族地主之庄、屯等为主要形式，实质上都是豪族地主对土地的大量占有。北朝政府的均田制并没有动摇这种私人地主土地所有制度，而只是企图对其土地占有加以某种限制（如所谓奴婢与牛授田之限，永业田之限额等），而所谓检户与括户，也是官府与豪族地主争夺依附农民的一种斗争形式。经过隋末农民大起义，豪族地主势力受到沉重打击，农民对地主的人身依附关系逐渐削弱，但私人地主土地所有制并没有因此消灭。

就在唐高祖进军关中之时，一方面特下令把旧贵族官僚的土地仍多保存下来，如时任宰相于志宁在高宗时谢赐第奏曰："臣居关右，代袭箕裘，周魏以来，基址不坠。行成等新营庄宅，尚少田园，于臣有余，乞申私让"[1]。又如贞观时屡践相位的萧瑀，关内产业已先给熟人，此时又还其原宅，故旧之地保留了一部分。另一方面，随之而起的一些新官僚地主，如左仆射裴寂

---

[1]　《旧唐书》卷78《于志宁传》，中华书局1975年版，第2699页。

赐田千顷，名将李勣赐田 50 顷等事。这些新的地主贵族与均田制并行，他们多营庄宅，务事兼并。如太宗、高宗朝的宰相褚遂良即以低价强买人田。这样，高宗以后，私家田庄渐渐发展起来，到均田制破坏以后，遂成为最主要的土地所有形式，这些私家田庄在唐代多被称为庄、别庄（对城内之宅而言）、庄宅、庄田、庄园、别业、别墅等。

白居易祖上在北齐时有功，蒙赐庄宅各一区。隋末，柴绍妻亦有庄，则南朝常见"庄"等字样，则南北朝时已当有此名称，大概最初为供贵族地主休憩之别墅，后遂泛指田产。当时私人地主的庄田有些人拥有的数量极多，如玄宗姑姑太平公主，田舍遍畿内；代宗朝宰相元载在长安附近别墅连疆接畛，凡数十所。这些庄田有大有小，大的如历仕宪宗、穆宗、敬宗、文宗四朝并曾入相的李德裕位于洛阳附近的平泉庄，周围十数里；杜甫四川东屯之庄有田百顷。此外，数顷、十余顷、数十方、十余方(白居易的庄)亦有之。有的庄主要供观赏，有的庄玩赏之外尚有田地。较大的田庄内往往有主人宅院，多者至数千间，有牛房车，有专供佃农住的客房（也可能住一些商人或自耕农），此外尚有广大的田地、果园、山林、蕉园、漆园、鱼池之类，基本以农业生产为主。

一个地主可有庄宅多处，土地并不那么集中。除私人地主田庄外，政府亦有庄田，唐初即常取四地置庄。武则天时，已有庄宅使（或曰内庄宅使，管皇帝私庄庄田使），其田或为各州府所没入，有时亦卖给民众。此外还有宫使，管皇家宫闱内管园地之事，其中如长春宫使，其所管田产或为种植宫中使用之草木、薪碳、菜蔬、粮食，或为禁苑。也有籍田没入官的臣僚田产等等。各地僧寺占有良田并不少。如会昌灭佛，收良田数十万顷。寺田通称曰常住僧田。如长安城内的大兴善寺，即管庄大小共 7 所，53 顷 56 亩余，乃至官府曾多次下令没收或限制其土地。官吏、豪富又往往在别处购买田地，名为寄庄户，并不出差科。

由于地主阶级统治的日益巩固及社会生产力的提高，官僚贵族、武将、地主、僧侣及富商为了扩大自身财富及满足自己贪欲，开始疯狂地兼并土地。另外，封建国家也进一步用赋税徭役掠夺农民，这又加速了农民的破产，便利了土地兼并的进行。

从唐高宗开始，土地兼并日益盛行。仅洛州一地即查出豪强籍外占有田地 3000 多顷。武则天时，京畿公私田宅多为僧有，当时许多臣僚指出，由于战争而使农民"伤破家产，剟屋卖田"①，由于徭役而使天下编户贫弱者众。到唐玄宗时，兼并之风更盛，这一方面是官僚地主兼并更烈，"王公百官及富豪之家比置庄田，恣行吞并，莫惧章程"②；另一方面是当时商品货币关系有了新发展，富商大贾不仅参加土地掠夺，而且以高利贷（甚至月息六分以上）迫使小农破产，因而使土地所有权迅速转移。粮食价格的跌落本身是社会经济繁荣现象，但由于封建国家加重剥削，遂使农民出卖粮食所得不足以交税及生活之用，造成谷贱伤农的恶果。

2. 田庄生产者的来源及生产关系

土地兼并造成农户的大量逃亡，远在武则天时即因兵役而使人"家道悉破，或至逃亡"③。四川则是"今诸州逃（逃）走有 3 万余，在蓬、渠、果、合、遂等州山林之中，不属州县。土豪大族阿隐相容，征敛驱役，皆入国用。其中游手惰业亡命之徒，结为光火大贼，依凭林险，巢穴其中"④。但更多的是投往地主家为客户，形成所谓"安人之政，独不行于诸夏，使黎甿失业，户口凋零，忍弃枌榆，转徙他乡，佣假取给，浮窳（yǔ）求生"⑤的现象。而唐朝政府又往往将逃户之租税均摊其邻里身上，这就引起更多的人逃亡。大量农民逃亡沦为客户的同时，不课户在户口之中的比重逐渐增加。租庸调法规定，贵族、官吏及京师诸色执掌人等皆可免课役，称为不课户。

耕种这些私家田庄的是所谓庄客、佃户、佃客等，一般是客户及逃户，不正式入户籍，不向政府交纳规定的租调，而耕种地主土地，需向地主交纳田租，约为收获量的二分之一。此外，也还要输纳其他物品（如油），并需为地主服劳役。他们所需的种子、口粮往往均需由主人贷给，屋宇也是赁自主人。

这些客户大约有如下几类：一是租佃。又可划分为抑配（多系官田）、也可自营、领耕、转佃（官田宅）、私家转佃。二是雇佃。与佣保、物力协作，为人佣耕。三是僮客。杜甫在四川庄既有奴仆，据记载有僮万余，领耕

---

① 《新唐书》卷 115《狄仁杰传》，中华书局 1975 年版，第 4213 页。
② （宋）王钦若：《册府元龟》卷 495《邦计部·田制》，凤凰出版社 2006 年版，第 5623 页。
③ 《旧唐书》卷 89《狄仁杰传》，中华书局 1975 年版，第 2892 页。
④ （唐）陈子昂撰，徐鹏校点：《陈子昂集》卷 8《上蜀川安危事》，上海古籍出版社 2013 年版，第 197 页。
⑤ （宋）宋敏求：《唐大诏令集》卷 111《听逃户归首敕》，中华书局 2008 年版，第 577 页。

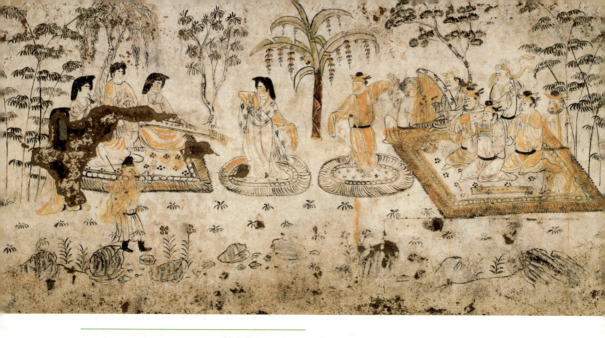

唐韩休墓壁画《乐舞图》，出土于陕西西安郭庄村

多称庄客，或浮客（浮客为避供赋役，流徙他处做佃客），多者至数百户。他们耕田，有时住在庄田客房之中，不正式入户籍，向地主纳租，田租约为收获量的 50%。到唐后期，私人地主土地所有制成为主要形式，约二分之一土地为豪强、大地主占去，剥削又重，故农民生活极为困苦。所谓"妇即客春捣，夫即客扶犁，黄昏到家里，无米复无柴。男女空饿肚，状似一食斋。里正追庸调，村头共相催"①。

不仅如此，土地所有权之转换也极为迅速。一方面是地主侵夺农民土地加剧，如庐州营田使夺民田数十顷，其主退为耕夫，不能自理；另一方面是地主之间，大地主夺小地主，或犯罪没官出卖等，地主之间买卖也很多。这样，土地渐渐就集中到大官僚、大贵族及武将手里。

3. 与欧洲中世纪庄园制的比较

唐代的私人土地所有制中，有庄园的名称，又有上述某些特点（如庄客等等），但这些私人田庄与欧洲中世纪的庄园实际上还是有很大区别的，并不能作为唐宋时期特别是唐后期中国土地所有制的主要形式。

欧洲庄园制其典型形式有如下特点：一是领主经济，领主在庄园内享有

---

① （唐）王梵志撰，项楚校注：《王梵志诗校注》卷 5《贫穷田舍汉》，上海古籍出版社 1991 年版，第 651 页。

无上权力；二是大田庄有多种生产，包括农业及手工业，成为一个完整的自给单位；三是劳役地租是主要形式，但亦有货币与实物地租；四是生产组织为公开田地制，大家共同耕作，一起收获，收获物按各家占地多少分多少，有农业公社遗迹。

唐朝的私人田庄与欧洲庄园制的不同，表现在：一是唐朝的庄客对地主虽有人身依附关系，但远比农奴为弱，客户和地主主要是租佃关系，不能被买卖，也可转移。他们还是国家的客户，是非法浮住的。因此，从法律上讲，地主对他们的控制并不是合法的。至于地主也非如欧洲领主那样，在法律上享有绝对权力，其上还有封建国家的中央与地方政府，土地买卖与转移也很频繁。这都与西欧庄园不同。二是田庄不如西欧那样普遍存在多种经营。三是唐朝庄园多为贵族官僚别业，社会经济不占绝对优势，当时，同时还存在许多中小地主别业及广大自耕农。唐朝官庄数唐宣宗时仅有 28000亩，也非常有限，不能成为庄园制的依据。在社会经济中起的作用也很小。四是这种所谓庄园，只是当时私人土地所有制的多种形式中的一种。这是从均田制剥削农民改为自己经营土地，与私人地主一样收税的办法。

4. 人口迁移与户籍混乱

经过安史之乱，唐王朝人口出现以下两方面情况，一方面户口大量损耗，另一方面人口大量迁移。据《通典》官方记载的历年户口数如下：玄宗天宝十四载（755 年）8914709 户，52919309 口；肃宗乾元三年（760 年）1933134 户，16990386 口；代宗广德二年（764 年）2933125 户，16920386 口；代宗大历中 1200002 户；德宗建中元年（780 年）3805076 户。

户口损耗之大是惊人的。安史之乱后，历朝户数只及玄宗时的 20%，或 30%—40%。造成这一原因，一是战乱死亡；二是户口混乱；三是记载不全，流散人口无法统计。大批农民逃亡，成为寄庄户、客户，宇文融曾括客户 80 万。代宗时，舒州刺史独孤及《答杨贲处士书》云：

> 昔者据保簿数，百姓并浮寄户，共有三万三千。比来应差科者，唯有三千五百，其余二万九千五百户，蚕而衣，耕而食，不持一钱以助王赋……每岁三十一万贯之税，悉钟于三千五百人之家。谓之高户者，岁出千贯，其次九百、八百，其次七百、六百贯，以是为差。九等最下，兼本丁租庸，犹输四五十贯。以此人焉得不日困，事焉得不日戚？其中

尤不胜其任者，焉得不襁负而逃？焉得不襁负而逃？①

另一方面，由于北方的战乱，大量户口南移，衣冠士庶多避地于江淮。鄂州（今湖北武昌）户口增至三倍，南方许多城市户口增加了近一倍，而昔日繁华的北方则十分荒凉，"函、陕凋残，东周尤甚。过宜阳、熊耳，至武牢、成皋，五百里中，编户千余而已。居无尺椽，人无烟爨，萧条凄惨，兽游鬼哭"②。大河南北，人烟断绝，千里萧条。由于上述原因，再加上土地兼并的激烈，玄宗以来户籍混乱的现象就更加严重了。

> 丁口转死，非旧名矣；田亩移换，非旧额矣；贫富升降，非旧第矣。户部徒以空文总其故书，盖得非当时之实。旧制人丁戍边者，蠲其租庸，六岁免归，玄宗方事夷狄，戍者多死不返。边将怙宠而讳，不以死申，故其贯籍之名不除……则租庸之法弊矣。③

杜佑曰："自兵兴以后，经费不充，于是征敛多名，且无恒数，贪吏横恣，因缘为奸，法令莫得检制，黎庶不知告诉。其丁狡猾者即多规避，或假名入仕，或讬迹为僧，或占募军伍，或依倚豪族，兼诸色役，万端蠲除，钝劣者即被征输，困竭日甚。"④ 于是又被迫设法规避，形成恶性循环。人口转移及户籍凌乱所造成的后果：一是北方地区经济遭到破坏，南方地区经济上升；二是基于均田及户籍之租庸调法再也不能维持了。唐代财政遇到很大的困难。

二、手工业

唐朝后期，官、私手工业均有进一步发展。

（一）官营手工业

官营手工业之发展表现在"和雇"制和"官监民营"两个方面。

---

① （唐）独孤及撰，刘鹏校注：《毘陵集校注》卷18《答杨贲处士书》，辽海出版社2006年版，第395页。

② 《旧唐书》卷123《刘晏传》，中华书局1975年版，第3513页。

③ 《旧唐书》卷118《杨炎传》，中华书局1975年版，第3420—3421页。

④ （唐）杜佑：《通典》卷7《食货七·丁中》，中华书局1988年版，第157—158页。

1."和雇"制度的盛行

唐前期，官营手工业作坊中，主要的劳动者是短番匠，但亦有一部分长上匠（长上匠身份有各式各样的）。短番匠如果不应役，即需日纳绢三尺。这种纳资代役的办法显然对减弱工匠的人身依附关系有益，但有时亦不许纳资代役。当时，主要生产者还是短番匠，政府虽也出钱雇人劳动，即所谓和雇匠，但大多做一些临时性的简单劳动，如筑城等。玄宗之后，和雇匠才渐渐多起来。当时，诏令一再强调，要和雇人夫充役，不得差徭百姓。玄宗开元天宝之后，也才真有据诸色丁匠自愿纳资课代役的办法，但所纳为每月每人两千文，已比日绢三尺贵多了。这种和雇，带有雇佣劳动的性质，但与当时存在于民间手工业及农业中的雇佣劳动不同。

第一，和雇匠人之钱的来源，一是税收，一是所纳丁庸之值。因此，对于政府来说，或是要人，或是要钱，然后再拿钱雇人。其实质都是在封建生产关系基础上对直接劳动者的封建特权的体现。

第二，在条文中，均特地强调提出和雇要依时价给钱或先给价钱，则可推知，当时被和雇的工人工资一般是低于时价，而且时常是少给或者欠给的，甚至还有不给价的。即使给了钱，这些被和雇的人，不仅不能因为政府给钱而得到什么好处，反要自己赔上不少资费，甚至比官价多出数倍。可见，这些被雇的人并非是没有生产与生活资料的无产者，而是有自己生产资料以本身劳动为基础的小生产者。

第三，最重要的是被和雇的人不是自由的劳动力出卖者，他们只是对封建特权尽一种应尽的义务。德宗贞元中，"改科役曰召雇，率配曰和市，以巧避微文"[①]。有时，和雇而不去，仍需强迫。有的地方，则是将短番匠硬留下来的，以致和雇不无烦扰之弊。

唐鎏金飞廉纹六曲银盘，出土于陕西西安何家村窖藏，现藏陕西历史博物馆

---

① 《新唐书》卷52《食货志二》，中华书局1975年版，第1353页。

和雇匠的出现并不能说唐代官营手工业生产关系上有什么本质的变化，但这一变化仍是重要的。这是在私人土地所有制成为主要形式、两税法的施行、募兵制的施行及小农对地主及封建国家人身依附关系进一步削弱，商品经济、民间雇佣劳动有了发展的情况下产生的。纳资代役说明人身依附关系减弱，货币支付说明商品经济的发展。这一变化是在封建社会进一步发展的基础上产生的。和雇制度对手工业生产的发展是有积极意义的，主要是从上番改为纳资代役，这类似劳役地租之变为实物地租。一方面，生产者可以在更大的范围内支配自己的活动；另一方面，政府也省去了许多管理成本。而且，和雇匠多为较熟练的劳动力，生产效率也就较高。例如，天宝十一载（752 年），用原价募工铸钱，岁役用减而鼓铸多。这反过来又刺激统治者减少民众徭役。除此之外，工匠花在路上的时间也少了，这在过去，往往比服役时间还长一些。因此，和雇制度是比短番制度进了一步。

2. 官监民营手工业的发展

从汉代开始，政府往往把某些手工业生产或产品置于自己控制之下，如盐、铁。隋解盐酒之禁，只收起价之税。但从唐玄宗开始，为了增加财政收入，又对某些手工业的生产与销售进行了控制，最主要是盐、铁。一部分是政府直接经营的，如铸钱。还有另一部分是官兼民营的，这在唐后期渐渐发达起来。其法始于第五琦，他在山海井灶禁立之处设盐院，以邀民业盐者为亭户，充杂徭，专门生产。产品一部分作为租赋入官，另一部分被政府低价收买。有时，则官给工资，产品由政府统一加价出售。

开矿的则称"坑冶户"。据史载，当时全国金矿 18 座、银矿 33 座、铜矿 63 座、铁矿 113 座、锡矿 13 座。除有时以山泽之利归州县外，一般均直接由中央之盐铁使经营，以供岁用。唐宣宗时，天下岁率银 1.5 万两、铜 65.5 万斤、铅 11.4 万斤、锡 1.7 万斤、铁 53 万斤，又有盐池 18、井 640，皆隶度支。大历末，盐利 600 万贯，占全国岁入之半。可见，这方面收入的重要。之后，又有茶、酒亦行专卖，在政府监督之下，由民户进行生产。这种亭户、灶户、坑冶户等与官营手工业作坊下的匠户一样都是封建劳役制下的劳动者。但匠户系按工作日提供劳动力，而亭户等则按产出数量提供劳动力。按产品数量提供劳动力，似乎也是工役制。但与前述之和雇有一点重要的不同：亭户等是在政府所有的盐区及矿区工作，不是在自己土地上工作。就基本生产资料而言，他们是没有自己的经济基础。因此，自由更少一些。

亭户等的出现，一方面说明社会经济的发展，使统治者注意到了这些有利可图的事业，以增加自己的财政收入；另一方面，也说明当时社会经济的发展，不仅使这些经营有利可图，而且可以采用民户分别生产、政府统一经营的方式。对于这些盐、酒、茶产品的管理是很严的，只许卖给政府，私贩要受到重刑，甚至死刑（如茶三百斤即处死）。产品由政府或自行设店出卖，或再卖与商人。加价很高，如盐价产地10文，加价到110、200、370文不等，酒每斗加百余文到数千文不等。

（二）私营手工业与行会制度的萌芽

唐朝后期，私营手工业作坊及生产关系有进一步的发展，最主要的现象是手工业产品生产过程的分工、雇佣劳动及行会制度有了新的发展。

1.手工业生产过程的分工

唐前期手工作坊多半是简单协作，官营手工业作坊的分工也只是社会的分工、行业的分工，而非生产过程的分工。但是，到唐后期，在私营手工业中，就出现了分工的工场性质的生产。

> 上都通化门长店，多是车工之所居也。广备其财，募人集车，轮辕辐毂皆有定价。每治片辋，通凿三窍，悬钱百文……有奚乐山者……徐谓主人："幸分别辋材某当并力"[1]。

说明车辆制造中既有木工，也当有铁工等生产分工。可知，这时已出现了马克思所谓的手工工场产生的第一种形式，即把各种不同的手工业者联合到一个作坊内。但从上述记载来看，生产的组织似乎很涣散，工匠的来去也很自由，还不是固定的手工工场。这种手工工场是什么性质的？材料不很清楚，但以雇佣劳动为基础是可以肯定的。然而，却未见得是资本主义性质的。因此，当时整个社会还处于封建社会中期。

2.雇佣劳动

雇佣劳动是很早就有的。战国、秦汉间，便有雇佣劳动的记载。如有名的陈涉，少时与人佣耕。《韩非子·外储说》有"麦佣"及"佣客"的记载。恩格斯说，这种雇佣劳动，包含着全部资本主义生产方式的萌芽。但这并非

---

[1] （宋）李昉：《太平广记》卷84《奚乐山》，中华书局1961年版，第541—542页。

资本主义生产关系，亦非我们所通指的资本主义萌芽。这种萌芽，转化为资本主义生产关系所必须之条件为：封建社会处于解体阶段；由资本所购买，为了增强资本及创造剩余价值；自由劳动，即摆脱了封建束缚。由此可见，在唐代之雇佣劳动，当非资本主义性质的雇佣劳动。

唐代雇佣劳动有了进一步的发展，农业中的佣保，为私人服务的仆役，数量很多。在手工业生产中，也有比较自由的雇佣劳动者，如前引之车工。这些雇佣劳动者的来源，一是失去土地到城里谋生的农民，一是由于行会的发展，新出徒的工人无法开设新作坊或不能与旧作坊竞争而受雇于人。还有的则是在官府上番、和雇制度下破产的工匠。

由于唐后期商品经济的发展及土地所有制的变化与农民对封建国家与地主阶级人身依附关系的削弱，雇佣劳动遂有一定的发展。这种雇佣劳动者的生产比较自由。他们自己有简单的工具，登门自售或自由出卖劳动力，且可上下其庸值。他们在都市中往往由佣作坊负责为他们介绍，且因此受到包工头的剥削。如柳宗元《梓人传》中的梓人即为一有技术之包工头，指挥工人劳作，自己不动手，"吾指使而群工役焉。舍我，众莫能就一宇。故食于官府，吾受禄三倍；作于私家，吾收其直太半"。[1] 他们的工资有记日、计年、计月（多为佣人），亦有计件者（奚乐山）。他们的工资收入，有的能养活自己一家，且可周济别人，但也有的穷到只能行乞。例如，史载广陵木工，因病，手足皆举缩。他们的工作不太固定，有时到处流浪以求生活。又如，代宗宝应中（762—763 年），越州观察使皇甫政妻陆氏，入寺求子如愿，拟画神仙以还愿，遂"于寺门外筑钱百万，募画工。自汴、滑、徐、泗、杨、润、潭、洪及天下画者，日有至焉"。[2] 地域至少涵盖今天的河南、江苏、安徽、湖南、江西等地。又有卢氏子赴举不第，于长安东门遇一女子为洛阳官景坊织宫锦巧儿流浪到长安，投本行求授，以花样不同，只好返回[3]。这种雇佣劳动者的生产关系不很清楚，但从他们仍受行会制度的束缚，如梓人、投行等则可知，他们当非资本主义生产关系下的工资劳动者。另外，他们还比较分散、零碎，还没有成为一种势力。

---

① （唐）柳宗元撰，尹占华校注：《柳宗元集校注》卷 17《梓人传》，中华书局 2013 年版，第 1189 页。

② （宋）李昉：《太平广记》卷 41《黑叟》，中华书局 1961 年版，第 259 页。

③ 见（宋）李昉：《太平广记》卷 257《织锦人》，中华书局 1961 年版，第 2005 页。

3.行会

"行"有多种意义,也可指某一行业之组织。史载,武则天长安末年,市有二十二行。一次失火,焚东市曹门以西十二行四千余家。一行平均当有三四百家。除去许多商店,当有不少的手工业作坊。同业的行组在一起,而又为官府组为团、伙,以更番服役,因而行会的组织也就产生了。大概每行都有行老(到宋亦称"行职"),每行都有特定的行规,外来工匠必须通过行老才能投行做活,否则,便被摒弃于本行之外。

行会的其他任务为祭神,与官府交涉(纳税、上番),可能亦规定产品的质量与生产的数量。至于产品的价格,则中国与欧洲不同,大城市中,非由行会而系由政府规定。

行会的萌芽,意味着在狭小的市场上,已经产生了同业之间的竞争,因而需要利用这种组织,来维护本行在当地的利益。这种制度,在手工业发展的初始过程中曾起过一定的进步作用。而当时,各行分工之细亦说明当时社会分工的发展与行会竞争的剧烈。

三、城市与商业

随着手工业生产的进步和提高,商业贸易也得到进一步的发展。这表现在以下几个方面。

1.城市规模的扩大

出现了在隋大兴城基础上加以整修和扩建的唐长安城和东都洛阳这样代表古代城市发展顶峰的国际大都市。唐长安城规模宏伟、人口众多、规划严整,实行严格的坊市制度。唐长安为三重城,三重城都是相对独立和封闭的格局,居民的社会活动空间则主要是在坊市里进行,商业活动、文化娱乐活动、社会交往活动的空间和时间都受到一定程度的限制。随着商品经济的发展和外来流动人口的大幅增加,严格的坊市制逐渐被突破。长安城里云集着众多的外国使团、商人、僧侣、留学生,成为中西经济与文化交流和交融的舞台,人口数量达到百万,是名副其实的国际大都市。洛阳城与长安城相比,更具有开放性,人口的流动也更为频繁。

2.城市布局和重心的变化

安史之乱后,全国的城市布局和城市重心都发生了变化。南方地区的城市数量和大中城市人口逐渐超过北方。唐中后期,北方的城市,一般因战乱而衰落，南方的城市却日益发展和增多。其中，最重要的是扬州与益州（今成都），号称"扬一益二"。扬州为运河与长江之汇，为东南水路交通枢纽，也是国际贸易要道，来往船只多至数千，东南八道财富全由此转运关中，商贾如织，雄富冠天下。唐政府于该地专设有盐铁转运使，判官多至数十人，征收赋税。许多诗歌亦歌颂扬州繁华，如"十里长街市井连，月明桥上看神仙。世人只合扬州死，禅智山光好墓田"①、"夜市千灯照碧云，高楼红袖客纷纷"②、"腰缠十万贯，骑鹤下扬州"③、"十年一觉扬州梦"④等，都指明其繁华。

益州物产丰富，为纺织品、井盐、药材之集散地，有水路与长江沿岸各都市联系。陆路与关中交通。有三市，一年十二月各有专事。"大凡今之推名镇为天下第一者，曰扬、益，以扬为首，盖声势也。人物繁盛，悉皆土著，江山之秀，罗锦之丽，管弦歌舞之多，伎巧百工之富，其人勇且让，其地腴以善熟，较其要妙，扬不足以侔其半。"⑤

此外，南方特别是长江下游出现了大批的商业城市，如苏、湖、洪、潭、鄂、夔等州。其中，洪州与苏州为唐玄宗天宝以后兴起者。杭州有户10万，城周20里，每年税收50万贯。广州20万户，且有专为外商居住的蕃坊。此外，交、泉、福、明、温等州亦为对外贸易重要港口。

在大商业城市之外，尤其是南方长江流域和大运河沿线的城市和以工商业为主的市镇也发展起来。农村中、城乡间及大城市附近之草市、村市、墟市等也有进一步发展，说明商业发达及城乡联系的进一步密切。

3.商品交易的繁荣与货币流通量的增长

随着城市的增加与市场的扩大，土特产品和贩运商逐渐为日用品和固定市肆及店铺代替。当时，多以日用品为主的批发商人（大客商）异常活跃。

---

① （唐）张祜撰，尹占华校注：《张祜诗集校注》卷5《纵游淮南》，巴蜀书社2007年版，第233页。

② （唐）王建撰，尹占华校注：《王建诗集校注》卷9《夜看扬州市》，巴蜀书社2006年版，第384页。

③ （南朝梁）殷芸编，周楞伽辑注：《殷芸小说》卷6《吴蜀人》，上海古籍出版社1984年版，第132页。

④ （唐）杜牧撰，吴在庆校注：《杜牧集系年校注》樊川外集《遣怀》，中华书局2008年版，第1214页。

⑤ （唐）卢求：《成都记序》，载《全唐文》卷744，中华书局1983年版，第7702页。

一次陕州运船失火，烧船251艘，客商船货即达100艘。商税的出现，说明商品交易繁荣的事实。唐德宗建中三年（782年），令于诸道津要都会之所皆置吏，核查商人财货及钱，每贯税20文。天下所出如竹、木、茶、漆皆十一税之，海港外货亦纳税百分之三十。

随着商品交易的发达，货币使用量有显著的增长。从税收看，玄宗天宝八年（749年），入钱200万贯，代宗大历十四年（779年）增至1200万贯。反映了市场货币使用量的增长。两税法规定用钱亦是这一现象之反映。另外，此时南方交易出现以用银为媒介。

唐开元通宝钱

唐高祖武德四年（621年），开始铸行"开元通宝"，重2.4铢，寓意"开创新纪元的通行宝货"，隶书字体，相传早期是由唐代书法家欧阳询书写。"开元通宝"钱是唐代最重要的货币，其大小、轻重便于流通，促进了唐代社会经济的发展和商品市场的流通。随着丝绸之路的发展，"开元通宝"钱逐渐影响到东亚、东南亚等地区的国家。

4. 柜坊与"飞钱"的出现

柜坊亦名附寄铺，是一种货币信用机关。大都市之邸店多附设此种业务，代人保管贵重物品及金银货币，需给保管费，亦可不给。因主人可以用以经营高利贷，亦叫"僦（赁雇，柜）"。取钱有时以物为凭，如帽子。有时用帖或书帖，帖上有付款数目、出帖日期、收款人姓名及出帖人姓名。最多有取10万钱的记载。有人认为这种帖可能为世界上最早的支票。此外，柜坊还代人出售贵重物品。

"飞钱"也叫便换，是中国最早的货币汇兑业务。产生于公元9世纪初唐宪宗时期。当时可分两种，一是官办，京城进奏院是地方最高行政机关的驻都城办事机关，往往代营便换。诸道商人在京城售完货物后，可将现款交于所属地方政府的进奏院。该院发给两个联单式文牒作为凭证，一给放款人，一寄往本道，以备放款人回乡后凭据领取。一是私办，大商人往往在各道或主要城市有联号或交易往来，也代营便换，以此谋利。

总之，柜坊与"飞钱"是在商品经济发展的直接刺激下产生的，它也反映了商品经济发展的一个方面，并成为社会经济生活中的进步现象。

四、市民阶层的产生

唐朝以前，由于官方规定的商品交易活动被限制在"市"区，因此商人又被称为"市人"。此外，市人也包括在市区内从事手工业生产和销售的亦工亦商的工商业者。中国古代的市民，不能与欧洲中世纪的城市市民进行简单的比附，因为两者处于不同的政治体制和社会结构中。

正史上第一次出现"市民"的称谓，据《旧唐书·郭子仪传》载："（代宗永泰元年）天子以禁军屯苑内。京城壮丁，并令团结。城二门塞其一。鱼朝恩括士庶私马，重兵捉城门，市民由窦穴而遁去，人情危迫。"[1] 这里的"市民"显然是包括市区和坊区的工商业户、雇佣劳动者和一般居民。手工业及商业的发展促进了中国城市社会市民阶层的形成，城市外来人口的增加和流动人口的频繁，也使得市民阶层的队伍不断扩大。

城市发展、人口增加、生活繁华，出现大批作坊主及富商，商人地位有所提高，其中不少人也凭借经济实力获得一定的政治地位。在文学领域有所反映，此时，为市民阶层所需要的小说、曲词等已经开始发展。

唐三彩乐舞人俑

中国古代城市居民构成有四个特点：一是在很长时期，城市社会的主体居民是皇室、贵族、官僚、军将等；二是城市主体人群的个体变化呈不稳定状态，往往是随着朝代的更迭和政治权力的重新分配，发生群体性更移；三是随着商品经济的发展，城市外来人口所占比重增大，人口流动频率高，人口向城市集中的趋势加大，即便是在天子脚下实行严格坊市制的唐代长安，皇城根旁仍然是"浮寄流寓不可胜计"[2]；四是城市居民虽然出现了各种社会组织，虽然其中一部分有

① 《旧唐书》卷120《郭子仪传》，中华书局1975年版，第3462页。
② （宋）宋敏求：《长安志》卷10《唐京城四·西市》，三秦出版社2013年版，第337页。

共同的利益诉求，但往往受到官府的控制和限制，并没有形成相对独立的与官府抗衡的社会阶层。这样四个特点，决定了城市居民的不稳定性和变化性，也决定了城市普通居民不易形成稳定的利益共同体。因此，我们探讨的市民并非专指"阶层"。复杂的、多层次的组合，才是中国古代城市居民（市民）的特点。

市民阶层的成长，逐渐通过多种形式表达自己的诉求。城市公共空间需求的扩大，民众公共文化娱乐需求欲望增加，政府在公共空间的管理上逐渐松弛；同时，外来人口和流动人口的增加，富人和权贵以及财富向都城的聚集，也加剧了都城居民的贫富分化，形成了数量众多的弱势群体和沉潜于下层的恶势力，在京城社会，他们往往寻衅滋事、斗鸡走狗，甚至坑蒙拐骗、欺行霸市、为害街市。是否能抑制和惩治这些"奸豪""盗贼""轻猾""不逞之徒"，是衡量京兆尹政绩优劣的重要依据。崔沔所作《应封神岳举对贤良方正策第二道》中云，"问：屠钓关析之流，鸣鸡吠犬之伍，集于都邑，盖八万计。"[1] 可见这类群体为数众多。唐文宗时，杜中立为京兆尹，作风强悍，曾捕杀众多恶少[2]。城市社会的变化和市民阶层的成长，使得城市管理面临着诸多新的问题。

五、南方经济的上升

安史之乱以后的百余年间，唐代社会经济由于战乱频仍而呈现衰落。最主要的表现是官方控制的户口数量急速下降，其中北方最为严重。

安史之乱以后，北方洛阳，畿内不满千户，人烟断绝，千里萧条。此后，由于北方藩镇割据，征敛繁重，战乱频仍，北方的经济就更加衰落了。但南方经济却有所上升。一方面是战争较少；一方面是北方大量人口南迁，参加了南方的开发，劳动力大量增长。如玄宗开元十八年（730 年），据官方统计，洪州（今江西南昌）55000 户、吴郡（今江苏苏州）68000 户、鄂州（今湖北武昌）19000 户。到宪宗元和五年（810 年）前后，洪州 91000 户、吴郡 100000 户、鄂州 39000 户。不到八十年，三处人口都增加了一倍左右。

---

① 崔沔：《应封神岳举对贤良方正策第二道》，载《全唐文》卷 273，中华书局 1983 年版，第 2773 页。
② 《新唐书》卷 172《杜兼传附杜中立传》，中华书局 1975 年版，第 5206 页。

这就使南方经济得到较快的发展，中国经济重心南移。南方经济的发展表现在以下几个方面。

1.经济地区的扩大

唐朝以前，南方地区经济的开发，多限于长江三角洲及苏湖一带。这时，不但上述地区有进一步的发展，而且，过去比较落后的福建、两广、湖南、江西等地也得到一定的开发，逐渐改变了过去这些主要是多民族聚居之区的面貌。如唐前期，湖南地区中进士及第绝无仅有，唐后期则中进士、明经的就多起来。南方地区文化的发达，也反映了经济的发展。

2.农业生产的发展

这时农业生产工具有显著的改进。唐末，常州陆龟蒙《耒耜经》所载11个部件的犁即已于唐后期普遍行用于江南地区。唐政府又为增加收入而在江南一带广泛开凿灌溉渠。今江浙、淮南、江西、湖南等地沟渠纵横，到处开挖池塘，大的可以灌溉万顷，小者亦有几百顷、几十顷，亩产量也提高了。唐政府由此北运的粮食，每年总有几十至100多万石。

唐"姚州贡拾两"金铤，现藏西安博物院

3.矿业的发展

采矿业多半集中在南方。据武则天时期的统计，有4个州（今江西、安徽、浙江交界之处）有银58处（江西饶州在安史之乱前采银年产10万两），铜冶96座，铁山5座，锡山2座，铅山4座。此外，湖南郴州有银矿、铜矿，湖南西南则产水银、朱砂。

与采矿业发达的同时，南方金属铸造业也有发展。扬州铜镜、句容金属器物均驰名全国。另外，南方盐井亦极重要。江浙海盐、四川井盐估计最高年产当在200万石以上，江淮一带盐仓输盐经常在2万石以上。

4.手工业的发展

纺织业。唐后期，北方经纬纺织技术传到南方。安徽亳州有名的轻纱"举之若无"，十分名贵；宣州（今安徽宣城）织工用兔毛织鹤，又生产著名的织线毯（类似丝绒）。特别是浙东越州地区，以前不事纺织，但唐后期，不少纺织工人流入该地，于是"竞添花样，绫纱妙称江左矣"①。

造纸。浙东出产有名的上细黄白状纸，皖南出产的纸当时也极有名，成为贡品。成都一带，是唐一大造纸业中心，官府的公文往往都限定用成都附近出产的麻纸。

茶叶。南方是当时重要产茶地区，尤其是皖南和浙东。当时四川茶号称第一，福建、湖南、湖北、江西也都产名茶。祁门（今安徽）一带，千里之内，从事茶业的占十之七八。不少地区有大型茶园和作坊。四川九陇人张守珪茶园，每岁召采茶人力百余人②。茶税亦成为唐政府主要收入之一。

唐茶具金银丝结条笼子
唐代饮茶为末茶法，新茶和以香料压成茶饼，取用时放在笼子置于炭火上，焙去水汽，碾碎成末煎煮。

瓷器。当时南方最有名的是越窑所产的越器，即青瓷。到晚期，邢瓷衰落，越器更盛，并输往外国。印度、波斯、埃及都曾发现唐朝越器碎片。1998年从印尼水域打捞的"黑石号"沉船装载了数量庞大的唐各地名窑所产精美的外销瓷器。

造船。南方亦有发展。刘晏曾在扬子（今江苏扬州）置10个造船厂，造船达2000余艘，专供内河运输。远洋海船更驰名世界。且以能造人力手摇发动之，以二轮为动力之小船。据说发明者为唐宗室后裔李皋。

5. 社会矛盾与冲突

手工业、农业及商品之不断增长，刺激了商业及城市的繁荣。③ 但江南民众负担的加重及统治阶级残酷剥削，使江南民众负担十分繁重，不能充分

---

① （唐）李肇撰，聂清风校注：《唐国史补校注》卷之下93《越人娶织妇》，中华书局2021年版，第303页。

② （宋）李昉：《太平广记》卷37《阳平谪仙》，中华书局1961年版，第235页。

③ 商业及城市详见前文。

享受经济发展所带来的好处，江南经济的发展受到严重阻碍。唐前期，唐对东南财富已相当仰赖。因洛阳与江南漕运可通过通济渠、洛水等到达洛阳，高宗、武后曾数去东都就食，甚或常住，以少漕运之劳。官方多次整顿漕运以利通航。

经过裴耀卿主持的漕运整顿，运费大为减省，每年少十余万漕运费。江南地区漕运每年运米少则50万石，多则110万石。这种沉重的负担，只要举一个例子就可知道。当时中央养兵83万，平均起来，江南民众每两户就要养一个兵。唐政府又用一些善于勾剥之臣到江南任职。在残酷的剥削下，江南经济发展受到严重阻碍。安史之乱后不久，最繁荣的长江下游地区，如苏、扬等州，已有据州岛为根据地的起义军。代宗时（公元8世纪末），皖南、淮南、淮西都爆发起义，淮西义军且攻破汴州（今河南开封）、襄城（今河南许昌），杀官军4万余人。说明社会和阶级矛盾都日趋尖锐。

第四节　唐后期的政治格局

安史之乱爆发后，唐政府倾全力进行平叛，并借助了回纥的兵力，经过八年的奋战，安史之乱终于平息，但却造成了几个后果。

一是安史之乱使唐朝的社会经济尤其是北方地区遭到严重的破坏，农田荒芜，人口锐减，大批中原人士南下避难，虽然乱后也有辗转回来的，但毕竟路途险阻，多数人定居南方，促进了经济重心进一步南移。

二是为平叛，唐将西北精锐边军悉数内调，使得吐蕃势力渗透到河西走廊和天山北麓，唐朝西北控辖的区域大为内缩。失去了西北的屏障，长安处于时常遭受吐蕃从西边和北边的侵扰，再加上北方民族南下路线已经偏向东北，政治和军事格局的新变化最终导致了政治中心的逐渐东移。

三是安史之乱平定后，唐政府任命一批安史降将为节度使，内地军将、地方长官也被委任为节度使和观察使（观察使于内地设置，地位低于节度使，没有军权），"天下尽裂于方镇"，形成了藩镇割据的局面，削弱了中央集权。藩镇从边疆扩大到内地，从此唐前期居重驭轻的军事布局被中央与地方的反复博弈局面所取代，直至唐最后亡于藩镇。

四是大宦官李辅国凭借着拥立之功，掌握了军权（判元帅府行军司马事）

和行政权，派往各道的监军使也在肃宗朝始由宦官专任，开启了唐后期宦官专权的局面。其中外朝官僚的朋党之争、外朝官僚士大夫与内廷宦官的"南衙北司"之争，最后都演变成不同宦官集团的利益及皇位继承人之争。皇权逐渐异化，皇位之争不再是宫廷皇子之间或皇子与后族外戚之争，而是成为不同宦官集团争夺权力的工具，外廷朝臣试图与宦官集团抗衡，但实际上南衙（外朝官，因宰相官署在宫廷南）始终无法与北司（宦官所属内侍省位于宫廷北部）真正抗衡，几次努力都以失败告终，宦官集团甚至决定了皇帝的生杀予夺。朋党之争看似是士大夫之间不同利益集团和政见之争，但实际成为依附于内廷不同宦官集团的朝官之争，并随着内廷宦官集团的此升彼降而轮流得势或失势，持何种政见反倒不是党派之分的缘由了。

五是政治军事形势发生变化。北方经济凋敝，经济重心南移，原有的政治、军事和经济等各项制度都无法适应新的变化，全面的改革陆续展开。从宰相及中枢体制的演变、使职差遣的发展到财税体制的变化，都对唐后期的发展走向及唐以后的历史产生了重要影响。

一、唐后期的皇权更迭

唐后期即指 755 年爆发安史之乱到 907 年朱温代唐，历时 152 年，但君主的更迭与唐前期相比，却更为频繁。唐前期，从太宗到玄宗，加上武则天，一共有 7 位皇帝。而唐后期却出现了 14 位皇帝，即肃宗李亨、代宗李豫、德宗李适、顺宗李诵、宪宗李纯、穆宗李恒、敬宗李湛、文宗李昂、武宗李炎、宣宗李忱、懿宗李漼、僖宗李儇（xuān）、昭宗李晔和哀帝李柷（zhù，昭宣帝）。其中，除敬宗、文宗、武宗为兄弟，宣宗以皇叔身份继位外，其余都是父死子继，但其间内廷发生的皇位争夺战，却极其惨烈。其中，有 9 位皇帝为宦官拥立，而顺宗、宪宗、敬宗、文宗等都直接或间接死于宦官之手，最后一位皇帝哀帝为朱温擅立，很快就取而代之，朱温成为五代梁的开国君主。君主的频繁更迭，以及更迭过程中权力的博弈，表明君权的削弱与不稳定性，也表明政局始终处于动荡之中。

绪言中将唐后期分成了三个阶段，本章为叙述方便和脉络清晰，还是按照皇帝分段，也分成三个阶段：第一阶段，肃宗到德宗；第二阶段，顺宗到宣宗；第三阶段，懿宗到哀宗。三个阶段各 50 年左右。

二、肃宗到德宗（756—805 年）

肃宗到德宗，是从平定叛乱到重振朝纲的过程，而后期政治社会中的藩镇割据、宦官专权、朋党之争、政治和财政税收体制改革等都在这个阶段出现了，也在一定程度上昭示和决定了下一阶段的走向。

1. 肃宗（生卒年 711—762 年、在位 756 年—762 年）

肃宗李亨是玄宗第三子。玄宗先立长子李瑛为太子，后又被废杀，当政的李林甫支持最受玄宗宠爱的武惠妃的儿子李瑁，最后李亨被立为太子，很可能和他本人的小心谨慎以及背后没有形成支持他的政治势力有关，使唐玄宗比较放心。但他的继位却是在非常时期。天宝十四载（755 年）安史之乱爆发后，叛军打到潼关，长安震恐，玄宗携杨贵妃、太子、部分禁卫军和朝官匆忙出逃，西行至马嵬驿，禁军发生兵变，虽然当时统军的将领是陈玄礼，但幕后主谋据分析应该是李亨与大宦官李辅国。李亨与玄宗分道扬镳，率领部分人马北上，抗击叛军，在群臣的簇拥下，于灵武（今宁夏）继位，后被逃到今四川的玄宗所追认，玄宗则被继位的肃宗遥尊为太上皇。在收复两京后，迎回老皇帝，父子两相尴尬，玄宗继续做太上皇，但身边的高力士和陈玄礼等人都被李辅国以各种借口贬黜到远州，不仅失去了皇位和爱妃，后连人身也不自由，郁郁寡欢而亡。

肃宗在位六年，基本在平定叛乱中度过，大局尚未稳定，朝纲亟须重振。

2. 代宗（生卒年 726—779 年、在位 762 年—779 年）

宝应元年（762 年），肃宗病危，内廷的皇位之争也趋于白热化。肃宗长子李豫在平定安史之乱时被任命为天下兵马元帅，功勋卓著，虽然已经被立为太子，但因张皇后无子，恐太子一旦继位难以控制，密谋另立肃宗次子越王李系，但被宦官李辅国、程元振伺知，于是发兵将太子李豫保护于禁军中，杀张皇后和李系。肃宗驾崩后，李豫继位于肃宗灵柩前，即唐代宗。

代宗继位后，面临着两个必须解决的难题，一是恃功而骄横的李辅国；二是天下未定、亟待收拾的残局。李辅国在唐代宗继位后，对已经获得的政治权力并不满足，竟然对代宗说："大家但内里坐，外事听老奴处置"[1]。显然是要军政大权独揽，架空君主。代宗采取以退为进的策略，尊其为"尚父"，封司空兼中书令，大小事都先听取他的意见再决定，旋即夺取了李辅国的兵权，罢撤一应官职，虚升为博陆郡王，又秘密派人刺杀之。解决了李辅国，宦官问题并没有根本解决。

在重振国运方面，代宗主要做了两件事，第一件事是继续平叛，在继位的次年即宝应二年（763 年）正月，史思明之子史朝义自缢而亡，叛军虽然相继归降，正式结束了历时八年的安史之乱，但对降将的姑息，加上藩镇体制向内地的推广，形成了藩镇割据的局面。第二件事是开启唐后期财税改革的进程。安史之乱爆发后，国库空虚，出现严重的财政危机，此前的财税体制已不适应变化了的形势和当时的需要，在刘晏主持下，对财政制度进行了一系列改革。如改进漕运法、改进盐法、平抑物价等，刘晏的改革取得了很大成功，使混乱的财政状况得以改善，财政收入大量增加。在农业税收方面，代宗大历四年（769 年）下诏改革户税、地税，大幅度提高户、地两税税率，使资产税在农业税收入中的比重越来越大，为过渡到两税法奠定了基

---

[1] 《旧唐书》卷 184《李辅国传》，中华书局 1975 年版，第 4761 页。

础。此外，吐蕃利用西北边防空虚之机，不断侵扰，迫使代宗一度出逃陕州。如何防御吐蕃成为唐代宗及此后最重要的边防问题。大历十四年代宗崩于大明宫，长子李适继位，是为德宗。

3. 德宗（生卒年 742—805 年、在位 779—805 年）

李适在宝应元年（762 年）被任命为天下兵马元帅，在名义上统军平定安史之乱。广德二年（764 年），李适被立为皇太子，亲历了安史之乱、宦官专权、财政窘迫的种种困境和磨难，继位后决心重振朝纲。一是坚决抑藩，建中二年（781 年），中央开始削藩，不料却引发藩镇的连兵叛乱，叛乱的幽州节度使朱滔称冀王，成德军将王武俊称赵王，魏博节度使田悦称魏王，淄青留后李纳称齐王，朱泚称秦帝，淮西节度使李希烈称楚帝，史称"二帝四王之乱"（又称"四镇之乱"）。建中四年（783 年），朝廷调往平叛的泾原镇（今甘肃泾川北）兵，途经长安时哗变，拥立朱滔之兄朱泚为帝，史称"泾原兵变"或"奉天之难"。德宗被迫辗转奉天（今陕西乾县）、梁州（今陕西汉中）等地，叛乱平定后，对藩镇又不得不采取姑息政策。二是摈弃专权宦官，重用外朝文武官员，但在遭遇"奉天之难"时，禁军将领竟然无法召集卫士抵抗叛军，反而是在东宫时的内侍宦官窦文场、霍仙鸣率领百余名宦官护驾左右。叛乱后，德宗疏离令他失望的外朝官，开始任用宦官掌领禁军，逐渐形成以神策军为核心的中央禁军新体系，又设神策军护军中尉，开启了唐后期禁军由宦官统领的模式。三是财税改革，最具有深远影响的是正式废止租庸调法，于建中元年推行两税法的举措。此外，在宰相卢杞支持下实行的税间架（房产税）、强行借商、榷茶等，引发民怨沸腾，成为酿成"泾原兵变"的重要因素。德宗用李泌为相，并采纳了他的北和回纥、南通云南、西结大食、天竺，共同夹击吐蕃的外交策略，从而改变了自安史之乱后唐与吐蕃关系的被动局面。

德宗在位时，纵容宦官作恶京城，尤其借"宫市"（内廷宦官出外采购）名义在市场内外大肆强取豪夺；重用宰相卢杞；此外利用各种名目搜刮聚敛，设立皇帝私人金库"大盈库"和"琼林库"等都是最为世人所诟病。德宗本人虽然初期锐意改革，但生性多疑，猜忌心颇重，为重振皇权，作了种种努力，但世事难料，后期的举措很多也是出于无奈之举。德宗驾崩于贞元二十一年（805 年），据史载，是因为正月初一闻知太子李诵因病无法前来贺岁，一病不起。但病后二十多天音信隔绝，死因不明。

可以说，这阶段是唐朝中央政府为挽救安史之乱以后的颓势所做的种种努力的时期。从大局看，除两税法的实施收效和评价不错外，其他诸如抑制宦官、削弱藩镇、财税改革、重振中央权威等方面似乎效果不佳，但其中却蕴含着由前期向后期过渡及转变的很多积极因素和发展趋势。

三、顺宗到宣宗（805—859 年）

这个阶段皇帝更迭得最为频繁，实际反映了内廷不同派系的宦官争夺帝位控制权的激烈。唐后期的几大问题包括中央与藩镇的博弈、宦官专权、朋党之争都达到高潮，以及政治、军事和经济的变化与改革，都已步入制度化，有些新的举措虽然没有制度化，但也大都对五代到宋的发展产生了重要影响。

1.顺宗（生卒年 761—806 年、在位 805—806 年）

德宗死后，已经做了二十五六年太子的李诵（德宗长子）继位，即唐顺宗。他重用在东宫做太子时形成的王伾、王叔文、刘禹锡、柳宗元（二王刘柳等）革新集团，力图加强中央集权，铲除宦官势力，解决藩镇割据问题，克服德宗朝内受制于宦官、外面临强藩环伺而带来的种种弊政，采取了一系列改革措施，史称"永贞革新"。改革触动了宦官和其他权臣以及藩镇的切身利益，任宣武军监军而能控制军权的大宦官俱文珍纠集有同样利害关系的宦官和地方节度使如剑南西川节度使韦皋、荆南节度使裴均、河东节度使严绶等联合策动政变，迫使重病缠身的顺宗立广陵王李纯为太子，并监国，以顺宗的名义下诏宣布，并将改革的核心人物王伾贬为开州（今重庆开州）司马，王叔文贬为渝州（今重庆）司户。太子继位后，韦执谊又被贬为崖州（今海南三亚）司马，韩泰被贬为虔州司马，陈谏被贬为台州司马，柳宗元被贬为永州（今湖南）司马，刘禹锡被贬为朗州（今湖南常德）司马，

柳宗元像

韩晔被贬为饶州司马，凌准被贬为连州（今广东）司马，程异被贬为郴州（今湖南）司马，史称"二王八司马"。①数月后，拥立李纯继位，是为唐宪宗，以唐顺宗的名义宣布禅位，史称"永贞内禅"。次年，太上皇顺宗驾崩，他的去世是否与宦官有关，语焉不详，似乎也成为一桩迷案。仅存续 146 天的"永贞革新"亦宣告夭折。

2. 宪宗（生卒年 778—820 年、在位 805—820 年）

宪宗为德宗孙子，顺宗长子。继位后，德宗时期朝廷与藩镇相对稳定的局面也发生了变化。四川节使度刘辟、镇海节度使李琦、淮西节度使吴元济、淄青节度使李师道先后叛乱，宪宗任用杜黄裳、裴度、李绛等贤能人士为相，不仅平定了叛乱，还迫使河北三镇归降朝廷，尤其是平淮西战役，不仅解决了淮西强藩，还对其他藩镇起到震慑作用。

但依靠宦官禅位的宪宗，在打击藩镇时，由于过于信赖宦官，使宦官势力继续膨胀。晚年，追求长生不老，宠信方士，贬斥忠直，性情暴躁，在宪宗长子惠昭太子去世后，以吐突承璀为首的宦官集团谋立宪宗次子澧王李恽，但以梁守谦、王守澄为首的宦官集团则支持三子李恒。李恒背后有着强势的母系家族背景，其母郭妃为郭子仪孙女，宪宗虽然不想被后族势力所左右，但形势所迫，还是于元和七年（812 年）立李恒（原名李宥）为太子。元和十五年，宦官王守澄与陈弘志暗杀宪宗于中和殿，对外假称暴崩，又杀宠于宪宗的吐突承璀及李恽，联络梁守谦迅疾拥立李恒登基，是为唐穆宗。

自宪宗始，穆宗、敬宗、文宗、武宗、宣宗都不立皇后，原因主要是不希望正宫对皇帝干涉过多。

宪宗在位期间，勤于政事，积极革除时弊，力争恢复中央权威，坚决平定藩镇叛乱和削弱藩镇势力，并取得巨大成功，被誉为"元和中兴"。但成于宦官，又亡于宦官，也是历史的悲剧。

3. 穆宗（生卒年 795—824 年、在位 820—824 年）

820 年，穆宗李恒在两派宦官的搏杀中继位，生长于深宫，并无明确的主张，他采用宰臣的建议，认为藩镇的问题已经基本解决，实行"弭兵"之策，以求逐渐削弱其实力，却引起河北三镇复叛，被裁军将纷纷投奔之。穆宗耽于宴乐、畋游而毫无节制，大兴土木，修建宫苑。长庆二年（822 年）

---

① 记述的是最后的贬所。

十一月，因在宫内的一次打马球时遇到意外，受到惊吓而导致中风，一病不起。长庆四年（824年）正月二十二日驾崩。太子李湛继位，是为唐敬宗。

4. 敬宗（生卒年809—826年、在位824—826年）

敬宗李湛是穆宗的长子，16岁登基，沉湎于游乐畋猎，比起父亲唐穆宗有过之而无不及。朝政由拥立他的大宦官王守澄独揽。敬宗酷好"打夜狐"，即夜间捕捉狐狸，令身边的宦官苦不堪言，疏于政事，又好大兴土木，不听劝谏。敬宗虽然在位时间仅有两年，但是内廷的争斗却趋于白热化。受敬宗宠信的宦官刘克明则另有所图，敬宗某日打夜狐回宫后，与身边宦官饮酒作乐，刘克明等乘敬宗入室更衣之机，杀害之，并矫诏由宪宗第六子、敬宗的叔叔绛王李悟监国。李悟母亲为郭子仪孙女，刘克明等可能企图借助郭氏家族的势力，取代王守澄的地位，因此才选择了叔叔辈的李悟。而另一派王守澄等却选择了江王李昂。李昂为穆宗李恒次子，是敬宗同父异母的弟弟。敬宗虽未立太子，但据史载是有子嗣的。在刘克明一派拥立李悟两天后，王守澄、梁守谦就指挥他们掌控的神策军和飞龙军入宫杀死李悟，刘克明被迫投井而亡，其党羽也都被诛杀。另立李昂为帝，即唐文宗，次年改年号为"大和"。

5. 文宗（生卒年809—840年、在位826—840年）

李昂继位虽然年仅18岁，但面临的却是错综复杂的政治形势。以王守澄为首的权宦的猖獗，李德裕与李宗闵、牛僧孺朋党之争的纠葛，同时怀有二心的藩镇也在蠢蠢欲动。文宗在位期间还是想有一番作为的。继位初，放3000宫女出宫，放宫内五坊豢养的鹰犬，裁撤冗员，表明了励精图治的决心。针对权宦王守澄以拥立之功总揽军政大权的局面，先削其兵权，又迫其自尽。太和九年（835年）与新提拔的李训、郑注等谋划一举铲除宦官势力，但不料功败垂成，反被仇士良、鱼弘志等掌握了禁军的宦官所制，李训、郑注及朝中大臣牵连而死者上千人，史称"甘露之变"。文宗随即遭软禁，抑郁成疾。立太子一事几经周折，先是有意立敬宗长子晋王李普为太子，但李普不幸夭折；后立李永为太子，但又因宫廷内斗而突然身亡；又立敬宗幼子陈王李成美为太子。开成五年（840年），文宗病情加重后，欲令太子监国，仇士良、鱼弘志得知后，于当天晚上迅即假拟遗诏，废太子为陈王，立颖王李炎为皇太弟，处理军国大事，上朝接见百官，朝臣居然无人敢问。开成五年正月初四，文宗病逝，时年31岁，留下无限遗憾。

6.武宗（生卒年814—846年、在位840—846年）

武宗李炎为穆宗李恒第五子，为敬宗李湛和文宗李昂异母弟，乘文宗病重之机，由大宦官仇士良、鱼弘志矫诏拥立，年号"会昌"。从唐穆宗到武宗继位顺序十分紊乱，都是源于内廷宦官的争斗。武宗在位时有两件大事，重用李德裕，对藩镇采取强硬政策，坚决平定刘稹之乱，粉碎了昭义节度使刘从谏死后其侄子刘稹拥兵割据的企图。二是大兴废佛之举，没收寺院占有的大量土地和财产，迫使众多僧尼还俗。此举在一定程度上缓解了国库空虚的窘况，解决了国家兵源和劳动力短缺的问题，沉重地打击了僧侣地主的势力。虽然有李德裕主持朝政支持废佛之举，其实背后却有道士赵归真的作用。武宗信道而抑佛，也是法难能自上而下兴起的关键原因。在灭佛的同时，大秦景教、祆教等也未能幸免。武宗笃信道教，追求长生不老而服食丹药，年仅32岁便驾崩于大明宫。

7.宣宗（生卒年810—859年、在位846—859年）

宣宗李忱，唐朝第十六位皇帝，宪宗第十三子，穆宗异母弟。会昌六年（846年）武宗死后，生前并没有立太子，宦官马元贽借口以武宗诸子年幼，利用神策军中尉的身份拥立皇叔光王李怡（后改名李忱），年号"大中"，即宣宗。宣宗在位期间，励精图治，有"小太宗"之称。其政绩主要体现在两方面，一是抑制宦官取得成效，二是对外斗争取得胜利。宣宗虽然依靠宦官登基，并对拥立者马元贽给予极优厚的待遇，但却严禁宦官与外廷官僚交往，有效限制了马元贽等大宦官权力的扩展。又将"甘露之变"中死于宦官之手的官员除李训、郑注外全部给予昭雪，实际上也表明了抑制宦官权力的态度。

在对外斗争方面，一度强大的吐蕃由于王室内部争斗而国势日衰。大中二年（848年），沙州（今甘肃敦煌）豪族张议潮率各族民众驱逐吐蕃守将，自领州事，又陆续攻取瓜、伊等10州。大中五年，张议潮派遣其兄议潭入朝，献上沙、瓜、

唐宣宗李忱像

伊、肃、鄯、甘、河、西、兰、岷、廓等 11 州图籍。宣宗遂于沙州置归义军，领沙、瓜等 11 州，以张议潮为节度使。河西、陇右复归于唐朝。吐蕃势力遭此打击，被迫西退。对北方和西南也采取积极的进攻性策略，稳定了边疆的局势。由于宣宗勤于政事，注重整顿吏治，有效地抑制了宦官和宗室势力的恶性发展，社会相对比较安定，在位期间有"大中之治"的称誉。

宣宗在非常规的情况下由宦官拥立，因此在继承人问题上就表现得异常敏感和谨慎。他虽然有 12 个儿子，认为第四子类己而心有所属，但当大中十年（856 年）宰相裴休提议应考虑立储事宜时，宣宗却明确表示："若建太子，则朕遂为闲人"[1]，从此朝中无人敢提立太子之事。宣宗与前任一样笃信服药能长生不老，最终不幸中毒身亡。病危时，宣宗决意废长立幼，弃他并不看好的长子李温，而有意立爱子第四子李滋，并将其托付给亲信宦官枢密使王归长、马公儒、宣徽南院使王居方三人。大中十三年（859 年），宣宗崩于大明宫，享年 50 岁，在位 13 年。不料左神策护军中尉王宗实，掌握着神策军调配权，宣宗驾崩后，率领军队假奉遗诏迎立长子李温为皇太子，次年正式继位，是为唐懿宗。以伪造圣旨的罪名，将王归长、马公儒、王居方三人处死。宦官决定皇帝生杀予夺的历史剧再次上演，争夺继承权实际上是由不同派系的宦官主导的。王宗实恃拥立之功，气焰嚣张，使本已被抑制的宦官势力再次恶性膨胀。

这阶段虽然有中兴之举，但几经周折仍然没能挽回大唐王朝走向没落之路。皇帝成为宦官争夺掌控最高权力的工具，虽然期间也有皇帝和朝臣的联手奋争，不是无果便是以失败而告终。中央依靠加强禁军实力和利用藩镇之间及藩镇与中央之间的复杂关系，在和藩镇博弈的过程中，维持了近一百年相互牵制、几经起伏、势力相对均衡的状态。从制度层面上看，虽然有评价曰"旧制已紊，新制未立"，但从中枢体制、使职差遣、财税体制到军事制度的过渡和变革可以说逐渐完成。

四、懿宗到哀帝（859—907 年）

这阶段，大唐王朝在农民起义的风暴中，摇摇欲坠，虽然借助藩镇的力量镇压了起义军，但也在藩镇的反复冲击下，不堪一击，走向终点。

---

[1] 《资治通鉴》卷 249，中华书局 1956 年版，第 8059 页。

1. 懿宗（生卒年 833—873 年、在位 859—873 年）

懿宗原名李温，后改名李漼，唐朝第十七位皇帝。宣宗驾崩后继位，次年（860 年）改元咸通。懿宗在位十四年，出现三多现象，一是游宴娱乐多，宫中供养的乐工达 500 人之多。二是换相次数多，十四年共任命了 21 位宰相，有作为的不多，贪污腐化的却不少，长安城中盛传的民谣："确确无余事，钱财总被收。商人都不管，货赂几时休？"[1] 即是讽刺贪腐严重的曹确、杨收、徐商、路岩等几位宰相。三是出游多，每次出行，内外随行人员甚至多达 10 余万人，耗费大量财物。咸通四年（863 年）二月，懿宗竟将唐高祖献陵直到唐宣宗贞陵共计 16 座帝陵统统拜谒一遍。上行下效，官场腐败成风，官员不思进取。

懿宗在位期间，还有两件重要的事情发生，一是下诏在法门寺（今陕西扶风）举行大规模的迎佛骨盛会，韩愈曾专为此事上书谏言，被贬出京，悲愤无奈留下："一封朝奏九重天，夕贬潮州路八千"[2] 的诗句。佛教遭武宗会昌灭佛的重创后，在宣宗期间逐渐恢复了元气，懿宗时则又盛行起来。此前唐朝皇帝已经举办过五次迎佛骨活动，懿宗这是第六次，盛况空前。从长安城到扶风法门寺沿途安排禁军兵仗绵延数十里，香刹宝车极尽华丽，京城豪族不惜水银为池，金玉为树，延请戏班，载歌载舞，富豪官僚施舍钱财无数，懿宗亲自至安福门（宫城西门）礼迎，并送入宫中长期供奉，直到其死后僖宗继位才归还法门寺。二是庞勋起义。继宣宗大中十三年（859 年）末，裘甫率先在浙东起义后，江南地区陆续爆发了多次起义。懿宗咸通九年（868 年）爆发的庞勋领导的桂州（今广西桂林）戍兵发动的反唐兵变，意义尤为重要。庞勋率领队伍北上，回到老家徐州开展斗争，对唐朝赖以维系物资供应的江淮漕运线构成了很大威胁，也为唐朝的最终覆亡埋下伏笔。

宦官势力复兴，藩镇再次跋扈，皇帝游宴无度，佞佛如痴，官场腐败成风，南方各处农民起义不断，基本将宣宗大中时期的成果挥霍殆尽。迎佛骨之举也没有挽救懿宗的生命。咸通十四年（873 年）七月十九日，懿宗于咸宁殿驾崩，享年 41 岁。

---

[1] （唐）无名氏：《嘲四相》，载（清）彭定求：《全唐诗》卷 872，中华书局 1960 年版，第 9884 页。

[2] （唐）韩愈撰，（清）方世举编年笺注：《韩昌黎诗集编甲笺注》卷 10《左迁至蓝关示侄孙湘》，中华书局 2012 年版，第 573 页。

唐法门寺六臂观音箓顶纯金宝函（左）、鎏金镂空飞鸿球路纹银笼子（右），现均藏法门寺博物馆

2. 僖宗（生卒年 862—888 年、在位 873—888 年）

懿宗临终前，继承人之争已经演变为宦官之间、藩镇之间、藩镇与宦官之间的博弈。

僖宗李儇，初名李俨，懿宗李漼第五子。李俨为晋王时与宦官田令孜关系亲密，咸通十四年（873 年）七月，乘懿宗病重之机，田令孜等拥立李俨为皇太子，改名儇，即位于枢前，年仅 12 岁。继位后，僖宗旋即将田令孜从一个小马坊使提拔为枢密使，不久又委任为神策军中尉，尊称其为"阿父"，宠信无比，独揽军政大权。

僖宗的游乐之心比懿宗更甚，热衷于斗鸡、骑射、音乐、围棋、赌博等。尤其迷恋打马球，曾经对陪侍的优伶石野猪自夸说，如果击马球有进士科考试，朕一定拿个状元，石野猪幽默而嘲讽地回答说，如果遇到尧舜这样的贤君做礼部主考官的话，恐怕陛下会受到责难而落选。优伶尚且有劝谏之心，但僖宗并不以为然。唐朝的衰败已经不可避免。

僖宗继位不久就爆发了王仙芝、黄巢大起义，唐廷面临着内外交困的局面。黄巢起义军转战南北，从广州再次挺进中原，僖宗居然玩心不减，甚至用打马球赌输赢的方式来决定统领军队的人选。广明元年（880 年）十一月，起义军攻下洛阳，十二月，迫近潼关，田令孜率五百神策军护驾僖宗与少数宗室亲王匆忙逃亡四川。黄巢占领长安，建立大齐政权。僖宗则在四川避难四年之久。光启元年（885 年）正月，在黄巢军队退出长安后，僖宗启程自四川回长安。回到京城后，田令孜因与藩镇争夺盐利而引发冲突，神策军不堪一击，而一些强藩也对田令孜专权的行为大为不满，僖宗这时成为宦官和藩镇争夺的人质。先是田令孜再次带领僖宗于光启元年十二月逃亡到凤翔（今陕西宝鸡）。而邠宁节度使朱玫本想劫持僖宗，未果，于是便将因病滞留的襄王李煴挟持到长安另立为皇帝，改元"建贞"，尊僖宗为太上皇。于是各强藩节度使展开了新的争夺战，与朝廷的关系也有新变化。参与争夺的有河中节度使王重荣、河东节度使沙陀人李克用、邠宁节度使朱玫。僖宗策反了朱玫的爱将王行瑜，王行瑜斩杀朱玫及随从数百人，随即入长安城纵兵剽掠。王重荣则将逃到河中的李煴杀死，将其首级函送于僖宗逃亡之地兴元（今陕西汉中）。李煴死后，僖宗重返长安，不料途中又遭凤翔节度使李昌符劫留。后李昌符攻打僖宗行宫，兵败后逃往陇州（今陕西宝鸡陇县），僖宗命因护驾之功晋升武定节度使的李茂贞追击，斩杀李昌符。播迁数年，光启四年二月，僖宗以抱病之躯回到长安，一个月之后，即因"暴疾"而亡。

3. 昭宗（生卒年 867—904 年、在位 888—904 年）

僖宗病重时，选择继承人问题仍然是各方争夺的对象。朝臣拟立懿宗第七子皇弟吉王李保，因其年最长。宦官杨复恭出身宦官世家，当时已代替田令孜为左神策军中尉，与僖宗同母弟寿王李杰关系较好，于是率禁军拥立之，并得到群臣的认可，于文德元年（888 年）继位于僖宗枢前，改名晔，是为唐昭宗，次年改元龙纪。继位后，多次改元，依次为龙纪、大顺、景福、乾宁、光化、天复、天祐等诸多年号。

昭宗在位时，大唐王朝已经穷途末路，内外交困，但他还是很想有一番作为。对内，主要是铲除有拥立之功的大宦官杨复恭，而杨复恭竟然公然与昭宗对抗，昭宗最终利用藩镇的力量，又策反杨复恭培植的诸义子统领的军事势力，消灭了杨复恭。但这并没有摆脱继续受制于宦官的局面。随后，昭宗又着手解决藩镇问题。当时对中央形成较大威胁的藩镇主要有河东节度使李克用、西川节度使陈敬瑄、宣武军节度使朱温、凤翔陇右节度使李茂贞。昭宗清除了田令孜后，开始重建禁军，通过招募扩军 10 万，于是有了与藩镇斗争的实力。昭宗也动员了一些看似还能听朝廷调遣的节度使共同作战。最后的结果是讨伐西川陈敬瑄，使新任命的节度使王建乘机扩充势力，取而代之，成为割据一方的诸侯。朱温、李匡威、赫连铎联手打败了实力最强的李克用，于是昭宗乘势发兵与朱温、李匡威、赫连铎联合讨伐李克用，但河东之役以失败告终，禁军损失殆尽，朱温乘机坐大，朝廷再也没有实力对抗这些强藩了。昭宗陷于内受制于宦官、外受制于强藩，天祐元年（904 年）被朱温遣亲信蒋玄晖等人杀害于洛阳，时年 38 岁。唐朝已经名存实亡。

4. 哀帝（生卒年 892—908 年、在位 904—907 年）

李柷初名李祚，昭宗第九子，唐朝第二十二位皇帝。蒋玄晖杀死昭宗，次日，奉朱温旨意即宣称奉圣旨立辉王李柷为皇太子，当日即帝位于昭宗枢前，改名李柷，是为唐哀帝，年号仍沿用天祐，实际沦为朱温的傀儡。天祐四年（907 年），哀帝在威逼下禅让于朱温，贬济阴王，迁曹州（今山东曹县），唐朝正式灭亡。朱温又派人赴曹州鸩杀哀帝，时年 17 岁。五代后唐明宗李嗣源追谥其为"昭宣光烈孝皇帝"，但庙号"景宗"未被采用，又因其谥号为哀，因此后世称其"唐哀帝"或"唐昭宣帝"。

第五节　唐后期的三大政治现象

唐后期，藩镇、宦官和朋党，影响和决定着政局的走向。这三个方面互相纠缠、互相影响，造成极为复杂的局面。

一、藩镇

（一）藩镇割据局面的形成

安史之乱以前，节度使权势已经逐渐膨胀。在安史之乱爆发后，唐中央政府权力削弱，加之肃宗战略方针上急于收复两京，而未听李泌之言以主力打击幽、燕地区，直捣安、史老巢。及安史之乱平定后，唐君臣均求一时苟安之举，不仅军力不足以根除安史势力，且由于掌握最高军权之仆固怀恩（安史余部大多归降在他麾下，而他的部属也于最后追击史朝义，直至幽州），与其他诸将一起被解除了兵柄。这使仆固怀恩等意识到，只有让大敌继续存在，才可始终保持其功名和禄位。于是，极力主张分河北之地为数个大镇，委任给已归降之安史旧部。

唐中央政府遂把河北分为成德、幽州（后兼卢龙）和魏博三镇，多委安史旧将一人为节度使。成德，张忠志以恒、定、赵、深、易五州降唐，赐名李宝臣，治恒州（今河北正定）。幽州（兼卢龙），李怀仙降唐，唐命其为幽

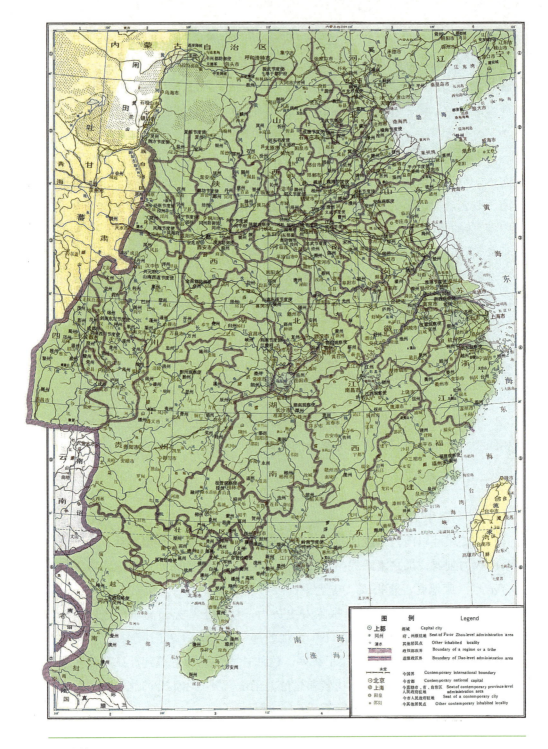

元和方镇图

引自谭其骧:《中国历史地图集》(第 5 册),中国地图出版社 1982 年版,第 38—39 页。

州节度使，据幽、蓟、瀛、涿、檀、妫（guī）、营、莫、平九州，治幽州。魏博，代宗宝应二年（763 年），以田承嗣为魏博节度使，治魏州（今河北大名），据魏、博、贝、相、卫、澶、洺等州。此即所谓"河朔三镇"。

此外，还有泽潞节度使，治相州（今河南安阳），据泽、潞、磁、邢、洺诸州，后为田承嗣所并。此后，尚有李正己所据之淄青，李希烈所据之淮西，亦为强有力的藩镇。

河北藩镇，官吏自署，财赋自专，甲兵自缮，以自己的子侄为副手，基本处于独立、半独立状态。

（二）藩镇与中央的对抗

1.763—805 年

这时，回纥、吐蕃相继为唐大患，特别是唐还需要集中力量对付吐蕃，对藩镇采取退让办法，以至藩镇割据势力得到进一步的发展。各藩镇之间，有时因扩张自己的势力而有嫌隙，但在反对唐廷以确保自己割据地位上却有共同利害关系。他们之间还通过婚姻而相援接。代宗大历十四年（779 年），田承嗣死，李宝臣提出，由田承嗣之侄田悦继位魏博节度使。德宗建中二年（781 年），李宝臣死，其子李惟岳自为留后，又由田悦出面向唐请求李惟岳正式继李宝臣之位。唐中央政府没有答应，田悦、李惟岳遂与李正己联合举兵抗命。后李惟岳被部将王俊武杀，李正己死，其子李纳自袭位，于建中三年共推幽州节度使朱滔为盟主而各自称王。唐先后遣马燧、李怀光、李抱真、李晟进击魏博，终因统帅不一、四镇相连而未成功。其年，又命淮西节度使（治蔡州，今河南汝南）李希烈援马燧，而李希烈亦叛。于是，五镇联兵，半天下皆遭兵祸。建中四年，唐又调泾原节度使兵东下讨之。路过长安，借口饷薄叛变，拥朱泚为帝，称大秦。唐德宗逃往奉天（今陕西乾县），被迫将李晟等兵东调应付朱泚，赦王武俊、李纳、田悦、朱滔等人罪。朱滔此时勾结回鹘兵南下，约田悦等去应援朱泚，但河北藩镇之联接，基于势力相等，朱滔、朱泚等势力陡长，王武俊、田悦遂与朱滔分离，并且与朱滔发生火并。德宗兴元元年（784 年），唐军收复长安，王武俊等亦击败了朱滔，朱泚之乱平。诸镇专擅，骄恣如故。唐政府只好采取姑息优容之策，节度使死，即派宦官到镇，察其所属，即加任命，往往是由子侄或亲将承袭。当五镇联兵之际，运河漕运为之断绝，唐政府的衣粮都发生了恐慌。德宗兴元元年（784 年），汴州收复，打通汴路。据史书载，泾原兵变，德宗逃至奉天，曾任户部侍郎判度支数年，时为镇海军节度使（治所曾几次迁移，屡废屡置，辖今江苏、浙江部分地区）的韩滉将江南米运至陕。德宗对太子说："米已至陕，吾父子得生矣！"[1]又速告军士，皆呼万岁。可见江南及漕运对唐中央政府之重要。

在唐政府的姑息政策之下，藩镇势力更为膨胀，与唐俨为敌国，或父死子握其兵柄，拒不授代，或士卒自推将校为留后，以邀命于中央。此时，凡有一州之地和一军兵马的便都可胁迫唐政府加以任命，或操纵部下加以拥戴。甚至，只要对中央稍存礼貌，如节度使自动来朝、上表请派代驻之人，便被大家视为异事。

2.806—820 年

公元 8 世纪末，吐蕃因与大食斗争，唐西川节度使韦皋又联南诏以御吐蕃，故吐蕃暂时无力南侵。回鹘曾被沙陀、吐蕃战败，与唐继续通好，唐的边境局势暂时和缓下来。与此同时，唐对东南八道的财富也加以控制。在这两个条件之下，宪宗开始了对藩镇的用兵。

德宗贞元二十一年（805 年），西川节度使韦皋死后，刘辟自为留后。宪宗元和元年（806 年），唐遣神策军攻入四川，削平了刘辟。元和二年（807 年），镇海节度使李琦亦被削平。魏博，一方面由于它是河北三镇的屏障，用兵便首遭打击；另一方面，内部矛盾此时有所发展。元和七年，归附朝廷。宪宗时期，对藩镇之最大一次战役，则为平淮蔡之吴元济。

李希烈之后，吴少诚、吴少阳割据淮西 30 余年。元和四年（809 年），少阳子元济立，仍与中央政府对抗，且出兵攻略附近州县。淮西是一个孤立无援的藩镇，如听其发展，与淄青李师道等联合起来，切断汴路，对唐中央政府的打击将是致命的。因此，朝中以宦官吐突承璀、宰相武元衡、御史中丞裴度等为首的一批官僚就力主用兵。淄青的李师道、成德的王承宗不仅支持吴元济，派人主动与其联姻，转储院的仓储，而且派遣刺客杀死宰相武元衡、击伤裴度。但唐中央政府用兵决心并未因此转变。元和九年开始对淮西用兵，发天下之兵共攻之。由于淮西城邑坚固，其地人心又乐为元济所用（可能剥削稍轻、久置其地之故），故三年之中，皆战皆败，所克仅一县。元和十二年，唐中央政府重新调度力量，宰相裴度亲临前线。最后采用吴元济

---

① 《资治通鉴》卷 232，中华书局 1956 年版，第 7469 页。

部下降将的计划，于当年冬十月，李愬雪夜突袭，攻下蔡州，俘虏了吴元济。元和十三年，又利用魏博军田弘正的力量，并发诸道兵，讨平了淄青的李师道。此后，卢龙、成德二镇也相继归朝。唐中央政府统治力量暂时压服了地方割据势力，藩镇割据局面至此似乎告一段落了。

3.820 年以后

元和十五年（820 年），宪宗死，穆宗继位。中央政府中，主武力压制一派为妥协派所代。萧俛和段文昌提倡销兵之议，下令天下有兵处，百人中每年八人逃死，除其军籍，认为这样便可以达到逐步削弱藩镇力量的目的。实际上对藩镇力量并无大的影响，却反使落籍之兵卒皆合而为盗，伏于山林。于是，穆宗长庆二年（822 年），朱滔之孙朱克融及成德将王廷凑、魏博将史宪诚乘机反叛，一呼而众皆集。于是，河北复失，其他各镇亦相继而叛，再度形成天下尽裂于方镇的局面。之后，唐朝又相继对回鹘、党项用兵，无力治内。唐廷的有限控制区局限于关中一隅之地，肯接受其命令的只有东南八道之地，实力实际上也就只相当于一个大的藩镇。

（三）藩镇割据的影响

藩镇割据是唐王朝中央集权势力削弱与地方军阀集团势力加强的必然结果。这种割据纷争，不仅表现在中央与藩镇的矛盾，也表现在藩镇之间的矛盾与藩镇内部矛盾之上。节度使多由将士拥立及节度使之间离合无常，即可说明此理。即王夫之所说："天子听命于藩镇，藩镇听命于将士"[1] 的局面，即所谓"数年不解甲兵，数日屡交锋刃"。

各藩镇为维持自己的割据局面，乃加重了对农民的剥削，以养活大量的军队。如田承嗣节度魏博，"计户口，重赋敛，历兵缮甲，使老弱耕，壮者在军。不数年，有众十万"[2]。吴少阳节度淮西，"时夺掠寿州茶山之利"[3]。而且藩镇统治者极多残暴、黑暗。被强征为卒的壮丁，其全家就是人质，如逃亡，全家即要被杀。有些藩镇，如淮西、淄青，民众不许在街上说话，"有以酒食相过从者"[4]，即为死罪。夜里甚至不许张灯。因此北方割据地区的生产大大衰落下来，文化亦大为落后。

---

① 王夫之：《读通鉴论》卷 24《一五》，中华书局 1975 年版，第 727 页。
② 《新唐书》卷 210《田承嗣传》，中华书局 1975 年版，第 5924 页。
③ 《旧唐书》卷 145《吴少阳传》，中华书局 1975 年版，第 3947 页。
④ 《资治通鉴》卷 240，中华书局 1956 年版，第 7744 页。

唐政府加重了对江南地区民众的剥削，又奖励各地节度使以"进羡""月进"等名目向中央送纳钱帛。各地官吏也趁机搜刮，加重了各地民众的痛苦。因此，《新唐书》说，唐亡于藩镇。正所谓"唐之弱者，以河北之强也；唐之亡者，以河北之弱也"①。

据学者们的研究，虽然藩镇众多，但可分为几个类型。东南八道可以称为财源性，唐后期中央财政收入多仰仗于此。也有御边防御性，如西北诸镇。还有如河北藩镇，具有很强的独立性。②自安史之乱后，虽然形成藩镇割据局面，但唐朝与各藩镇在反复博弈中，抑制和反抑制中，达到某种均衡，继续维持了一百多年。③

二、宦官

宦官专政，是封建政治统治集权的产物。宦官是皇帝的家奴，和皇帝特别接近。国内政治局势十分动荡的时候，或君主不问政事，则大权往往就为宦官窃取。唐后期就出现宦官专权的情况。

1.宦官把持朝政

唐初，宦官人数极少，主管宫内琐事。武则天时，宦官人数虽稍增，但亦未干政。到玄宗时，情况便发生了变化。当时好多宦官都得到宠幸，他们的只言片语对政治很能起一些作用，一些趋炎附势的官僚也就纷纷刻意巴结。其中，高力士权势最重，四方进奏表章均先送呈高力士，看过才交玄宗。有些视为小事者，即可自行加以处理。太子呼为"二兄"，王公呼为"阿翁"，驸马辈呼为"爷"。曾建佛寺、道观各一，中丞举行"斋庆"，一叩钟，纳礼钱百千。有人极力巴结，连叩20下，少者亦不减10下。不少将相大臣即以攀附高力士而身居高位（如王鉷、杨国忠、高仙芝等）。

玄宗又常派宦官出使，或做监官。安禄山往往厚赂使者，回京后，这些使者力陈其"忠"。安史之乱时，叛军攻占洛阳后，封常清及高仙芝被迫退守潼关，宦官边令诚竭力夸大其败退状，两大将遂于同日赐死。

宦官又在长安大置田产。当时有权势的宦官大量占有京师膏腴之地，并

---

① 《宋史》卷442《尹源传》，中华书局1985年版，第13083页。
② 可参见张国刚：《唐代藩镇研究》（增订版），中国人民大学出版社2010年版。
③ 近期有不少文章重新评价藩镇割据，有人认为应称之为藩镇时代。

大肆兴建甲第名苑。但玄宗时，宦官只有得到君主的宠幸，才能假借皇帝名义窃弄威权，故其威权还不能超越皇上。唐后期，这种情况便发生了根本的改变。

唐中叶后，宦官集团威势之所以超越皇帝之上，也是逐渐发展而来的。最先是掌握财政，其次是军权，再次是参与密谋大计。由此三权，宦官便能挟制中外。又因其处深宫之中，外人不易干预，故连皇帝的废立及生杀大权也操于宦官手中了。

安史之乱时，由于在长安的将领十分骄横，随便动用左藏库的钱财（本归太府寺及尚书、比部同管），主管官员无法禁制。到第五琦为度支盐铁使时，便向肃宗建议，天下财富一律归大盈库收储。名义上是皇帝的私人"金库"，但实际上是由宦官主管其事。

玄宗时虽已派宦官监军出使，但只是临时差遣，没有成为定制。肃宗出奔灵武，大宦官李辅国发挥了关键作用，唐肃宗乃委以心腹，令其为判元帅府行军司马事，把御前符印、军号一一委之，以致他权势日重。宰相李揆见他要执弟子之礼，称之为"五父"。其后，更拜李辅国为兵部尚书，军政处决及调遣大权全由他掌控。

《猿马图》，（唐）韩幹绘，现藏台北故宫博物院

肃宗乾元元年（758 年）九月，唐调九节度使兵 20 万去安阳攻安庆绪，不置元帅，以宦官鱼朝恩为观军容使。观军容之名，自此为始。监军的制度也从此确立。此后，史思明再度攻占洛阳。其时，以神策军屯镇陕州，以鱼朝恩为神策军观军容使。不久，即由他统帅这支军队。广德元年（763 年），代宗避吐蕃之乱逃往陕州。及收复长安，鱼朝恩率军随代宗归长安。此后，即代此前的北军而成为皇帝的中央禁军。由是，朝政鱼朝恩无不干预，甚至怒曰："天下事有不由我乎？"[①]

肃宗死后，宦官李辅国、程元振等杀害越王李系及张皇后，而拥立代宗。从此，唐室继承问题也由宦官决定，皇帝成了宦官傀儡。代宗继位之后，李辅国以有定策之功，更加骄横。竟向他提议说："大家但内里坐，外事听老奴处置。"[②]代宗虽怒其不逊，但因他掌握禁军，不敢加责，且尊之为父，事无巨细，皆委决之。

代宗与元载合谋诛鱼朝恩后，遂不让宦官典兵。德宗时，泾原兵变，急诏禁军抵御。但由于典兵者受贿，禁军皆为市人，居于肆中，无法召集，德宗仓皇出奔。回长安后，又把禁军交给宦官窦文场与霍仙鸣掌管，以致二人之权，震于天下。

藩镇节将多出禁军，台省清要，多出其门。当时神策军待遇优渥，外军如遥隶神策军待遇提高三倍。于是塞上（西北）诸军大都改称神策行营，遥隶于神策，内统于宦官，宦官所能支配的军队达 15 万人。掌握军队，这是宦官弄权最主要的条件，乃至当时亦以北司称宦官。

德宗时增设枢密使一职，由宦官担任。其职是承受诏旨、出纳王命。于是，宦官又参与机密。这就更易弄权而无法限制。德宗之后，顺宗在位一年，由宦官操纵，而传位宪宗。此后，直到唐亡，十代之中竟有八人为宦官所立，而顺宗、敬宗为宦官所弃或所害，故兴废之权几乎操于宦官之手了。

2.宦官专权的影响

宦官专权引起唐政局动荡不安，主要表现在以下几个方面：一是两派宦官的斗争往往引发皇帝的弑废及新立时的矛盾与动乱；二是当政的官僚，所谓南衙亦成为北司附属和陪衬，而且随宦官分成两派。这样，宦官派系经过

---

① 《新唐书》卷 207《鱼朝恩传》，中华书局 1975 年版，第 5865 页。
② 《旧唐书》卷 184《李辅国传》，中华书局 1975 年版，第 4761 页。

一次倾覆，外朝派系亦随之而有一次变动。这就使政局长期不安。不仅如此，政策也常随之变动。如宰相李吉甫、武元衡、裴度等人之所以能实现对藩镇强硬的主张，即因宦官吐突承璀等人亦为如此的主张。及至穆宗为另一派宦官陈弘志等人拥立，吐突承璀一派失利，强硬政策随之放弃。外朝宰相如萧俛、段文昌等人而主抑藩。其后，牛李党争亦与宦官派系相呼应，故文宗常慨叹："去河北贼非难，去此朋党实难。[1]"即因有宦官支持之故。

三是宦官权势之大，也激起李唐王室与外朝士大夫对宦官集团之斗争。两者争夺过程中有几次重要的事件。第一次是顺宗继位，王伾、王叔文、韦执谊、杜佑、刘禹锡、柳宗元等谋铲除宦官权力，派范希朝为神策军京西行营使，企图接掌禁军。为宦官识破，一方面不许诸将将兵应援，一方面借口顺宗有病，迫其禅位太子。王叔文等均被贬逐。即历史上有名的"二王八司马"事件。第二次是甘露之变。大和九年（835 年）文宗图诛宦官，先与宰相宋申锡谋，宦官闻知后，宋被贬逐。后文宗又擢用李训、郑注，先把毒死宪宗的陈弘志正法，并毒死拥立文宗的王守澄。后又派郑注出镇凤翔，谋选精兵入京，趁王守澄下葬时，趁机尽诛宦官。未到约定的日期，李训欲独乘其功，诈言有甘露降于左金吾石榴树上，派宦官全部去看，伏兵其地，欲一网打尽。被宦官窥破。仇士良、鱼弘志等领神策军杀害李训及宰相王涯，并大索其党。长安恶少趁机剽掠，史称"甘露之变"。此后，大权尽入宦官之手，宰相不过奉行文书。文宗晚年自谓，还不如周赧王、汉献帝，感叹因他们受制于权臣，而自己受制于家奴。第三次是昭宗时，先收宦官兵权归诸王。宦官与凤翔节度使李茂贞勾结，李茂贞遂进兵长安杀诸王。后昭宗又与宰相崔胤相谋，几经波折，密诏朱温为援。朱温未至长安，宦官胁昭宗至凤翔。朱温围凤翔，李茂贞杀宦官，送回昭宗。朱温即在凤翔及长安大杀宦官，挟昭宗回洛。不久，自立为帝。宦官灭，唐也随之而亡。

宦官的存在以及形成宦官专权的局面，无疑是集权恶性与畸形发展的衍生品，加剧了政治的黑暗与腐败。宦官不仅强占土地，而且十分残暴。以德宗贞元间宫市为例，宫市即在长安闹市，以宫廷需要名义强买货物。往往以值百钱的东西强换百姓值数千钱之物，"名为宫市，其实夺之"[2]。因此，商

---

① 《旧唐书》卷 176《李宗闵传》，中华书局 1975 年版，第 4554 页。
② （唐）韩愈：《顺宗实录》卷 2，商务印书馆 1936 年版，第 5 页。

贾都将好货深藏。有的农民以驴垛柴卖，给几尺绢，连驴也牵去。白居易《卖炭翁》即为咏宫市之苦者之名篇。另外，连鹰坊、狗坊的五坊小儿也依仗宦官的权势行勒索敲诈。德宗时，皇室与藩镇对抗的激化即与宦官有关。

具体到宦官集团在唐后期的作用，也需要客观评价。安史之乱后，宦官承担的出使、监军、内廷财政等职掌，在一定程度上适应了当时皇权的需要，也在一定程度上起到了监督和抑制藩镇势力的恶性膨胀、协调中央与藩镇关系的积极作用。

三、朋党

朋党是唐后期政治痼疾之一。

（一）朋党的形成

唐后期的朋党即指以牛僧孺为代表的"牛党"和以李德裕为代表的"李党"。陈寅恪先生认为起因是牛李两党分别代表旧有士族集团与科举出身的新地主集团，两个集团的利益之争导致了水火不容的两派从德宗到宣宗朝的纷争。此后，很多学者发表了不同意见，虽然在如何对待科举取士和藩镇问题上两派持有不同政见，但并没有形成代表新、旧不同群体的集团，朋党之争不过是不同官僚集团的派系之争，由于两派分别依附内廷不同的宦官势力，因此，虽然势同水火，但最后实际是内廷两派宦官之间的矛盾与斗争在外廷官僚集团中的反映。

朋党的形成有两个原因：一是科举制的确立，形成座主、门生、同门、同年等紧密关系，容易产生门户和派系；二是宦官势力恶性膨胀，甚至可以挟皇帝权威而专断朝政，于是为争夺皇帝和皇位继承权形成了不同的宦官派系，外朝官僚在逐渐失去主动权后，往往依靠不同的宦官集团，使得党争形成内外呼应的局面，遂愈演愈烈。

1.旧士族与朋党的形成

陈寅恪先生提出的士族出身的旧地主集团与科举出身的新地主集团的矛盾是党争形成的原因之一。也确实有这些因素夹杂在其中，尤其在党争的初起阶段，这些因素往往会被看作是主要因素。

而在现实政治社会中，也可以寻找到很多旧士族与科举出身的新官僚地主集团发生矛盾乃至冲突的实例。南北朝时期，土地多被豪族地主（士族地主）把持着，土地所有权转换不频繁。皇帝选人做官，主要以门第高低做标准。所谓九品中正制是"上品无寒门，下品无势族。"到隋唐之时，由于均田制的实施及封建中央政权对豪族地主的打击，山东豪族地主的经济地位衰落下去。在政治上，山东士族地主从隋末到唐初，也一直受到最高统治集团的排斥和压抑。有一时期，且被排挤在最高统治集团之外。这些士族，仍以旧地、衣冠相矜夸，其社会地位也还未见大削弱。且后来，这些山东大姓任高官的也不少。这些士族中人，以"茹素德业"自高，把经学和礼教作为世代相传的"家学"和"门风"，也以此而一直得到社会人群的尊崇。这些士族之家，又最重视缔结婚姻之事，力求门当户对。一般新官之辈及多财之家，也都愿多输钱物，以求与此等人家结成亲戚，借以提高自己的社会地位。直到文宗时，还曾对宰相说过，"民间修婚姻，不计官品而尚阀阅。我家二百年天子，故不及崔、卢耶"①。这反映唐末山东旧族社会地位还是很高的。而对当时一般能遵守礼法的贵族，誉之为"如山东衣冠之族"。这些山东旧族，其社会历史背景大致相同，世代互为婚媾，又多主张依门第阀阅进身。他们鄙薄词赋，诋毁文选，更排斥以词赋文选之学经由进士科出身的一般士大夫群体。但是旧士族是否还能形成唐朝政治生活中的一支主要派系，而参与党争，可能不宜轻易下结论。随着他们的经济地位、政治地位和社会地位的依次衰落，所谓的旧士族集团已经逐渐分化瓦解，融入不同的利益集团中了，已经不能形成相对独立的政治势力或政治集团了。

2. 科举制与朋党的形成

再分析一下科举制与朋党的关系。从南北朝末期起，随着生产力的提高，土地所有权转换开始频繁，新兴中小地主逐渐增多了，他们要求在政治上占有地位。科举制即是适应他们政治要求的一种制度。由于士人多尊崇进士科，应试人越来越多，及第人比例越来越小了。及第既不容易，举子就多去投谒名人，求得他们延誉，以便造成时运。以致有这样的事，"举子先投文，名之为求知己。如是而不问，则再如前所为者，名之为'温卷'"②。

一般大官僚为扩大自己的权势和地位，也就逐渐操纵科举，作为培养自己党羽、加强自己势力的重要手段。穆宗时，宰相崔群罢相之后，夫人劝他买田。群说，他有30所美庄良田，遍在天下。夫人奇怪追问，他说，前年

① 《新唐书》卷 172《杜兼传附子中立传》，中华书局 1975 年版，第 5206 页。
② （元）马端临：《文献通考》卷 29《选举二》，中华书局 2011 年版，第 836 页。

主考，放 30 名进士，这就是最好的产业。可见，官僚把门生当自己的私产，而士人也必须依附有权势的官僚贵族的推荐才能考取。考取之后，又必须依附有权势的官僚才能做高官。因此，新进士对其主考官呼为"座主"，自称"门生"。与同榜的进士趋其门，又大宴于曲江，题名雁塔。

不仅座主、门生关系十分密切，凡属同榜及第者亦互称同年或同门。对前次及第之进士，则称前辈。因其接席词章之夜，气味相投，出身又多为相同，利害一致，又有一层座主、门生之渊源，故易结成一无形派系。而新官僚集团对与出身山东旧族而不由科举出身的士大夫们，也产生排斥的情绪。因此，会认为是两个对立阵营。其实，仔细分析、对比两派阵营的成员，很多人具有双重身份，无法简单地以旧士族和新进士集团划分派系。

两派官僚互相攻击并分别勾结宦官，展开了激烈的党争。这一斗争的另一根源，则是两派宦官的争权，已见前述。各种因素互相纠合影响，即形成唐后期的朋党之争。

（二）牛李党争

代宗继位之初，礼部侍郎杨绾即奏停进士等科，而照古法举孝廉。有人认为这是党争的起因，杨绾的奏议实际上代表着旧地主集团的利益。当时一般官僚认为不宜实行，翰林学士更是反对。此一提议遂未实现。代宗末年，常衮为相，凡非词科登第之人全受排斥，使得党争逐渐表面化了。

朋党之争最激烈的时期，是从宪宗到宣宗的四十年间（806—849 年）。宪宗时，李吉甫（栖筠子）为相。有诏举贤良方正，应试者有李宗闵、牛僧孺。对策时，对时政多加指斥，实则攻击李吉甫，而为杨於陵、韦冠之等人所赞赏。李吉甫向宪宗反诉，杨、韦等人遂遭排斥，史称"元和三年制举案"。

穆宗（821—824 年在位）继位，李宗闵子婿苏潮进士及第。时李德裕（李吉甫子）为翰林学士，与人共同检举考官所试不公。于是，前此所形成的二大朋党斗争乃表面化。表现为李宗闵、牛僧孺与李吉甫、李德裕的斗争，即所谓牛李党争。文宗时（826—840 年在位），牛李两党人士掺杂并竞，斗争最烈。每延英议政，多异同率无成效。武宗时（841—846 年在位）是李党全盛时期。牛党一派受到排斥，深抑进士科出身之人。

宣宗继位，李党又全遭罢黜，李德裕后即死于崖州。既废非科第出身而曾受其拔擢之恩者，遂有"八百孤寒齐下泪，一时回首望崖州"之诗。其后，

乃为牛党全盛时期。宣宗时（846—859年在位），内廷宦官合成一片，外廷朋党亦渐消灭。前此两派生死斗争的迹象亦渐泯灭。

（三）朋党斗争的影响

两派官僚的长期斗争，对当时的政治产生了重要影响。在对藩镇与外患这两个问题上，两派官僚存在着严重的分歧。在对藩镇问题上，李党倾向于用兵，而牛党则反对。宪宗时，李吉甫、裴度等坚持削平藩镇，并收到一定效果。穆宗时，牛党所实行的销兵政策则造成了藩镇割据局面的扩大化。对藩镇，牛党始终主张妥协退让。文宗大和五年（831年）幽州兵变，驱逐了节度使李载义。文宗曾向牛僧孺询问应付办法。牛僧孺认为，范阳得失与国家安危无甚关系，从安史之乱以来，范阳就常反复，虽然归附，朝廷花费百万，终没有得到范阳一尺布、一斗粟，不久又复抗命，主张对藩镇割据采取放任态度。故牛党集团的主张客观上纵容了藩镇割据。

在对外患问题上，李党集团主张利用各族的矛盾，抓紧机会，以打击最凶猛的外敌。牛党集团对边患则采取妥协退让制度。大和五年吐蕃守将要求以维州降唐。这是吐蕃攻守最重要据点，号"无忧城"。李德裕为西川节度使，接受了投降。牛僧孺则反对，以致把维州送还吐蕃。

朋党之争持续近半个世纪左右。政见的分歧，无谓的意气之争、门户之见，同时掺杂着人事的倾轧、权力的争夺，加重了朝政的混乱，严重地削弱了唐朝统治的力量。在两派官僚长期斗争下，唐代政治贫弱无力，社会矛盾愈加尖锐。

第六节　唐后期的制度变革

一、中枢体制及宰相制度

1.政事堂的设立及移动

唐前期的宰相制度，初期是三省长官共行宰相之权，后需要加参知政事、参议朝政等名衔才能参与中枢议政。以后又出现"同中书门下平章事""同中书门下三品"等头衔，宰相群体已不限于三省长官了。设在门下省的政事堂为集体议政之处，唐中宗以后，移至中书省，即为协助皇帝统治国家的最高决策机构，分列五房：吏房、枢机房、兵房、户房、刑礼房，"分曹以主众务焉"①。

2.中书门下体制的确立及意义

玄宗开元十一年（723 年）时，改政事堂为中书门下，政事堂印也改为中书门下印。由三省制转变为中书门下体制，三省与宰相制度分离，中书门下成为宰相府署，独立于三省机构之上。中书门下体制的建立及三省机构和职权的变化不仅是宰相制度的变化，更"体现了中古时期国家权力运作方式的重大转变"②，使得行政权易于集中于个人手中，宰相不再是以群体的面貌出现，而是往往出现权相，如代宗时的元载，德宗时的杨炎、卢杞等。

3.翰林学士

翰林院唐初已有，实为内廷供奉之所。所召置的有文学、经学之士，也有卜、医、棋、术等各种专门伎艺人士。他们待诏于翰林院中，轮流当值，以备皇帝需要时施展自己的所长，即翰林供奉。皇帝还令一些文士供奉内廷，以备随时顾问。如高宗时，召刘祎之、元万顷等入禁中，"密与参决时政，以分宰相之权，时谓'北门学士'"③。玄宗时选文学之士，与集贤院学士分掌制诰书敕，分割了中书舍人制诰之权，称"翰林供奉"或"翰林待诏"。又另置翰林学士院，设翰林学士，负责起草有关军国大事及包括宰相在内的

---

① 《新唐书》卷 46《百官志一》，中华书局 1975 年版，第 1183 页。
② 刘后滨：《唐代中书门下体制下的三省机构与职权——兼论中古国家权力运作方式的转变》，《历史研究》2001 年第 2 期。
③ 《新唐书》卷 117《刘祎之传》，中华书局 1975 年版，第 4251 页。

重臣要臣的任免制文，被称为"内制"，地位日益崇重。宪宗时又设翰林学士承旨，实为学士之长，参与机密，成为实际的宰相，有"内相"之称，并往往晋升为正式宰相。穆宗时，置翰林院使，由宦官充任。著名的宰相陆贽、李德裕任宰相前都是翰林学士。

4.中枢体制的变化

唐后期中枢体制出现了两个较为显著的演变。一是中央（皇帝）为恢复宰相制度及宰相权力所做的努力。包含两方面：第一是恢复制度的努力，即力图恢复三省长官共为宰相的格局；第二是恢复宰相作为实际行政首脑的权力。但第一个努力在中书门下体制形成后，无法实现了。第二个努力，曾取得短期效果，如唐德宗时的杜佑、卢杞、杨炎等，建议并推行了一系列财税改革举措。宪宗元和时，著名的宰相有裴度、武元衡等人，取得了对藩镇斗争的一系列胜利。但宦官势力逐渐控制了行政大权，外朝官僚的抗争如顺宗时的"永贞革新"，文宗时的"甘露之变"，都以失败告终。正如《新唐书·百官志》评论唐朝的宰相时说："宰相事无不统，故不以一职名官，自开元以后，常以领他职，实欲重其事，而反轻宰相之体。故时方用兵，则为节度使；时崇儒学，则为大学士；时急财用，则为盐铁转运使，又其甚则为延资库使。至于国史、太清宫之类，其名颇多，皆不足取法，故不著其详。"[1]说明唐朝负有宰相职权的官员职衔并不固定，这里也混淆了实际宰相与名义宰相（如节度使带宰相衔，即使相，仅有名义）。玄宗开元以后，往往轻宰相，而以其他职官领宰相之事，这是唐后期宰相制度的特点之一。

二是权宦的出现往往分割甚至架空当朝宰相。高力士作为玄宗最宠信的宦官，四方表奏都须先经过他过目再挑选后呈上，但并没有过多参与和干涉外廷事务。肃宗时权宦李辅国，以拥立之功，控制了军政大权，肃宗身体欠佳，李辅国更是独断专行，肃宗死后，代宗甚至还授予李辅国宰相的职衔（司空兼中书令）。虽然代宗铲除了李辅国，但并没有改变宦官擅权的局面，取代上位的程元振更是一手遮天。此后继有德宗时的窦文场、霍仙鸣、俱文珍（延到顺宗），顺宗时的吐突承璀、王守澄（延到文宗），文宗时的仇士良（延续六代），僖宗时的田令孜，昭宗时的杨复恭、刘季述等权宦。宦官集团逐渐掌控了军权（观军容使、飞龙使、神策军左右中尉等）、监军权（各道

---

[1] 《新唐书》卷46《百官志一》，中华书局1975年版，第1183页。

监军使）、枢密权（掌枢密—枢密使）、内财政权（内诸司掌管财政），与外廷对应之使职（宣徽使、学士使、内弓箭库使、内庄宅使等），甚至操纵了皇帝的生杀予夺和皇位的继承权。权宦一般没有宰相的职衔，但北司势力逐渐全面压制了南衙。

代宗永泰二年（766年）始以宦官掌枢密，枢密遂渐渐参与机密，成为中枢系统的重要乃至起决定作用的势力。但正式设置枢密使是在敬宗时期，以宦官充任。权宦虽无宰相之名，但往往挟制皇帝，左右朝政。

二、使职差遣的普遍化与制度化

派朝臣出使，处理专项事务，巡视地方，本是因临时需要而设，但到唐后期，使职的普遍化与固定化成为官制变化的重要表现。使职差遣逐渐分割、侵夺乃至取代了原台省寺监等的职掌，形成官职阶官化并与差遣职逐渐分离的局面。唐后期使职差遣的发展，几乎所有的事务都要由使职掌领，仅据史书和墓志等记载，搜括出的使职就达六七十种。《唐国史补》卷之下云：

> 开元已前，有事于外，则命使臣，否则止。自置八节度、十采访，始有坐而为使，其后名号益广。大抵生于置兵，盛于兴利，普于衔命，于是为使则重，为官则轻。故天宝末，佩印有至四十者。大历中，请俸有至千贯者。今，在朝有太清宫使、太微宫使、度支使、盐铁使、转运使、知匦使、宫苑使、闲厩使、左右巡使、分察使、监察使、馆驿使、监仓使、左右街使；外任则有节度使、观察使、诸军使、押蕃使、防御使、经略使、镇遏使、招讨使、榷盐使、水陆运使、营田使、给纳使、监牧使、长春宫使、团练司使、黜陟使、抚巡使、宣慰使、推复使、选补使、会盟使、册立使、吊祭使、供军使、粮料使、知籴使、此是大略。经置而废者不录。宦官内外，悉属之使。[1]

据宋人洪迈在《容斋随笔》中所云，杨国忠在判度支时，领15余使；李林甫死后，代相，兼吏部尚书，领40余使。虽然不能尽得其名，但使职

---

[1] （唐）李肇撰，聂清风校注：《唐国史补校注》卷之下，中华书局2021年版，第239页。有关使职之名还有很多学者们亦搜捡出不少，不一一列举。

之杂之广泛亦可见一斑。

使职基本形成四大比较完整和重要的系统，一是行政系统，二是藩镇体制，三是宦官系统，四是财政使系统。其他还有很多使名，暂且归入杂使。[①] 这些逐渐固定化的使职有自己的官署，可以自辟僚属（包括布衣和在职官员）。

1. 行政系统

唐初三省长官共为宰相，三省六部九寺五监一台十六卫各司其职。随着使职差遣制度的形成和发展，从宰相到各部门，名称职衔仍然存续，但所掌职能已经逐渐被分割，直至被替代。如宰相，只有带同平章事、同中书门下三品等才是真宰相，然而此时的宰相职衔已经具有使职差遣的性质，如果六部尚书或侍郎等具有这些头衔而获得到政事堂参议朝政等资格，原有的职衔已经具有阶官化的性质。

被称为"内相"的翰林学士虽然没有使职名称，但却属于差遣职，也被纳入使职序列。再如财政系统，盐铁、转运、度支使，不仅取代了原户部的职能，由于多以宰相兼领，或往往晋升宰相以重其位，因此权限大于原户部所掌的范围。

安史之乱以后，使职差遣制度进一步发展。在行政系统中，不仅设立了多种使职，还以判、知等差遣职名而掌领实际政务和事务。

2. 藩镇体制

藩镇体制下的长官是节度使、观察使。原为为军事目的的差遣职名，睿宗景云二年（711 年）四月以贺拔延嗣为凉州都督充河西节度使，遂成为固定职衔，也有因战事需要而兼任地方长官。安史之乱以后从边地扩大到内地。节度使兼有多种使职，如营田使等，集民政、军事、财政大权于一身。不置节度使处亦置防御使，多以采访使兼领。采访使后改名观察使，往往兼都团练使或都防御使。节度使的僚属有副使、支使、行军司马、判官、推官等，将校有押衙、虞候、兵马使等，由藩帅自辟。节度使往往还兼治所所在的州刺史，州县的职任也往往由其僚属占据。

3. 宦官系统

唐长孺先生在《唐朝的内诸司使及其演变》一文开篇云："唐代南、北

---

① 宁志新：《隋唐使职制度研究》，中华书局 2005 年版。

衙对立为中叶以后政局的关键性问题之一，为世所悉知。唐代宦官专横，不仅中尉掌握了禁军，枢密使盗窃政柄，而且还有一个由宦官指挥的内诸司使行政系统。北衙的诸司使分布细密，组织庞大，与南衙以宰相为首的行政系统相互对立。这一点为历代所罕见。同样以宦官专权著称的汉、明两朝也没有这种现象。"①

宦官的机构为内侍省，是为服侍和管理皇家日常起居生活。随着宦官势力的膨胀，逐渐形成内诸司使系统，很多重要的使职固定地由宦官充任，如观军容使、监军使等；有一些使职是逐渐转而由宦官固定担任，如宫市使；有一些使职是专为宦官而设，如神策军中尉，枢密使；还有一些使名职权发生了转化，如内飞龙使，原职任是管理内廷厩马，后成为统领一支武装力量的使职。还有很多使名尚在搜检和考定中。

随着宦官势力的膨胀，宦官系统的使名大为增加，权力逐渐扩大，几乎覆盖了行政、军事、财政、监察（监军）等各个领域。内诸司使使名繁多，至少有 50 多个。②

4.财政使系统

财政系统的使职唐后期形成内、外两套系统。

（1）外财政使。主要指度支、盐铁、转运等使，分别管理财政出纳、租赋与盐铁专卖事务，合称三司。后唐明宗长兴元年（930 年），三司合一，设三司使。

度支使：肃宗在乾元元年（758 年）以第五琦为山南等五道度支使，后遂成为专掌财政的使职。

转运使：玄宗先天二年(713 年)，以李杰为陕州水陆发运使，负责漕运，可以看作是设转运使之始。开元二十二年（734 年），以裴耀卿为江淮转运使，改进漕运取得明显成效。此后，江淮转运使成为常设使职。

盐铁使：肃宗乾元元年（758 年），以第五琦为诸道盐铁使，即盐铁置使之始。代宗宝应元年（762 年），刘晏为盐铁使时又兼任转运使，以盐利为漕运经费，使二者密切结合。自刘晏以后，二使常由一人兼任，于是盐铁使

---

① 唐长孺：《山居存稿》，中华书局 2011 年版，第 252 页。

② 杜文玉：《唐代内诸司使考略》，《陕西师范大学学报》1999 年第 3 期；见贾艳红：《试谈唐中后期的内诸司使》，《齐鲁学刊》1997 年第 4 期。

与转运使变为一职。常以宰相兼领。

唐后期出现的中央财政使职还有如租庸使、两税使、铸钱使等，或由他官兼任，或因两税法的实行而废，或时置时废，总之，财政体系的核心是逐渐形成的三司。

（2）内财政使。指由内诸司使掌领、名义上属于皇帝私人的财政系统。唐初已经有内库的设置，玄宗时置大盈库，而德宗时又增置琼林库，都属于皇家私库，或称内库、内藏。肃宗初年，在第五琦的建议下，内库开始分割外库的财赋收入，内库出纳也开始由宦官掌领[1]，设有大盈库使、琼林库使等。内库贮藏的财货主要来源于各藩镇以各种名目的贡献与进奉，不再进入国家正常的财税收入，由皇帝个人支配，多用于赏赐和国家紧急需要时的支出。

5. 其他杂使

除上述归类的四大系统的使职外，还有名目繁多的各种使，有的是因临时需要、因事而置，事毕即罢，如礼仪使、南选使、吊祭使，往往只是短期存在。有的只是偶然出现，但具体情况不明，如花鸟使。洪迈在其所撰《容斋续笔·杨国忠诸使》条云：

> 杨国忠为度支郎，领十五余使。至宰相，凡领四十余使，第署一字不能尽，胥吏因是恣为奸欺。新旧唐史皆不详载其职。按其拜相制前衔云："御史大夫判度支，权知太府卿事，兼蜀郡长史、剑南节度支度、营田等副大使、本道兼山南西道采访处置使、两京太府、司农、出纳、监仓、祠祭、木炭、宫市、长春九成宫等使、关内道及京畿采访处置使，拜右相兼吏部尚书、集贤殿崇文馆学士、修国史、太清太微宫使。自余所领，又有管当租庸、铸钱等使。"[2]

使职虽然可以分为几大系统，但具体到个人尤其是高官乃至权臣、权相，往往几大系统可以集于一身。杨国忠任相前的 15 使，或任相后的 40 余

---

[1] 关于唐关肃代德三朝财政使与内廷宦官的关系，可参见吴丽娱：《试析刘晏理财的宫廷背景——兼论唐后期财政使职与宦官关系》，《中国史研究》2000 年第 1 期。关于内库收支与内库财政权，详见李锦绣《唐代财政史稿》下卷第 2 编第 4 章"内库收支"。

[2] （宋）洪迈：《容斋续笔》卷 11《杨国忠诸使》，大象出版社 2019 年版，第 353 页。

使，即是如此。各种使名，新搜寻出的很多，可预测未搜寻出的使名也不在少数。

使职差遣发展的同时，原有官僚体系中的职官先是职掌被分割，逐渐被取代，原有的职衔则逐渐阶官化。广泛设置各种使职，随时奉皇帝命令履职，这种办法发展到宋代，即成官职差遣分离之复杂现象。

三、财政和赋役制度的变革

1.安史之乱后唐王朝财政的困窘

代宗广德二年（764年），即安史之乱后一年，全国据官方统计只有不到300万户，1700万口，仅为天宝时的三分之一。而这其中又有177万户，1460万口是不纳调租的，及相当于当户数的三分之二弱，口数的八分之七，情况比玄宗时更严重。一方面租庸调法不能维持，税收制度成了问题；另一方面，各地节度使又多自行征税，税收亦不上缴，唐中央政府控制的土地及税收日益减少，政府财政就发生了问题。玄宗天宝时期，全国收入约4000至6000万贯，代宗初年遂用白著（税外横取）等法硬行征敛，但只收到400万贯，仅达玄宗时的十分之一至十二分之一，困窘到禁军都没有粮吃。到德宗建中元年（780年），全国收入也不过1200万贯，仍然入不敷出。为了解除这一困窘局面，唐政府在安史之乱后到德宗时，想了不少措施。一方面改变田赋和财税制度，另一方面开辟新财源，出台新的财税举措。

2.试行改变田赋制度（农业税收）

要缓和财政困难及阶级矛盾，只有根据新土地占有关系改变赋税制度。第五琦在代宗时曾建议收十一之税。李栖筠做浙西观察使，看到当地豪姓多迁到京兆、河南以规避徭课，乃上奏请量产为赋，以杜奸谋。代宗广德二年（764年）以来，唐政府即以垦种地亩多少而收青苗钱及地头钱。最初亩15文，后增至35文，以充百官课科（以前既有）。及至代宗大历四年（769年）下诏改革户税、地税，大幅度提高户、地两税税率，使资产税在农业税收入中的比重越来越大。以垦种地亩为对象而征取的春税、秋税，均依土地好坏分为二等，春税上田亩税6升，下田4升，秋税上田5升，下田3升。其在外郡，独孤及也在舒州（今安徽潜山）算口征赋以代它征，以纠正赋税负担过于不平均现象。由此可见，税制有改革之必要，当时已为人所认识并在试行了，而其趋势则是按产（主要是土地）分等收税。这是适合新形势下土地占有关系的办法，也为过渡到两税法奠定了基础。

3. 两税法的实施

（1）两税法的颁行及其内容。大历十四年（779年）德宗继位，以杨炎为宰相，杨炎总结了前此数年内试行按亩收税的办法，向德宗提出改革税制的必要，建议正式实行两税法。

其具体内容是：一是以大历十四年垦田数为元额，量出以制入，由此确定各地应交中央及自留的开支及征收赋税的额度。二是户无主客，以见居为薄，人无丁中，以贫富为差。即不论主客户，一律按规定负担。按财产（主要是土地）把需收之钱按户等均摊到每户身上。三是不居处而行商者，在所在州县税三十分之一。四是分夏秋两季征收。夏税无过六月，秋税无过十一月。五是其租庸、杂徭悉省，而丁额不废。六是其田亩之税，率以大历十四年垦田之数为准，而均征之。缴税以钱为主（过去以实物为主），可以实物折纳。

可知两税法反映了商品经济的发展，货币作用的重要。但仍多以实物，又可见自然经济有很强的惯性。这种混杂办法，一直到"一条鞭法"才完全以银为主，发生根本的改变。到建中元年（780年），唐政府便把这项建议作为正式法令而明确公布了。

（2）两税法的作用和意义。杜佑等对两税法评价是很高的。《新唐书》云"自是人不土断而地著，赋不加敛而增入，版籍不造而得其虚实，吏不诚而奸无所取，轻重之权始归朝廷矣。"[1]两税法是依资产多少而规定民户应纳赋税数目，这与以人丁为本的租庸调法相较，在当时，私有土地制度发达的情况下是合理一些，民众负担多少能平均一些。两税法实行之后，前此所有加在民户身上之租庸、杂徭从此一律免除，即把过去各种租税基本包括在内了，但丁额不废。这种把税收项目与手续简化的办法对于纳税民户来说也是较好、较便利的。

两税法的实施是中国财政史上的一次重要变革，它是当时生产力发展及生产关系变化在财政上的反映，对后世财政制度的影响十分深远。

（3）两税法的不足和弊端。两税法实行后，弊病又随之而来。一是两税本是把各种税集中起来的一种税制。可是，推行之后，新的苛捐杂税又接踵

---

① 《新唐书》卷145《杨炎传》，中华书局1975年版，第4724页。

而来，反倒加重了民众的负担。二是两税法规定，以征收钱币为主，而农民只有把粮食等卖出才能交纳，或将实物折价。但此时，富商大贾积钱以逐轻重，压低物价，而官吏任意折价，也将实物价定得很低。这样，农民负担就比应有的沉重，乃至有"倍输""三输"之苦，造成农民日困。三是一般地主虽规定不能免税，但富家子弟多在州县当小吏负责收税。当小吏负责收税时与村正、里正见面就不敢催要税钱。贵族官吏就更不必说了。而且地主又多隐瞒田产、兼并产业、不移户。州县不敢派徭役，有的地方竟有百分之七八十的田不纳税。于是，征税皆出下贫。这种税制，在封建国家政治腐败、统治力薄弱的时代日益加重了民众的负担。

4.其他财税方面的调整和改革

为了开辟财源，唐中央政府新出台了很多调整和改革财税制度的举措。新出台的税赋种类（包括临时加征、滥征）更多的是集中在德宗朝，主要有以下几种：

"白著"。代宗宝应元年（762年），元载为租庸使，认为江淮地区受战乱影响较小，仍然属于富庶之地，按照户籍统计安史之乱以来八年未交和逃亡者应纳的租、调，指派地方官吏催征，凡有粟帛之家，强行入室搜索征取，江淮富户家资少者取一半，多的十取八九，谓之"白著"。

关津税。在水运道路上，对商民船只载货多少收其里程（税费），各地节度使亦风起仿效。

房产税。德宗建中四年（783年）六月，宰相赵赞推出"税间架"，相当于房产税。因当时条件所限，仅在京师地区推行，针对房屋所有者。规定"凡屋两架为一间，分为三等：上等每间二千，中等一千，下等五百"[1]。吏员入户核查，严惩隐瞒者，鼓励揭发。但遭到市民、藩镇及朝臣们的强烈反对，很快夭折。

交易税。赵赞在推出房产税的同时，还出台"算除陌"，规定"天下公私给与贸易，率一贯旧算二十，益加算为五十，给与物或两换者，约钱为率算之"，属于交易税，涉及所有的商品买卖，禁止私下交易，违者重罚。"主人市牙得专其柄，率多隐盗"。即公私交易，政府每千文收算钱20文，后增

---

① 《旧唐书》卷135《卢杞传》，中华书局1975年版，第3715页。

唐茶具鎏金鸿雁纹银茶槽子、碢轴
唐代饮茶方法与现代不同，需先用碢碾将茶饼碾碎后煎煮。

至 50 文。税间架和算除陌这两项举措，引发"怨讟之声，嚣然满于天下"①。

借商、征商。建中三年，宰相卢杞、户部侍郎判度支赵赞、太常博士韦都宾等建议并推行"借商"举措，凡家财超过万贯之家，万贯以上部分都要"借"做军费。此外，"僦柜纳质积钱货贮粟麦等，一切借四分之一"，针对的是从事商业经营的主体和实物。能够经营和囤积的主要是富商大贾，也包括不少权贵，亦属于借商性质。长安商人为此而集体罢市，百姓甚至拦住卢杞求诉。这项举措也很快被迫废止。

专卖制度的推行。自玄宗朝开始征收盐税（隋及唐初不收）。唐后期自肃宗起，就开始逐步推行专卖制度，榷盐、榷茶。安史起兵后，肃宗乾元元年（758 年），第五琦被任命为盐铁、铸钱使，建议把盐的煮造及贩售均由政府专卖。盐价自每斗 10 文提高到 110 文，经德宗时刘晏改革（专卖与课税拍卖）后，盐税由 60 万贯增至 600 万贯，占政府收入的二分之一。在吴、越、楚、扬四地，设置四场征税，每场征税百余万缗，可当百余州租赋。穆宗长庆元年（821 年），"加茶榷（茶叶专卖税），旧额百文，更加五十文"②。文宗太和九年（835 年）十月，置榷茶使，将民间茶园收购归国有，由官府经营。后因引起民怨沸腾，而极力主张推行榷茶制的宰相王涯被诛，推行时间不长即被废止。

漕运的整顿与改革。唐前期，唐对东南财富已相当仰赖。因洛阳与江南漕运可通过通济渠、洛水等到达洛阳，高宗、武后曾数去东都就食，甚或常

① 《旧唐书》卷 135《卢杞传》，中华书局 1975 年版，第 3716 页。
② 《旧唐书》卷 16《穆宗本纪》，中华书局 1975 年版，第 489 页。

住，以少漕运之劳。并多次整顿漕运。安史之乱后，北方因藩镇割据赋不上供，"天下以江淮为命"，赋税出江淮者达十分之九。据李吉甫《元和国计簿》所记，"总计天下方镇凡四十八，管州府二百九十五，县一千四百五十三，户二百四十四万二百五十四……每岁赋入倚办，止于浙江东西、宣歙、淮南、江西、鄂岳、福建、湖南等八道，合四十九州，一百四十四万户。"[1] 为了把征收上来的江南财富运往北方，763 年，刘晏任江淮转运使，在裴耀卿"转般法"（分段节级运输）的基础上，又对漕运做了整顿。主要内容是：疏浚河道、造船。以盐利为漕佣，不发丁男，不劳郡县。据江垫河，为航道插翼，采分段运输法，减少技术上的困难。建立运输组织，10 船为纲，每纲300 人，篙工 50 人，使军将领之。

除了上述措施中包括一些实行不久就废罢的举措，还有些举措已经出台，但因种种原因最后没有实行。如建中三年，赵赞以置常平轻重本钱的名义，于诸道津要置吏税商货，凡通过关津的商货每贯税 20 文，竹木茶漆皆什一税一。建中四年六月，核准天下田亩，"官收十分之一"。

出台或未实行的财税举措，有的明显属于临时的急征暴敛。主要原因有：藩镇割据的局面和安史之乱后西北辖区的内缩，造成中央政府的税收来源和能征收的地域大为缩减；连年对藩镇和吐蕃用兵，造成军费窘迫，亟须临时加征充实国库；社会财富来源和财税征收对象的变化，但相应的制度改革尚未到位，因此出现急征、滥征的情况。

5.唐后期财税调整和改革的大趋势

急征、滥征，引发激烈的反抗，导致很多举措的夭折。而两税法的实行却得到肯定和高度评价。其实，这些可归为急征、滥征的税种中，也蕴含着一些此后财税征收调整和改革的趋势。

一是直接生产税和以丁身为本的税赋不仅在国家财税收入中的比重逐渐减少，在国家财政总收入中的绝对数额也逐渐减少，这里主要指以田赋为主的农业税和以丁身为本的劳役兵役的征发。

二是包括地产、房产、财货在内的资产日益成为财税调整和改革征税的重点，甚至往往成为临时横征暴敛的对象。

三是越来越加大了对流通税的征收，如榷盐、榷茶、酒税、落地税、交

---

[1] 《旧唐书》卷 14《宪宗纪上》，中华书局 1975 年版，第 424 页。

易税（契税）、关津通过税等。

四是征税对象不再以丁身为本的原则，实际扩大了征税的对象，享受免税待遇的群体（以王公贵族、官僚、僧侣为主）大为减少。

五是此前城乡一体的税收体制，逐渐变为城乡税收单列、单收的模式。即很多新税种的产生是与城市的发展、城市人口结构的变化，以及全社会财富向城市集中的趋势有关，财税征收的对象和地域自然也向城市倾斜和转移。

六是两税法的实行，以及以钱计征的举措。此前官府征发劳役和兵役的形式，逐渐改为雇召、雇募的方式，按规定原需要服役的人越来越多的以钱物代役，使得国家赋税结构乃至官员的俸禄结构都发生了变化，从中可以追寻到从劳役地租向实物地租乃至向货币地租转换的历史轨迹。

七是从唐后期开始，杂税类的税种明显增多，以至现在仍然是学者们讨论而欲澄清的话题，也成为五代到宋的赋税结构的特点。之所以杂税杂而多，在很大程度上是由财产税和流通税比重加大，而制度并未定型的情况衍生出来的。

八是色役及杂差役的类别有模糊不清或相互纠葛的情况，色役占比的增加，色役与杂差役的纠缠不清，正是向北宋职役制过渡时期出现的现象。

《江帆楼阁图》，（唐）李思训绘，现藏台北故宫博物院

第四章　唐末农民战争与唐朝的灭亡

唐朝末年，社会矛盾的尖锐达于极点，终于爆发了席卷全国的农民起义。农民起义经过八年战争，横扫全国，最终攻破长安，建立了新政权，但却未能彻底摧毁唐政权。由于自身的弱点及错误，起义失败。但腐朽的唐政权也因之瓦解，封建势力受到沉重的打击。唐末军阀割据混战的局面继续下去，形成五代十国的分裂割据。

与中原地区的分裂同时，契丹强大起来并侵入中原，成为公元10—12世纪中部地区最大的威胁。

经过军阀的割据混战与契丹的入侵，黄河流域遭到更大的破坏。但是，南方的经济却因远离战争中心、区域经济得到发展，社会比较安定，经济有所上升。

第一节　唐末社会矛盾的激化

一、土地兼并的加剧

唐朝后期，均田制完全废弃，土地兼并更加无限制地发展起来。"京兆二十四县，半为东西军所夺"①。郡县善田或为宦官所占，或被神策军将侵夺，全国其他各地也多如此。他们对农民实行残酷的剥削，"晋大将焦令谌，取人田自占，给予农，约熟归其半。是岁大旱，农告无入，令谌曰：'我知入，不知旱也。'责之急，农无以偿"②。大批农民失去土地，成为佃客。

土地兼并的加剧是唐末社会矛盾的激化与农民起义爆发的根本原因。

---

① （清）董诰：《全唐文》卷794孙樵《寓汴观察判官书》，中华书局1983年版，第8324页。
② 《新唐书》卷153《段秀实传》，中华书局1975年版，第4849页。

二、对民众剥削的加重

两税法的实行，使民众的负担稍有减轻。但中央与藩镇战争连年不断，再之地方赋税多不上供，遂使统治者又加重了民众的负担。如德宗建中三年（782年），既增两税，每贯增200，再加上日后物轻钱重，民众遂有"倍输""三输"之苦。至穆宗时，原为绢2匹半者为8匹，大约加了3倍。豪商大贾积钱以逐轻重。故农人日困，末业日增。

两税之外又有各种苛捐杂税。如德宗建中三年（782年），借长安富商钱，搜刮得80万贯。又征僦柜质钱，间架税、除陌钱（公私买卖，每缗官留50钱），引起市民工商业者的激烈反对。这些税收，比两税还多。又由于实行食盐专卖，盐价也不断提高，有的人只好淡食，私盐贩也多起来。

由于赋税繁苛，迫使民众大量逃亡。如渭南长垣乡，本400户，宪宗元和十三年（818年）时才剩100余户。寿乡县本3000户，仅余1000户。其他州县大抵相似。原有户口逃亡之后，其应缴赋税全数由未逃亡各户均摊，这又引起更多户口逃亡。而美地腴产尽归豪奸，又助长了土地兼并，形成了恶性循环。

三、官僚、僧道、士兵的增多

官僚机构随政治的腐败而日益庞大。德宗末年，文武官吏及诸色胥吏总数不断膨胀，史载达30多万。宪宗元和二年（807年），士兵达到83万，而国家掌控的纳税之户只有144万，不到二户就得养一兵。以致李吉甫奏："自秦至隋十有三代，设官之多，无如国家者。"[1] 沈既济疏则曰："计天下财赋耗斁大者唯二事，一兵资，二官俸。自它费十不当二者一。"[2]

四、统治阶级的日益腐化

唐后期，统治阶级的生活更为腐化。懿宗时，殿前乐工常进500人。每行幸，内外诸司护从者10余万人。咸通十一年（870年），同昌公主出嫁，赐第广化里，窗户皆装饰以杂宝，井栏、药臼、漕匮亦已金银为之，编金缕

---

[1]《资治通鉴》卷238，中华书局1956年版，第7684页。
[2]《新唐书》卷132《沈既济传》，中华书局1975年版，第4540页。

唐鎏金人物画银香宝子，出土于陕西扶风法门寺地宫后室。被认为是唐懿宗、僖宗为迎送佛骨而供奉的茶具。

以为箕筐，赐钱500万缗，他物称是。咸通十二年，公主死。送葬服玩，每物120舆，明器辉煌30里，赐酒百斛，饼饧40橐驼。为思念公主，乐工李可及作《叹百年曲》，舞者数百人。发内库杂宝，为其首饰，以缬800匹为地衣，舞罢，珠玑覆地。咸通十四年，懿宗遣使赴法门寺迎佛骨，仪仗皆饰以金玉，锦绣珠翠。自京城至寺，三百里间，道路车马，昼夜不绝。

继懿宗之后的僖宗，继位年仅十二，专事游戏，政事全委宦官田令孜。僖宗赏赐乐工艺人，动辄以万钱，府藏空竭。田令孜还劝说僖宗籍两市商旅宝货，悉输内库。有陈诉者，赴京兆杖杀之。宰相以下，缄口莫敢言。

再加上对边疆各族的战争与统治阶级的长期内战，就使得唐帝国已到了不能维持其统治的地步。

第二节　农民大起义的前奏

从代宗开始（762—779年），各地农民起义不断。到宣宗大中十三年（859年）以后，农民斗争的形势已由零星暴动汇合为规模较大的起义。其中，最主要的两次为浙东裘甫领导的起义及徐州（今江苏）庞勋领导的起义。

一、浙东裘甫起义

宣宗大中十三年（859年）末，裘甫率先在浙东起义。大中十四年初，攻陷象山。当时江浙久安，人不习战，甲兵朽钝，健卒不满300人，这一带又没有强大的藩镇，是唐统治力量薄弱的地区。因此，起义军得以顺利发展。不久，裘甫即率众千余人攻陷剡县（今浙江嵊州），队伍迅速发展到3万人。浙东各县纷纷落入起义军手中。

唐政府派王世为浙东观察使进行镇压。王世恐义军与江淮一带小股义军汇合影响唐政府粮道，故主速战。此时裘甫部下刘暀建议取越州（今浙江绍兴）为根据地，沿浙江设垒防守，然后尽取浙西，过长江，入扬州，据石头城（今南京），再派人由海道取福建，使唐更赋之地尽入义军手中。这本是很好的战略计划。但裴甫却听从进士王陆的"据阴自守、陆耕海战"的退守计划，没有积极进取，被王世争取了主动。在唐军及王世所组织的江淮一带吐蕃、回鹘骑兵的包围下，裴甫退守剡县（今浙江嵊州）。在卫城战中，义军英勇抵抗，3日曾历13战。城中妇女自动编为女军，也上城投石杀敌，坚守3个月，终因粮尽援绝，城陷。裴甫牺牲，城中居民惨遭屠杀。持续7个月的起义失败了。但唐军兵力也大受削弱。

二、徐州庞勋起义

懿宗咸通九年（868年），屯戍桂州的徐州、泗州（今安徽）戍卒700人原定3年一代。因久不代还，愤怒异常。乃推粮料官庞勋为首，夺库兵自动北还。走到宿县（今安徽），发现唐统治者阴谋屠杀，遂乘船东下，并号召农民共同起义。"一日之中，四远云集"，"自旦至暮，得数千人"[①]，并乘胜进攻徐州。此时起义群众已有六七千人。

六年前，银刀军曾受到武宁节度使的一次屠杀。此时，散亡者及其家人纷纷响应，进入徐州。群众积极支援，至父遣子，妻支其夫，皆断锄头而锐之，直以应募。庞勋又切断了运河交通，打击了唐的补给线，形势对义军非常有利。但庞勋此时却一心盼唐封其为节度使，又不能约束部下，有些下属劫掠财物、掳掠妇女，于是境内民皆厌苦之。庞勋军队至此已脱离了民众。

而唐此时以诸藩镇之兵及沙陀、吐谷浑兵共20万逐步进逼。经过多次激烈战争，起义军节节失利，不少部将投降，徐州失守。庞勋于咸通十年战死，起义失败了，但余众仍散在间里，反抗始终没有停止。

与庞勋起义同时，咸通八年，怀州（今河南沁阳）民众暴动；咸通十年，陕州民众暴动；次年，光州（今河南潢川）民众逐刺史；僖宗乾符元年（874年），商州（今陕西商县）民众逐刺史。这都是爆发在统治者腹心地区的暴动。说明全国性起义时机已逐渐成熟，裴甫及庞勋起义只是所有起义中规模较大的两次。

---

① 《资治通鉴》卷251，中华书局1956年版，第8125页。

第三节 唐末农民大起义

唐末农民大起义前后一共 10 年，可以分为四个阶段：875—878 年，王仙芝和黄巢起义，及起义军第一次流动作战；878—880 年，起义军第二次流动作战；880—883 年，起义军占领长安；883—884 年，起义军退出长安与失败。

一、农民大起义的爆发

唐代，在今山东西部的黄河下游沿岸，几乎每年都受到黄河水患威胁。特别到唐末，黄河下游处于军阀割据，他们大肆剥削当地民众，却绝不肯拿出一点力量来修堤与疏通沟渠。因此黄河下游民众的灾难格外深重。当时已流传这样的无名诗："金色蛤蟆争努眼，翻却曹州天下反。"足见社会上已有这样的预测，这一地区将成为农民大起义爆发的区域。

懿宗咸通十一年（870 年）以后，山东一带水旱尤为严重。咸通十四年，从河南西部直到海滨，麦收只有一半，秋收几乎全无。百姓只能以蓬蒿的种子和树叶、树枝为食。而州县照例催逼各种捐税，缴晚者或坐牢，或被打。有的人家因此被迫拆掉房屋，有的更被迫出卖妻子。然而所得仅够下乡差役酒食之资。为了活命，不少人亡命山泽，与州县相抗。小股农民起义不断发生。

僖宗乾符元年（874 年）底，濮州（今河南濮阳）人王仙芝及尚让等聚众数千起义。次年初，传檄诸道，言吏贪赋重，赏罚不平。自称天补平均大将军兼海内诸豪都统，取濮、曹二州。同年夏，曹州（今山东菏泽）人黄巢聚众数千人起兵响应王仙芝。

黄巢家为富豪，少以贩私盐为世。擅骑射，喜任侠，粗涉书传，屡举进士不第。当时与群从八人（或云弟兄八人）计议起义。两军合并，民之困众争相归之。数月之间，众至数万。已被击溃的庞勋余部其时正匿伏于鲁西南及皖北一带，也乘机而起，加入起义队伍。起义军进攻郓州（今山东郓城）、掠沂州（今山东临沂）。乾符三年，平卢节度使宋威击走之。

黄巢与王仙芝都是贩私盐出身，他们的徒众成为起义的骨干（如尚让、尚君长、毕师铎等）。为什么贩运私盐的人这时会成为农民起义的领袖和骨干呢？有以下原因：唐朝政府为增加财政收入，曾把食盐改为官卖，盐价大

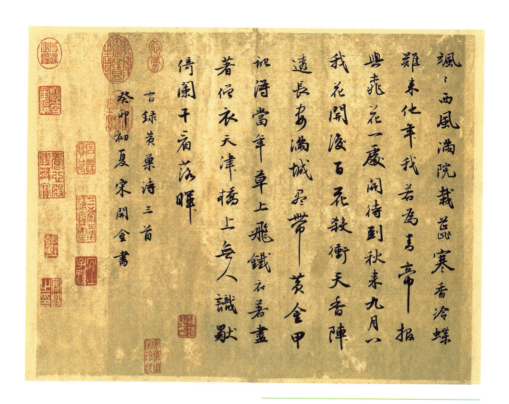

黄巢诗三首:《题菊花》《不第后赋菊》《自题像》

大提高,并严禁民众私自煮盐或卖盐。私卖盐到一石以上要处死。但私盐贩仍然很多,他们偷运盐到各地,并以低于官盐的价格卖给民众。为了保护自己,他们组成大队人马,携带武器,以抗拒官兵的搜捕。盐贩和唐统治者有尖锐的矛盾。虽然他们之中也包括一些地主富户(如黄巢),但作为一个社会集团来看,这些人是比较接近人民群众的。

由于盐贩接近下层民众又和唐统治者有矛盾,因此他们有可能参加农民起义,由于他们经常组合为武装集团并有丰富斗争的经验,因此,他们便可能成为农民起义的骨干。他们的领袖,并可成为农民起义的领袖。而他们的特点和弱点,也给这次农民起义的特点及弱点带来影响。

二、农民大起义的发展

(一)起义军的第一次流动作战

僖宗乾符三年(876年)夏,王仙芝在沂州城下被宋威击败。宋威奏王仙芝已死,纵遣诸道兵,身还青州(今山东),百官皆入贺。但王仙芝却于此时第一次出山东流动作战，转入河南，从河南西南转入湖北，于年底陈兵蕲州城下（今湖北蕲春）。到达蕲春的农民军，共有 5000 人。在攻陷汝州（今河南）时，王仙芝俘虏了刺史王镣（宰相王铎堂弟）。

此时，王仙芝受王镣影响，开始动摇。王镣为仙芝置书刺史裴渥，开城迎降，并上表为之求官。在此之前，唐政府已有招安之意，此时乃授王仙芝左神策军押牙兼监察御史，并派中人（宦官）连夜以告身授之。王仙芝得书甚喜，僚属皆贺。黄巢却大怒，质问王仙芝，士兵亦喧噪不已。王仙芝见众怒难犯，又自觉理亏，只好拒绝唐政府的任命，攻下蕲州。起义军却因此分裂。黄巢带 2000 余人返回山东，王仙芝及尚君长带 3000 多人留在湖北及河南。

黄巢走后，王仙芝又遣尚君长等请降于招讨副都监杨复光。杨复光送尚君长等赴长安求官爵，途中为宋威截杀，冒充掳获之以向朝廷邀功。王仙芝大怒，攻江陵。但在荆门为唐军及沙陀骑兵击败。到乾符五年，王仙芝在湖北黄梅被俘后遭杀害，5 万余人溃散。但别部王崇尹、曹师雄等仍在江西一带坚持。

王仙芝因反唐意志动摇，等候唐廷赐予官爵，并因此驻守湖北、汉南一带地区。起义军虽发展到 5 万余人，却终不免溃败的命运。

（二）起义军的第二次流动作战

1. 南征

黄巢在山东活动了一段时期，与唐藩帅进行了几次战斗。王仙芝余部由尚让等率领，北上归黄巢。黄巢被推为首领，称"冲天大将军"。这时有众10 余万人，但形势对黄巢并不利。唐朝将各地进攻王仙芝的军队调来围剿。为了避免唐军集中的打击，僖宗乾符五年（878 年）三月，黄巢率众开始了大规模的转移。这在中国历史上是空前的，后世能与之相比的，也只有元末红巾之北伐与明末农民起义和清末太平天国运动。

乾符五年春，黄巢佯攻东都洛阳，吸引唐廷的注意力，却突然带领 10 万起义军急速南下，渡淮入淮南。待唐军醒悟跟踪追击时，起义军已在此年夏天从和州（今安徽和县）渡江攻宣州（今安徽宣城），转入浙西。秋，义军由浙西入浙东。唐廷派高骈负责江南防务，唐军渐渐对起义军形成了包围的形势，黄巢联络王仙芝余部的计划也受到了挫折。次年秋，乃由浙江入福建。浙江通往福建陆路十分艰险，要越过仙霞岭。黄巢组织士兵筑路，在极短的时间里，整修了一条数百里长的山路，起义军由此进入福建。年末，即占领福州。此后，这条山路成为浙江和福建之间的交通要道。

福建在唐朝时经济并不发达，起义军的给养成为问题。因此，不久起义军即向广东进发。乾符六年夏，到广州。在攻城前，黄巢曾请求朝廷授予广州节度使。唐以广州市舶宝货所据，不许。黄巢乃攻下广州，活捉岭南东道节度使李超，并攻占岭南州县。

在一年多的时间里，起义军从北方的山东一直打到南方的广州，在长途行军与作战中，起义军不仅得到丰富的战斗经验，人数也从数千人扩大到50万人。起义军已经在战斗中成熟壮大。

2. 北伐

黄巢本拟在广州休整一段时期，但北方来的将士不服南方水土，流行传染病，死者十之三四，纷纷要求北返。乾符六年（879年）深秋，黄巢领兵号50万人北伐，自称"义军百万都统兼韶广等州观察处置等使"，露布告将入关，指斥朝中宦官专权，需整顿朝纲，禁止刺史殖（聚敛）财产，县令犯赃者族（灭族）。黄巢挥师北上，起义军一路纪律严明，大批农民纷纷参加起义军。同年初冬，起义军入桂州，自桂州编大筏数千，乘暴水，沿湘江东下，不到一个月抵达潭州（今湖南长沙）。此处为唐朝防御起义军的第一道防线，由李系领兵5万防守。再加地方诸军部队，号为10万。战斗不到一天，即被攻陷，李系仅以身免。

起义军乘胜攻江陵。江陵是唐军事重地，负责镇压黄巢的唐军统帅节度使王铎急征调各路军队。但因起义军进展太快，各路唐军未及调齐，江陵守军一共不到万人，王铎乃诡言视察襄阳防备，令部将刘汉洪以3000人守江陵，自己带领多半兵马逃走。刘汉洪为土匪出身，王铎走后，就纵兵大掠，并放火将繁华的江陵烧毁。未死的百姓逃往城外山谷，又逢大雪，死者遍地。半个月后起义军打到时，江陵已经成为一座死城。

起义军由江陵北攻襄阳，前锋轻敌，在荆门中了江西诏讨使兼襄阳节度使刘巨容埋伏，失利。起义军被迫放弃江陵（今安徽马鞍山），东下沿长江入江西。僖宗广明元年（880年）七月，起义军自宣州采石矶渡江。淮南节度使高骈不敢出战，起义军遂渡过淮河，此时抵御的唐军却发生兵变。

起义军利用藩镇之间的矛盾，称诸藩镇"各以守垒，无犯无封。吾将入东都，既至京邑自御内，自欲问罪，无预众人"①。因此，起义军如入无人之境，一直向洛阳进攻，纪律亦十分严明。僖宗广明元年冬，黄巢攻入洛阳。

起义军攻克洛阳时，曾上《直谏书》指出"国有九破而无一成"②（终年聚兵，一破也；蛮夷炽兴，二破也；权豪奢僭，三破也；大将不朝，四破也；广造佛寺，五破也；赂贿公行，六破也；长吏残暴，七破也；赋役不等，八破也；食禄人多，输税人少，九破也）的前翰林学士、时东都留守刘允章率百官投降。黄巢整军入城，劳问市民，"里闾晏然"③。此时，唐僖宗已经为逃离长安做准备，然而其依旧为政荒嬉，竟以马球输赢决定剑南节度使和山南道节度使的人选任命。

3. 攻克长安

潼关地势险峻是长安门户，一侧是高山，一侧是黄河。泰宁军节度使齐克让收集洛阳残兵不足万人防守潼关，补给不足、士气低落。僖宗以权宦田令孜统军10万援救潼关，但此时神策军士皆是长安市井之徒挂名军籍，听闻出征皆抱头相哭，千方百计逃避战事，各地诸军也观望不前，只遣军将张承范率几千人协助齐克让。广明元年（880年）十二月，黄巢大军进至潼关。

潼关古城

万余唐军对阵几十万起义军，军粮匮乏几近断绝，勉强应战一触即溃。齐克让闭关不敢出战。潼关南有一山谷可通关后，平日禁行，以免漏税，谓之禁谷。乱军中，溃败的唐军从此逃奔，将山谷踩出一条小路。黄巢得知迅速派兵从此绕道关后，前后夹攻，占领潼关，又乘胜攻克了华州（今陕西华县），亲率大军直捣长安。

---

① 《资治通鉴》卷 254，中华书局 1956 年版，第 8235 页。
② （唐）刘允章：《直谏书》，载（清）董诰编：《全唐文》卷 804，中华书局 1983 年版，第 8450 页。
③ 《新唐书》卷 225 下《黄巢传》，中华书局 1975 年版，第 6457 页。

黄巢攻克潼关三日后，即广明元年十二月五日，唐僖宗在宦官田令孜所领神策军的护卫下，仓皇出逃成都，宰相卢携畏罪自杀。不久，黄巢亲率大军进入长安，唐金吾大将张直方率文武官僚数十人迎于灞上。史称"甲骑如流，辎重塞途，千里络绎不绝"①，长安百姓夹道聚观，义军平唐大将军尚让向百姓宣慰说："黄王起兵，本为百姓，非如李氏不爱汝曹，汝曹但安居无恐。"②

广明元年（880 年）十二月十三日，黄巢即皇帝位，登丹凤楼，颁赦书，定国号为大齐，改年号为金统。此时唐僖宗年号为"廣明"，黄巢"谓廣明之号，去唐下体而著黄家日月，以为己符瑞"。黄巢宣布唐朝官吏三品以上一律撤职，四品以下仍旧供职；以妻曹氏为皇后；以尚让为太尉兼中书令，赵璋兼侍中，崔璆、杨希古并同平章事，孟楷、盖洪为左右仆射、知左右军事，费传古为枢密使，以太常博士皮日休为翰林学士。农民起义到此发展达到最高潮。

三、农民大起义的特点

（一）起义军有鲜明的政治口号

王仙芝起义时，自称"天补平均大将军"；黄巢也曾自称"天补大将军"，表示要替天来补社会上不平均现象，使之平均。起义军曾充分揭露唐政权黑暗无能、宦官专权、官吏贪污、压迫民众及科举流弊，并曾提出"禁止刺史殖财产，县令犯赃者族"这样的口号。这些揭露与口号，都符合当时社会的实际情况与民众要求。所以，连统治阶级修的《唐史》也不得不承认黄巢布告中所说的都是当时的实事。因此，起义军得到广大民众的拥护，也赢得一部分在政治上失意的知识分子的同情或拥护（如诗人皮日休）。

这些口号很明显已不是反对一个人或某些集团，而是针对封建制度下的腐败、黑暗的政治制度而提出的。并且，也提出了明确的政治纲领。另外，"天补""平均"之类的口号，也说明农民军已朦胧地触及社会不平等的现象。因此，较之隋末农民大起义更加进步。但是，口号并没有涉及封建社会矛盾的实质，即经济问题和土地问题等。

---

① 《资治通鉴》卷 254，中华书局 1956 年版，第 8240 页。

② 《资治通鉴》卷 254，中华书局 1956 年版，第 8240 页。

（二）起义军有严明的纪律

从王仙芝起义到黄巢攻破长安的 7 年间，起义军始终保持着严明的纪律。特别是从广州北伐后更是明显。所过不剽掠，未取丁壮一兵，入东都里闾晏然，进长安秩序严整。而大量农民的加入，亦足以说明这是一支纪律良好，得到农民支持的队伍。

在战争中，双方都不可避免的有杀戮行为，这点也毋庸讳言。

（三）起义军采取流动作战方式

运用流动作战方式并获得胜利，是唐末农民大起义最重要的特点。运用流动作战方式，是中国历史上农民战争的特点之一。但并不是每次农民起义都采用流动作战方式。如隋末农民起义中，除杜伏威等几支义军外，就看不到流动作战迹象。而李密等更是留恋洛口仓，未能远略。

在唐末历史条件下，采用流动作战，有其主观条件亦有其客观条件，有其必要性亦有其可能性。可以从以下几点分析：

从农民军的主观条件分析，由于农民军主要由三种成分构成，所以就具备了流动作战的条件与愿望：一是流民与逃户。由于唐朝剥削的繁重，引起大批农民流亡，他们或沦为客户，或逃亡山泽，渐渐向武装起义方向发展。所在群盗，多是逃户。二是由于兵士职业化，故屡次发生兵变，兵变往往转为起义。如庞勋起义就是最好的例子。三是私盐贩。

上述三部分人在起义军的领导集团与群众中都有相当比重。这三种人乡土观念都比较淡薄，愿意流动与攻占大城市，同时也有流动和战斗的经验，眼界比一般农民更广。因此，他们在遇到强大军事压力时，便能向有利地区进军，并能在一定程度上适应斗争情况，运用比较正确的战略与策略，发挥出他们的才能。

从客观上说，采取流动作战，有其必要性亦有其可能性。

1.流动作战的必要性

第一，农民军最初爆发在山东一个地区，人数不过数千人，但唐朝却集中极大力量进攻起义军（宋威率几个藩镇的兵力）。唐当时虽和南诏作战，但未倾全国之力，不像隋炀帝倾全力进攻高句丽，给农民起义以发展的机会。和唐统治力量比起来，起义军起义的力量是较弱的，因此要设法避开唐军的集中打击。两次流动作战均如此。

第二，唐末各地的藩镇集中了大量的地方军队。他们虽然不听中央的号令，但对于维护自身割据地区的统治却是十分重视的。他们必然要对长期活动在他们割据地区内的农民军进行残酷的镇压。农民军要设法避免和地方藩镇的军队进行损失较大的消耗战。

第三，当时起义的中心地区山东义军只有几万，且环境十分险恶，是藩镇力量强的地区，易遭受围攻。为了保护自己，壮大力量扩大影响，号召其他各地农民起义，使力量对比变得对自己有利，农民军就必须采取流动作战方式。

2. 流动作战的可能性

第一，唐末藩镇割据的形势使地方和中央、地方和地方之间存在了许多的矛盾，使统治阶级不能结成一条坚强的战线来堵截起义军。如荆门之战，黄巢看出"藩镇不一，未足制己"①，充分利用了这一矛盾，使他们各守其略，不许轻动，表示要直捣东都，与藩镇无关。

第二，唐朝统治力不平衡，南方是薄弱地区，便利了起义军的长驱直入与补充发展。起义军北伐时，已是一支极为强大的力量了。

第三，全国农民大起义条件已经成熟。起义开始时，即得到庞勋余众支援。此后转战各地，均能得到民众支持。故虽转战 12 省，战斗多次，队伍不断分散，但却有更多的农民参加进来。到进长安时，号为 60 万。在这样的客观条件下，即农民起义的流动作战有其必然性与可能性的条件下，农民起义军中的那些有利于流动作战的主观因素就能充分发挥作用。熟悉交通路线和地理情况的私盐贩们的才能与经验得以充分发挥。起义军的流动作战也就在他们的领导下取得了辉煌的胜利。

然而，单纯的流动作战不能彻底摧毁唐政权的基础，不能建立自己巩固的根据地，成为农民起义失败的因素之一。长期的流动作战，显示了农民力量的伟大，表现了农民的坚毅精神，但也说明了单纯农民战争的弱点所在。

四、农民大起义的失败

（一）起义失败的经过

攻入长安，是农民起义胜利的顶点，也是失败的起点。起义军在长安驻扎，忙于改元、封官，建立新朝，却没有乘胜追击唐僖宗，以至使日行仅

---

① 《新唐书》卷 225 下《逆臣下·黄巢》，中华书局 1975 年版，第 6455 页。

四十里的唐僖宗从长安逃到四川，重新组织了朝廷，并号召各地官僚军阀联合起来反攻。这些藩镇军阀很多已接受黄巢的封号，这时看见黄巢的统治并不牢固，唐廷仍在，又联合起来进攻黄巢。关中诸军由郑畋统帅，利用起义军骄傲、轻敌的弱点，在凤翔设伏，将起义军击败。僖宗广明二年（881年）四月，唐军乘胜进逼长安。黄巢前军东出，唐军入城，士卒不受约束，纷占地宅，尽掠货财。黄巢趁其不备，回师大败官军，光复长安。黄巢怒百姓迎唐军，下令洗城，凡丁壮皆杀之。但黄巢只据长安附近地区，四外各地均被包围，唐军14路展开对起义军的围攻。

此时，长安百姓多藏于山谷，长安几为空城，赋输无入，谷时腾涌，米斗三十千，后来甚至一斗黄金一斗粟。人或以树皮为食，或以金玉买人于官军，每每值数十万。山寨避乱者多为诸军所卖。长安城内外混乱与凄惨的情景在韦庄《秦妇吟》中都有生动的描述。

在这种情况下，起义军内部发生变乱，开始有将领叛降。僖宗中和二年（882年）五月，负责防御山西唐军的大将朱温叛变，使起义军受到极大打击，长安门户大开。这年底，唐又遣沙陀骑兵一万七千人，在酋长李克用率领下参战，迅速击败起义军。中和三年正月，各路唐军合趋长安，起义军据守渭桥，大败。长安已无法坚守，黄巢乃由蓝田道，经陕南向河南撤退。唐及沙陀军入城，大肆烧杀，长安宫室完全化为灰烬。

黄巢在河南又坚持了一年多，围陈州（今河南淮阳）300天，在战略上犯了错误，围城不克，朱温、李克用等进兵援救，起义军失败撤退。在渡汴河时，遭到沙陀军突袭，杀伤万余，部队大溃，尚让投降，其他将领亦投降。黄巢率余众向山东退去，仅剩千余人，李克用仍紧追不舍。黄巢又数被唐军所败。中和四年五月，黄巢退到泰山狼虎谷的襄王村（今山东莱芜西南），追兵已迫，被林言所杀(一说自杀)。轰轰烈烈的大起义至此历经十年，最后失败了。

黄巢之从子黄皓在黄巢死后率众七千游击江湖间，自号"浪荡军"。昭宗光化四年（901年），被土豪击杀。

（二）起义失败的原因

1. 农民军方面

第一，起义军只进行简单的流动战争，没有彻底摧毁唐政权的统治基础，也没有能替自己建立巩固的根据地。长期流动战争充分显示了农民力量的伟大，表现了农民勇敢坚毅的精神，但也说明了农民战争弱点所在。起义军转战南北，虽然打垮了唐王朝大部分地方统治机构，但得地不守，没有建立自己的政权，更谈不上彻底摧毁唐朝的统治基础。随着起义军向前推进，曾被打垮的唐朝地方统治机构又被新起的或旧有的藩镇联合当地地主重新建立起来。起义军这种做法充分表现了流寇主义作风。结果，在起义军打到长安时，所能控制的地方仅是长安及其附近的几小块地区。但是，这带地区是不宜作为根据地的。一方面，这里经过唐统治者多年的榨取与摧残，早已残破不堪，而运河运粮之道也被切断，没有任何经济基础可以依靠，兵员补充也成问题。另一方面，这带地方唐朝统治力量比较雄厚，地主阶级势力也极强大。当时，长安附近豪强、富户纷纷组织武装与起义军对抗。在唐军一次进入长安城的战斗中，长安市民曾拾砖瓦击起义军以助唐军。此外，他们还纷纷囤积粮食，抬高米价乃至断绝起义军的供应，使得起义军的军粮发生恐慌。这样，起义军进入长安后，经济上发生严重困难，军事上也陷于孤立被动。

第二，起义军既然建立了新政权，就需要有具体政策和实行办法。但是淳朴的农民缺乏创造制度的能力，而农民军的上层集团却忙于设官、封爵、改元，对于其他重大问题却都未见有所作为。农民起义解决的是土地问题，获得安定的环境从事生产。但起义军进入长安后，在当时情况下没有也不可能满足农民及士兵群众的停止战争与获得土地进行生产的要求。起义军进入长安以后，虽然启用了一些旧地主官僚分子，但并未实行一般所谓笼络人心的政策，反而却对大官僚地主、商人、贵族实行大肆屠杀。再加上逃向四川的唐中央政府及各地藩镇还有相当大的势力，因此，这些投降的地主阶级分子不是怀疑观望，便是暗中与唐统治者及藩镇联络，共同对付起义军。这样，一方面起义军的领袖没有也不可能满足农民最迫切的要求——获得土地与安定生活，因而渐渐失去自己的阶级基础。另一方面，起义军的领袖也没有转化为地主阶级，成为地主阶级新的代表人物，因而没有得到地主阶级的支持。因此，在封建社会的历史条件下，起义的失败成为不可避免。

第三，进入城市后，以流民和私盐贩、叛兵为主体的起义群众，纪律逐渐败坏。在城市生活的腐蚀下，他们的散漫性与狭隘性的缺点渐渐显露。首领渐渐腐化，设官封爵，占人地宅，霸人妻女。首领与首领之间矛盾逐渐激化，如朱温。另外，士兵群众也开始涣散。黄巢的命令无法贯彻，纪律也逐渐败坏了。在时刻受着敌人包围进攻、分化、收买的复杂形势下，起义领袖失去应有的警惕，不仅骄傲轻敌，而且也没有采取措施来防御敌人来自内部和外部的打击，以致力量日益削弱，叛者也日益增多。

第四，进入长安后，起义军接连犯了许多战略错误。一是没有及时去追逐逃往四川的流亡小朝廷，以致使之又成为号召全国力量反抗起义军的旗帜。对于各地藩镇，只满足于他们的纳款，也没有采取任何积极的措施。二是长期驻守长安，连关内的敌人也未及时消灭，听任郑畋把他们召集起来，并没有像四外发展，以致三面受敌。前此机动灵活的流动作战局面一变而为被动挨打的局面。三是在撤出长安之后，并未接受教训，建立巩固根据地，就连流动作战也不再进行，反而凭一时意气长期围攻陈州，坐视敌人聚集力量，进行毁灭性的打击。这就使得起义军一再失败，终于瓦解。

而上述一切，又都是农民，特别是流民、盐贩本身弱点导致的结果。

2. 唐廷方面

第一，中央与藩镇暂时联合起来共同对付起义军。在长安失陷以后，面对强大的敌人，唐统治者与藩镇的矛盾暂时缓和下来，共同对付起义军，故起义军所面临的敌人比过去强大也团结。

第二，唐朝统治者联络沙陀部落的军队来镇压起义军。这样，进入长安以后，力量就变得有利于唐军而不利于起义军了。

第四节　唐帝国的瓦解

随镇压农民起义的战争而兴起的新藩镇，为扩大自己的势力与土地，更加激烈地展开了割据与混战。这时藩镇割据地区已从北方扩大到全国。唐后期视为财政收入最大来源的江淮地区，也成了藩镇割据区域。运河也阻塞不通。唐中央直接控制的地区不过今陕西东部、南部，四川、广东等数十州，仅相当于一个大的藩镇，控制地区大大缩小，财政收入也发生问题，各地藩镇又不听命令，唐朝中央政权实际上等于瓦解了。这些藩镇有些就成为日后五代十国新兴势力的基础。

藩镇之中，最强的为河南、山东的朱温[①]、陕西凤翔的李茂贞和太原的

---

① 朱温降唐后，唐僖宗赐名"朱全忠"，继位后改名朱晃。

李克用。他们时常逼近或攻入长安，干涉中央行政。唐朝内部宦官更为跋扈，朝臣与宦官斗争也更尖锐，但二者都勾结藩镇。最后依靠朱温的宰相崔胤战胜了依靠李茂贞的宦官一派，大杀宦官，结束了唐末宦官专权局面，但大权也就落入朱温掌握中。

钱镠铁券

十国吴越国开创者钱镠系私盐贩出身，原为董昌部将，后趁平定董昌叛乱，割据浙江。昭宗乾宁四年（897年）为笼络钱镠颁赐，上嵌333字，可以免除本人9次死罪，子孙3次死罪，是唯一保存下来的唐代铁券实物。

唐哀帝天祐四年（907年），朱温废掉唐的最后一位小皇帝——昭宣帝（即哀帝李柷），自立为皇帝，国号梁，建都开封，建元开平。统治290年的唐朝灭亡（618—907年）。中国开始五代十国的新的历史时期。

藩镇之间的混战，使已经在农民起义中受到统治阶级残酷屠杀的民众遭受更大的痛苦，已经残破的社会经济就更加残破了。西到关内，南到江淮，东到山东，北到河北，这一大片区域，五六年间民众无法正常耕织。千家之县，往往只剩下一两户。过去没有经过大破坏的江南，也遭到极大破坏。荆州、襄樊一带人口几近绝灭。荆州一市，只剩下17户。而富饶的淮南、江南地区，却成了韩偓诗中所描述的样子："水自潺湲日自斜，尽无鸡犬有鸣鸦。千村万落如寒食，不见人烟空见花。"①

———————

① （唐）韩偓撰，吴在庆校注：《韩偓集系年校注》卷2《自沙县抵尤溪县值泉州军过后村落皆空因有一绝》，中华书局2015年版，第295页。

《宋徽宗摹唐张萱《捣练图》》（局部），（宋）赵佶绘，现藏波士顿美术馆

第五章　五代十国

第一节　五代十国的形成

五代十国时期，是指从 907 年唐灭亡到 960 年北宋建立这期间的 54 年。这个时期里，在黄河流域有后梁、后唐、后晋、后汉、后周五个政权相继建立，统称五代。与五代同时，在中国各地，主要是南方，还先后出现过 10 个较大的割据政权，即吴、南唐、吴越、闽、楚、荆南、南汉、前蜀、后蜀、北汉（今山西北部）。历史上称之为十国，或单称南方诸国为九国。[①]

一、五代十国概况

这个历史阶段处于南北方多个政权并立的格局，因此被划到中国历史上分裂割据时代的系列中。五代始于 907 年已掌控朝政的宣武军节度使朱温杀死唐朝最后一位皇帝唐哀帝，自立为帝，国号梁，建都汴州（今河南开封）；结束于 960 年，后周禁军将领赵匡胤策动"陈桥兵变"，取代后周，建立北宋王朝。这 54 年间，北方黄河流域相继出现五个政权，即由朱温以河南为根据地灭唐建立的后梁；割据河东的沙陀人李存勖灭后梁建立的后唐；河东集团的沙陀人石敬瑭引契丹为援，叛后唐建立的后晋；河东集团的另一位沙陀人太原留守、河东节度使刘知远南下，灭掉后晋建立的后汉；后晋禁军将领郭威灭亡后晋建立的后周。后周建立与前几次朝代更替比较，发生了两个变化，一是建立后周的郭威包括继任者柴荣不再是沙陀族人，而是汉人；二是郭威也不再是以太原为根据地南下争夺中原的河东集团势力代表，而是任职枢密使、邺都留守，以中央起兵的形式完成政权更替。后周建国后，太原势力的代表——河东节度使刘崇南下未成，建立了北汉。上述依次建立的后

---

① 五代十国时期，政权并立，年号繁杂，故基本使用公元纪年。

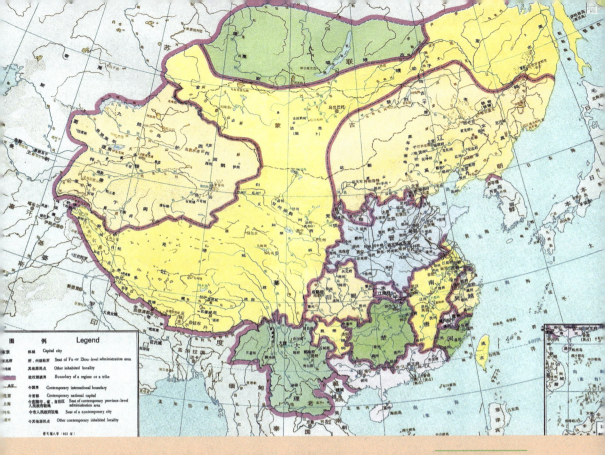

梁、后唐、后晋、后汉、后周，即五代。

十国，则是指唐朝灭亡后，几乎与五代同时，南方各地方节度使依托所辖地区相继建立的九个政权，再加上唯一的北方政权——北汉。南方先后建立的政权为吴、南唐、前蜀、后蜀、吴越、闽、楚、南汉、南平，其中吴和南唐、前蜀和后蜀是同一地区先后继立的政权。十国之中，只有北汉位于北方，建国比其他九国都晚，主要统治区域是今山西的中部和北部。

南方九国具体来看，今四川地区是前后相继的前蜀和后蜀；江淮地区则是吴和南唐相继统治，最盛时辖区包括今江西全省及安徽、江苏、福建和湖北、湖南等省的部分地区，是南方九国中版图最大的；吴越国的统治区域大体为今浙江全省、江苏南部、福建东北部；今福建地区主要是由王氏家族统

① 引自谭其骧：《中国历史地图集》（第六册），中国地图出版社 1982 年版，第 3—4 页。

治，国号闽；统治今湖南地区的是楚；统治岭南地区（今广东、广西及越南北部）为南汉；夹在几个大国之间的是南平（又称荆南），统治范围包括今湖北的江陵、公安一带。

这一时期政权众多，有并立、有前后继立，相互统属也错综复杂，整个时代本身就不长，各政权存续的时间也很短。如北方的五个政权，存续最长的后梁也不过17年，南方九国吴越存续的时间最长，自907年到978年不过72年，因此这段历史经常作为由唐到宋的过渡时期，没有受到应有的重视，还常常因政权迭立、政局错综、战事不断，而被称之为"大混乱、大破坏"时期，所谓"上有暴君，下有酷吏"，传统史家称之为"五季"（即末代）。北宋政治家、大文豪欧阳修在修《新五代史》时，常用"呜呼"开头，似乎也表明他在主持撰写这段历史时感到的悲哀与无奈。

五代十国分裂割据局面是由唐末的藩镇割据发展起来的，是唐末藩镇割据的延续，也是统一因素逐渐成长的时期。

二、中原五代的更替

1. 后梁（907—923年）

朱温杀唐哀帝而取代之，建立梁朝，史称后梁，定都开封。当时，北方尚有据山西的沙陀族李克用与据河北幽州的刘仁恭（以河北三镇故地为基础）。除刘仁恭与契丹经常进行斗争外，朱温与李克用则争与契丹相结。这三大势力相互斗争，主要是李克用、李存勖父子和朱温的斗争。

907年，李克用死，李存勖继位，统治山西地区。910年，李存勖趁后梁与河北地方军队发生矛盾的机会，攻占梁的河北地区。从此开始了梁、晋间的长期战争。913年，李存勖消灭刘仁恭父子政权。923年，李存勖灭梁（当时为末帝朱友贞，朱温第三子）。为阻挡李存勖进攻，后梁曾开决黄河，造成巨大破坏。

2. 后唐（923—936年）

李存勖灭梁建后唐，是为庄宗，建都洛阳，以延续唐的正朔自居。他骄傲自满，重用伶人、宦官，造宫室，捐税繁重，民众饿死满路。未久，为李克用养子李嗣源所杀。李嗣源继位，是为明宗。明宗统治时对民众剥削稍轻一些。明宗死，二子一婿（石敬瑭）争夺帝位。石敬瑭在契丹帮助下灭唐。

3.后晋（936—946 年）

石敬瑭为后唐河东节度使。他为求夺帝位，勾结契丹，称比他小 11 岁的契丹主耶律德光为父，并答应灭唐之后，将北方地区的幽云十六州割给契丹，于是得到契丹的助力灭掉后唐，东北格局为之一变。石敬瑭建国，国号晋，是为晋高祖，建都开封。死后，其侄石重贵继位，即末帝，契丹攻陷汴京，被俘。

4.后汉（947—950 年）

后晋河东节度使、沙陀人刘知远曾在动乱中据太原称皇帝。契丹北退，他领兵入开封，建国号为汉，即汉高祖，都开封。仅在位一年，死后其子刘承佑继位，在位三年，为大将郭威所灭。

5.后周（951—960 年）

郭威建国号为周，是为周太祖。在位三年死，养子柴荣立，是为周世宗。周世宗在位时，进行了一系列改革，增强了国力，并开始了统一中国的战争。但在作战途中不幸染病而亡，其幼子柴宗训继承皇位。殿前都点检赵匡胤谎报说辽国和北汉联合进犯，领兵出征，到陈桥驿后发动兵变，代周而建立北宋。历史进入了新的时期。

三、十国政权的存在与发展

1.十国的兴亡

（1）吴（902—937 年）。唐末，杨行密割据江淮。昭宗天复二年（902 年），受封为吴王，定都广陵（今江苏扬州）。905 年，杨行密去世，其子杨渥、杨隆演先后继立。

927 年，杨行密第四子杨溥即位称帝。937 年让国于徐知诰，吴亡。历 4 主，共 36 年。

（2）南唐（937—975 年）。935 年，吴帝杨溥封大将徐温养子权臣徐知诰为齐王。937 年，吴帝让位于徐知诰。知诰自认为唐室之后，改名李昪(biàn)，改国号为齐。

939 年，李昪改国号为唐，定都金陵（今江苏南京），以扬州为东都。943 年，李昪去世，其长子李璟即位。

958 年，李璟去皇帝尊号，称江南国主，向后周称臣，并将都城迁到洪州，称南昌府。960 年，李璟去世，其第六子李煜继立。复迁都金陵。975 年，北宋军队攻占金陵，李煜出降，南唐亡。南唐历3主，即先主(前主)李昪，中主李璟，后主李煜。

(3) 吴越国(907—978年)。吴越国开国君主钱镠，唐末据与两浙之地。昭宗天复二年，受封为越王。904年，改封为吴王。907年，朱温代唐建后梁，封钱镠为吴越王。

932年，钱镠去世，其第五子钱元瓘继立。941年，元瓘去世，其第六子钱弘佐继立。后因避宋太祖之父赵弘殷讳，改名钱佐。947年，钱佐去世，元瓘第七子钱弘倧继立。亦因避讳，改名钱倧。948年，元瓘第九子钱弘俶继立。后改名钱俶。978年，钱俶以两浙十三州之地"纳土归宋"。吴越国历5主，共72年，始终尊奉中原王朝为正朔，接受其封号。

(4) 前蜀(903—925年)。前蜀的开国君主为王建。唐末，王建乘乱攻占成都，被唐任命为西川节度使。此后，他陆续攻取了东川、汉中既秦、凤、阶等州，奠定了前蜀的疆域基础。昭宗天复三年(903年)，被封为蜀王。后梁代唐后，王建于成都称帝，国号蜀，史称前蜀。

918年，王建去世。其子王衍(原名王宗衍)即位。他在位期间，贪图享乐，四处巡游，政治腐败。后唐庄宗李存勖趁机进攻蜀地，前蜀军队仓皇溃败。唐军势如破竹包围成都。王衍知大势已去，遂与众臣共抬棺材，身缚荆棘出降。925年，前蜀亡，历2主，共18年。

(5) 后蜀(933—965年)。后蜀的建立者为孟知祥。925年，后唐攻灭前蜀，孟知祥时任西川节度副使。后唐宗李嗣源授其为东西川节度使。

933年，孟知祥接受后唐册封为蜀王。次年，在成都称帝，国号蜀，史称后蜀。934年，孟知祥去世，太子孟昶即位。965年，宋军攻蜀大军兵临成都城下，孟昶举城降宋。后蜀亡，历2主，共36年。

(6) 楚(南楚)(907—953年)。南楚的开创者为马殷。唐末，马殷据有长沙，唐任命其为潭州刺史。897年，昭宗升其为武安军节度使，他陆续消灭了湖南的各割据势力，统一了湖南。907年，朱温代唐后，封马殷为楚王。马殷遂以潭州为都城，改名长沙府。

930年，马殷去世。遵照马殷遗命，政权由其兄弟相继承续。此后，马希声、马希范、马希广、马希萼、马希崇(未称王)先后继立。951年，南唐乘湖南内乱进攻长沙，南楚亡。南楚立国始终沿用中原年号，接受中原王朝封号。953年，后周军队平地马氏旧部的叛乱，最后平定湖南。南楚历6

主，共 46 年。

（7）闽（909—945 年）。闽的开国君主为王审知。唐末乘乱起兵，控制了福建。唐昭宗任命其为福建观察使。909 年，后梁朱温封王审知为闽王。

925 年，王审知去世，其长王延翰即位。由于兄弟间不睦，引起仇杀，延翰被杀，其三弟王延钧继立，接受后唐封号为闽王。932 年，王延钧正式称帝，定都福州，名长乐府，国号大闽。935 年，王延钧被长子王继鹏所杀。王延钧即位后改名王昶。939 年，后闽内乱不止，王延钧在内乱中被杀。王审知第七子王延羲即位，后改名王曦。亦死于内乱。其弟王延政在内乱中逐渐控制了局面。复国号为闽，定都建州。后被拥立为闽帝。

945 年，南唐闻知闽国内乱不已，出兵入闽。同年八月，被南唐军围困在建州城中又孤立无援的王延政被迫投降。闽国亡，王氏历 5 主。此外，还有在内乱中称帝的朱文进和卓岩明。共 36 年。

（8）南平（荆南、北楚）（924—963 年）。南平开国君主为高季兴。后梁代唐后，被任命为荆南节度使。924 年，受后唐封为南平王，史称荆南或南平。荆南强敌环伺，高氏对南北称帝诸国，均上表称臣，不仅可获得赏赐，亦便利商贸往来而从中获利。

929 年，高季兴去世，后唐明宗追封他为楚王，故南平又称北楚。其子高从诲继立，后历高保融、高保勖、高继冲。始终周旋于各国之间。963 年，为北宋统一大势所趋，主动纳土归降。南平亡，历 5 主。

（9）南汉（917—971 年）。唐末，刘谦、刘隐父子据岭南形成割据之势。905 年，唐昭宗任命刘隐为清海节度使，后进封为南海王。刘隐为南汉的真正开创者。

911 年，刘隐去世，其弟刘龑继立。917 年，刘龑于番禺（今广东广州）称帝，改广州为兴王府，国号大越。次年十一月，改国号大汉，史称南汉。942 年，刘龑去世，其子刘玢继位。943 年，刘玢被其四弟晋王刘弘熙杀死。弘熙即位后，改名晟。958 年，刘晟去世，其长子刘鋹（原名刘继兴）即位。970 年，北宋派军攻打南汉。971 年，面临宋军的进逼，刘鋹居然准备携带珠宝和嫔妃乘船渡海逃亡，未果，只得投降。南汉亡。南汉历 4 主，共 55 年。

（10）北汉（951—979 年）。951 年，后汉隐帝被大将郭威杀死，郭威称帝建立后周。后汉高祖刘知远弟弟，时任河东节度使、太原尹的刘崇于是据河东十二州地称帝，沿用后汉年号，史称北汉。辖地主要为今山西的北部和中部。

同年，刘崇遣使赴辽朝请求册封。辽朝随后派使者册立刘崇为大汉神武皇帝，刘崇遂改名刘旻。北汉不断联合辽军南下攻略后周属地。后周则坚决予以回击，并屡次取得胜利。

954年，刘崇去世，次子刘钧继位。968年，刘钧去世，外甥亦为养子的刘继恩在获得辽朝允准后继位。当年被属下所杀。同年，刘继恩同母异父弟刘继元继立。979年，宋太宗赵光义率军亲征北汉，击溃赶来支援的辽军，随即强攻太原，刘继元被迫投降，北汉亡。北汉始终依附契丹人建立的辽朝。历4帝，共28年。

2. 南方九国存立的经济基础

研究南方九国，必须先从区域经济的发展入手，才能清楚为什么这一时期南方会出现多个政权并立的局面。也就是说，必须先搞清楚南方各国的立国和存续的经济基础。

南方各国的情况与北方有所不同，南方各国的开国君主，其前身都是已经管控这一地区的藩镇节帅。不过各国情况也有所不同，有因藩帅身份而逐渐坐大，最终割据一方；也有在实际成为当地的掌控者后，被唐朝授予节度使名衔的。

北方的黄河流域基本是一个完整的经济区，虽然从地理上以函谷关为界，有关东关西之分，但并不构成必然的天然障碍，群雄纷争、诸国林立的局面也出现过，如十六国时期东西并峙的局面，西魏与东魏、北周与北齐的对峙。当南北对峙时，往往是北方的黄河流域先行统一，继而再南下完成全国统一的大业。南方则不同，南方政权虽然也有在分裂时期先行统一的局面，但北伐往往并不成功，几经周折又被北方政权南下所征服。五代十国时期，之所以北方是五代相继，而南方是多国并立，并且各国保持了相对稳定，是因为虽然四川地区有前蜀与后蜀的更迭，江淮地区有吴和南唐的继代，但都没有引发较大的战争，属于相对平稳的权力转移。各国之间的关系相对稳定，虽然疆域也有变动，但没有发生大的兼并战争，似乎也没有一国有实力大举吞并其他国家，这当与此一时期经济区域的形成和发展有密切关系。

唐五代时期的南方经济，经过三国以来的持续开发，已经逐渐形成若干具有鲜明特点的经济区域，即江淮经济区、两湖经济区、川蜀经济区、闽广经济区。

（1）江淮经济区。江淮主要是在吴、南唐和吴越国的统治下。以杭州为中心的吴越国，最盛时统治区域包括今上海、浙江、苏州和福建东北部。以扬州为中心的吴，最强盛时，统治区域包括今江苏、安徽、江西和湖北等的部分地区。取代吴的南唐则将政治中心迁到了金陵（今南京），势力范围也扩大至今江西全省及安徽、江苏、福建和湖北、湖南等省的一部分。虽然都属于江淮经济区，其实有江北和江南的区域差别。吴的统治核心区域基本以长江北岸为主，南唐则沿着吴越国的边境向长江以南偏西的江西、湖南、福建西部拓展，而吴越统治区域基本是长江以南，向南再拓展到福建东北部，就与闽接壤了。"吴越地方千里，带甲十万，铸山煮海，象犀珠玉之富，甲于天下"。[1] 这是北宋的大文学家苏轼为纪念吴越国主建在杭州西湖畔的钱王祠撰写的《表忠观碑记》（钱王祠原名"表忠观"）。虽然描述的是吴越地区，其实也可以代表整个江淮地区经济发展的盛况。说明江淮地区，依

《表忠观碑》（局部），（宋）苏轼书

山带水，资源丰富，富庶程度甲于天下。安史之乱时，张巡、徐远守住睢阳（今河南商丘睢阳），使得江淮地区免受战火涂炭，维系了这一地区十数年的安定与发展。吴和南唐的统治从 902 年到 975 年，其间是以禅代的方式由李氏取代了杨氏，没有大的政局波动，而且采取了一些减轻民众负担、积极发展经济、推进水利事业建设等措施。南唐在五代十国时期，是南方九国中控制范围大、实力最强、存续时间最长的政权。中国历史上的经济重心南移，最主要的原因正是江淮地区经济的发展。

（2）两湖经济区。两湖地区即今天的湖南和湖北，占据这一经济区域立国的是楚和荆南（南平）。楚以长沙为中心，除湖北省东部部分地区外，最

---

① （宋）苏轼撰，孔凡礼点校：《苏轼文集》卷 17《表忠观碑》，中华书局 1986 年版，第 499 页。

盛时统治范围包括今湖南全境和广西大部、贵州东部和广东北部。荆南都城为荆州，管控荆、归（今湖北秭归）、峡（今湖北宜昌）三州。荆南四面强国环伺，分别与蜀（西）、后唐等（北）、南唐（东）、楚（南）接壤，地狭国弱，但高季兴利用地处交通要冲的便利，采取交好强国、俯首称臣等低调举措，依靠各国赏赐和劫掠过往商货，被称为"高赖子"。荆南又是北方政权与吴、蜀、楚诸国的缓冲地，左右逢迎，居然也存续了40年，还因为高季兴（创立者）死后被后唐追封为楚王，被称为北楚，获得了和南楚（即楚）并称的地位。两湖地区属于这一时期的新兴经济区，虽然发展程度不如江淮地区，但发展速度却很快。往前追溯到唐宣宗大中四年（890年），荆南的一名考生叫刘蜕的，成为当地第一名考中进士的学子，镇守荆南的崔铉特地赠他70万"破天荒"钱。这就是"破天荒"一词的来历。由此可知，唐末湖南地区经济仍欠发达，文化事业也较为落后。五代十国

十国楚国所铸"天策府宝"钱
马楚政权为解决钱荒，发展商业，铸造了大量且独特的重宝钱、铅钱、铁钱进入流通领域。

时期，楚不仅大力发展农业和手工业，还实行了一些有利于商业贸易往来的举措，如不征商税，利用处于南北通道的地理优势，积极发展与中原王朝和南方诸国的中转贸易，正所谓"右控巴蜀，左联吴越，南通五岭，北走上都"，瓷器贸易远销至东南亚、南亚、西亚，而茶叶贸易不仅到达沿海诸港口城市，甚至远销今朝鲜和日本。荆南的举措与楚又有不同，虽然地狭国弱，却占尽枢纽之地的便利，商税收入成为财政收入的主要来源，居然在大国的夹缝中支撑了40年，最后也未亡于周边强国，而是降服于北宋。

（3）川蜀经济区。川蜀地区，历经前蜀王氏和后蜀孟氏的统治。前蜀为王建所创，盛时疆域约为今四川大部、甘肃东南部、陕西南部、湖北西部。后蜀为孟知祥所创建，前蜀被后唐灭亡后，任命孟知祥为西川节度使，后孟知祥自立为王，继之称帝，所辖与前蜀大致相当。"天府之国"最早是对关中

"八百里秦川"的美誉，因战国李冰父子修都江堰的壮举，使得成都平原"沃野千里"，这一美誉似乎就已经逐渐让位与四川了。四川属于盆地，本身物产丰富，气候有利于农业发展。"蜀道之难，难于上青天"这种难出难进的地理环境，也使得这一地区极少受中原战乱的影响，甚至皇帝避乱逃难都会首选四川，如唐玄宗、唐僖宗等。由于社会相对安定，借长江之利，又作为唐朝的"后院"，商业也极为活跃，唐后期的"扬一益二"之称，就是指位于长江上游的成都和位于下游的扬州，它们是商业最繁荣的两个著名都市。五代十国时期盘踞四川地区的前蜀和后蜀，赋役较轻，粮价低廉，特色手工业如丝织业、制盐业、制茶业、造船业、造纸业、印刷业都得到长足的发展，对巩固和发展"天府之国"这一美誉功不可没。北宋太祖在制定统一全国的战略时，最终采纳"先南后北"的方针，首先就选择了征伐川蜀，认为，中国自五代以来，战事不断，国库空虚，因此首先要夺取巴蜀，其次再取广南（闽广地区）、江南（江淮地区），国库就会充实了。

上述江淮地区、两湖地区和川蜀地区，正是长江的下游、中游和上游。江淮地区的核心区域是长江三角洲；两湖地区的核心区域在江汉平原，即湖北的荆襄，后来慢慢移到了武汉和洞庭湖的东北；巴蜀地区实际是成都平原为核心。长江流域是中国古代最主要的产粮区。

（4）闽广经济区。闽广地区由于远离中原，开发也较晚。五代十国时期有以占据广东广西为主的南汉，和以占据福建为主的闽。正是五代十国时期经济与文化的发展，才使得闽广地区摘掉了落后的帽子。长江流域的南下扩展，与珠江流域连成一片。但福建地区有其独特性，多山地，黄巢南下广州时，不得不从浙江保安仙霞岭开山伐道 700 里，打通到福建之路。南汉和闽都对农业实行宽松的政策，加上良好的自然环境，水稻的推广、复种、双季稻甚至三季稻等的普遍推行，使得闽广地区的农业生产有长足的发展，再加上商业和海外贸易的繁荣，远离战事频仍的中原，与五代中原政权及相接壤的几个政权距离也比较远，有较安定的发展环

十国闽王王审知像
王审知光州(今河南固始)人，唐昭宗光化元年（898年）加封威武节度使后封琅琊王据福州，朱温开平初封闽王，后唐同光三年（925年）去世。

境。两国君主的出身也非武夫，如南汉的刘氏出身南海富商，闽的王氏虽然出身贫寒，从军起家，但建国之后，他们都能维持政局稳定，发展生产，招徕北人南下，利用海内外贸易的优势，改变了闽广地区经济落后的面貌。

四、南北与南南关系

五代十国时期的北方地区可归结为四大块，一是核心地区五代王朝控制的中原地区，其中后唐的版图最大；二是太原集团控制的代北地区，当南下取代中原王朝后，往往与河南集团融为一体，此后又逐渐分化，演变为独立的势力；三是东北契丹的崛起，是中原王朝最大的边患；四是西北势力，包括从唐宣宗时兴起的占据河西的归义军，和后来建立西夏的党项，不过五代时期，西北势力对中原王朝的威胁已经远比不上东北的契丹了。

这时期，南北关系虽然是主线，但南南关系却更为错综复杂。南方九国疆域互有盈缩，某些地区往往数易其手，政治归属交错，有称帝的、有称王的，对后梁、后唐的政治态度不一，也导致政权的性质不同，有向后梁称臣，也有因不服后梁的代唐，坚决不肯称臣而自立为帝的。虽然内乱不断，但各政权所控制的区域相对稳定，吴和南唐守住了淮河一线，前蜀后蜀盘踞在川蜀，荆南守住长江中游的江陵一带。南方与北方的接壤或缓冲区并没有发生大的变化，因此南北的关系也保持了相对的稳定。打破这一平衡局面的是后周及赵匡胤取代后周建立的北宋，国力增强后，统一大业实行"先南后北"战略。964年、965年、970年先后消灭了荆南、后蜀、南汉三国，又于975年击败了势力较为强大的南唐，南唐已于此前吞并了楚和闽。北宋解决了南唐的问题后，吴越与闽残存的地方势力纷纷归降北宋，纷乱的局面再次归为一统。

第二节 五代十国的赋役

一、繁重的赋税

五代十国的税种泛滥异常，各国都有名目不同的税，滥征、强征屡见不鲜。甚至有一些令人称奇之税，就是产生于五代十国这个政出多门、多国割据、法度不一、甚至无法无天的时代。唐朝在实行两税法时，已经废止了人丁税，但五代十国时期又恢复了，显然是一种历史的倒退。这时期不仅继承而且创造了诸多新的杂税。杂税五花八门，仅据史书的有关记载，计有：小绿豆税、随丝盐钱、蚕盐钱、农具钱、牛皮税、牛租（后梁创）、曲酒钱、屋税、水场钱、资妆税、纺织品税（前蜀）、猪税（前蜀）、水产税、家畜家禽税、果蔬税、茶税、桑栽税（前蜀）、鸡鱼卵菜箕帚税（吴越）、江湖陂塘税（凡聚鱼之处，吴南唐、吴越、荆南、闽、南汉）、山泽税（吴越、闽）、盐税、柴薪税、地铺税（住税）、泊脚（海外来的商船）等等，草木鱼虫无不取税。在不同环节上征收，有针对物品本身的，有针对种植或捕捞的，有因交易产生的，有设在流通、运输环节的，还有重复收税的，如大冶地区，捕鱼已经有税，再加收缯纲钱。各国税法不一，各国地方官还可自立名目和自行加征。计税单位不一，如对过往货船征税，有按船只数量计征，也有按所载粮食的重量计征。

除了历代都征收的直接税——生产税、工商税外，还增加了房产税（房产税的征收是城市和社会经济发展的必然结果）；后唐征收的农具钱，普遍征收的名义为供军的鞋钱；后唐征收的布袋钱，因农户在交税时使用了官府提供的布袋，即便自家准备了布袋，也要加3文交给"擎布袋者"，即付给帮助撑开布袋的人；牛租，原本是后梁将官牛借给无牛农户，收取一定租米，但后来成为一种挂靠在两税上的额外负担。官员可以擅自加税，因此名目繁多。又实行两税的加耗，就是借口缴纳赋税的过程中会因自然和人为因素发生损耗，这个损失要由纳税人承担，明目张胆地增加税负。不仅粮食有"鼠雀耗"，缴纳纺织品、蒿草等都有加耗，而且一些地方官还任意加征。这一时期，还出现预征的情况，官府提前预征若干年的赋税，百姓的负担又加一重。甚至还采用大斗收税的方式加重盘剥，后汉、后蜀和南汉最为突出。

总之，正税加征、杂税繁多、政出多门、税法不一、不循法度，是这一时期税收的特点。

二、沉重的兵役劳役

官府对百姓的盘剥不仅是各种正税和杂税，还有繁重的劳役。五代十国的劳役也有很多名目，被史家称为"千征百战的时代"，表明这个时期战争的频繁和老百姓承担的劳役之繁重。除了兵役的征发，河工和军工的征发是最主要的负担。此外，还有各种杂差役和杂徭。

《获鹿图》（局部），（辽）李赞华（耶律倍）绘，现藏美国大都会博物馆

辽太祖耶律阿保机去世后，述律太后废东丹王立太宗耶律德光，并大杀功臣为辽太祖殉葬，砍下自己的右手，放置太祖墓内，代为陪葬。耶律倍被逼让出继承人资格。930 年，契丹人皇王耶律倍乘船至登州，投附后唐政权，赐名为李赞华。934 年，后唐发生宫廷事变，浮海投唐的耶律倍认为是攻打后唐的好时机，遣人秘密上书，建议趁机讨伐后唐政权。八月，辽太宗自将南伐，自云州南下，略地河阴、灵丘，掳掠至武州（山西神池）。936 年，辽太宗灭后唐，册封石敬瑭为"大晋皇帝"。石敬瑭攻破洛阳，后唐末帝李从珂自焚而死。李从珂死前命人杀害耶律倍，辽太宗追谥耶律倍为"文武元皇帝"。

1. 兵役

这时期的兵役，北方要对付契丹、地方割据势力和南方对峙，南方保境安民为主，但仍然有局部战争，南北诸国兵役畸重是普遍现象。尤其是北方的兵役更为沉重。如后梁由于兵役太重，包括不少现役军人在内，很多青年男子都自残身体以避兵役，尤其是山东、河北等地区这种现象更为严重。割据幽州的刘守光，将强征入伍的士兵脸上和手臂上刺字，大概是怕他们逃跑而采取的一种措施。黥面是起源于先秦时代的一种刑罚，又称为"墨刑"，即在脸上或身体其他部位刺字并涂上墨等颜料，作为永久性的记号，以示惩戒。作为防止兵士逃跑的措施，则始于五代的刘守光，后被宋代所沿用。"黥面涅手"之制在士兵中的推行，说明军人地位的低下和百姓不堪忍受兵役之苦。这时期还发生为了临时需要，拦截过往商旅，强掠为兵的行为。如在后晋和后唐都任山南东道节度使的安从进，凭借长江之利，劫货劫人，将所劫商人一律充军，为防止逃跑，把他们的脸上都刺了字，"皆黥以充军"。即便南方因为没有大规模的战事，兵役负担较北方轻些，但籍民为兵、驱民为兵，南北方都经常发生。

2.军工与河工之役

五代十国时期战争频仍，兵役繁重的同时，为军事需要的军工征调当然也就随之加重了。军需物资的运输，兵器的铸造，随军修造军事和生活设施等都需要大量的民工。后晋李存勖曾征调河北魏博地区民夫3万随军，主要承担"营栅之役"，即建造营房、栅栏等劳作。周世宗攻打淮南（南唐）时，征调了今河南、安徽等地8州数十万民工随军。这类军工之役，北方民众的负担显然更重些。军工之役也属于劳役，但由于这类劳役的产生与军事行动有直接关系，频繁的战争使军工之役成为百姓不堪忍受的重负。

河工之役。北方主要是应对唐末以来黄河的持续泛滥，以及与黄河水系、海河水系、淮河水系等相沟通的汴水、颍水、洛水、伊水、滹沱河等的河患。黄河的水患，主要是三个因素，一是唐末五代属于黄河的泛滥期，沿河自然生态的破坏，也造成严重的水土流失；二是自东汉王景治理黄河后，历经八百年，河泥淤积，河床抬高，泄水不畅，容易造成溃堤决口；三是人为的破坏，如唐昭宗时，黄河水位暴涨，当时已经执掌朝政的朱温，为防滑州（今河南）被淹，就下令"决二河"，让河水夹城而过，虽然保住了滑州，但却造成河堤溃决，千里汪洋。除了自然的因素，人为的因素也造成了严重的河患。各势力之间争战时，也会采取决河以阻挡敌军的行为。如后梁末帝时，决河堤以阻挡后唐军队。不论是自然因素还是人为所致，河水的泛滥都给社会经济和国家稳定造成巨大的影响。因此，北方各朝都投入了大量的人力和物力，征调的民工动辄成千上万，采取各种措施，以缓解河患，也取得一定成效。

这时期的劳役还带有地方特点。北方朝代更迭频繁，战事不断，又有契丹等的侵扰，因此历代劳役的大项——营造宫殿和城墙的工程往往无暇多顾，加之五代的都城洛阳或开封都是古都，后周扩建开封时，工程较大，也不过用五万五千名民工，10天就完工。南方各政权多为偏安局面，各保一方，因此多有营造，吴、南唐、吴越、闽、南汉等国君主，都有修建豪华宫室的记载，南方君主的骄奢淫逸也在"穷工极丽"中一览无余。如闽康宗王

《匡庐图》，（五代后梁）荆浩绘，现藏台北故宫博物院

昶修造的紫微宫，装饰以水晶；楚马希范所建的天策、光政等一十六楼，天策、勤政等五堂，栏栅皆用金玉装饰，墙壁皆涂抹以丹砂。这些事例，不能一一列举。奢华的背后是数量庞大的民工沉重而无休止的劳役。

除此以外还有名目繁多的杂差役和杂徭。如皇帝巡行、官使过往、在各级各类官署当差，很多这类的杂役都是由不到成丁年龄的中男承担，虽然也有纳钱免役的举措，但似乎并不普遍。税繁役重在这一时期是具有普遍性的。

三、法外生事和严酷刑罚

1. 法外生事

五代十国时期，法外生事令人瞠目。如先为后唐大臣后又投奔后晋的赵在礼，虽然行伍出身，但却非常善于敛财。他在多地任职，辗转于今河南、河北、四川、湖北等地，因经营有方，长安、洛阳及他所任职的各地，都有他投资和购置的宅邸店铺，积累财富达巨万。后唐时，曾任职宋州(今河南)节度使，因竭力搜刮，百姓不胜其苦，闻知他被调离，史载："宋人喜而相谓曰：'眼中拔钉，岂不乐哉！'[1]"被民众视为"眼中钉"，可见积怨多深。未料想，他不仅不思悔改，反而变本加厉，要求朝廷让他再留任一年，此君杀了个回马枪。他为报复民众将其视为"眼中钉"，居然为此开征"拔钉钱"，依据他管内官府掌握的户籍，每人征收一千钱。后契丹入侵，他在避乱途中，遭契丹凌辱并勒索财物，不胜其愤，最终选择自缢而亡。

又如张崇曾为吴国庐州观察使，因擅于搜刮百姓，并经常不循法度，聚敛巨额财富，士人和普通百姓却痛苦不堪。吴国皇帝巡游到江都（今扬州），他赶去觐见，老百姓非常希望他改任，纷纷相传："渠伊"一定不会回来了。"渠伊"是当地方言"他"的意思。没想到，他又回来了，得知百姓的口口相传，于是按人头加征"渠伊钱"。第二年，张崇又到都城金陵朝觐，民间又盛传他不会再回庐州，但吸取渠伊钱的教训，不能直说，百姓只好道路相遇时，"皆掉须为庆"，即通过将胡须的动作表示庆贺张崇将会离任。没想到，张崇继续留任，也如赵在礼一样，变本加厉，又加征"掉须钱"，百姓凡有胡须者无端又受一重剥削。民间盛传张崇如厕时失足而溺亡。不知是否

---

① 《新五代史》卷46《赵在礼传》，中华书局1974年版，第504页。

有真凭实据，至少反映了老百姓期盼恶人自有恶报。

再如南唐时，某日京城郊外有雨，城内无雨。徐知诰（南唐烈祖，后改名李昪）问臣下何以无雨，伶人申渐高说："雨怕抽税，不敢入京尔。①"吴越的赋税，下至鸡鱼卵骨都要入家核对，据此收取相应的税。南唐使者入吴，半夜似闻鲤、鲫嚎叫之声，天明询问，才知是县司催税，拷打老百姓所发出的惨叫。南唐和吴越还是赋税较轻的地方，尚且如此，其他小国更是可想而知。

杨思恭在闽时，闽王王延政（王审知子，闽国末代君主）任其专擅军政大权，肆意增田亩、山泽之税，至鱼盐蔬果无不征税，国人谓之"杨剥皮"。楚国为增加赋税，专令人丈田，虚增亩数以加税，逼得农民逃亡。楚王还说："但令田在，何忧无谷？"② 荆南甚至靠抢劫商旅贸易为生。

此外，还有盐法。后晋把官卖收入摊到各户为税，让商人自由贩运。盐价降落，然后又重征盐商税，盐商绝迹。官又抬价卖贵盐，而摊派盐钱却从此变为常赋，并严禁私盐，犯者往往不问轻重，一律处死。

统治阶级本身也相互勒索。大小官吏要向皇帝纳尚书省礼钱等各种名目，从四十千到十千不等。官吏要自出办公费，官员对皇帝送礼，小官对大官送礼，最后实际出钱的自然是老百姓。

还有飞来的横祸。唐末朱温决黄河，分为二河，阻李克用东进。从此黄河下游水灾严重。据朱熹《通鉴纲目》载，从战国到五代，河决16次，五代竟占9次，实乃人为的天灾。再加上连年战争，水利不修，民众流散。山东地区更为贫瘠。这些人为的天灾，再加上契丹的南侵，北方经济连年遭到破坏。

对于这些掠夺自民众的财富，南方诸国统治者多半用来满足自己奢侈腐化的生活。楚王涂壁用丹砂数十万斤，南汉主饰一殿柱，用银3000两，后蜀主孟昶的溺壶以七宝装之，吴越贡北送瓷器一次至万件（或云14万余件），而非用于再生产，大量财富被浪费。广大农民遭受残酷的剥削，贫穷困苦者甚至无法维持生活。有记载，吴越民众多裸行，楚国民众多失其业，前蜀民不堪命。社会生产的发展受到很大的阻碍。

---

① （宋）陆游：《南唐书》卷17《申渐高传》，中华书局1985年版，第386页。
② 《资治通鉴》卷283，中华书局1956年版，第9259页。

2.严酷的刑罚

五代刑罚十分残酷。如石敬瑭规定，凡强盗捉获，赃物一钱以上，一概处死。盗所住本家及四邻，一概诛戮。官吏凭能杀人，得赏寓园。郓州捕贼使者张令柔，尽杀平阴县 17 村居民。魏州刺史叶仁鲁帅兵捕奸，有 10 余村民逐盗入山中。叶仁鲁后至，诬指其为盗，全数处死。这些为官的强盗却是执法者，而被杀者却是无辜的小民。

第三节 南方社会经济的进一步发展

五代十国时期，北方战事频仍，社会经济遭受破坏比较严重，而南方社会经济却有长足的发展。

一、南方生产发展原因

一方面，大量北方人口南逃；另一方面，唐末农民大起义摧毁了南方旧统治机构，迫使新起统治者为巩固其统治地位不得不实行某些宽松政策，采取一些有利于生产和安定社会的措施。故南方经济在五代十国混乱局面下，仍能继续发展，特别是江淮地区，成为当时全国最富庶地区。这些统治者的出身经历有助于这些改革的实行及有效贯彻。而南方各政权虽然也有更迭，但没有大的战事，各国多采取发展经济、保境安民的国策，再加上人口和劳动力在安史之乱后陆续大批南下，经济重心的转移已成定局。因此，这一时期，南方的社会经济有显著的发展。

二、南方各国的经济政策

唐末以来，南方地区残破最甚的江淮流域，经过吴与南唐的先后经营，如奖励耕织等一系列措施，在劳动民众辛勤开发下，又恢复了过去的繁荣景象。南唐前主李昪继位后明确表示，不因用兵加重民众的负担。他废除吴国时令民众输纳的人口税，又把田租从缴钱改为缴实物，还把绢的价钱抬高两倍到四倍，以奖励民众耕织；并抑制富豪放高利贷；奖励民众种桑，达到 3000 株的赐帛 50 匹；每丁垦田达到 80 亩的赐钱 2 万，并且五年都不收租税。不到十年，江淮之间野无闲田，桑无空地，国力富强。此外，大修水利，最

《层岩丛树图轴》，（十国南唐）僧人巨然绘，现藏台北故宫博物院

巨然为五代末至北宋初，钟陵（今江西南昌）开元寺僧人，因善画山水而出名，是南唐后主李煜的座上客。与董源并称"董巨"，江南山水画派代表，与荆浩、关仝和董源并称五代至宋间四大山水画家。

大的水利工程可溉田万顷。

太湖流域及浙江东西本是富饶地区。吴越统治 70 余年（907—978 年）未发生战争。统治者大兴水利，在河上修闸，以阻遏海潮入河；并调节水旱，使农田不畏旱涝；奖励农民垦荒田，不收租税。这样，沿海一带，尽成肥田，米价每石 50 文，一度仓库有 10 年蓄积，而使吴越下令免 3 年租税。随着农业生产的发展，商业也发展起来。为了适应商业发展的需要，吴越统治者修钱塘江石堤，凿平江中礁石，以利航行。太湖区域经过几十年的建设，成为水利灌溉的优良区域。吴越的都城杭州，成为美丽繁荣的大都市。"余杭百事繁庶，地上天宫"①。由于陆路常受南北战争的阻难，从东海到山东蓬莱的水路交通大为发达，这对维持南北贸易和促进南北文化交流都有很大作用。此外，吴越与日本及新罗也有贸易关系。

楚和南汉所占据的湖南、岭南，过去经济较为落后。这时，由于北方民众流亡人口落户得很多，因此生产逐渐发展。湖南的纺织业及制茶叶有很大的发展，广州对外贸易很兴盛。闽国的统治者修筑福州，开辟其为商港，也促进了福建生产的发展。先后占据四川的前蜀与后蜀，鼓励农桑业的发展，四川成都甚至被称为"锦城"。

三、南方水利事业的发展

水利兴修是这时期南北方都很重视的工程。南方诸国因地理环境的原因，水利兴修工程远远多于北方。

南方各地水网纵横，各国都重视水利事业，取得了不小的成就。比较著名的工程，如南唐时对练湖的修复工程。练湖位于今天江苏丹阳境内，不仅能灌溉良田，还能蓄洪泄洪，调节水势，沟通其他水系。吴越国主钱镠主持修的捍海塘，有效治理了杭州湾钱塘江海潮的侵袭。据史书记载，修筑时，大海波涛汹涌，海浪一阵高似一阵，昼夜冲击，修筑海塘的工程无法完成，于是，钱镠就命人采山阳的竹子，令工匠打造 3000 只箭，招募 500 名能使用强劲弩机的射手，迎着涛头射箭，迫使海潮回转钱塘江，这显然是民间带有传奇色彩的演绎。又命人剖开大竹，制作竹笼，长数十丈，放入巨石，又采伐罗山中长数丈的大树，植入水中，与横木配合为塘，陆续修筑的长度为

---

① （宋）袁褧：《枫窗小牍》卷上，大象出版社 2019 年版，第 25 页。

124 里。2014 年，考古队发掘出吴越时修筑的部分遗址和遗物。虽然夹杂着传说成分，但也足以说明工程之艰巨，以及修建者的坚定决心和意志。捍海塘工程不仅保护了海岸附近的良田，也保障了杭州城城墙的扩建工程。不仅吴越国，其他南方各国，都有较大规模和频繁的水利兴修工程，这些工程都役使了大量民夫，但同时也保障和促进了当地经济的发展。

再如圩田，虽然唐时南方已经出现，但五代十国时期有较大的发展。圩田也称围田，是指沿江、濒海或滨湖地区筑堤围垦成的农田，因地势低洼，地面低于汛期水位，甚或低于常年水位。南唐与吴越在各自境内大修圩田，一般由官府主持，每圩方圆几十里，并根据不同的地势分别栽种不同的作物。如地势低，大都栽种水稻；地势较高的就种植旱地作物。因地制宜，提高了土地利用率，促进了农业生产的发展。

第四节　统治集团的更新

一、回溯隋唐两朝

统治集团的更新问题在中国历史上是一个大问题。而隋唐五代是一个非常关键的转变时期，这个转变也使中国历史呈现前后不同的面貌。

陈寅恪先生专门论述过唐初到武则天时期统治阶级的升降，关陇贵族和山东士族，李唐和武氏集团的博弈，这还只是在不同等级士族间的较量，后梁代唐则使南北朝以来的士族彻底退出了历史舞台，北宋以后则开启新的官僚士大夫的时代，也有人概括为官僚政治取代了贵族政治的时期。这是个漫长的历史过程，从唐初一直持续到北宋的建立。科举制的产生和确立、均田制的崩溃、税收原则的改变，都是这一历史进程的组成部分及表现形式。

魏晋南北朝门阀士族形成，在政治、经济、社会和文化各方面都具有垄断地位。当鲜卑族人统一中原建立北魏王朝时，他们为确立本族的华夏正统地位，实行了一系列汉化措施，其中重要的改革就是改汉姓和确定鲜卑贵族的门阀士族及等级。皇族拓跋氏就把自己的先祖追溯到黄帝，改为元氏，列为最高等级，其他鲜卑贵族按照门阀制度依次改姓和确立士族等级。实际是通过族群认同而实现文化认同。

建立隋朝的杨氏和建立唐朝的李氏都属于关陇军事贵族集团，也都具有北方少数民族血统。按照他们自己的记述，或经过他们认可的记载，杨氏家族追溯到弘农杨氏一支。弘农地处长安、洛阳之间的黄河南岸，西汉设弘农郡，范围大致为今天河南西部的三门峡、南阳西部，以及陕西东南部的商洛。东汉时弘农杨氏"四世三公"，几代都有人位列高官，是魏晋南北朝著名的门阀士族之家。杨坚家族就将祖上挂靠在弘农杨氏上，称是东汉著名宰相杨震十四世孙。其实陈寅恪先生已经有考证，认为不过是附会之举，顶多是山东寒族，而且有北方民族的血统。杨坚的独孤皇后，独孤族属是北方鲜卑族的一个部落，她的儿子杨勇和后来即帝位的隋炀帝杨广，自然都有北方民族的血统了。有学者指出杨氏家族有几个先祖没有官职的，估计是确实的先祖，此后靠从军起家。

唐彩绘贴金骑马俑，出土于陕西乾县唐懿德太子李重润墓，现藏中国国家博物馆。隋唐时期关陇集团延续鲜卑军制，重视装备大量的重装骑兵。

虽然附会挂靠之举漏洞很容易发现，但杨坚和李渊在当皇帝前，不论是杨家还是李家，都已经历经几代高官显贵，属于关陇军事贵族集团的核心家族。杨坚的父亲杨忠是西魏十二大将军之一，也是支持宇文泰取代西魏建立北周的主要功臣，在北周为柱国大将军，封随国公。从杨忠开始，杨氏家族成为关陇新贵，核心家族。杨坚袭爵随国公，夫人独孤氏是西魏八大柱国之一独孤信的女儿，女儿杨丽华是北周宣帝的皇后（天元皇后），取代北周前，已经实际掌握了朝政大权。

唐王朝的李氏，自称是十六国时期开国君主李暠的七世孙，而李暠自称是西汉名将李广的儿子。据陈寅恪先生考证[1]，李氏家族并非出自西凉王室与关陇贵族李氏，只是河北赵郡李氏的一个小支系，正所谓赵郡李氏之破落户，而此支系所处地域即在鲜卑拓跋氏北魏政权治下，李唐皇室之祖，或是汉人被赐以鲜卑名，或是鲜卑人被赐以汉姓。李渊的皇后是窦氏，也是在北

---

① 见陈寅恪：《唐代政治史述论稿》，三联书店2001年版，第344页。

魏孝文帝汉化改革时改的汉姓，本族是鲜卑族，因此包括李世民、李建成、李元吉在内的几个儿子也都有北方民族的血统。李渊的祖父、李世民的曾祖父李虎，西魏八柱国之一；父亲李昞，封唐国公，北周柱国大将军。李渊的妻子独孤氏，其家族是北朝以来望族，其长姐为北周明帝的妻子，其七妹为隋文帝皇后，母系一支是更为显赫的家族。

二、五代君主的解构

后梁开国皇帝朱温，安徽人，出身贫寒，《旧五代史》的本传虽然把朱家的先祖上溯到遥远的舜时代的司徒，但也记载了从朱温的高祖、曾祖、祖父到父亲都无任何一官半职。父亲早早去世，朱温幼年只能随母亲以佣工的身份给地主刘崇家放猪。黄巢起义爆发后，他投奔起义军，因屡建战功而不断升迁。黄巢攻进唐都城长安后，朱温又升任同州防御使，驻守今陕西渭南一带地区，屡屡与邻近的河中节度使王重荣交战，屡战屡败后，多次求援未果，愤而投降了唐朝。唐僖宗赐名朱全忠，遂成为镇压起义军的主力，被任命为宣武节度使，汴州刺史，河南成为其根据地。朱温逐渐吞并中原地区的其他藩镇，并在与太原势力李克用的争战中，取得优势。又胁迫唐昭宗迁都洛阳，先后杀死唐昭宗和唐哀帝，最终取代唐朝，创建了后梁，即梁太祖，正式开启了五代十国的历史。朱温既无悠久的家世背景，也无自己的任何资产，应该属于赤贫阶层，在风云际会的唐末，因军功而崛起为一代枭雄，并登上皇帝的宝座，正是这个时代统治阶级此起彼落的缩影。

后唐统治集团是以太原为根据地的沙陀族，奠基者为李克用，唐末时被封为晋王，长期与占据汴州的朱温对峙。其子李存勖建立后唐，继续与朱温争战，最终南下取而代之。后唐李氏为沙陀贵族，李克用父亲原名朱邪赤心，唐懿宗赐姓名李国昌，此后承袭李姓，并宣称立志恢复李唐王朝，因此建国后，仍称"唐"，并从形式上尽量采用唐朝的旧制。赐国姓的举措后世一直沿用。

后晋的开国皇帝石敬瑭，生于太原，也是沙陀族人。关于石氏家族的渊源也同样有着类似附会的说法，石姓的来源都受到质疑，一说他父亲名叫"臬捩（niè liè）鸡"，是沙陀人的名字。但在石敬瑭当上皇帝后，把自己的先祖追溯到春秋时大夫、汉景帝时丞相，解释说，因汉末京城动乱，石氏子孙避难到西北，定居甘州（今甘肃张掖）。石敬瑭的父亲跟随李克用作战，因功升迁到洺州刺史。李克用养子李嗣源当时任代州刺史，即后来后唐的第二位皇帝后唐明宗，非常赏识石敬瑭，将女儿嫁给他，石敬瑭一直跟随李嗣源征战，最终辅佐李嗣源登上帝位。因屡次建功，官至兼任侍中、太原尹、北京留守，从而控制了以太原为核心的河东地区。他为换取契丹的支持，割让幽云十六州。最终借助契丹的力量南下取代了后唐，建立后晋，也因为奉契丹国主耶律德光即辽太宗为父皇，成为历史有名的"儿皇帝"。

五代后晋高祖石敬瑭像

后汉的建立者是后晋河东节度使刘知远。刘知远也是沙陀人，出身贫寒，冒姓刘，原在李嗣源手下当兵，据说最初是充当马奴，因在战争中救过石敬瑭，被石敬瑭招致麾下，一路升迁，最后做到北京（今太原）留守、河东节度使，乘后晋末年混乱之机，在太原称帝，建立后汉。后南下开封，取代后晋，确立了后汉对中原的统治。虽然刘知远也把自己的先祖追溯到东汉的皇族，但其实来历不详。

五代后汉高祖刘知远像

后周的建立者郭威，士兵出身，脖子上刺有一只飞雀，因此被称为"黥面皇帝"。郭威的父亲曾担任晋王的顺州（今北京顺义）刺史，后为割据幽州的刘仁恭所杀。当时郭威仅几岁，与母亲艰难度日，为改变命运投军从戎。几经辗转，做了刘知远的亲军将领，刘知远建立后汉称帝后，郭威因功升任枢密副使。刘知远死后，其子继位，即后汉隐帝，郭威又升至枢密使、邺都留守，以"清君侧"的旗号在部下的拥护下起兵，杀汉隐帝刘承祐，又借口北上抗击契丹，在檀州（今北京密云）发动兵变，黄袍加身，回师开封，正式建号大周。人们对赵匡胤的黄袍加身比较熟悉，其实郭威已经先行一步。只是未料其建立的后周王朝，也是被麾下大将采用"黄袍加身"方式取代的，出兵的借口也同为攻打契丹。

由上可知，五代的开国君主中，后梁朱温出身贫贱，后唐、后晋和后汉的建立者都是沙陀人，除后唐李氏还属于沙陀贵族外，建立后晋的石敬瑭和建立后汉的刘知远都出身寒微。后周郭威的出身也贫寒。他们都是靠从军走上发达之路的，没有出现南北朝和隋唐以来的世家大族或公卿之后。

朱温出身贫寒，靠从军起家；李克用、李存勖虽然是沙陀贵族，但与中原历史悠久的大族并非同质；石敬瑭基本属于沙陀寒族。成德节度使安重荣，非常跋扈，叫嚣：天子兵强马壮者当为之，宁有种焉！不仅代表了割据一方藩镇的普遍心声，也正是中古时期统治阶级更迭的理论依据。事实也确实如此，旧的士族已经让位于新的军阀集团。

三、十国君主的解构

吴国的杨行密，出身贫苦，幼年丧父，唐末参加江淮地区自发的叛乱组织被捕，获释后又应募投军。后在军中起兵，占据庐州，被唐任命为庐州刺史，据此继续扩充势力和地盘，被唐封为吴王。死后，其子杨溥自立为帝。

南唐的建立者李昪，原名徐知诰，出身微贱，父亲在战乱中失踪，母亲又早早去世，幼年流浪，只能寄居在寺庙。后被杨行密收为养子，因杨行密的其他儿子不能容他，于是转由杨行密的部下徐温领养，就此改名。后来在吴成为镇守一方的大将，最后终于取代吴建国，自称是唐宪宗之子建王的四世孙，因此国号为唐，改为李姓。

吴越的开国君主钱镠，世代种田打鱼为生，少年时还贩卖过私盐，后来从军，逐渐坐大，成为一方割据势力。

闽国的建立者王潮，农民出身，唐末曾做过本县的小吏，宣称自家为琅琊王氏后裔，加入乘乱而起的地方武装，领导人王绪为屠夫出身。王潮势力逐渐发展，成为割据福建地区的军阀。

南汉的建立者刘隐，祖籍河南，祖父到南海经商，在泉州定居。也有说刘家是大食（阿拉伯）商人的后裔，也有说是岭南本地的蛮族（即当地少数民族）。刘隐的父亲刘谦唐末为广州牙校，全家遂迁居岭南。刘谦和刘隐都先后效力于唐末的地方军阀势力，逐步做到岭南节度使，为建国打下了基础。

楚国的建立者马殷，家境贫苦，少年时做过木工，自称东汉伏波将军马援之后。唐末投奔叛唐的军阀秦宗权，后辗转到湖南发展，势力壮大后，接受唐朝任命，逐渐占据湖南全境。此后接受后梁和后唐的封号。

高季兴所建立的南平，又称荆南，九国中面积最小，势力最弱。高季兴先在汴州商人李七郎家为奴，李七郎被朱温收为养子，又收高季兴为养子，后成为朱温的亲随牙将，由此逐渐起势。朱温称帝后，任命他为荆南节度使，后分别向后唐和吴称臣，割据一方，始终没有称帝。

前蜀的创建者王建，亦无显赫出身，据说家里是卖饼的，本人是少年无赖一族，杀牛、盗驴，贩卖私盐，名声很糟，被乡里人称为"贼王八"。唐末从军，做到刺史，靠着被大宦官田令孜收为养子的身份，又有护驾唐僖宗之功，继续升迁。最后，占据川蜀之地，成为一方诸侯。后梁代唐后，他自立为皇帝，建立"大蜀"国。

后蜀的建立者孟知祥，出身不详，显然父祖辈都没有什么显赫经历。原为李克用属下，得到其的赏识，将侄女嫁给他，升迁至太原尹、北京留守。后唐灭掉前蜀后，派他赴蜀任西川节度使，后占有两川之地，虽然被晋封为蜀王，最后还是称帝自立，史称后蜀。

北汉的建立者刘崇的情况又有不同，他是后汉刘知远的弟弟，刘知远称帝后，将镇守河东的重任交给他，出任太原尹、北京留守、河东节度使，在郭威兵变后，他在太原称帝，建立北汉。

南方九国的开国君主与五代一样，无一出身贵族和世家，但挂靠的先祖却五花八门，令人眼花缭乱，在攀附名门名人的背后，似乎还能看到一丝魏晋南北朝以来门阀士族的痕迹，但其实离那个重视门阀的时代已不再能用渐行渐远可以形容，而是进行了彻底地颠覆，同时大步跨进了新的时代。

《八达春游图》，（五代后梁）赵嵒绘，现藏台北故宫博物院。画中共有八人骑马而行，身着红、紫、绿三色衣物，为唐衣冠制度，梁依唐制，梁太祖有八子，因此可能描绘的就是八位皇子在宫苑中的活动。

四、"清流"的终结

朱温制造的"白马驿"惨案，正是表达了和以往时代的决绝。

朱温继位前，为了进一步控制唐昭宗，他先杀死唐昭宗周围残存的数百名宦官，杀死朝臣和后宫若干人。当时朱温身边的亲信李振，据说其屡次参加科举考试都没有及第，由此对自诩"清流"的士大夫深恶痛绝，乘朱温谋反之际，鼓动朱温，士大夫自认为是清流，看不起那些没有身份或未从科举出身的人，那就杀死他们再投入黄河，让他们永远变成浊流。唐哀帝（昭宣帝）天祐二年（905 年），朱温在河南滑县白马驿的黄河边杀死三十余名大臣，投尸于河中，还勒令其余的一些重臣自杀。清流在占尽了数百年的风流后，终于被浊流所冲垮。历史也到了改朝换代的时代。

这也是应该引起我们思考的问题：为何科举制在北宋以后始终是中国历代占主导地位的选官制度？为何"田制不立"成为北宋以后占主导地位的土地管理模式。对唐后期出现的"商贾贱类，台隶下品，数月之间，大者上污卿监，小者下辱州县"①的社会变化，自诩清流者常大惑不解，极力倡议应鉴清九流，绝侥幸之路。其实，这种社会变化反映了唐后期及五代的时代特征，而五代乃至北宋创建者成分的更新，则代表了整个社会发展的大趋势。

第五节　后周的统一事业

一、五代后期的形势

在唐朝灭亡后，为什么会形成五代十国的割据局面？为什么北方五代政权更替那样迅速，而南方九国的割据王朝却比较长久并和北方五代对峙？为什么又终于统一？五代十国历史发展究竟具备哪些特点？这些是我们要思考的问题。

五代十国的历史发展是十分复杂的，一方面是唐末藩镇割据局面的延

---

① （唐）元结：《问进士·第二》，载《全唐文》卷 380，中华书局 1983 年版，第 3860 页。

续；另一方面又是统一的宋王朝的前奏。这时期割据的因素与统一的因素相互交织，而割据局面终于渐渐让位于统一的趋势。

1. 五代十国是唐末藩镇割据局面的延续

第一，藩镇割据局面不易扭转。唐后期藩镇割据的局面已经延续了150多年，其长远、雄厚的经济、政治基础一时不易改变。而唐末农民大起义也没有能给这些藩镇及其支持者的各地地主力量以最沉重的打击。相反，由于镇压了农民起义，各地反倒出现了一批新藩镇。藩镇割据的地区遍及全国，唐朝也因此瓦解。藩镇混战局面一时仿佛更盛了。

第二，旧政治军事中心瓦解，新政治军事中心还没有最后形成。安史之乱以后，唐政府失去了对黄河下游的控制权。但借助运河，位处关中的中央政府和江南经济中心还保持密切联系。吐蕃和回纥的威胁，也使得关中在军事上还有重大的意义。因此，从西魏、北周以来的全国政治军事中心的关中地区还能勉强成为当时的政治军事中心，唐朝也还能维持表面的统一，甚至可借关陇的兵力和江南的财富发动一些对藩镇的战争。但是，唐末农民大起义被镇压后，关中地区经过多年战争的破坏，更加残破。扩展到全国的藩镇割据局面又使"江淮转运路绝，两河、江淮赋不上供"[1]。关中已经再也没有条件成为全国政治军事中心了，唐帝国也不得不随之瓦解。

五代无都长安者。在旧的政治军事中心瓦解、新的全国政治军事中心还没有最后形成以前，全国没有一个足以抗御各方的力量与中心，分裂割据的局面就不易结束。

第三，五代版图较大，却又更替迅速。五代建立在黄河中下游地区，自古称中原。潼关以东，各处地理环境大多类似，交通颇为方便，经济联系十分密切，经济发展趋势是统一的，政治发展趋势也是趋向统一的。因此，五代各王朝的版图都比较大。历史发展的趋势也是从割据走向统一，但多半以战争形式。由于领土较大、人口较多、经济发展的统一与集中，中原地区也具备了统一全国的条件。

但是另一方面，五代各王朝（除去后周），都未能构成一个政权中心，也没有建立起巩固封建政权所应有的各种制度。在他们统治的地区内，许多将帅、节度使也还盘踞一方。五代许多皇帝，就是由将士拥立起来的。统一

---

① 《旧唐书》卷19下《僖宗纪》，中华书局1975年版，第720页。

趋势与割据势力、割据势力之间斗争非常激烈，战争十分频繁，政权的转移也十分迅速。

第四，十国长期割据而且战争较少。十国除去北汉，都建立在南方。隋唐以来，南方广大地区的经济发展形成了若干个突出的区域。各区域具有一定的独立性与地方特色，如稻米的生产就形成于成都平原、长江下游、淮南、荆湖等几个中心；茶的生产集中在楚。有适当的人力、财力以供军阀利用。因此，就有可能形成许多独立的割据政权。

既然全国新的政治经济中心没有巩固形成，经济比较发达而又比较分散的南方，就能脱离北方的控制，形成独立的、分散的割据局面。

南方各国既然建立在这样分散的、地方性的经济基础上，就无法积极向外扩张。所以，虽然形成割据局面，但战争较少，大体能维持和平均势。而他们割据的地区，大部分经济较发达，又未受北方少数民族的侵扰，破坏较少，社会比较安定。因而他们立国的年代，也多超过五代政权。由于安定及宽松政策，南方九国不但保持了中国传统的经济与文化，且不少地区还有所发展。但是，正由于南方各国建立在分散地方性的基础之上，导致历史发展中统一趋势并不显著，没有任何一国具备统一全国的条件。

第五，在五代前期的历史条件下，统一固然是全国民众的愿望。但是，民众所希望的统一是安定的、征敛较轻的统一。这在统一条件还不具备时是做不到的，即使有也是残暴的军事统治，并不能给民众带来任何好处。而且统一必须经过残酷的战争，这对北方民众来说是极大的灾难。而对南方民众来说，与其统一于北方暴君之手，不如苟安于南方割据政权之下。所以，统一愿望虽有，但却不愿意战争。军事上的统一，民众不大支持，对经济发展也不利，统一的条件尚不成熟。

2. 五代十国是实现统一的前奏

在五代十国历史发展的曲折过程中，统一的因素也同时存在，并且逐渐强大。到五代末期，渐渐成为历史发展的主流，表现在以下四个方面。

第一，经济的恢复与发展使统一有了必要。南方各国经济恢复与发展，北方特别是后周社会的安定及经济也渐渐恢复。这样经济的交流也就频繁起来。例如，十国中割据江陵一带的南平（荆南），就是当时南北交通的中枢。北方商人买茶必到江陵，江陵成了最大的茶市。吴越的明州（今浙江宁波）与山东蓬莱的海路交通也很频繁。分裂割据的局面自然不能适应这种情况，

《合乐图》，（十国南唐）周文矩绘，现藏美国芝加哥美术馆

此作描绘十国统治集团上层在庭院里欣赏女乐演奏的场景。画卷左半部是听乐的男女主人和侍从，右半部是演奏的乐队。画中乐队规模恢宏，乐器有：琵琶、竖箜篌、筝、方响、笙、细腰鼓、横笛、筚篥、尺八、拍板、建鼓等。五代后期，南唐等十国统治集团上层趋向腐化享受，政治逐渐内敛蜕化，并不具有统一的雄心和抱负。

税制不一，钱币不一，宋与南唐甚至禁止通商。由于经济的恢复，不但使统一因较发达的经济基础而有了实现的可能，而且由于各地经济联系的密切，使统一成为当时的需要。

第二，久困的民众希望统一。在战乱条件下，苟安活在割据政权统治下的思想是很强烈的。但随着社会逐渐安定，民众深深感到生活在割据政权下的痛苦，向往一个统一的、剥削较轻的政权。

第三，中国政治军事中心的转移逐渐完成。唐时，随经济重心的东南移，政治中心也有东移趋势。五代时，整个政治军事中心是在逐渐东移的。这一方面是为了加强与江淮经济中心的联系，另一方面是国防需要。契丹势力在正北偏东，而非西北。但军事中心又不能在黄河北岸。五代除后唐定都在洛阳外，其他各朝均在开封，即反映了这一趋势。五代末期，全国有了一个中心，为统一制造了有利条件。

第四，辽国的强大及其对中原地区的威胁，使封建割据的各个政权有了共同的国防利益，因而加速了统一的形成。不仅中原的统治者认识到抵抗辽国与统一的关系（所谓先南后北或先北后南的政策，凡攻取之道，必先其易

者的议论，都是这一思想的反映），就是其他割据政权的统治者们，也意识到这一点。相传北汉名将杨业就曾在契丹来援时说："契丹贪利弃信，他日必破吾国。今救兵骄而无备，愿袭取之。获马数万，因籍河东之地，以归中国，使晋人免于涂炭。陛下长享富贵，不亦可乎？[①]"可见这一趋势不仅是历史发展的趋势，而且也被当时人认识到了。

各种统一因素既然出现，五代末期统一就成为历史发展必然趋势。剩下的问题便是由谁来完成统一事业，以及如何来完成统一事业了。后周的统治者通过种种措施和努力，成为最有资格来完成统一事业的力量。

二、统一力量的加强

后周时，北方的局面是，北有据守太原的北汉，东北有已经崛起的契丹辽政权，南有江淮的南唐、江浙的吴越国、巴蜀的后蜀、福建的闽、两广的南汉、湖南的楚。

后周基本采取的是先内后外、先易后难、先南后北的战略方针。所谓先内后外，后周面临北汉和契丹的威胁和侵扰，首先注重先积聚实力。周太祖郭威继位后就下诏禁止各地供奉珍奇物品，厉行节俭，并奖励垦殖，招抚流亡，发展了经济，稳定了社会秩序。周世宗柴荣即位后，更是雄心勃勃，决心以十年开拓天下，以十年养百姓，以十年致太平。他雷厉风行，采取一系列革除弊政的措施：精简军队，裁汰老弱，加强训练，提高了军队的战斗

---

① 《续资治通鉴长编》卷10，中华书局2004年版，第228页。

力；惩治五代以来的骄兵悍将，曾一次杀死 70 多人；采取减免和均定赋税的举措，显贵之家也要按照规定承担赋役；强行抑制佛教，拆毁寺庙，令大量僧尼还俗，收缴上来的铜像及铜制品，用来铸造钱币，促进了商品经济的发展；整饬吏治，严惩不法官吏。后周的国力在大练内功的同时，逐渐加强，也就有了完成统一大业的底气和心气。周世宗所规划的三个十年，正是基于此。具体整顿和改革的举措如下。

1.周太祖郭威的改革

951 年，郭威代汉，建立后周，都汴京，建元广顺，即周太祖。郭威兵士出身，以军功升到节度使，颇知民间疾苦。即位后，对内政和军队纪律都有一些改革和整顿。

郭威注意恢复农业，把中原各地屯田的土地、房屋、耕牛、农具一并给予现有耕户为永业。并将耕户改立州县，不归将帅统辖。农民在获得土地之后，生产积极性提高，收入比过去多几倍。此外，他招抚幽州流亡民众分

给无主土地让他们耕种。这样，既安定了流民生活，也提高了农民生产积极性。仅广顺三年(953 年) 一年，即增 3 万户。还取消后梁以来最为民众痛苦的租牛税(朱温进攻淮南时，掠得大批牛，分于东南诸州农民，并每年征租牛税，其后牛死而税不除)。又废除残酷的刑罚，如"盗一钱以上者死""罪非反逆，往往族诛籍没"等。此外，注重整肃军纪，规定行军时军队不得入村扰民，犯者军法从事。周太祖的政治措施，对安定社会，发展生产起了很大作用。

五代后周太祖郭威像

2.周世宗柴荣的改革

郭威死，养子柴荣于 954 年继位，是为周世宗，年号显德。他早年做过商贩，对官吏的贪暴和民众的痛苦有相当地了解。他继位后，继续执行郭威的政策并加以发展。

一是整顿军队。柴荣刚继位，和北汉及辽作战均告失败，因此决心加强中央禁军的力量。过去禁军累朝相承，羸老者居多，每遇大敌，不战即降。

柴荣决心把禁军中的老弱裁去，招募天下体格健壮的人来当中央禁军。这样，不仅加强禁军的战斗力，省冗食之费，又削弱了藩镇力量。

二是恢复农业生产。颁布《荒田开垦法》，下令流亡户的庄田许人承佃，供纳租税。并规定三年内本户来归，交还庄田一半，五年内归者还三分之一。从"番界"归来的特予优待，五年内归来还三分之二，十年内归来还一半，十五年内归来还三分之一。以使土地不至荒废，增加了政府的收入，还使流亡者回到自己土地上去，极大地促进了农业生产。

三是减轻赋税。周世宗派人均定各地田税，取消免税特权，连历朝享受优待免纳租税的曲阜孔家也照平民纳租。

四是限制佛教发展。周世宗显德二年（955 年），下令非政府敕建的寺院一律废除，今后不得建寺，禁止私度僧尼。当年，据史载，废佛寺 30336 所，从寺院收回不少田产授予民众。

五是修治河道。堵塞决开的河口，修固河堤，派人对运河、汴河和黄河加以治理，使漕运畅通。

长期混乱的中原地区，经过后周统治者的整顿，获得相对的安定环境。和南方割据政权相比，后周后期有地 118 州、户 96 万余。而南方最大的割据政权不过三四十州，人口最多不过五六十万户。后周地大人众，内部较稳定，政治较清明，军事力量和经济力量大大超过南方任何一国，已具备了统一全国的条件。

三、从分裂走向统一

从分裂走向统一，是中国历史发展的大趋势。五代正是中国历史上结束分裂割据局面的关键时期。

在改革整顿内政的同时，周世宗令近臣各上《平边策》一篇，征询他们的意见。最后，采纳了比部郎中王朴的建议，先平定南方诸国，然后再北上进攻契丹，收复被石敬瑭割让的幽云之地，从而完成统一大业。当时最大的威胁来自北方的契丹，但契丹与北汉联手，后周虽然有出击，但基本采取战略防守的态势。南方诸国占据经济发达之地，但军事实力远不如后周，攻取比较容易。

1. 南向击败南唐和后蜀

周世宗显德二年（955 年），派兵西征后蜀，收复秦、凤、阶、成四州

十国南唐后主李煜像

之地，即今甘肃、陕西南部地区。使蜀国失去北边的战略要地，只能龟缩在四川。

从显德二年冬到显德五年，三次讨伐南唐，占领了梦寐以求的淮南十四州富庶之地，迫使中主李璟，即后主李煜的父亲，去掉国号，献表称臣，奉送贡品。

击败后蜀及南唐，使后周有效地解除了南方两翼的威胁，扩大了疆土，大大增加了后周的财富，消除了后方的威胁，便利了世宗的北伐，并给后来的北宋统一打下了基础。于是后周开始有实力转而向北。

2. 北伐出师未捷身先死

后周自立国就和辽及北汉进行战争。政权稍获巩固，周世宗柴荣便决计收复幽云失地，以解除北方的威胁。

柴荣决定北伐，是经过相当时间准备的。他认识到辽是强敌，并了解辽国内部的矛盾与弱点。这时，辽穆宗继位，残暴好杀，荒淫腐化，每日睡到日中，辽人称为"睡王"。契丹贵族统治集团内部斗争也颇激烈。

显德六年（959年），柴荣亲自领兵北伐，从开封出发直达沧州。仅42天，兵不血刃连下三州三关。三州即莫州、瀛洲、易州，三关即益津关、瓦桥关、淤口关，共17县之地。三关原是唐朝防御契丹的重要关口，属战略要地，重新夺回意义重大。辽统治下的汉将纷纷举城迎降，北方民众多持牛酒来迎。辽穆宗耶律璟（931—970年）故作镇静，说"三关本汉地，今复还汉，何失之有"[1]，以图安定人心。但留在幽州的契丹旧部多连夜逃走，很多契丹人也纷纷逃跑。

在大军进逼幽州之时，柴荣突然患病，全军被迫暂退，班师回朝。柴荣回到开封不久便去世。此时，按照周世宗的战略意图和战势，有可能一举攻下幽州，收复幽云十六州。此后，形势发生重大变化，周世宗死后，军权落

---

① 《续资治通鉴》卷1，中华书局1957年版，第25页。

到赵匡胤手中,通过陈桥兵变,建立北宋。攻辽之事也暂时搁置,但瀛、莫二州的收复,使北方防御比较巩固,这是柴荣北伐的重要收获。统一大业此后就由宋太祖赵匡胤和其弟弟宋太宗赵光义继续完成,最终再次实现了全国的统一,历史又进入新的发展阶段。

第六节　五代十国的制度变迁

五代十国政权并立的"乱局",被北宋终结了。统一大业的完成除了军事上的征服,还有其他各方面的进程。一般认为这个时期是唐末藩镇割据局面的延续,人们也开始重视这个时期逐渐走向统一的种种趋势。

一、中央集权的强化

唐朝自玄宗以后,权相、藩镇和宦官成为主宰或影响政局的最主要因素。如唐玄宗朝的李林甫、杨国忠,唐代宗朝的元载,唐德宗朝的卢杞,唐昭宗朝的崔胤等,尤其是唐后期,宰相制度从多人为相,共议军国大事,逐渐成为一人独揽大权的模式。但由于唐后期藩镇和宦官的崛起,宰相在朝中往往受制于宦官,在外与藩镇又有千丝万缕的联系,如唐玄宗朝李林甫、杨国忠权倾朝野的权相很少见。德宗朝的卢杞则背负千载骂名。唐末昭宗朝的崔胤还能在朝内外发挥作用,主要是援引藩镇的力量。依靠朱温的宰相崔胤生涯几起几落,虽然借朱温之力铲除宦官势力,但最终也死于朱温之手。五代君主更代频繁,但基本是大权独揽,对宰相防范很严,甚至有人认为五代不设宰相。北宋是通过枢密院、三司等机构分解了宰相的权力,避免唐中后期出现宰相可独断的局面。

枢密使一职正式设立于唐宪宗时期,主要负责收阅各方奏表,再将皇帝的旨意传达给宰相执行,设有枢密院,并由宦官充任,逐渐成为权势显赫的要职。唐末僖宗和昭宗朝,枢密使实际已经侵夺了宰相的权力。五代时期,枢密院曾经有改名和废置的举措,如后梁曾改名为崇政院,后唐又恢复枢密院之名,后晋曾废置枢密院。但从总体看,枢密院还是一直存在的,机构和设置逐步完善,权力逐渐膨胀,发展和演变为最高决策机构,军权和财权也统一掌握在枢密使手里,原来的宰相反倒成为摆设,空挂虚名而已。五代枢密使不再由宦官担任，而由武臣或文人担任。虽然避免了唐后期宦官专权的弊端，但由于五代经常处于外战与内乱中，枢密使权力扩张的问题也没有得到解决，后周世宗虽然有削弱枢密使权力的想法，但因去世较早，一直到北宋才在制度源头上制约了枢密使的权力。因此，枢密使权力扩张是五代加强中央集权的需要，枢密使从内朝官逐渐演变为外朝官，枢密院逐渐成为中央决策机构，并具有派遣军队的权力，领兵大将都要受枢密使调遣，甚至有的枢密使还亲自领兵打仗或外出督军。后唐时的枢密使安重诲，就曾督军讨伐四川的军队。在权力逐渐膨胀的过程中，对君权的威胁也逐渐加大，因此屡屡发生皇帝与枢密使争斗、残杀的事件，一些枢密使为此而死于非命。但郭威也正是在担任后晋枢密使的职任上取代后晋建立了后周。北宋有前车之鉴，于是将枢密使的权力分割和分散，政务与宰相分掌，军事上只有调兵权而无统兵权了。这种演变虽然不是直线式的，但体现了皇权和权臣的博弈。北宋建立后，采取了一系列措施，使军政分立，以保证皇权取得最后的胜利，但也酿成战争发生时，将不专兵，兵不识将之弊端。

二、限制和打击割据势力

对已经形成的地方割据势力坚决打击，反叛者坚决镇压，不允许再出现地方割据的局面，这是统一事业推进过程中必须采取的措施。但北方五代政权由于面临着契丹的长期侵扰，加之太原势力的不断南下，战事频繁，武人担任刺史的情况比较普遍。还有就是利用辟署和试摄官控制地方州县的官职，短期虽然无法彻底解决，但各朝还是做了不少努力。如改用文人或廉吏担任刺史，这种做法在南方九国中比较普遍。

统治者很重视限制或禁止节度使和刺史差遣摄官的权力。唐后期以来，节度使和州县官是两个系统，节度使有权辟署其部下，即幕职官，但州县官是由中央统一选调，节度使权力膨胀后，往往会将自己属下的幕职官，用摄官的名义，即临时代理，占据州县的各个职位，中央往往只能被迫承认。五代限制或剥夺节度使和刺史的差遣摄官的权力，收回差遣摄官的权力，是加强中央集权的有效措施。同时推行任命文人担任刺史，武人控制地方行政的机会就被削弱，而文人一般不掌握军队，也无法形成与中央抗衡的力量。

另外，五代时期已经开始设置知州，即由中央派遣文官接替刺史管理州的行政及军事事务，即权知某州军事的简称，直接听命于中央。一般认为知州是北宋开始建立的制度，但也有学者认为应该将知州制度追溯到五代。

三、选官制度的变化

五代的贡举制度仍然沿袭唐朝的制度，进士科仍然最重，但科举考试并不是每年都举行。明经科已经走向衰落，每年录取人数极少，还有当年一人及第的情况，已成可有可无的科目。诸科如明法、明算、史科、开元礼、童子科、道举等科都有考试与录取的记载，但各个朝代并不统一，各取所需。唐朝很重要的制举，五代则很少举行。十国由于相关材料稀少，无法知道全貌，只知道科举强调沿用唐制。进士科的录取名额伸缩性比较大，并不是像唐朝时每年限额 20 人。后晋天福十二年（947 年）录取进士 25 人，南唐开宝八年（975 年）录取进士 38 人。最少时仅录取数人。

辟署制是唐后期兴起的一项重要的选官制度，主要是藩镇和使职可以自辟幕府僚属，不仅扩大了藩镇的选人用人权，也吸引了大批通过科举但因为中央官阙紧缺迟迟得不到职位的士人，以及很多布衣人士、从事工商业的人士都通过辟署制进入仕途，再通过奏荐制，从中央获得官衔。还有一些人又通过铨选、举荐等方式进入职官系统。辟署制的盛行成为藩镇割据的政治基础。五代则采取限制诸道的辟署权，幕职官尽量归中央授予，把一些重要官职由中央控制，限制奏荐名额（主要是府主为幕职官奏衔），无出身的人不得辟署为幕职官，也不得为无出身的人奏荐朝廷授予的官衔。后周更为彻底，废止藩镇的奏荐权力，幕职官的出路没有了，地位和吸引力当然也就下降了。这些循序渐进的举措削弱了藩镇的政治基础，为宋代彻底终结辟署制扫清了障碍，铺平了道路。

四、中央军事力量的加强

五代皇帝的禁卫军和朝官的演变一样，存在一个由内而外的过程。白居易《长恨歌》中的"六军不发无奈何"之句，说的是安史之乱爆发后，唐玄宗携后宫等匆忙逃亡四川途中，到马嵬驿时，随从护驾的禁军发生哗变，不肯前行，要求处死酿成叛乱的罪魁祸首杨国忠和杨贵妃。诗中的六军，就是指担任禁军的六支有名号的军队，有左右龙武军、左右神威军、左右羽林军。唐后期神策军成为禁军，由宦官掌握，一军独大。

　　五代时，仍然沿用六军的制度，但名号有些变化，军号的数量也有变化，与唐后期的神策军一样，成为中央掌控的主要军事力量，不仅担任警卫任务，还出征打仗。而皇帝又逐渐培植了新的亲兵。到后周时，由侍卫马军、侍卫步军和殿前都指挥使，也就是殿前司，组成皇帝侍卫亲军，即所谓的"三衙"，六军制最终退出历史舞台。殿前都检点是殿前司的最高长官，地位高于其他两衙长官有领兵权。赵匡胤即担任这个职务，并在领兵出征途中，发动"陈桥兵变"，黄袍加身，建立了北宋王朝。

　　从唐前期的六军，到唐后期的神策军，再到后周的两司——侍卫亲军司和殿前司，三衙——侍卫亲军马军都指挥使司、侍卫亲军步军都指挥使司和殿前都指挥使司，以及殿前军的崛起，皇帝依靠的禁军（也就是禁卫军），经历了不断整顿和不断重建的过程，奠定了北宋禁卫军的基本结构。

　　唐末以来，各地藩镇都有自己的亲军和类似民兵的武装。五代各朝采取了多种措施，如通过削弱藩镇和刺史权力，收编藩镇亲军为禁军，禁止军镇干涉地方事务等，将兵器制作的权力收归中央，加强对地方官的选用和考核等。虽然很多问题不能彻底解决，但还是取得了一定的成效，也是各朝为加强中央集权做出的努力。而十国的情况比较复杂，各国没有相对统一的制度。

　　总之，加强中央集权的一些制度和做法，逐步削弱并最终革除了唐后期到五代以来不利于集权的弊政，并根据形势的变化进行改革和调整，使五代成为由唐向宋转变的重要时期。

五代义武军节度北平郡王王处直墓彩绘浮雕武士石刻，现藏中国国家博物馆

第六章 隋唐五代的民族关系

第一节　突厥和其他北方民族

　　唐政权建立之后，就面临两个大问题，即对内，如何对待农民；对外，如何对待凭借强大武力不断侵扰内地的东突厥。唐朝统治者采取了坚决抵抗东突厥的政策。这一政策得到民众的支持，因而取得了胜利。唐朝在战胜东突厥之后，又继续向周边扩展影响力。在内部社会经济恢复与发展，统治秩序安定的基础上，唐朝的开疆拓土取得较大的成果。

　　唐前期的对外战争（主要是与周边地区），大致可分为三个阶段：第一阶段，从唐建国到战胜东突厥（618—630 年），这一时期主要对象是东突厥。第二阶段，从战胜东突厥到高宗时期（630—670 年），是唐王朝全力向外扩展时期，西北征服西突厥，控制西域，北方大败薛延陀及东突厥残余力量，东北征服高句丽、百济，唐王朝成为当时世界上最强大的国家。第三阶段，从高宗以后到玄宗天宝十载（670—751 年），这时唐王朝一方面维持控制的地区，一方面和新起的吐蕃、大食争夺中亚及天山南路，唐略占优势。玄宗天宝十载（751 年）是唐影响力由盛转衰的转折之年。这一年，唐朝在西域、南诏、契丹三个方向的战争都失败。从此，唐开始由主动扩张转向被动收缩，有效管辖的区域逐渐缩小。这也是唐政权内部矛盾发展的结果。

一、隋末唐初的北边形势

　　突厥是匈奴之别种，其王室姓阿史那氏，以狩猎、游牧为生。公元 5 世纪中叶，为柔然族征服。公元 6 世纪末，突厥逐渐强大，打败柔然，首领土门自称伊利可汗，建立突厥汗国。木杆可汗时（553—572 年），突厥占据了全部柔然疆土，不断扩张，建立起控制北方草原的强大汗国。最高首领可汗之下，置有叶护、设、特勤、俟利发、吐屯、俟斤等大小官员，还创设文字，制定刑法和赋税制度。南北朝时期，突厥不断侵扰内地，掠夺财物，北齐、北周相互对峙，争相以财帛贿赂突厥，企图利用突厥力量来打击对方。突厥佗钵可汗曾得意地说："但使我在南两个儿孝顺，何忧无物邪！"[1] 突厥的强盛，对中原王朝形成了严重的威胁。

隋初，突厥汗国发生分裂，出现了诸可汗并立的局面。其中大可汗沙钵略可汗和西域地区的达头可汗比较强大。沙钵略可汗名义上是突厥的最高统治者，他在其妻北周千金公主的鼓动下，不断入侵隋朝。隋文帝被迫修筑长城，增加重兵，加强防守。同时采用长孙晟"远交而近攻""离强而合弱"的策略，分化、离间突厥各部。隋文帝开皇二年（582年），沙钵略纠集诸可汗兵力40万，大举南下攻隋。在武威、安定（今甘肃泾川北）、天水、金城（今甘肃兰州）、上郡（今陕西富县）、弘化（今甘肃庆阳）、延安等地大肆杀掠，乃至"六畜咸尽"[2]。隋文帝命河间王杨弘、上柱国豆卢勣、左仆射高颎等率兵分道出击，大败沙钵略可汗军。军事上的失败，引起突厥内部的进一步分裂。沙钵略率兵袭击驻于金山的阿波可汗，阿波不得已西奔达头可汗。开皇三年，阿波与达头联合占有西域，与沙钵略相攻，突厥分裂为东、西两部，史称东突厥、西突厥。

隋末突厥势力又复强大。大业十一年（615年）秋，隋炀帝出巡塞北，始毕可汗帅军十余万，将炀帝包围于雁门（今山西代县）。炀帝遣间使求救于和亲启民可汗的宗室女义成公主，公主遣使告"北边有急"，始毕可汗方解围而去，突厥也脱离隋朝控制。隋末唐初，突厥不仅统一了漠北地区，还控制了中原地区逃避战乱和徭役的大量人口。于是，东起契丹、室韦，西抵吐谷浑、高昌（今新疆吐鲁番）以及北边的铁勒、回纥等又成为东突厥的属

五代义武军节度北平郡王王处直墓彩绘浮雕武士石刻，现藏中国国家博物馆

---

① 《周书》卷50《异域下·突厥》，中华书局1971年版，第911页。
② 《资治通鉴》卷87，中华书局1956年版，第5459页。

《胡人呈马图》，（唐）韩幹绘，现藏美国弗利尔美术馆
图中牧马人形象威武生动，两腮胡须，体格高大壮硕，是为胡人相貌。马匹神骏雄健，是来自西域的优良马种。

部，其控弦之士达百余万。《通典》所谓"戎狄之盛，近代未之有"①。

二、唐朝和东突厥的斗争

唐初，突厥积极地向中国内地发展其势力。隋末起事于北方的各武装集团，如窦建德、薛举、刘武周、李渊、梁师都等人大都向突厥称臣或取得联系，希望得到其兵马助力，而突厥可汗则向这些武装集团首领勒索大量财物。如李渊起兵时，不但向突厥称臣，而且亲自作书相约，如能相助入长安，则民众、土地归唐，金宝归突厥。即位之后，又多次送给东突厥大量的财物。

中原地区的分裂对东突厥有利，因此突厥可汗并不愿中国统一。唐高祖武德二年（619年），即唐政权建立的第二年，突厥与梁师都进攻延州（今

---

① （唐）杜佑：《通典》卷21《突厥上》，中华书局1988年版，第5407页。

陕西延安）诸地。此后，几乎年年与北方割据势力联合内侵。武德七年，唐刚刚结束大规模统一战争，突厥颉利可汗即自原州（今宁夏固原）内侵，李渊几次言及迁都以避之。但李世民据历史上西北各族入侵中原而屈服退让的惨痛经验，坚决反对，并亲自领兵击退东突厥。武德九年秋，唐太宗刚继位，颉利可汗与突利可汗即合兵十余万直抵长安，一直进到渭水便桥之北，长安戒严。唐长安守军仅数万人，形势十分危急。唐太宗亲自到渭水边上和颉利可汗谈判，并将府库中财货尽出贿赂，突厥才同意退兵。

唐朝初年，东突厥成为唐政权最大威胁。突厥在东起河北、西到甘肃的漫长边境上，不断蹂躏侵扰。唐太宗继位不久，统治还不很巩固，"国家未安，百姓未富"，被迫对突厥采取守势，主动议和尽力维护和平局面。但唐太宗一直在积极备战。一方面，消灭北方与突厥勾结的苑君璋、梁师都等武装集团；另一方面恢复发展生产，充实国力，加强军备。太宗曾每日抽调几百士兵亲自教以弓矢。唐朝与东突厥的矛盾已成为当时最激烈的矛盾。

三、东突厥内外矛盾的发展

在唐的势力逐渐强大之时，东突厥却在日渐削弱。由于东突厥内部关系的复杂及颉利可汗的残暴统治，各种矛盾激化起来。

第一，占主导地位的突厥族与附属于突厥的各部族之间的矛盾。东突厥虽然十分强大，其统属部族仍然是各自分散的部落和部族的集合体，经常出现内部矛盾。在颉利可汗为大可汗后，穷兵黩武四处作战，为支持军事向诸附属部族征收极重的贡赋，引起铁勒诸部的薛延陀、回纥、契丹、奚等的反抗。

第二，突厥族内部的矛盾。由于颉利可汗多"变更旧俗，政令烦苛，国人始不悦"[①]，再加上连年饥馑，民多冻馁，杂畜多死，这就使突厥族内部矛盾尖锐起来。

第三，东突厥汗庭与本部各酋长之间的矛盾。由于颉利每委任诸胡（新贵族），疏远族类（旧贵族），旧贵族也不满意。于是，建牙于幽州之北的突利可汗也遂表示不肯再听从颉利的支配而愿归附于唐了。

唐太宗就利用了东突厥的这些矛盾，他一方面用离间的办法加深颉利与

---

① 《资治通鉴》卷192，中华书局1956年版，第6037页。

突利之间的裂痕，接受突利的归降；另一方面，和居突厥北部的、新脱离东突厥统治的薛延陀（铁勒诸部之一）取得联系。唐政府远交近攻的政策更加孤立了东突厥，削弱了颉利可汗的力量。这样，唐力量的加强，东突厥内部矛盾的发展使力量的对比变得有利于唐而不利于突厥了。

四、东突厥的败亡

贞观三年（629 年）年底，唐太宗派大将李靖、李勣（即徐世勣，字懋功）等率军十余万人，分六道大举进攻突厥。战线东到今辽宁，西到甘肃银川一带。贞观四年年初，向北攻的李靖部队取得很大的胜利。颉利向碛口（今内蒙古乌盟西北）败退，又被从陕北北进的李勣部队在白道（今呼和浩特北）阻击，杀得大败。颉利可汗企图伪降，唐太宗遣使者前往。已经会师的李勣决定趁机给以突然打击。在阴山一带，李靖派遣精锐的骑兵突击颉利牙帐，东突厥大溃。李勣又截断了突厥通向大漠以北的道路，东突厥彻底失败，唐军俘虏男女 15 万人，牲畜数 10 万头。企图逃向吐谷浑的颉利可汗也被另一支唐军俘虏。北突厥诸部或北附薛延陀，或西奔西域，其归降于唐的尚有 10 万口。唐王朝的辖境从此扩大至阴山以北、大漠以南。

李靖像

战胜东突厥的结果，不仅解除唐王朝北方最大威胁，使北方生产得到恢复，而且使过去大量流散在外的人民（约 120 万口）返回故土。而在唐太宗及名将李勣等领导之下的这次战争，取得了预期的胜利，意义是十分重大的。这次胜利使唐王朝威信大为提高，西北一些部落、酋长遥尊唐太宗为"天可汗"。凡酋长去世，均以唐下制册立后嗣为继。

五、东突厥败后的北方形势

1.薛延陀

突厥败后，铁勒十五部中最强大的薛延陀部酋长夷男率众南移，势力渐强大，盛兵达 20 万。铁勒是突厥语系的游牧民族的泛称，又称丁零、敕勒、

《职贡图》，（唐）阎立本绘，现藏台北故宫博物院

画作记录了唐时周边各民族和诸边国家的人物形象，描绘了唐太宗时，南洋的婆利、罗刹、与林邑国等前来中国朝贡及进奉各式珍奇物品的景象，反映出唐朝与各民族的融合关系。

高车等。突厥兴起后，漠北的铁勒诸部如薛延陀、回纥、都播、骨利干、同罗、仆固、拔也古、契苾、思结、浑、斛薛、奚结、阿跌等，都臣属于突厥汗国。

突厥分裂后，铁勒各部也大多一分为二。贞观二年（628 年）西突厥内乱，薛延陀首领夷男率部归附东突厥，后联合铁勒诸部反抗东突厥。唐太宗为拉拢夷男削弱东突厥力量，于贞观三年册封他为真珠毗伽可汗。东突厥汗国灭亡后，薛延陀成为漠北强国，胜兵 20 万。太宗采取分化政策，分封夷男诸子为可汗，又于漠南另立突厥阿史那思摩为可汗，更引起夷男不满。贞观十五年，夷男攻阿史那思摩，唐遣李勣出兵攻薛延陀，大败之于白道川。贞观十九年，夷男死，薛延陀内乱。次年，唐太宗以李勣为将，统唐军攻灭了薛延陀。铁勒各部纷纷投降唐朝。

贞观二十年，唐太宗亲赴灵州接见铁勒诸部首领，被尊为"天可汗"。贞观二十一年，唐太宗于其地设六府七州，以各部酋长为都督、刺史，并设燕然都护府予以管理。又于回纥以南、突厥以北开辟"参天可汗道"，沿路设置驿站。唐朝的行政权力扩展到大漠以北的广大地区

2. 东突厥的复兴与瓦解

薛延陀之后，突厥别部车鼻一度强盛。650 年（唐永徽元年）为唐所败。唐在金山（今科布多）及云中（今内蒙古呼和浩特）置瀚海、云中（后改为单于大都护府）二都护府，配置军队，分别控制漠南、漠北诸部族。此后 30 年，北方无事。

到武则天天授年间，东突厥默啜自立为可汗（又称后突厥汗国），地东西万余里，控弦40万，自颉利以后最为强盛，不断与北方及西域唐军进行战斗。

玄宗开元后，东突厥在战争中不断失败。开元四年（716年），默啜在战争中被杀，毗伽可汗势力仍然强大。开元二十年（732年），毗伽可汗死，东突厥内部争夺汗位，互相攻杀，势力大为削弱，部众瓦解。天宝元年(742年），东突厥汗国统治下的拔悉密、回纥、葛逻禄三部起兵，杀死骨咄叶护。天宝四载，回纥怀仁可汗统兵攻击突厥，杀死白眉可汗，东突厥完全瓦解。突厥一部分归附唐朝，一部分西迁中亚，而大部分转入回纥国，回纥亦占据了突厥故地。

第二节　唐王朝对西域的经营

一、隋末唐初的西域形势

隋末唐初的西域形势大体如下：西域的主要统治者是西突厥，它控制的地区，东到阿尔泰山，西到咸海，南至塔里木盆地南部，北到贝加尔湖。唐初，西突厥发生内乱，分裂为东、西二部，攻战不已。不仅力量大为削弱，而且增加了西域各族人民的负担和痛苦，这就给唐太宗向西域进攻创造了便利条件。

太宗到武则天时期，是唐王朝全力向外扩张阶段。

在塔里木盆地两侧及中亚细亚一带，有许多小国，如龟兹、罽宾、康、安、曹、石、吐火罗等国，他们过去与中国有外交和商业上的往来，这时对西突厥的统治颇为不满，倾向归附于唐。

在青藏高原，则是新起的古代藏族所建的吐蕃，正积极向西域发展势力。在东西交通干线上，河西走廊之南，在青海一带的是吐谷浑，在吐鲁番盆地的是高昌。吐谷浑屡次进范，而高昌更是联络西突厥，屡次切断唐与西域的交通。

东突厥的威胁解除后，唐太宗开始积极经营西域。除去满足自己开拓疆土的雄心和欲望之外，还有三个目的，即：一是保护西北边境的安全（唐之

交河故城遗址

交河故城是世界上最大最古老、保存得最完好的生土建筑城市。汉朝为西域 36 国之一的"车师前国"的都城。十六国至唐代为高昌郡、县城遗址,唐西域最高军政机构安西都护府最早就设在交河故城。1961 年被列为国家重点文物保护单位。2014 年 6 月 22 日,作为中国、哈萨克斯坦和吉尔吉斯斯坦三国联合申遗的"丝绸之路:长安—天山廊道的路网"中的一处遗址点成功列入《世界遗产名录》。

政治、军事中心在西北)。二是打通通向西域的通道,以满足西域与唐的贸易需要,这是符合这些小国利益的,因为西突厥不仅统治残暴,而且阻挠贸易。因此要打通西域,就要和西突厥斗争,而西域小国是站在唐王朝一边的。三是阻止新起的吐蕃向西北扩张。所以,唐王朝对西域的经营,还有经济利益与军事需求。

西域形势决定唐太宗向西域扩张的政策是联络吐蕃打击西突厥。步骤则分四步:第一步,联络吐蕃,孤立吐谷浑,然后出兵征服吐谷浑,扫清对河西走廊的威胁,控制通向西域的交通;第二步,灭掉扼西域通道枢纽并与西突厥联盟的高昌,打开通向西域的道路,并切断西突厥与塔里木盆地诸国的联系;第三步,击败塔里木盆地的焉耆、龟兹诸国,并迫使疏勒、于阗等国臣服;第四步,与西突厥作战,争夺天山北路。

二、平定吐谷浑

吐谷浑是鲜卑慕容部的一支。西晋末年，其首领吐谷浑率部西迁至今甘肃、青海一带，建立吐谷浑国。

隋初，吐谷浑袭击隋朝边境。开皇元年（581年），隋文帝以上柱国元谐为元帅，率步骑数万，在青海击败吐谷浑。开皇三年，隋将梁远又大败吐谷浑。大业五年（609年），隋炀帝经营西域，命观王杨雄和许国公宇文述率军大败吐谷浑，其部众来降者10万余口，携牲畜30余万头，其王伏允遁逃。隋在吐谷浑旧地设河源、西海、鄯善、且末四郡，"发天下轻罪徙居之"[①]。吐谷浑被隋击败，臣服于隋。隋末吐谷浑在其王伏允统治之下又复强大。

唐初吐谷浑多次侵袭边境。贞观九年（635年），为制止吐谷浑侵扰及解除西域通道威胁，唐太宗先派使臣与吐蕃联络，孤立吐谷浑，后令李靖统率侯君集等诸军进攻。在青海东北的库山（今青海湟源西南日月山；一说今青海天峻南库库诺尔岭）击败吐谷浑精锐。伏允向西北沙境撤退，并沿途烧掉野草，企图使唐军无法追击。唐军分两路追击，在追击中，唐军表现出了惊人的战斗力。北路唐军在李靖指挥下，一直挺进到今新疆南部，行经数百里荒无人烟的沙漠。南路唐军在侯君集等指挥之下，穿越1000公里的青海高原无人区。北路军成功袭击伏允牙帐，取得决定性的胜利，伏允自杀。南、北两路军在大非川（一说为今青海共和，一说为今青海湖以西布哈河）会师。伏允子慕容顺率众投降，对吐谷浑的战争以唐的胜利结束。

唐太宗仍使慕容顺为吐谷浑君主，率众居其故地，并以唐军数千以制吐蕃。后慕容顺为部下所杀，子诺曷钵归唐，唐妻以弘化公主，后为吐蕃所灭。

三、高昌与塔里木盆地诸国

贞观三年（630年），伊吾（今新疆哈密）归附唐朝，太宗以其地置伊州。其西的高昌王麴文泰曾朝聘过唐，但又保持西突厥附庸地位，认为唐军远隔千里难以出兵。贞观十四年，侯君集率兵到至石口，麴文泰便惊惧病死。唐

---

① 《隋书》卷83《吐谷浑传》，中华书局1973年版，第1845页。

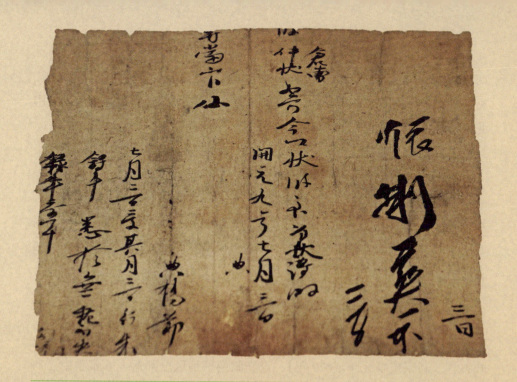

唐开元九年《长行坊牒》，现藏中国国家博物馆
唐代的西州和北庭城塞距离路远难行，未如内地设置驿站系统，而以"长行马"进行联系。长行马不同于驿马，后者按驿换乘。长行坊是"长行马"的管理机构。此残卷是长行坊的牒式文书。

遂灭高昌，以其地为西州。

唐王朝击破高昌之后，奉命支援高昌的西突厥军队在唐军强大压力下投降，唐以其地为庭州（今新疆吉木萨尔北）。贞观十六年，唐军击退西突厥进攻，并乘胜拔除控制新疆南北通道的西突厥附属处密、处月二部所据之地。

此役后，唐的势力继续向天山南路伸张，击灭焉耆、龟兹诸国，迫使疏勒、于阗等国臣服，天山南路完全纳入唐朝控制之下。唐在此设安西都护府，下辖龟兹、疏勒、于阗、焉耆四镇，以控制这片地区。

四、西突厥的瓦解

高宗时期，唐继续向西北扩张势力。从 649 年至 659 年的十年间，唐和西突厥阿史那贺鲁展开激烈斗争。经过长期激烈战斗，在名将苏定方、程知节、肖嗣业等指挥之下，屡次打败贺鲁军。显庆三年（658 年），唐军南北两路 10 余万人会于今伊犁河，与突厥展开战斗，结果贺鲁大败，西逃被俘。突厥各部纷纷投降，长期威胁西北边疆的突厥瓦解。唐朝势力完全控制天山北路乃至咸海以西地区，并设安西、北庭都护府以控制。

东突厥、西突厥虽亡，其残余部落在中亚者势力仍盛。铁勒亦可属广义之突厥，其所建回纥汗国及黠戛斯仍长期存在，并有活动。

攻灭西突厥后，唐的势力由新疆伸至中亚。唐朝声名达到北起里海，南到恒河的广大区域。因此，分布在这些地区的诸国，如昭武九姓、帕米尔高原内小国、波斯、大食以及天竺（印度）、泥婆罗等国先后遣使来唐。唐与上述诸国发生了密切的联系。

五、唐王朝与吐蕃、大食在西域的斗争

生活在青藏高原的吐蕃从唐初开始强大。高宗初年以后，吐蕃屡次进攻吐谷浑。高宗咸亨元年（670 年），今新疆南部地区全部落入吐蕃手中。唐派薛仁贵率兵 10 万征讨，为吐蕃败于大非川（今青海共和），唐军死伤殆尽，吐谷浑也被吐蕃所灭。自后，今甘肃边境一带便常为吐蕃入侵，唐朝主要注意力，便是对付吐蕃。

吐蕃不断扩展自己的领土，成为东到今四川西部、南到印度、西到帕米尔、北到天山的一个强大势力。

武周长寿元年（692 年），武威道总管王孝杰大破吐蕃，收复四镇。唐在西域声威又恢复。但吐蕃仍极强大，时时谋夺安西地区。不久，吐蕃又得到富饶的今青海东部地方，不断向河西地区进攻。但由于唐军防守坚强，战果不大，于是又转而与唐争夺今新疆南部。

吐蕃进攻今新疆南部可走两条路：东路由今青海出祁连山向西北进攻哈密。但这正是唐通西域的咽喉要道，沿途唐军军事据点林立，不易通过。西路由现在西藏西行到克什米尔以北，越过喀喇昆仑山脉，进攻和田一带。克什米尔之北当时有小勃律国，正当吐蕃入今新疆南部要道，所以唐与吐蕃多次争夺小勃律。

此时，西亚阿拉伯帝国兴起，唐代称其为大食。大食向中亚扩展势力，成为唐的另一强敌。永徽二年（651 年），大食灭波斯，与唐直接接壤。神龙元年（705 年），大食开始与唐争夺阿姆河、锡尔河流域地区。

吐蕃与大食曾多次联兵进攻中亚各国。玄宗开元三年（715 年），二者

联兵进攻归附于唐的拔汗那国（中亚古国），废其王，另立一王，旧王奔安西求援。唐军万余人在张孝嵩率领下自龟兹西出万余里，下数百城，见拔汗那新王，威震西域，大食、康居等八国皆派使请降。但大食势力仍继续发展，吐火罗、安、康等国均被其征服。开元十五年，中亚诸国均落入大食控制之下。由于赋廪繁重，中亚诸小国纷纷向唐求援。唐未直接派兵，但中亚诸小国仍不断向唐朝贡，说明唐在中亚的影响力之大。

玄宗天宝六载（747 年），吐蕃以女属小勃律，并唆使周边小国叛唐。为堵住吐蕃进攻新疆南部的道路，为切断吐蕃与大食的交通，大将高仙芝（安西副都护）将兵万余人从安西（今新疆库车）出发，跨越帕米尔高原远征小勃律。唐军经过疏勒，过帕米尔河，攻下沿途吐蕃据点。穿过坦驹岭，进攻小勃律，翻越四千米的兴都库什山达科特山口。这次远征中，唐军表现了十分坚毅的精神。过岭时，高仙芝恐士卒惧险，不肯下，先令人着阿弩越胡服，假充岭下阿弩越城使者通降，并诈言通往吐蕃的娑夷桥已断，士卒乃下。到小勃律时，派人折断藤桥。刚断，吐蕃兵大至，不得渡。高仙芝遂从容俘小勃律王及吐蕃王后而归。

通过一系列战役的胜利，唐在西域的声威恢复了，中亚等诸国都震恐归附，拂菻（东罗马帝国）、大食等遣使与唐修好。

天宝十载（751 年），高仙芝将兵向大食进攻，到怛罗斯（哈萨克斯坦境内，一说为吉尔吉斯斯坦境内），唐军所属葛逻禄部反叛，与大食夹攻唐军，高仙芝大败，仅数千人逃回。此后不久安史之乱爆发，唐失去帕米尔高原以西地区的控制权，帕米尔高原以东地区，唐继续保持了一段时期，直到德宗贞元六年（790 年），为吐蕃攻陷。这次战争中有大批唐朝工匠为大食俘获，其中造纸术随被俘士兵西传，对欧洲乃至世界科技、文化发展和传播产生了重要影响。

第三节　吐蕃

一、早期吐蕃政权

吐蕃是藏族的祖先，分布在青藏高原，主要从事高原畜牧业和高原农

《步辇图》，（唐）阎立本绘，现藏北京故宫博物院

贞观八年（634年），吐蕃三十二世赞普松赞干布遣使臣到长安，向唐王朝求婚联姻，唐太宗李世民答应了他的请求，决定将宗室女文成公主许配给松赞干布。贞观十五年（641年）春天，松赞干布派相国禄东赞到长安来迎接文成公主，唐太宗李世民则派礼部尚书江夏王宗室李道宗陪同文成公主进吐蕃。文成公主除了带去很多中原地区的文化典籍外，随行的还有许多各种行业的工匠，对于促进吐蕃经济、文化的发展起到了重要的作用。此后很长一段时间里，唐王朝和吐蕃之间关系融洽，和睦相处。

画中太宗李世民端坐在六人抬坐榻（即步辇）上，前站立三人：右穿红袍为唐礼官，中为禄东赞，左穿白袍为内官。

业。公元6世纪末，吐蕃已"颇有城郭"，最主要城市为逻些城（今西藏拉萨）；手工业方面，尚不知制作陶器，但冶金技术已比较发达，已知冶炼金、银及铜。此时吐蕃进入原始社会末期，已有贵贱之分，出现了私有财产。君主称赞普（意为雄强的丈夫），贵族大论、小论等协助其处理事务，并出现了刑法。吐蕃全国皆兵，有盛兵数十万。已经有了奴隶，但尚无文字，也没有历法，以麦熟为岁首。信巫术，但已开始接受佛教。

二、松赞干布时期的吐蕃

唐初，公元7世纪30年代，赞普松赞干布（弃宗弄赞）继位，吐蕃社会开始飞跃发展。在松赞干布努力下，统一了吐蕃各部，建立了国家，以逻些城为都城。征服附近部落，南降泥婆罗（尼泊尔），西臣西域各国。

太宗贞观八年（634年），吐蕃遣使来唐，并曾发兵击败吐谷浑。唐为向西方扩张，乃与之结盟。松赞干布羡慕中国文化，屡次遣使求婚。贞观十五年（641年），太宗以宗室女文成公主妻之，松赞干布特别为之筑一城。吐蕃从此与先进汉族文化进一步接触。

中国的服饰、习惯亦传入吐蕃，出现了仿唐形式宫室、历法、度量衡。吐蕃且派遣贵族子弟到长安学习。

松赞干布时期，吐蕃实行多项改革，主要内容如下：第一，积极吸收中国文化。唐曾应其请，派遣工匠去吐蕃，将蚕种、酿酒、制碾硙、制陶等技术传入，促进吐蕃社会的进一步发展。第二，仿照印度文字制定藏文，做字母30个。同时，初步制定藏语拼音、缀句、文法。第三，创立成文法，引入佛教的"十善"，即不杀、不盗、不淫、不嫉妒、不忿恨、不愚痴、不谎话、不巧辩、不挑拨、不恶骂，制订"十六条法"，即具体法律条文。第四，提倡佛教，派人到印度学习梵文经典。

在松赞干布时期，吐蕃社会正处于转变和跃进阶段。松赞干布的改革措施，加速了这个过程。因之，他在藏族历史上被认为是有才能、贡献卓著的赞普。

此时吐蕃社会已从原始社会末期过渡到奴隶社会，最明显的标志是阶级分化及国家之建立。这一变化，是吐蕃社会本身发展的结果，但唐文化的输入，对吐蕃社会发展起了重要促进作用。

三、唐前期与吐蕃的关系

贞观二十三年（650年），松赞干布去世。此后百余年，吐蕃王朝凭借强大武力，不断对外扩张，并与唐朝展开了争夺西域和剑南的斗争。唐蕃之间爆发了长期激烈的军事对抗，双方互有胜败。

高宗初年，吐蕃屡次进攻吐谷浑。咸亨元年（670年），唐将薛仁贵率兵十万征讨，为吐蕃败于大非川（今青海共和），吐谷浑被吐蕃所灭。武周长寿元年（692年），武威道总管王孝杰大破吐蕃，收复被吐蕃一度攻占的安西四镇。唐在西域声威又恢复。唐与吐蕃在西域和西南开始了长期的军事对峙。

中宗时，对吐蕃又采取和亲政策，以宗女为金城公主下嫁，并以河西九曲之地（今甘肃青海交界的黄河附近地区）为汤沐邑。这片水草肥美地区，大大增加了吐蕃实力。

玄宗时，吐蕃与唐争夺今青海、甘肃一带地区。唐征战小勃律的斗争也很激烈。天宝十载（751年），南诏叛唐，归顺吐蕃。

吐蕃虽然与唐朝进行了长期的军事斗争，但双方的友好往来始终不断。自文成公主入藏后，内地文化大量输入吐蕃。许多唐朝文士被聘到吐蕃管理文书，不少吐蕃贵族子弟也到长安国子监学习。文成公主到吐蕃时，带去了许多医药与建筑书籍、手工艺品及植物种子。唐高宗时，又给吐蕃送去蚕种，并派遣很多擅长酿酒、制碾硙、造纸笔墨的工匠到吐蕃传授技术。唐中宗时，吐蕃赞普与唐修好。景龙四年（710年），唐中宗将金城公主嫁于吐蕃赞普尺带珠丹。金城公主带去锦缯数万匹，还有多种工匠和一支龟兹乐队。吐蕃还通过互市，向唐朝购买丝绸、茶叶等物品。内地的先进文化和生产技术的输入，对吐蕃经济文化的发展起了重要的推动作用。吐蕃的马匹、金银器和药材等也不断输入内地，长安的不少妇女还仿效吐蕃人在脸上涂赭红色，称为"吐蕃妆"。密切的经济和文化交流加深了唐蕃人民的情谊。玄宗开元时弃隶缩赞（尺带珠丹）上表说："外甥是先皇帝舅宿亲，又蒙降金城公主，遂和同为一家。天下百姓，普皆安乐。"[1]这是唐代汉蕃人民友好关系的反映。

四、安史之乱后唐与吐蕃的斗争

唐王朝"及潼关失守，河洛阻兵，于是尽征河陇、朔方之将镇兵入靖国难，谓之行营"。[2] 西北边疆上的唐精锐部队先后调至东方，吐蕃乃乘机加大了侵扰的力度。乘唐西北边防空虚，吐蕃夺取了河西、陇右之地，并完全控制了西域。代宗广德元年（763年），吐蕃一度攻陷长安，其国力达到鼎盛。

吐蕃主要从陕甘地区和西南地区进犯唐边境。肃宗时，凤翔之西、邠州之北尽为吐蕃所占，唐失去陇右数十州之地。代宗宝应二年（763年），吐蕃长驱入关中，各道兵皆不至。代宗出奔陕州，吐蕃军攻占长安，拥立金城

---

① 《旧唐书》卷196上《吐蕃传上》，中华书局1975年版，第5231页。
② 《旧唐书》卷196上《吐蕃传上》，中华书局1975年版，第5236页。

公主之兄李承宏为帝,大肆剽掠,长安为之一空。郭子仪征调诸道军队,才迫使吐蕃撤兵,代宗返回长安。同年,剑南的西山诸州(松、维、宝)也陷入吐蕃手中了。代宗广德二年,因宦官鱼朝恩、骆奉先等诋毁,唐将仆固怀恩无以自明,率军叛乱,引吐蕃、回纥10万众抵奉天,长安戒严。郭子仪利用吐蕃与回纥间的矛盾,与回纥结盟,共击吐蕃。此后,吐蕃又多次进逼长安。从广德二年至大历十一年(776年),凉、甘、肃、瓜等河西诸州全部被吐蕃攻占,长安去往安西四镇的道路被切断。

德宗继位后,曾借吐蕃兵平朱泚之乱,试图与吐蕃讲和,甚至一度打算割安西、北庭之地。贞元元年(785年),吐蕃再次抵近关中,长安为之戒严。贞元二年,吐蕃又入陇川(今陕西),大肆掳掠。贞元三年,唐与吐蕃在平凉(今甘肃)定盟,但吐蕃不久背盟,唐蕃战争又继续下去。

五、唐联合诸部防御吐蕃

吐蕃不断进犯唐境,还与回鹘、大食相攻不已。南方的南诏不堪吐蕃的压迫,希望独立。为牵制吐蕃,唐政府联络邻接吐蕃的诸部,对吐蕃进行战略包围。贞元三年(787年),宰相李泌对德宗说:"臣愿陛下北和回纥,南通云南,西结大食、天竺,如此,则吐蕃自困。"[①]韩滉、贾耽、韦皋等也提出相同建议。

贞元三年,唐与回纥求和亲。贞元四年,西川节度使韦皋派人使南诏;次年,南诏与唐结盟。此后,唐对吐蕃的防御渐由被动转为主动,并取得一些胜利。贞元十七年,唐大举进攻吐蕃,回纥兵出其北,剑南攻西川,南诏攻其东,大败吐蕃,尽克巂(xī)州(今四川西昌)之地。吐蕃西南一线损失惨重,有力地牵制了其对朔方、灵武的侵扰,极大改变了唐的边境形势。

但吐蕃仍极力向西扩张,攻陷陇右后,长安通西域的道路被切断。唐驻防安西、北庭二都护府军队成为孤军,唐军凭借长期经营西域的威信,联络回纥与沙陀,共同抵抗吐蕃的进攻,孤立无援中坚守西域近30年。贞元元年,河西最后一个据点沙州(今甘肃敦煌)失陷。贞元六年,吐蕃陷北庭,唐朝势力最后退出西域。

唐宪宗继位之后,虽也有意收复河煌,却因集中力量扫平河朔藩镇,只

---

① 《资治通鉴》卷233,中华书局1956年版,第7502页。

得与吐蕃议和，同意开设互市，但吐蕃依然不断侵袭边境。

六、吐蕃的衰落

公元9世纪40年代以后，吐蕃因长期战争消耗，加之天灾及内乱等内部矛盾激化，又因王位继承问题发生内战，青海、河西地区的尚恐热与尚婢婢又互相攻击，逐渐走向衰落。

穆宗长庆元年（821年），吐蕃赞普可黎可足遣使入唐，请求会盟修好。双方分别在长安和逻些举行了会盟仪式，相约各守疆土，"患难相恤，暴掠不作"，不相侵犯，永远和好。为纪念此次盟约，长庆三年，可黎可足在逻些修建了唐蕃会盟碑，用汉、藏文字书写盟词。此碑至今仍屹立在拉萨大昭寺前，成为汉藏人民友谊团结的珍贵物证。

公元9世纪中叶，吐蕃社会内部的阶级矛盾和统治阶级内部矛盾日趋尖锐化。武宗会昌二年（842年），吐蕃达磨赞普死，王后立兄子乞离胡为赞普，吐蕃大乱。

宣宗大中三年（849年），已陷入吐蕃之手的秦（今甘肃天水）、原（今甘肃固原）、安乐（今宁夏同心）三州及石门等七关[①] 脱离吐蕃归附于唐。河西一带虽陷于吐蕃，但百姓仍服中国衣冠，遇唐使者，老人皆拜泣，问天

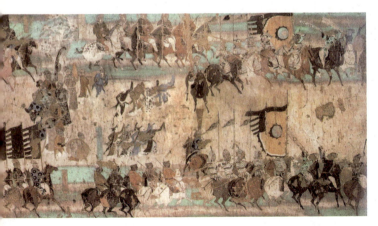

子安否。[②] 在当地大族豪强张议潮领导之下，河西地区人民起义，驱逐吐蕃官吏。张议潮又发兵，收复伊、西、瓜、甘、肃等10州。大中五年，张议潮以11州之地归唐，遣其兄议潭入朝，被封为归义军节度使，河湟之地尽入于唐。此后，张氏家族和曹氏家族先后统治敦煌地

唐壁画《张议潮统军出行图》，发现于甘肃敦煌莫高窟第156窟

---

① 唐在原州设石门、驿藏、制胜、石峡、木峡、六盘、木靖七关。

② 《新唐书》卷216下《吐蕃传下》，中华书局1975年版，第6102页。

区达 60 年之久。

懿宗咸通十年（869 年），吐蕃东部奴隶、平民起义，迅速发展到全境，这次起义持续了 9 年，虽然最终失败，但吐蕃政权因此土崩瓦解。

第四节　西南地区与南诏政权

一、南诏的建立

六朝以来，西南地区活跃着东爨乌蛮，西爨白蛮，大体分布在云南北部及四川西南部。他们均非云南土著，而是原先活动于秦陇一带之氐、羌族（氐多为白蛮，羌多为乌蛮），而沿岷山山脉两侧南下者。

六诏即六个部落。蛮语称王为诏（氐语），故为六个部落，分别为蒙嶲诏、越析诏、浪穹诏、邆赕诏、施浪诏、蒙舍诏六诏，大致位于今云南西部。六诏之中，蒙舍诏最南，势力最强，后统一六诏建国，故称南诏。

南诏之兴起约在公元 7 世纪以后。到天宝初年，势力强大。从公元 8 世纪中至 9 世纪末，为西南地区大国。北抵大渡河，东达贵州遵义及广西西部，南至今越南、泰国北部，北及今缅甸北部。至 902 年始灭，共 200 多年。

由于自身社会的发展和受先进唐文化影响，南诏社会经济生活进步显著。南诏人主要从事农业，水田种稻，已知牛耕。一牛三夫，前挽、中压、后持，并知纺织。东部兼养蚕，能织锦、缣。手工业方面，能开采井盐、织锦、制革及冶金、产金。以缯帛及缣为交易媒介（有商品交换及货币）。

这时已有私有制，土地按等级进行分配，凡田五亩曰双。上官授田四十双，上户三十双。从剥削情况看，"无贵贱皆耕，不徭役，人岁输米二斗。一艺者给田，二收乃税"[①]，似乎还保留了农村公社的组织。

社会组织方面，国王称诏，旗下有清平官，决国事轻重，如唐之宰相。清平官设有"爽"，管理不同的事务。幕爽主兵，琮爽主户籍，慈爽主里，罚爽主刑，劝爽主官人，厥爽主制造，万爽主财用，引爽主课，禾爽主山谷。"爽"即"省"的意思。都爽总三省。

---

① 《新唐书》卷 222 上《吐蕃传上》，中华书局 1975 年版，第 6270 页。

地方沿用部落组织，百家设一总佐，千家设一治人官，万家设一都督。人户壮者皆为战士，有马为骑军，以邑落远近分四军，以不同旗帜相区别。

在文化方面，南诏人俗奉天师道，受汉文化影响颇深，但亦受吐蕃文化影响。如立战功则赏赐披大虫（虎）皮，即吐蕃制度。

综上所述，南诏在唐文化影响下，虽然还残留着很多奴隶制因素，但已进入初期封建社会。

二、唐前期与南诏的关系

高宗永徽四年（653年），南诏首领细奴逻遣使朝参。其子逻盛炎武后时入朝，闻其妻生子夺田，"我又有子，虽死唐地，足矣"[①]。开元时，皮罗阁灭五诏，玄宗开元十二年（738年）册封其为云南王，建都大和城（今大理南15里）。南诏正式建国。

南诏和唐的关系一直是很亲密的，各项制度受唐朝影响很深。皮逻阁养子阁罗凤即位后，唐诏关系发生了变化。玄宗派人侵占了南诏境内安宁城的盐井，阁罗凤与其妻过云南，为太守张虔陀侮辱，其又向阁罗凤勒索。阁罗凤被迫起兵。唐鲜于仲通派兵进攻，阁罗凤谢罪请和，并表示如不许和，当归附吐蕃。仲通不许，与战大败。南诏遂归附吐蕃。吐蕃以之为弟，封为赞普钟（"钟"即"弟"）。杨国忠时任剑南节度使，调兵10万，以李宓领之，战败于大和城，从军将士死者十之七八。

南诏深受唐文化影响，并不愿与唐交恶。阁罗凤打败唐军后曾刻碑言是不得已而叛唐，且曰我世世事唐，受其封爵。后世仍复归唐，当指碑以示唐使者。知吾之叛，非本心也。此即"南诏德化碑"，至今保存在云南大理太和城遗址内。

三、唐后期与南诏的关系

1. 唐与南诏修好

安史之乱时，南诏攻西川，俘唐西泸县（今四川西昌）令郑回，其后任南诏宰相，对南诏的政策有极大的影响。

南诏投归吐蕃实属无奈之举。到公元8世纪末，国王异牟寻(阁罗凤孙)

---

① 《新唐书》卷222上《吐蕃传上》，中华书局1975年版，第6270页。

遂有脱离吐蕃、归附唐朝之心。吐蕃虽封异牟寻为日东王，但对南诏却课以极沉重的赋役，夺取南诏险要地区，设立城堡，加以控制。每年征调南诏大量兵员去防守。吐蕃攻唐时，又以南诏军队为前锋，南诏十分怨恨。

郑回极力进言，"中国尚礼仪"，"无所求取"。归附之后，将"无远戍之劳，重税之困"[①]。其时正值韦皋镇蜀，亦认识到南诏在与吐蕃斗争中的重要作用，并遣崔佐时使南诏，双方定盟。唐德宗贞元十年（794年），吐蕃与回纥争夺天山北路，向南诏征兵。异牟寻派五千人假充应征，趁吐蕃不备，举兵反击打败吐蕃。此后，唐既封异牟寻为"南诏王"。贞元十七年，南诏配合唐对吐蕃展开围攻，攻入吐蕃核心地区，俘获甚多。

韦皋镇蜀时，又开清溪道以通南诏，自黎州（今四川汉源西北）渡大渡河而南，出清溪峡之清溪关至嶲州（今四川西昌），再至南诏首都阳苴咩城（今云南大理）的交通要道，清溪关为此道要隘，故名。又选南诏蛮子弟，送之成都，教以书术，业成则去，复以他子弟继之。这对南诏文化发展也有良好的影响。南诏的势力也日益膨胀起来。

文宗太和三年（829年），西川节度使杜元玉专务聚敛，苛待士卒。西南戍边之人衣食不济，皆入蛮境抄掠，南诏人反资以衣食。于是士卒将西川实情告诉南诏，且竞相为向导，引南诏兵大举入蜀，攻下嶲州、戎州（今四川宜宾）、邛州（今四川邛崃），甚至攻入成都外郭，大掠而去。次年，李德裕任西川节度使，于大渡河北修筑城堡，增兵防戍。双方互守边境，唐与南诏基本维持和平关系达30年。

随着唐与吐蕃均日渐衰落，南诏的力量却强大起来。唐王朝刚从吐蕃的威胁下解脱出来的时候，又陷入与南诏的长期战争之中。

2. 唐与南诏的长期战争

战争起因是唐先后任安南都护的李卓及李户为政贪暴。李卓强购安南民众的马牛，一匹马或一头牛只给一斗盐。而当地最强的部落杜氏，其酋长先后被李卓、李户杀掠两人。另一方面，唐将又苛待士卒，如四川将官"给帛则以疏易良，赋粟以沙参粒。故边卒怨望而巴、蜀危忧"[②]。造成边境各族民众的反抗及边防的空虚。南诏便是在这种情况下，成为西南边防的严重

---

① 《旧唐书》卷197《南蛮传》，中华书局1975年版，第5281页。
② 《新唐书》卷215上《突厥传上》，中华书局1975年版，第6027页。

威胁。

安南民众起而反抗唐的暴政，起源于南诏。南诏势力从此深入安南，旁及今广西、贵州。宣宗大中十三年（859年），南诏兵一度攻下播州（今贵州遵义）。860—863年，两度攻下交趾（今越南北部）。懿宗咸通二年（861年），一度攻下邕州，唐不得不调河南、山东、荆、襄、潭、鄂、洪等各地兵去抵挡。但始终无功，而士卒冒瘴雾而死者达十之六七。咸通五年，唐用高骈为安南都护。咸通七年，攻防交趾之役即屠守城兵民凡3万余人，才逐步挽救唐在安南的颓势，击退南诏，将安南民众的反抗力量镇压下去。此后，唐为防止南诏向安南发展，便在广西一带设重兵戍守。

南诏于出兵安南的同时，又不断向今四川和西藏东部出兵骚扰。咸通六年，一度攻入嶲州。及在安南失败之后又以全力侵扰四川、西康方面。咸通十年，击败防守大渡河的唐军，遂全师渡河。攻占黎、雅（今四川雅安）二州。咸通十一年正月，进逼成都。围攻多日，未下而退。僖宗乾符二年（875年），唐又把高骈调任西川节度使。高骈采取极残酷的屠杀政策，一次杀害南诏酋长等数千人。此时，南诏与唐战争已延续近20年，中国为之虚耗，南诏也国力疲弊。乾符四年，南诏王死，继位者便改变政策，遣使求和亲，双方签订停战议和。此后，南诏衰落，唐爆发黄巢起义，双方无力再战。唐王朝不久就在农民战争的打击下走向灭亡。

3.南诏的灭亡及其对唐朝的影响

唐与南诏的长期战争，对唐有严重影响。自从唐对吐蕃的斗争取得胜利后，边患稍疏。大中十三年（859年）时，"内库赀积如山，户部延资充满"[1]，各道库钱亦积蓄甚多，西川达300万缗。经过十几年的战争，唐政府"赋输不纳京师者过半，中藏空虚"[2]，征戍的戍卒大量死亡，以至出现"燎骨爨（灰）"的惨状。而久戍不归的戍卒，为了返回故乡，便起而反抗。庞勋起义即因此而起。《新唐书·南诏传》记载："唐亡于黄巢，而祸基于桂林。[3]"便指明了唐与南诏长期战争所产生的后果。

由于唐政权日益衰落，南诏叛降不断，成为唐后期主要边患之一。文宗

①　《新唐书》卷222中《南蛮传中》，中华书局1975年版，第6292页。
②　《新唐书》卷222中《南蛮传中》，中华书局1975年版，第6292页。
③　《新唐书》卷222中《南蛮传中》，中华书局1975年版，第6295页。

太和二年（829年），南诏攻破成都，"大掠子女、百工数万人及珍货而去"①。此后，南诏与唐的关系又趋恶化，不断发生战争。至唐僖宗时，又与唐修好。公元10世纪初，南诏大臣专权，王室衰微，统治阶级内部矛盾激化。昭宗天复二年（902年），执政大臣郑回七世孙郑买嗣推翻蒙氏王朝，自立为王，建立大长和国（902—928年）。南诏立国165年，至此灭亡。

尽管南诏与唐朝数度兵戎相见，相互对峙，但双方的经济、文化交流始终频繁。郑回将中原文化大量传入南诏，还大力传播儒学。唐西川节度使韦皋在成都设立学校，招收南诏子弟入学，学成回国的人"殆以千数"。唐朝的诗文、书法在南诏也很流行。南诏攻陷成都后，俘去大量的汉族工匠，这些工匠把丝织技术传入南诏，促使南诏手工业尤其是丝纺织业得到发展，其技术甚至赶上了唐朝。南诏地区传入内地的物产器物也很多，主要有生金、丹砂、浪剑、白叠布等各种土特产和乐器等，进一步密切了唐朝与南诏之间的经济和文化联系。

第五节　回纥

一、唐前期唐与回纥的关系

北魏及隋唐之际，回纥与薛延陀等同为铁勒十五部之一，居于色楞格河（流经今蒙古和俄罗斯中东部）一带，与薛延陀等皆臣属突厥。这时，回纥是"无君长、居无恒所，随水草流移。人性凶忍，善骑射，贪婪尤甚，以寇抄为生"②。胜兵5万人，人口10万人。

唐初，回纥曾与薛延陀联兵反抗突厥，以5000骑兵大败突厥10万人，威震漠北。唐征灭薛延陀后，回纥则居有其地，很快发展起来。此时，酋长吐迷度始称可汗，在形式上与唐保持臣属关系。太宗贞观二十一年（647年），唐在漠北推行羁縻府州制度，以回纥部为瀚海都督府，任命回纥酋长吐迷度为怀化大将军兼瀚海都督，吐迷度自称可汗。东突厥汗国兴起后，回纥部族

---

① 《资治通鉴》卷244，中华书局1956年版，第7868页。
② 《旧唐书》卷195《回纥传》，中华书局1975年版，第5195页。

新疆柏孜克里克石窟壁画《回鹘男供养人》，现藏德国柏林亚洲艺术博物馆

再次遭突厥贵族奴役，其中一部分南迁至甘、凉间居住。玄宗开元中期以后，东突厥汗国衰乱，回纥又逐渐强大起来。天宝三载（744年），唐玄宗册封回纥首领骨力裴罗为怀仁可汗。次年，骨力裴罗攻灭后突厥汗国，尽有突厥故地，于是回纥汗国"斥地愈广，东际室韦，西抵金山，南跨大漠"①，再次成为漠北强国。回纥强大的骑兵经常为唐王朝东征西讨，对稳定北方边境起了重要作用。

唐玄宗时，回纥势力更加强大。骨力裴罗统一漠北，击杀突厥乌苏米施可汗，统一回纥九姓诸部及周围拔悉密、葛逻禄等十一部落。疆土西起阿尔泰山，东到黑龙江附近，领有大漠南北广大土地，成为北方最强大力量。

二、安史之乱后唐与回纥的关系

安史之乱爆发后，唐曾向回纥请兵，相约光复两京后，土地悉数归唐，金帛子女归回纥。回纥遂先后三次遣兵助唐，肃宗且以其亲女下嫁回纥可汗。洛阳收复后，曾被回纥大掠。而且，凡是其居地及行军所经之地，都被剥掠，民众的生命财产受到极大损失。

从出兵助唐平定内乱的过程中，回纥看出唐政权力量薄弱，遂有侵中国之心，企图进攻唐朝。唐则用和亲、送礼等办法企图缓和回纥的南进。但回纥仍在代宗永泰元年（765年），受唐叛将仆固怀恩勾引，联合吐蕃、吐谷浑、党项等20余万人进攻长安。长安震动，代宗西逃。元帅郭子仪竭力

① 《资治通鉴》卷215，中华书局1956年版，第6863页。

抵御。因为怀恩暴死，吐蕃、回纥合围泾阳（今陕西）之后互争雄长，郭子仪利用此一矛盾及唐政府和他在回纥酋长中的影响，单骑入回纥营，说服回纥与唐结盟，共击吐蕃并大破之，才转危为安。

唐德宗贞元四年（788年），武义天亲可汗上表请改称回鹘，取"回旋轻捷如鹘"之义①。宪宗元和三年（808年），保义可汗连续击破吐蕃、大食，征服葛逻禄，收复北庭、龟兹，疆域达到费尔干纳，令唐代丝路交通重新打开。

郭子仪像

三、唐与回鹘的贸易

唐极力维持与回鹘关系，可从双方的马绢贸易看出来。唐边疆驻军乏马，需回鹘马。从肃宗以后，回鹘每年遣使以马换缯帛。马一匹换绢四十乃至五十匹，一次就是几万匹乃至几十万匹。史载，马多病弱，不可用，而唐每年需付出绢帛百余万匹，以致中国财力屡竭。但唐朝所输之绢也往往疏阔，尺寸欠缺，回鹘亦称"无可用"，唐朝还被迫出内库金帛偿还马价，并强制保证换马绢帛的质量，结果回鹘马来多一倍。白居易在《阴山道》一诗中对此有生动的描述，"阴山道，阴山道，纥逻敦肥水泉好。每至戎人送马时，道旁千里无纤草。草尽泉枯马病羸，飞龙但印骨与皮。五十匹缣易一匹，缣去马来无了日。"②应该说双方都在交易中蒙受很大损失，似乎是一种不等价交换。但唐朝为了避免战争，也只好忍痛迁就，这也是造成唐后期财政窘迫的原因之一。

通过绢马贸易，回鹘满足了本民族生活的需要，也刺激了本民族畜牧业的发展，还承担起了居间贩卖丝绢的职能。也就是说，在东西方的贸易中，回鹘在一定程度上担任了中间商，并获得了利润。对唐政府来讲，通过绢马

① 《资治通鉴》卷233："贞元四年（788年）戊辰，冬，十月，戊子，回纥至长安，可汗仍表请改回纥为回鹘，许之。"中华书局1956年版，第7515页。
② （唐）白居易撰，顾学颉点校：《白居易集》卷4《阴山道》，中华书局1979年版，第81页。

唐舞马衔杯仿皮囊式银壶，现藏陕西历史博物馆。银壶高 18.5 厘米，整体造型仿照骑马的游牧民族储水用的皮囊。

贸易，满足了军队马匹与骑兵装备等需要。

通过绢马交易，加强双方的交流与合作，还可以联合回鹘防御吐蕃，也可以防止回鹘和河朔藩镇结盟。说到唐朝用劣质的丝织品来应付回鹘的马价，其实回鹘带来的马也有一些质量不高的，所以往往有每岁死伤十六七这样的说法。这些马匹当中，有很多病畸之马，不是质量好的，但大多数的马还是可以的。《新唐书·兵志》中曾经记载说回鹘卖给唐的马皆病弱不可用，恐怕也是夸大其词。因此在长时期的边境比较安定、内部也相对稳定的局面下，唐和回鹘通过这样的贸易也能在一定程度上达到安全和稳定的目的。尽管唐政府为了支付马价，财政支出窘迫不堪，但仍然长期坚持绢马互市，也是因为有利于边防的安全，有利于内部的稳定。

当时吐蕃虽然切断了唐政府与西域的交通，陆路贸易却还没有完全断绝，商人可从回鹘（回纥）往来，并受到回鹘的保护。回鹘自己也进行贸易。代宗时，长安西域商胡有数千人，其中可能有不少是回鹘人。大量的胡商对中外贸易的发展与文化的交流，起了积极的作用。

四、回鹘的衰落

回鹘（回纥）称雄于北方时，对北方诸部族经常加以侵扰。故唐德宗贞元六年（790 年），吐蕃攻陷安西、北庭时，曾联合这些部落给回鹘以严重的打击，促使回鹘逐渐衰落。而回鹘西北的黠戛斯（居于伊吾之东、焉耆之北）强大起来。从公元 9 世纪 20 年代末与回鹘（回纥）展开了近二十年的斗争，大大削弱了回鹘的力量。唐文宗开成四年（839 年），回鹘国内，"连年饥疫，羊马死者被地。又大雪为灾"[1]，统治阶级内部也发生剧烈斗争，社

---

[1]　（宋）王溥：《唐会要》卷 98《回纥》，中华书局 1960 年版，第 1749 页。

会秩序大乱。开成五年，黠戛斯趁机攻破回鹘，牙帐被焚，余众四散。一支南逃到唐的天德塞下，所率人众六十里而不见其后。当时，就有人主张与吐谷浑、沙陀等共击之，而李德裕坚持怀柔为主。回鹘内部亦发生矛盾，一部投降唐朝，一部驻于北方，为患边境，不久为唐击败，黠戛斯又收其余众归碛北。大部则西迁，有的留在今新疆，即今维吾尔族祖先；有的远到葱岭；剩下一些归甘州。势力渐弱，最终衰落。

关于回鹘（回纥）与唐的关系，《旧唐书·回纥传》论曰："比昔诛戎，于国之功最大，为民之害亦深。[1]"由此看到唐回关系的复杂性。

第六节　靺鞨和奚

一、靺鞨与渤海国

靺鞨居于今松花江流域、乌苏里江流域及长白山一带。其境东至海，南接高句丽，西接突厥，北邻室韦。部落数十，最强大者为粟末部及黑水部。

黑水部居东北，今松花江、乌苏里江下游。生活较原始，穴居，辫发（东北习俗），逐水草而居。多养猪，富者至数百口，死者无棺椁之具。贵壮、贱老，父子相承，是为君长，大概还处于原始社会父系氏族制度时期。但亦似有私有制的萌芽。唐高祖武德（618—626 年）时，黑水靺鞨遣使朝贡，唐于其地置燕州，以其首领突地稽为燕州总管。玄宗开元十年（722 年），唐在其地设勃利州（即伯力，今俄罗斯哈巴罗夫斯克），以其首领为刺史。开元十三年，唐朝在黑水靺鞨地置黑水军。次年，又以其最大部落为黑水都督府，其余各部为都督府下属的州，任命各部首领为都督、刺史，而由中央派遣官吏为长史。开元十六年，唐玄宗赐其首领姓名为李献诚，授以云麾将军兼黑水经略使。此后，黑水靺鞨与唐朝联系紧密。五代时，契丹族兴起，黑水靺鞨沦为契丹的附属。

黑水部西南的粟末靺鞨居松花江上游及长白山一带，文明程度较高。其一部曾附于高句丽，后高句丽灭，遂东移至上述地区。武周圣历元年（698

---

[1]　《旧唐书》卷 195《回纥传》，中华书局 1975 年版，第 5216 页。

年），其首领大祚荣建国，自称"震国王"。先天二年（713年），唐玄宗在粟末地区设忽汗州都督府（又称渤海都督府），并册封大祚荣为渤海郡王、忽汗州都督。

渤海一度成为东北大国，东至海，北至黑水（黑龙江），西接契丹，南到朝鲜半岛北部，与新罗分境。渤海国曾努力汉化，多次派遣留学生到唐求学。几乎完全采用唐的政治制度，有年号、谥法。地分五京（影响以后辽及女真）、十五府、六十二州。模仿中国皇族的称呼。官有宣诏省（门下）、中台省（中书）、政堂省（尚书），下设左右朝、左右平章事、大内相、左右司政等等，仿唐官制，服饰亦然。

此外，渤海又与唐贸易并输入佛教和各种书籍、典章等。渤海国的文人和使臣会做中国五七言诗，渤海国都城建筑也模仿唐长安。这些举措对提高东北少数民族地区文化，起了一定作用。渤海也因比较发达的社会经济文化，被誉为"海东盛国"。

二、奚

契丹与奚同源，都居住于鲜卑故地。奚族出于东胡，或以为匈奴别种，隋时称奚。其地东接契丹，西接突厥，南邻白狼河（大凌河）。与突厥同俗，逐水草、畜牧，居毡庐，环车为营。无税赋，以射猎为生。亦有农业，种稷。亦知制陶。好战斗，兵有五部，每部设一俟今主之。

唐初曾内附，玄宗开元时曾将部落迁出州之旁，入居河北，成为河北藩镇割据的主要军事力量，河北诸镇不少将领亦为奚人。唐懿宗以后附契丹，因不堪其虐待，一部分内附居河北北部，为西奚，唐末已汉化。一部归属契丹，契丹政权有专门管理奚的机构。

第七节　契丹

一、早期的契丹

契丹东接高句丽，西接奚，南接营州，北接室韦。北魏时自号"契丹"。风俗亦与突厥相同，从事游牧生活。契丹分为八部，各有大人。若有征发，

北京延庆古崖居
古崖居遗址开凿于唐代至辽金时期。有研究认为，其是唐朝至五代时期奚族聚居的崖居山寨。源自南北朝时期的库莫奚，在唐末为避战乱，在首领去诸率领下西徙妫州（延庆区），称为西奚，后渐渐与契丹人相融合。

诸部皆需共同商议，不得独自行事。狩猎则各部独自进行，有战事则同行，处于氏族社会末期的军事民主制阶段。

契丹最初臣于突厥，唐初亦曾遣使内附，但不时侵扰边境。贞观二十二年（648 年），契丹归唐，太宗于其地置松漠都督府，以契丹首领窟哥为都督，赐其姓李。武后时，由于唐边将侵辱，契丹反叛。王孝杰为清边道行军总管，统兵讨契丹，孤军深入，后援不继，坠崖身亡。唐派兵 20 万与奚合击才将其击败，武后甚至因此改元"神功"。契丹残众乃附突厥。玄宗时又来附，唐与之和亲，但双方仍不时冲突。不久又破裂，唐军与之大战，先胜后败又胜。此后，契丹时附时叛。玄宗天宝时，安禄山镇守东北，邀功而击，天宝十载（751 年）又战败。安史之乱后，河北地区形成藩镇割据，唐与契丹未发生重大的战事。

二、契丹发展壮大

唐玄宗开元时，契丹八部改分为十部，而以其中大贺氏一部为世袭酋长。835年之后，大贺氏衰，乃由十部中的遥辇氏一部代之而为世袭酋长。此时契丹复分为二十部，并开始设立官署，创立制度，并刻木为契，穴地为牢。二十部各有各的分地，而且"校价""擅木"。有了农业，又"创制铁冶"。国亦殷富。

当时，十部中的迭剌部与遥辇氏同样强大，世掌契丹兵马大权，官名"夷里堇"（三部号为三耶律）。到907年，其首领阿保机遂又推翻了遥辇氏的统治而成为各部共主。

阿保机继位之前，契丹氏族社会正趋解体，国家雏形开始出现。此时，契丹一再深入侵扰北部，俘掠人口，扩展势力。当时分裂局面便利了契丹的侵袭，也因而更促进了社会制度的变化。①

三、耶律阿保机建国

在契丹侵袭北方时，北部各割据势力如李克用、朱温等均竞相与之连

---

① 上述材料是据《辽史》纪、志、表、传的各种资料得出的结论，与《辽史》世表和新、旧《五代史》《新唐书》《五代会要》及《资治通鉴》均有所不同。

《东丹王出行图》,(辽)李赞华(耶律倍)绘,现藏美国波士顿美术馆

接。契丹遂乘机扩大自己的力量。907年,阿保机代遥辇氏为契丹共主。

耶律阿保机(872—926年)出身于迭刺部富有权势的耶律氏家族,从其七世祖起便充当了负责军事的首领"夷离堇"。唐昭宗天复元年(901年),阿保机被推选为迭刺部的夷离堇。后梁开平元年(907年),八部大人罢免了出身遥辇氏的痕德堇可汗,改选耶律阿保机为可汗。

阿保机在任可汗前后,利用对外四处征讨的时机,积极扩大迭刺部的势力。在军事用兵过程中,他重视任用汉族知识分子(如河北韩延徽、韩知古等),注意吸收先进的汉族文化,发展本部的政治、经济。迭刺部的日益强大,引起其他七部酋长的不满。阿保机采纳汉族士大夫的建议,设计杀死了七部酋长,并废除了氏族社会推选可汗的制度。后梁末帝贞明二年(916年),阿保机仿照汉制,自立为帝,国号契丹,建元神册,定都临潢府(今内蒙古巴林左旗),正式建立契丹国,阿保机便是辽太祖。后唐庄宗天成元年(926年),契丹攻灭渤海,将被俘的渤海人与汉人杂居在一起,设置州县予以管理。不久,阿保机死于班师途中,次子耶律德光继位,是为辽太宗。

辽太宗在位期间,攻占营州、平州及渤海等国,击走西方的党项、回鹘,和后梁、后唐形成南北对峙之势,成为当时最强大的势力。

四、占有幽云十六州

926年,阿保机死,子耶律德光继立,即辽太宗。耶律德光统治时期

（927—947年），契丹继续对外用兵，扩展领土。936年，后唐河西节度使、沙陀人石敬瑭企图夺取后唐政权。他向契丹称臣，并称比他小十一岁的耶律德光为父（依契丹习性），答应灭后唐之后，把北部地区割给契丹。同年，石敬瑭在契丹帮助下灭了后唐，契丹册封其为大晋皇帝。石敬瑭乃把以幽（今北京一带）、云（今山西大同）为中心的幽云十六州之地割给契丹（北宋始称为燕云十六州）。

此后，契丹长驱直入，不断南下掳掠和抢劫。后晋出帝开运三年（946年），契丹攻入开封，灭后晋。次年，耶律德光在开封举行即位仪式，改国号为大辽。在遭到中原人民的激烈抵抗后，耶律德光被迫率军撤离中原，在返回上京临潢府的途中病死在栾城（今属河北）。契丹国力达到强盛时期，其疆域"东至于海，西至金山（阿尔泰山），暨于流沙，北至胪朐河（今蒙古克鲁伦河），南至白沟（今河北雄县白沟河），幅员万里"[①]。

契丹得到幽云十六州广大土地、财富与民众，势力更为强大。于是，以幽州为燕京，改国号为辽。幽云十六州的丧失，不仅使当地汉族民众遭受奴役，更使华北地区险要全失，全部暴露在契丹面前，北方草原的骑兵可以长驱直入，终两宋始终威胁中原政权的存亡。

五、契丹的南侵

后晋统治集团上层也并不一心臣服契丹，亦有主张以武力抵抗，特别是石敬瑭死后，后晋君臣显露出对契丹的敌视。耶律德光大为不满，于944年南侵未果。946年再度南侵，他利用后晋内部矛盾，解除了后晋坚决抵抗的军队武装，攻破开封，俘虏了以石重贵为首的后晋皇族。耶律德光自称皇帝，派兵四处抢劫，称为"打草谷"。又派使者搜刮钱帛，派契丹贵族把驻地地方官派去从事搜括。契丹的残暴劫掠使开封东西二三千里间的财富即尽，城邑成墟。

中原民众不甘忍受奴役压迫，纷纷起来反抗。大的队伍几万人，小的队伍千百人。在强大的民众力量打击下，耶律德光异常恐惧，对左右说，想不到中国人这样难治。只好放弃做中国皇帝的美梦，被迫撤退。撤退时，掳走大批人口、财物，并在沿途进行残酷的屠杀。仅相州（今河南安阳）一地，

---

① 《辽史》卷37《地理志一》，中华书局1974年版，第438页。

在契丹走后，尸骨就达十几万，全城只剩 700 人。耶律德光归途病死，割据太原的后晋将领刘知远，趁机进军开封，建立后汉。

六、契丹的社会制度

耶律阿保机之前，契丹已处于氏族制解体的阶段。在耶律阿保机和耶律德光统治的半世纪内，在汉族文化影响下，契丹族得到飞跃发展而进入了封建制。

从阿保机以来，曾攻占了许多汉族聚居区域，并俘虏了许多汉族居民。对此，阿保机采纳韩延徽的建议，仍为之建立城镇与可以从事农耕之地，使之从事农业及手工业等生产。取得幽云十六州之后，亦仍维持原有生产方式收取赋税。这样，使农业生产在契丹经济生活中的比重迅速增长起来。

至于契丹族人，阿保机则有意不使之汉化，仍以畜牧、田渔为稼穑，仍旧过着"转徙随时，车马为家"[1]的生活。目的是保持勇武善战、长于骑射的优点。这反映在契丹政治生活上就是"四时捺钵"制度，即契丹贵族在四季各有其特定的游猎、畋渔地点。届时皇帝率领大批贵族前往，于其地设置行宫，称为"捺钵"。

但是，此时契丹已是"分地而居，合族而处"[2]。氏族宗法关系虽仍存在，但以丁户为一生产单位，且战争中俘掠的人口都由契丹贵族按地区分配，使之团聚一处，建州县以居之，称为"投下军州"（又称投下）。除酒税和一半田租上缴外，其余包括商贾之家的税都归投下。这种领有投下军州的贵族们，军州中民众便等于他们的奴婢或部曲，向

辽绿釉划花双孔鸡冠壶，现藏辽宁省博物馆

---

① 《辽史》卷 32《营卫志中》，中华书局 1974 年版，第 373 页。
② 《辽史》卷 32《营卫志中》，中华书局 1974 年版，第 376 页。

他们交租赋，尽经济上的职责；做他们私甲，尽军事义务。故这些贵族按地区享有投下军州中行政、经济、军事三方面大权，对契丹国朝廷关系有很大独立性。这说明氏族纽带虽存在，但封建制却已确立了，而这种封建制却还带有氏族宗法的色彩。

七、契丹的制度

在军事制度方面，契丹族丁壮实行军事化体制，遇战争立刻可以集中，及时应调。此外，皇帝及贵族还保有一定数目的兵马。皇帝拥有精锐的亲卫军，耶律德光时为3万人。作战时主要靠临时调集士兵，而这些御帐亲军则留屯国都之内而为部族根本。贵族及部落首领经常带领之私甲则称投下军。数目多者千余人，少者数百人。

行政制度的基本特点是番汉分治，即所谓以国制治契丹，以汉制待汉人。阿保机时，不仅建立汉儿城，且建立汉儿司。幽云十六州割让之后，把汉儿司扩大，组成南面朝官系统，负责统辖汉人行政，组织大体用唐之制度，有汉官，但不主兵。南面朝官与负责契丹族军政事宜的北面朝官，成为同时并存的两个行政系统。契丹人拜日，皇帝东向而坐，朝臣分立帐衙之南或北而得名。两者最上层组织叫南枢密院或北枢密院，都设有宰相、枢密使等官。

南北面官的设置，是为了适应国内畜牧与农业两种经济生活。还反映了以南面官来征敛汉人租赋、用来支持契丹统治，而以北面官统治契丹人，发展强大军事力量，保卫契丹统治。

第七章　隋唐五代的对外关系

第一节　朝贡体制下的对外关系

自魏晋南北朝以来，中国大都市的国际化趋向日益发展，唐代达到了高峰。尤其是都城长安，在数量众多的流动人群中，非直辖地区和域外国家进出长安的流动人口每年在万数以上，因政治目的、商业目的、文化目的和宗教目的来长安的所占比例最大，是最活跃的外来群体。其中，各国、各地区朝贡使的频繁来唐，对长安方方面面的影响极为显著。虽然他们与唐的关系从我们今天的审视角度来看有性质和层次的差别，以朝贡的名义来唐的目的也各不相同，其中一些国家或政权在当时都不属于唐中央政府的直辖区域，另外，还包括唐羁縻体制下的各部族，因此可以把他们作为一个特定的群体，他们的变化在某种程度上反映了来唐人员的整体动向。与其他入唐群体相较，朝贡使的材料更为集中。

一、唐初的万国来朝

《隋书·音乐志下》描述炀帝时"万国来朝"盛况："每岁正月，万国来朝，留至十五日，……绵亘八里，列为戏场，其歌舞者……殆三万人，而两京缯锦为之中虚"[1]。

《资治通鉴》卷198"太宗贞观二十二年（648年）"载："是时，四夷大小君长争遣使人献见，道路不绝，每元正朝贺，常数百千人。[2]"

《旧唐书·魏徵传》载太宗朝，"今若许十国入贡，其使不下千人。[3]"

---

[1]　《隋书》卷15《音乐志下》，中华书局1973年版，第381页。
[2]　《资治通鉴》卷198，中华书局1956年版，第6253页。
[3]　《旧唐书》卷71《魏徵传》，中华书局1975年版，第2548页。

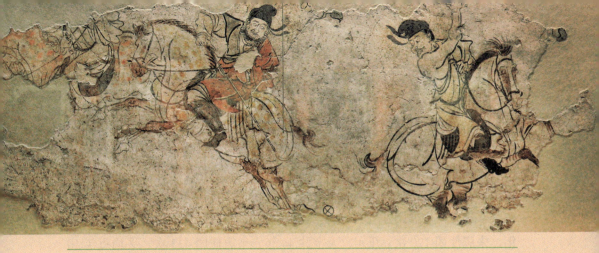

唐號王李邕墓壁画《胡人打马球图》

唐前期长安城居住有"胡人"数万家，很多在长安定居，其中有一些还被唐政府授予官职。

中唐诗人鲍防《杂感》咏道："万国戎王……胡人岁献葡萄酒。"[1]

《新唐书·王锷传》载"天宝末，西域朝贡酋长及安西、北庭校吏岁集京师者数千人。"[2]

所谓的"万国来朝"，实际情况如何呢？我们主要考察一下来唐的使团。

《通典·边防典》中列举了与中国发生联系的 189 个国家、政权和部族，其中东夷 19 个，南蛮 55 个，西戎 75 个，北狄 40 个。据今人统计，与唐政府发生联系的域内政权和域外国家有三百多个，包括周边少数族政权，周边内附少数族部众，与唐有藩属关系的国家、独立政权，远在"绝域"的国家。很多内附民族和羁縻地区，他们和中央的关系都是以朝贡的方式联系的。那些不在唐有效管辖区的国家和政权，他们所派出的数量不等的使团，除日本、新罗和百济有遣唐使的称呼外，一般都称作朝贡使。

据当代学者统计[3]，有关文献记载的南亚、中亚、西亚来唐使团共 343 次，每团少则数人，多者可达数百人，其中有西亚的大食，东南亚的林邑，南亚的师子国、印度和泥婆罗，东罗马帝国拂菻等。日本派出遣唐使 16 次，

---

① （唐）鲍防：《杂感》，载（清）彭定求编：《全唐诗》卷 307，中华书局 1960 年版，第 3485 页。

② 《新唐书》卷 170《王锷传》，中华书局 1975 年版，第 5169 页。

③ 参见张泽咸先生《唐代工商业》（中国社会科学出版社 1995 年版），韩国磐先生《南北朝隋唐与百济新罗的往来》（《历史研究》1994 年第 2 期），方亚光先生《唐前、后期来华使节的特点及其作用》（《齐鲁学刊》1988 年第 6 期）。

成功抵达 15 次。其中，开元二十一年（733 年），由 590 人组成的庞大使团来华，因中途遇风，漂到苏州停靠。新罗来唐使团唐前期 72 次，后期 32 次。统计虽然不全，但涵盖了北、西、西北、东、东北、南、西南等地区和方向与唐交往的大部分主要域内民族政权和域外国家。

按《册府元龟》一书所记，大唐享年 290 年，来唐使团平均每年约 4.6 团次，但各朝并不平衡。高祖、太宗、玄宗朝来唐使团比较集中和频繁。武德共 9 年，来唐使团 97 次；贞观共 23 年，来唐使团 235 次；高宗武后共 56 年，来唐使团 120 次；开元、天宝共 44 年，来唐使团 433 次，平均每年 10 次左右。最多的是开元七年，记载为 31 次。而宣宗朝懿宗朝各只记载了一次，僖宗、昭宗朝均不见记载。

《册府元龟》的记载不够完整，大多使团的记载少于当代学者综合各种资料后得出的统计数字。一般是唐前期记载较完整，唐后期记载缺漏较多。据此仍可以推估朝贡使变化的大致线索。根据正式记载统计，唐前期来长安朝贡使团的次数大大多于唐后期。前后期都会有缺漏，后期多于前期，但大体趋势不受影响。唐后期来长安使团的次数虽然大大少于唐前期，但从总体人数以及滞留时间上看，前后期的差别似不像次数那么明显。[①]

二、朝贡使变化原因

西亚、中亚、东亚政治格局的大变化与安史之乱的爆发，导致了唐王朝与域外诸国以及周边民族发生了彼盛此衰的连锁反应，由此造成来唐朝贡使从人员、数量、目的乃至路线等的一系列变化。明显的变化可从以下几方面体现出来。

一是原从西北陆路来唐的西亚、南亚以及欧洲等国的使团，安史之乱后，中亚诸国因陆路被阻隔，绝大多数改走东南海路。入唐海路又遥远，很长时期与中国不再直接发生关系。从东南海路来唐的各国使团，有的在唐后期也不到长安来了。所以，在唐官方文献记载中，就很少出现，或者记载阙如。如波斯，据《册府元龟》一书的记载，唐前期来唐使团共 22 次，而唐后期只是肃宗朝来了 3 次。再如天竺，唐前期记载为 30 次，唐后期则不见

---

① 方亚光：《唐前、后期来华使节的特点及其作用》，《齐鲁学刊》1988 年第 6 期。此文中列举了部分国家和地区遣使次数对照表。

记载。中亚的一些政权也是唐前期远远多于唐后期。说明长安作为国际性大都市的地位急剧衰落，外向型的国际交往受到严重挫折，政治中心的转移成为不得不发生的趋势。而东南沿海地区却抓住了这一契机，开拓了此后的新局面。

唐胡人驯马陶俑，现藏中国国家博物馆

二是安史之乱造成了唐王朝有效控制区，在西北和东北两个方向内缩。吐蕃、回鹘、渤海、契丹等地方政权势力扩展。而属于中亚地区的政权，如昭武九姓诸国，康、米、史、何、曹、石等中亚民族政权，在一段时间归属唐朝，以朝贡的形式往来中原非常频繁。它们在不同时期，或归于域外政权，或成为羁縻政权，情况比较复杂。

三是朝鲜半岛和日本国，始终与唐中央政府保持密切的联系，尤其是朝鲜半岛，虽然政权更迭，但与唐交往频繁。与西北地区的变化类似，唐在安史之乱后，对东北地区和朝鲜半岛的控制减弱，甚至受其牵制，形成犄角内缩局面，实力对比发生逆转，奠定了唐末五代乃至宋朝的政治格局。这种变化趋势继续发展，影响了中国半个多世纪的乃至更长远的政治、军事格局。

四是唐后期中央集权的衰微以及南诏势力的崛起，东南亚地区及南海岛国来唐次数比起唐前期明显减少。例如，据方亚光先生统计，林邑使臣唐前期有 36 次，而唐后期仅 1 次。显然是因为南诏的强大，控制了通往长安的交通要道，同时也控制了西南地区和东南亚半岛的局面。南诏与唐势力对比的变化，不仅改变了西南地区和东南亚的政治格局，亦成为引发唐末农民大起义的导火索。[①]

与前期相比，那种"万国来朝"的壮观场面无缘再现。

---

① 参见陈寅恪：《唐代政治史述论稿》，生活·读书·新知三联书店 2001 年版，第 355 页。

三、相关的措施及其延续

《新唐书·西域传》载："然中国有报赠、册吊、程粮、传驿之费，东至高丽、南至真腊、西至波斯、吐蕃、坚昆，北至突厥、契丹、靺鞨，谓之八番，其外谓之绝域，视地远近而给费。[①]"再如《唐会要·杂录》记载，武则天"证圣元年（695 年）九月五日敕：蕃国使入朝，其粮料各分等第给。南天竺、北天竺、波斯、大食等国使，宜给六个月粮，尸利佛誓、真腊、诃陵等国使，给五个月粮，林邑国使给三个月粮。[②]"又，玄宗开元四年（715 年）新罗"先无里数，每遣使给赐，宜准七千里以上给付也"[③]。可知，按规定，都有返回期限。上述规定，并未分出外国政权和民族政权，实际上也无法划分。

五代周恭帝显德六年（959 年）十一月，高丽遣使贡铜 5 万斤，白水精各 2000 颗，这应不是无偿贡献，可能有明显的商业性质。上述活动应是唐末以来的延续。宋以后，这类以朝贡的名义进行的商贸活动，更加频繁，使团更加庞大，所带货物数量和种类也更多，经济上的双向需求是政治关系的好恶亦无法干预。双向的贸易往来在五代、宋仍持续发展，而且已形成较完善整齐的制度，对沿边招马、发路券送京、沿途给刍粟、至京由估马司定价、商人以所得价钱市场沿途免税等都有具体规定。说明这种朝贡体制的制度化程度加深正适应了对外交往的需要。

第二节　唐初朝鲜半岛形势与唐前期对朝战争

一、唐初半岛三国的形势

唐初，朝鲜半岛与隋时仍大体相同。新罗驱逐了日本在半岛上的势力，倾向唐朝。百济和日本有联系，企图占领新罗的领土，依附高句丽。高句丽

---

① 《新唐书》卷 221 下《西域传》，中华书局 1975 年版，第 6264—6265 页。

② 《唐会要》卷 100《杂录》，中华书局 1960 年版，第 1798 页。

③ 《唐会要》卷 100《杂录》，中华书局 1960 年版，第 1798 页。

是三国中最大的一国。高句丽和中原王朝以辽河为界，辽河以南、以东土地为高句丽所据。高句丽企图阻止新罗向唐进贡，百济又想占据新罗的领土。于是，高句丽和百济联合起来进攻新罗，新罗向唐请求援助。因此，引发了唐与高句丽间的长期战争。

二、唐太宗对高句丽进攻

唐王朝建立之后，对外战争屡次取得胜利，唐太宗被边疆各族酋长尊为"天可汗"，再加上唐的国力日益强大，解决东北地区及朝鲜半岛的问题就提到议事日程。

在灭高昌之后，设州县，每年发兵千余人戍守，但西突厥不断侵袭，唐太宗暂时不以大力经营西域为主，军事目标转向辽东。辽东已设郡县，成为农业地区，长期是中国领土的一部分，夺取后易于统治，有利于控制东北，进而在东北亚地区取得主动。另一个目的，则是想夺回被俘虏或逃入高句丽的汉人。如第一次进攻高句丽时，即将辽东之 7 万口迁入内地。正在此时高句丽发生内乱，唐贞观十六年（642 年）贵族泉盖苏文杀死高句丽荣留王，立高藏为王并摄政。此时，新罗受高句丽、百济攻击，40 余城被百济攻占，向唐求援。于是，唐太宗乃用"为中国报子弟之仇，高丽雪君父之耻"[①] 等名义，唐贞观十九年发兵，进兵高句丽。

唐太宗虽未接受隋炀帝的教训，坚持出兵高句丽，但战术上却是吸取了隋军战败的教训。他鉴于山东地区是隋末农民起义发动之地，不仅以该处民生凋敝而延缓进兵时间，还避免隋炀帝所进行的全国性大征调。战船从今江西建造，兵士则靠招募，以避免加重山东地区人民负担。

贞观十八年，唐军进行了一些试探性的攻击。贞观十九年正式进攻。李勣率陆军 6 万由幽州（今北京）出发，张亮率水军 4 万由莱州出发，在辽东会师，唐太宗亲往辽东督战。可见对这一战役的重视。

唐军的战略是速战速决，唐太宗甚至想不换袍子，便结束战争。最初，唐军取得了一些战役胜利，攻下 4 城，掳人 7 万口，徙之内地。接着，围攻安市（今辽宁盖平境内）。高句丽将兵 15 万来援。由于高句丽没有采纳顿兵不战，扰唐军粮道的战略而倾全力来战，被唐军大败。后来的名将薛仁贵也

---

① 《资治通鉴》卷 197，中华书局 1956 年版，第 6218 页。

在这次战役中初露头角。

此役后，高句丽改为持久战，坚壁清野。唐军围攻安市三月不能下，伤亡极多，战马死者十之七八。而冬季将到，草枯水冻，粮食又将尽，唐太宗遂深悔此行之冒昧，而下令撤退。

但唐太宗并未因此放弃，改变战略，而是以小股军队对高句丽进行扰乱性进攻，使高句丽疲困，借此削弱之。另一方面，则积极筹备再一次大规模进攻。贞观二十一年，下令剑南（今四川）造船，由民户输庸，木工造船。州县督促急迫，大船一艘，庸绢 2230 余匹（14660 工作日），等于 733 个农民一年所应服役。山谷所伐之木，脱叶未毕，又征船庸，民众不堪重负，甚至卖掉田宅、妻子还不能供。谷价大涨，剑外骚然，边境獠民遂爆发起义。但唐太宗不听劝阻，仍决心发兵 20 万进攻。贞观二十三年春，太宗病重，不久去世，进攻高句丽的计划也被迫暂停。

唐太宗进攻高句丽所以失败，主要是高句丽的顽强抵抗。此外，也还有一些地理上的原因。唐朝的军事重心在西北，而高句丽偏在东北，距离比较远。不仅如此，东北地区的雨季在七八月间，九十月间到第二年的三四月又是寒冻时期。因此，唐朝从西北调兵向高句丽进攻，必须在冻季已过、雨季未到期间，即需五六月的短期内取得胜利，否则作战及补充均十分不易，只能速战速决。因此高句丽采取固守办法，唐军军事上一筹莫展。要避免冬季陷入被动，就只有撤退了。唐军大举进攻后自动撤退，难以扩大获得的战果。

三、唐高宗对高句丽、百济的战争

1.破百济

唐高宗时期，朝鲜半岛上三国的纠纷仍在继续着。百济仍在高句丽支持之下屡次进攻新罗。唐显庆五年（660 年），新罗请唐援助。唐军水陆军 10 万在苏定方率领下，从山东海道进攻百济。在熊津江口，打败了百济的军队，攻下百济都城泗比（今朝鲜忠清南道），并置军留守。龙朔二年（662年），百济王子、贵族、旧将反抗，并向高句丽、倭国求援。唐与新罗陆军联合进攻，水军在刘仁轨率领下准备入白江口（锦江入海口），与陆军会师。在白江口遭遇了倭国派来援助百济的海军，进行大战。唐军四战皆胜，烧毁倭船 400 艘，倭国大败逃走。

经过此一役，百济灭亡。日本势力不但退出了朝鲜半岛，而且为防止唐朝进攻其本土，在沿海及岛屿上设防。唐军攻灭百济，一方面为援助新罗，一方面也为孤立高句丽。百济成为进攻高句丽的基地。刘仁轨在此积谷屯田经营，高句丽受到唐两面夹攻的威胁。

2. 灭高句丽

在进攻百济前后，唐对高句丽进行了五次大规模的战争（665—668年）。泉盖苏文死后，高句丽统治集团内部发生分裂，其三子泉男生、泉男建、泉男产发生激烈内讧。泉男生投降唐朝，且为向导，使唐对高句丽内部情况有充分了解。唐高宗总章元年（668年），高句丽最后投降，国被灭。唐在平壤设置安东都护府，以统治高句丽全境。由于高句丽余部持续反抗，唐安东都护府于唐仪凤元年（676年）被迫撤回辽东。后因吐蕃强大，需集中力量在西北用兵，唐已无力经营朝鲜半岛，安东都护府守将薛仁贵及军队均撤走，放弃鸭绿江以南地方，新罗遂统一了朝鲜半岛，建立了统一的封建国家。

第三节　中亚和大食

大食是唐在中亚的强大对手。唐高宗永徽二年（651年），大食灭波斯，与唐直接接壤。唐神龙元年（705年），大食开始与唐争夺阿姆河、锡尔河流域一带地区。

大食与吐蕃曾多次联兵进攻中亚各国。唐玄宗开元三年（715年），二者联兵进攻归附于唐的拔汗那国（中亚古国），废其王，另立一王，旧王奔安西求援。唐军万余人在张孝嵩率领下自龟兹西出万余里，下数百城，见拔汗那新王，威震西域，大食、康居等八国皆派使请降。但大食势力仍继续发展，吐火罗、安、康等国均被其征服。开元十五年，中亚诸国均落入大食控制之下。由于赋廪繁重，中亚诸小国纷纷向唐求援。唐未直接派兵，但

唐彩绘胡人俑，出土于陕西乾县章怀太子墓，现藏陕西乾陵博物馆

中亚诸小国仍不断向唐朝贡，说明唐在中亚的影响力之大。

唐玄宗天宝六载（747年），吐蕃以女属小勃律，并唆使那一带小国叛唐。为堵住吐蕃进攻今新疆南部的道路，切断吐蕃与大食的交通，大将高仙芝（安西副都护）将兵万余人从安西（今新疆库车）出发，举行了一次横断帕米尔高原的远征。唐军经过疏勒，过帕米尔河，沿途攻下吐蕃的一些军事据点。穿过坦驹岭，进攻小勃律，经兴都库什山的达科特山口。出其不意进军小勃律，擒其国王，获得重大胜利。

通过一系列战役的胜利，唐在西域的声威恢复了，中亚等诸国都震恐归附，拂菻（东罗马帝国）、大食等也愿与唐修好。

但唐在中亚的势力仍不断被大食蚕食。高仙芝在天宝十载将兵3万人向大食进攻，到怛罗斯城（接近今哈萨克斯坦），高仙芝部下葛逻禄部叛，与大食夹攻唐军，高仙芝大败。此后唐势力退出中亚。

第四节　中国和亚洲各国的经济文化交流

在唐代，中国和亚洲各国的经济文化交流有了进一步的发展。对中国及亚洲各国的发展起了巨大的作用，其影响深远。这一时期，唐王朝是亚洲各族交流经济文化的中心。

第一，唐王朝是当时世界上最文明发达的国家，也是疆域最大的国家，其本身具备了成为亚洲各国经济文化交流中心的条件。正因如此，中国人不仅被称为汉人，又被称为"唐人"，中国也被称为"唐山"。

第二，唐朝在强大国力支撑下，疆域面积和影响区域极大扩展，使唐与边疆各族及亚洲各国之间接触频繁起来，也给国际交通及各国经济文化交流带来了便利条件。

第三，边疆政权及亚洲各国本身社会的发展，使之对于接受先进文化有了需要，如日本此时正进入封建时期。此外，中亚各族的战争与迁徙，如大食灭波斯，使中国及大食两大国直接接壤，中亚胡人由此迁入中国北部等，这些都给经济文化交流带来便利条件。

第四，唐王朝的对外政策，也促进了亚洲各国的经济文化交流。唐朝统治者很少有种族偏见，不以夷狄为异类，不歧视被征服地区。唐朝皇帝对中国本部称皇帝，对边疆各族和外国称天可汗，虽不能内外完全平等，但没有前代王朝"内中国而外夷狄"的观念。唐太宗曾对臣僚表示，他看突厥部落长和唐百官一样，看突厥人民和唐人民一样。他说，"自古皆贵中华、贱夷狄，朕独爱之如一，故其种落皆依朕如父母"[1]。在这种思想之下，唐太宗对被征服国家或部落，不是单纯依

《牧马图》，(唐) 韩幹绘，现藏台北故宫博物院

靠武力压服。在征服别国之后，往往将大小首领召到长安来，任以官职，让他们在政治上享受与汉人同等的权利。被征服地方，多不打乱其原有部落组织，仍由本族酋长治理，只要求缴纳一定财物，不许他们攻打边疆，限制各部互相攻击。太宗对东突厥的处理是最成功的例子。打败东突厥之后，多数朝臣主张将之徙入内地，拆散其部落组织，从事农业。但太宗最后决定把他们置于塞下，"全其部落，顺其土俗"，选其酋长入京宿卫，仍令他们统治本部民众。被征服的首领往往身居高位，还领兵征伐为唐效力。如征服吐谷浑与西突厥的名将契苾何力是铁勒人。藩镇中非汉族人更多，安禄山、史思明就是中亚胡人。

唐政府对于外国人并不禁止来中国经商和居住。长安、洛阳二都的突厥曾达万户，胡人也是成千上万。外国人在唐朝有的身任要职。如新罗人崔致远，即通过科举考试成为唐朝的正式官吏。宣宗时，大食人李彦也高中进士。唐朝对外开放政策源于：其一，从五胡十六国以来，边疆少数族纷纷进入中国，与汉人逐渐融合。再加之中外交通的发达与文化的交流，汉人对他族人的看法也逐渐发生变化。那种严格划分中国和夷狄的界限，轻视、仇视外族的观念比从前要淡薄些。这一趋势在唐朝仍然存在。

其二，唐所倚仗的关陇集团鲜卑色彩十分浓厚。李渊本人即有鲜卑血统，生活习俗受鲜卑深刻影响。当时有人就认为李家为鲜卑人而非汉人。太宗弟元吉小字三胡，单雄信称之为"胡儿"。太宗子承乾好胡乐、胡言、胡

---

[1] 《资治通鉴》卷198，中华书局1956年版，第6247页。

服、胡俗，这也使民族界限比较模糊。

由于南北朝以来胡汉的融合及唐上层统治集团与外族，特别是鲜卑关系密切，受其生活习惯影响，再加上统治多民族大王朝的需要，使唐朝统治者较少存在民族偏见，对各族的政策较为开放包融。

第五节　丝绸之路与开辟国际交通贸易

一、丝绸之路的兴盛

隋唐五代时期，中国文化和科学技术都得到进一步的发展，丝路贸易也达到鼎盛时期。在继承并发扬前朝优秀遗产的基础上，极大促进了自魏晋南北朝以来各国各族文化的频繁交往，使中华文化吸收融合了很多新的成分而更加丰富和绚丽多彩。多条海外贸易路线的兴盛，进一步促进了中外文化、经济及民族的交流与交往。

古代中国对外经济交往主要通过官方和民间两种途径，战争、戍守、使臣、和亲等官方交往外，欧亚大陆交往主要是依靠一带一路贸易圈的形成，分别有陆路与海路方式。

唐麻鞋，出土于吐鲁番阿斯塔那 37 号墓，现藏新疆维吾尔自治区博物馆

"丝绸之路"是指起始于古代中国，连接亚洲、非洲和欧洲的古代商业贸易路线。狭义的丝绸之路一般指陆上丝绸之路。广义上可包括陆上丝绸之路和海上丝绸之路。

"陆上丝绸之路"连接中国腹地与欧洲诸地的陆上商业贸易通道，形成于公元前 2 世纪与公元 1 世纪间，直至公元16 世纪仍保留使用，是一条东方与西方之间经济、政治、文化进行交流的主要道路。汉武帝派张骞出使西域形成其基本干道。它以西汉时期长安为起点（东汉时为洛阳），经河西走廊到敦煌。从敦煌起分为南北两路（亦可分为三路）：南路从敦煌经楼兰、于阗、莎车，穿越葱岭和今帕米尔到大月氏、安息，往西到达条支、大秦；北路从敦煌到交河、龟兹、疏勒，穿越葱岭到大宛，往西经安息到达大秦。中国古代生产的丝绸是比较主要的运输商品，因此，当德国地理学家李希·霍芬最早在19世纪70年代将之命名为"丝绸之路"后，即被广泛接受。

"海上丝绸之路"是古代中国与外国交通贸易和文化交往的海上通道，可分为南北两段：北段以渤海、黄海、东海（北段）沿海岸线港口为主，通往朝鲜半岛、日本列岛等；南段以东海、南海港口为中心，通往东南亚、印度洋、波斯湾，远到非洲。唐中叶以前陆路为主，此后海路逐渐成为最主要的对外通道。

由于国际海路交通的发达，中国高度发展的经济文化，以及科学技术、文学艺术、宗教信仰等，对周边各族、各国以至欧洲产生了影响，其中尤其是日本、朝鲜半岛及中南半岛各国所受影响最深，形成东亚文化圈。经过长期发展而逐渐形成的中国古代社会的政治体制、思想体系和法律制度也为东亚各国所接受和吸收。另一方面，外国物产和文化，特别是中亚和印度文化的输入，不仅在科学、文学、艺术、宗教思想各方面影响着唐代及其以后的中国文化；而且国际贸易的繁荣，也刺激了中国经济，特别是工商业的发展。此外，与四维各族的接触，扩大了中国人的眼界，丰富了中国人对世界的认知，并为后世留下了极为重要的古代历史地理记录。

丝绸之路不仅仅是一条通商路线，更由此形成了文化交流路线和文化辐射区。在隋唐时期，陆路丝绸之路的中西经济贸易和思想文化交往非常频繁，尤其是盛唐时期。唐中叶以后，陆上中西交往逐渐衰落。海上丝绸之路则在唐后期逐渐发展，宋以后成为中国对外交流的主要通道。

二、国际交通贸易的开辟

唐的对外交通很发达，尤其是和亚洲各族各国的交通，交通路线的密度和便利性，比秦汉时期都有较大进步。其发达程度是前代隋和后代宋都难以企及的。

1. 唐代陆路交通

唐陆路对外交通可到朝鲜、漠北、印度、中亚。据《新唐书·地理志》记载，首都长安向各地辐射的陆路主要有七条，"一曰营州入安东之道，二

唐绢衣彩绘木俑，出土于吐鲁番阿斯塔那 206 号墓，现藏新疆维吾尔自治区博物馆

曰登州海行入高丽、渤海道，三曰夏州（今陕西横山西）塞外通大同、云中道，四曰中受降城（今内蒙古包头附近）入回鹘道，五曰安西入西域道，六曰安南（今越南河内）通天竺道，七曰广州通海夷道"。① 此外，还记有从长安分别通往南诏的南诏道和通往吐蕃的吐蕃道。这些道路是内地连接"四夷"的交通干道，也是唐朝与朝鲜半岛、中亚、西亚、南亚、东南亚、东非的交通干线。上述道路中，西向通往西域，穿越帕米尔高原和天山的各个山口，到达中亚、南亚、西亚，远至欧洲，即著名的陆路"丝绸之路"。

其中，最重要的是从长安经凉州、敦煌，通过新疆天山南路或北路到达中亚、波斯湾。裴矩所撰《西域图记》序中将通西域之路分为三条，"发自敦煌，至于西海，凡为三道"②。北道经伊吾可达地中海，中道经高昌可达波斯湾，南道经于阗可达印度洋。

2. 唐代海路交通

唐对外交通的海路可通朝鲜、日本及印度洋。广州是当时唐朝对西方贸易的起点。从广州经珠江口、过琼州海峡，经越南沿海到马来半岛南端和苏门答腊；再由马六甲海峡北上，过印度洋到锡兰（今斯里兰卡）；再沿印度半岛西岸北上，到波斯湾；再入波斯湾，到阿拉伯世界的中心巴格达。这是当时中西交通最重要的道路。

在唐的势力从中亚、西域退出以后，海路交通就更加重要了。这条海路上，行驶着阿拉伯、波斯、印度、中国的商船，以中国商船最大、最好。唐代海船长可达 20 丈、载六七百人。印度阿旃陀石窟中刻有中国商船图像。当时航行利用季风，往返需半年多时间。到中国来的外国商人，到广州后，便经大庾岭北上，沿赣江而下，入长江，到扬州。进一步可以沿运

---

① 《新唐书》卷 43 下《地理志七》，中华书局 1975 年版，第 1146 页。
② 《隋书》卷 67《裴矩传》，中华书局 1973 年版，第 1579 页。

河、黄河、洛河到洛阳和长安；也可走海路到扬
州。1998 年，德国打捞公司在印尼所属海域打捞
出的"黑石号"沉船，是唐朝时的一艘阿拉伯商
船，准备由东南亚将中国商品运往西亚。船上装
载有中国各著名瓷窑生产的外销瓷器 67000 多件，
尤以长沙窑生产的瓷器数量最多。

唐伎乐纹八棱金杯，出土于陕西西安何家村窖藏，现藏陕西历史博物馆。该杯有中国传统风格，但其八棱形杯体环形联珠把及指垫、足底一周联珠却是明显的西方风格。可能是一件外国输入的器物，或是外国工匠在中国制造的。

　　对日本的交通则有北南两路。北路由楚州（今
江苏淮安）出淮河口，沿山东、朝鲜半岛到日本，
唐中期前多走这条路。航行的商船，北路多为新
罗船，南路多为中国船。日本只有少量商船。

　　到新罗的贸易除去到日本的北路以外，多由
山东登州到辽东半岛，再沿海岸到朝鲜半岛。唐
初进攻高句丽，运兵、运粮即由此道。唐中叶以
后，盛行的掠卖新罗生口也由此商路。大市场便是登、莱二州。

3. 唐的对外贸易

　　唐的对外贸易十分发达，设有专官管理，在广州且设有市舶使。对进
出口货，抽百分之三十的税。进口货，西北主要是马匹、骆驼、皮毛，海
外主要是药材、珍宝、香料；主要出口货是丝织品、茶叶、瓷器和矿产品。
最著名的港口是广州，每年据说曾至四千余船，"江中有婆罗门、波斯、
昆仑等舶，不知其数。并载香药、珍宝，积载如山。其舶深六、七丈"[1]，
"师子国舶最大，梯而上下数丈，皆积宝货。至则本道奏报，郡邑为之喧
阗。有蕃长为主领，市舶使籍其名物，纳舶脚，禁珍异"[2]。据载，广州驻
外国人 10 余万，似有夸大之嫌，不可信，但也说明外来人确实很多。此
外，尚有扬州、泉州、交州、明州等地，亦为对外贸易港口。

4. 在唐的各族人

　　在长安及重要对外贸易都市，如洛阳、广州、扬州等城市中，云集有大
批各族人士，其中有不少人是以使节的身份来华，他们多在长安。每年元

---

①　[日] 真人元开：《唐大和上东征传》，中华书局 2000 年版，第 74 页。梁明院著有《唐
　　大和上东征传校注》（广陵书局 2010 年版，第 71 页）。
②　（唐）李肇：《唐国史补》卷下，中华书局 2021 年版，第 295 页。

旦，朝贺的总有数百千人。唐后期，且有留居 40 年，有妻子，买田宅，举质取利，长久不回国者，德宗时，达 4000 余人。

另一类是留学生。吐蕃、高昌、渤海等各族政权和高句丽、新罗、百济、日本等周边各国，均曾先后派留学生来唐国子监学习。日本留学生有名可考的最多。新罗留学生一次回国者既有 105 人。这些留学生对传播唐朝先进文化起了很大作用。

大批胡商聚集在中国。唐人小说笔记中常提到长安、广州的波斯、大食胡商胡店。广州有番（蕃）坊，长安西市亦多住胡人。在这些城市中，胡人常多达数千或上万人。这些商人中，有的是富商，他们开设邸店。如波斯邸，买卖丝绸、珍宝和放高利贷。唐人小说中，颇多胡商善于鉴别珍宝及买卖珍宝的故事。据小说载，珍宝最贵者 4000 万，最便宜的也有 200 缗。放高利贷者亦多。另外，也有一些小商人开设小酒店和饼铺，卖唐人最爱吃的胡饼和西域名酒。唐人小说中时见鬻饼胡，卖酒的胡姬更是时常出现于小说及诗歌中。如"五陵年少金市东，银鞍白马度春风。落花踏尽游何处，笑入胡姬酒肆中"[①]；"胡姬貌如花，当垆笑春风"[②]。还有很多国外人沦为奴婢。他

出土的唐代东罗马帝国金币

出土的唐代阿拉伯金币

---

① （唐）李白著，（清）王琦注：《李太白全集》卷 6《少年行》，中华书局 1977 年版，第 342 页。

② （唐）李白著，（清）王琦注：《李太白全集》卷 3《前有一樽酒行二首》，中华书局 1977 年版，第 200 页。

们或因兵败被俘，或是被人掠卖。现在发掘的唐墓中，男女番(胡)俑极多，就是证明。大抵战败被俘的通常是以突厥、吐蕃、回纥等人为多；掠卖的则以域外的新罗、昆仑、波斯人最多。活跃在万安州（今海南）的海盗冯若芳每年"劫取波斯船二、三艘，取物为己货，掠人为奴婢。其奴婢居处，南北三日行，东西五日行，村村相次"①。可见当时掠卖人口之风之盛。

这些居住在中国的胡人，不仅丰富了中国的经济生活、促进了中外经济交流，同时也丰富了中国的文化生活，促进了中外文化的交流。

三、唐朝与各国科技文化交流

隋唐和各国交流发达，亚洲各族文化也大量输入中国，影响最大的是西亚和印度文化。当时，大批西域及印度和尚、景教传教士、印度天文学家、医生、画家、乐工来到中国。

1. 科学

唐代受外来影响较大的是印度的天文学和医学。唐曾令印度天文学家翻译印度历法并制定历法。现存《开元占经》即印度文学家瞿昙悉达所著。印度医生还曾为唐太宗制长生药。刘禹锡有《赠眼医婆罗门僧》："三秋伤望眼，终日泣途穷。两目今先暗，中年似老翁。看朱渐成碧，羞日不禁风。师有金篦术，如何为发蒙。"② 所意似为治眼法，属外科手术。

2. 绘画

在绘画方面，不仅在中国的许多西域画家采用外国的题材作画（主要是佛经故事），丰富了中国绘画的内容，而且在绘画技法方面，也给予中国绘画以极大影响，即所谓凹凸画的传入。所谓凹凸法，即在线条之外用深浅不同的颜色，表现物体的明暗、远近，使人有立体的感觉。一说这种画法即源于印度，对中国画家影响很大。唐画家吴道子即善用此法。于阗人尉迟乙僧也是凹凸法名家。相传他的画身若出壁，今新疆、中亚、敦煌的唐代壁画也是这种画法。

---

① ［日］真人元开：《唐大和上东征传》，中华书局 2000 年版，第 68 页。
② （唐）刘禹锡撰，瞿蜕园笺证：《刘禹锡集笺证》卷 29《赠眼医婆罗门僧》，上海古籍出版社 1989 年版，第 964 页。

3.音乐

南北朝时西域音乐已大量传入中国。隋文帝设七部伎，隋炀帝设九部伎，其中大部分是外来音乐。唐初沿袭隋之九部伎，后增为十部，其中多部为各族音乐，包括西域各国（龟兹、安国、疏勒、康国）、西凉、天竺、高丽。唐朝乐府中，伶人亦多为西域人，如米氏、曹氏、康氏、安氏等，成为宫廷乐师的白明达（龟兹人）等凭借技艺做到高官。唐玄宗时更把十部伎分为坐部与立部，两部皆以琵琶为主要乐器，其后坐部转盛。白居易《立部伎》诗自注："太常选坐部伎无性识者，退入立部伎。又选立部伎，绝无性识者，退入雅乐部。则雅声可知矣！"[①]胡乐、雅乐地位悬殊如此。民间胡乐也极盛行，外来乐器，如羯鼓、琵琶、五弦、笛、铜钹、角等等，在当时都十分流行。

4.舞蹈

舞蹈与音乐是分不开的，西域和中亚舞蹈在当时亦十分流行，当时有所谓健舞（胡腾舞、柘枝舞、胡旋舞、剑器舞等）、软舞（凉州舞、露腰舞、甘州舞等）盛行于长安及中国各大城市。今举白居易《胡旋女》诗以见其舞姿：

> 胡旋女，胡旋女。心应弦，手应鼓。弦鼓一声双袖举，回雪飘飘转蓬舞。左旋右转不知疲，千匝万周无已时。人间物类无可比，奔车轮缓旋风迟。曲终再拜谢天子，天子为之微启齿。胡旋女，出康居……[②]

可知当时舞者亦多西域各族人，有男有女，有名的霓裳羽衣舞也有胡舞的因素。唐时，外来各族之乐器、乐队及舞姿尚可于唐人诗及敦煌壁画中见到。

5.建筑

随佛教传入中国的一些与宗教有关的建筑物，如石窟、塔、塔窨（yìn，地下室）均受印度影响很深，唐建筑物亦当大量吸取西域风格。如唐玄宗曾

---

① （唐）白居易撰，谢思炜校注：《白居易诗集校注》卷3《立部伎》，中华书局2006年版，第291页。

② （唐）白居易撰，谢思炜校注：《白居易诗集校注》卷3《胡施女》，中华书局2006年版，第305页。

起凉殿，"四隅积水成帘飞洒，座内含冻"[1]。王鉷宅内亦有"自雨亭"[2]。这种自喷泉建筑首先是拂菻国（东罗马）建筑的，唐代建筑当从拂菻国学来。

6. 官僚贵族和长安市民生活中的胡化

长安当时已成国际都会，各种各样的人民、各种各样的建筑、服饰、饮食、语言、游戏、宗教均可在长安城中看到。

（1）服饰。唐代之所谓"法服"，其做法和式样多参戎狄之制，市民在唐太宗时更是"胡着汉帽，汉着胡帽"[3]，胡汉几乎浑然不分。唐太宗所废太子承乾，生活习俗即做胡服、学胡人生活、住穹庐。当时贵族之家妇女骑马者多着幂篱，即大幅长巾（虽为齐隋旧制，但已是吐谷浑等服饰）。唐高宗以后女则多着帷帽，下拖一裙遮住领子，类似现在风帽，或用披肩，长窄袖，这都是波斯、吐火罗[4]的服饰。唐玄宗以后，则着胡帽，劲装露面不再障蔽，士庶之家又竞相仿效，帷帽不再流行。到安史之乱后，又多兴回纥装，两高髻，吐蕃装，后者照白居易的描写是"时世流行无远近，腮不施朱面无粉。乌膏注唇唇似泥，双眉画作八字低……圆鬟无鬓堆髻样，斜红不晕赭面状"，结果是"妍媸黑白失本态，妆成尽似含悲啼"[5]，但却被称为"时世妆"。至于男人，则短衣、皮带、皮靴、裤子，这在敦煌壁画雕塑及唐俑中均可见到。

（2）饮食。《旧唐书·舆服志》说"开元以来……贵人

唐段简璧（太宗甥女）墓壁画《群侍图》，出土于陕西礼泉张家山村

---

① （宋）王谠，周勋初校证：《唐语林校证》卷4，中华书局1987年版，第328页。

② 《新唐书》卷134《王鉷传》，中华书局1975年版，第4566页。

③ （唐）刘肃：《大唐新语》卷9《从善》，中华书局1984年版，第138页。

④ 生活在中亚地区。

⑤ （唐）白居易撰，谢思炜校注：《白居易诗集校注》卷4《时世妆—儆戎也》，中华书局2006年版，第402页。

《玄宗击球图》（局部），（南宋）佚名绘，现藏辽宁省博物馆

御馔尽供胡食"[1]，包括饆饠（或吉饽饽）、烧饼（无芝麻者）、胡饼（有芝麻者），二者或有馅等类，这些胡食在民众中也很流行。因安史之乱，唐玄宗逃亡到咸阳的望贤宫，无物可吃，杨国忠乃自购胡饼以献。西域龟兹葡萄酒在汉魏之时已入中国，唐破高昌之后，得其所产马乳、葡萄及酿酒之法，唐太宗更亲加损益制成八色，京师始食其味。此外，从波斯传来三勒浆（果子酒）等，也都在长安酿造成为当时的名酒。长安西市及城东、曲江一带颇多胡姬所设酒肆，充满异域情调，成为众多学者、士大夫、宦游者买醉之所。

（3）打球。汉魏以来，有所谓蹴鞠之戏（足踢）。唐太宗时，又由西域传来菠萝球，即马球，骑马以杖击球，或称击鞠。此类球发源于波斯，贵族特爱此种游戏，宫内设有球场，唐玄宗颇擅此技，曾把吐蕃名手击败，一时传为佳话，宋人诗中有"三郎沉醉打球回"[2]之语。一般贵族士人，亦爱此。新及第进士在慈恩寺题名后，赴曲江宴会及月登阁的打球之会，城内外民众蜂拥而来，观者如堵，有时达数千人，场面盛大。

（4）其他。元宵观灯，从开元之后成习惯，可能与西域灯彩大为流行有关。唐镜之海马葡萄纹等均受西域影响。《旧唐书》载：开元以来，"太常乐尚胡曲，贵人御馔，尽供胡食，士女皆竞衣胡服"[3]。众多胡人又与京师汉人杂处，娶妻生子，以致玄宗时东城老父要慨叹"长安中少年有胡心矣"[4]。如

① 《旧唐书》卷45《舆服志》，中华书局1975年版，第1958页。
② （宋）晁说之：《题明皇打球图》，载（清）厉鹗：《宋诗纪事》卷28，浙江古籍出版社2019年版，第1022页。
③ 《旧唐书》卷45《舆服志》，中华书局1975年版，第1958页。
④ （宋）李昉：《太平广记》卷485《东城老父传》，中华书局1961年版，第3995页。

妓女之学突厥，结方伙兄弟等，亦是外来的习俗。

第六节　中国科技文化的四向传布

1. 向西方及印度的传播

中国文化科技向西域传布的，主要是造纸术。中国造纸术在公元 1—2 世纪发明之后，不但在中国广泛使用而且向外流传。中亚发现的纸很多，至于造纸术的西传，当在唐王朝极盛之时即怛罗斯之战败于大食，被俘的唐兵中有造纸工匠，大食人遂将之送至撒马尔罕建立纸厂，此后撒马尔罕之纸极有盛名，并大量输出到西亚各地。从大食再传到巴格达、开罗、摩洛哥乃至欧洲，此时已是公元 12 世纪。在此之前欧洲人用的是容易碎裂的"纸草"和价格昂贵的羊皮，有了价廉物美的中国方法制造的纸，文化的传播就方便多了。廉价纸的应用，促进了活字印刷的发展，书籍的大量出版，促进了欧洲文化的发展。造纸术传到印度，应是公元 7 世纪以前的事。玄奘、义净之入印，为中印文化交流之一大盛事。义净于公元 7 世纪后半期到印度，已见印度用纸。西域各地不只发现汉文经书，且有《唐针灸经》《神农本草》等书，此外在大食等地尚有从中国因各种原因去往域外（或被招去）的一些绫绢匠、机杼匠、金银匠、画匠等，在杜环的《经行记》中可以看到相关记载。中国的丝织、冶铸技术也在此时传播到西方，瓷器亦大量输出。

2. 向东方的传播

在今天亚洲各国里，吸收中国文化最多的是日本和朝鲜，日本、朝鲜、韩国博物馆都珍藏从中国流传来的或受中国大陆影响的文物。

（1）日本。隋统一后，日本曾多次派遣使者及留学生来隋。小野妹子以遣隋使的身份携国书赴中国，曾受到隋炀帝的接见，并与同行者对中国的典章制度进行考察。唐朝时，中日两国往来的使臣及留学生更多。据中日两国史书记载，从 630—894 年共派十余次遣唐使，规模最大的一次达五六百人。遣唐使的目的是学习中国文化，随来的还有留学生及学问僧，其中且有医生、药师、画匠、制玉匠、锻铸工人等。他们居留动辄长达二三十年，归国后，又把中国文化的先进成就带回本国。645 年日本孝德天皇继位，开始进行改革，称"大化革新"。在本次革新中，隋唐之际日本留学生高向玄理等起了重大作用，而改革运动中各种制度则完全模仿中国，如官职、田制（班田授受法）、租税（租庸调）、法律（五刑）、学校（学中国经史）、历法（正朔）、音乐（尚有唐时乐器）、建筑（京城规制）、工艺美术、佛教、文学、书法、文字（仿汉字造，史书记载为纪传体）、雕塑、绘画等。日本于派遣唐使之际，亦与唐政府以国际礼仪方式从事官方贸易。日本以琥珀、大玛瑙及银饰等物献于唐，唐则以彩帛香料等为回礼。另外遣唐使等私人买回书籍、文物及种植之植物，亦直接或间接促进了日本文化的发展。唐朝时，在中日文化交流中有突出贡献的日本人有吉备真备（遣唐使）、阿倍仲麻吕（留学生）和僧人空海等。

（2）朝鲜半岛。当新罗未统一朝鲜半岛之前已派遣子弟入唐求学，统一后留学生更多。当时新罗人改穿唐式服装，设太学，知诗书，据说白居易诗可卖到100两银子，被唐的使臣称为君子国。中国文字在新罗也很通行，公元7世纪时，使用汉字，并用中国文字做记音符号，即所谓吏读，此后新罗人遂能借汉文音译来记录其自己语言，这对朝鲜文化的发展有很大意义。此外，天文、历法、医学等方面受唐影响也很大。

这时唐王朝由于本身文化的发达与各族来往的频繁，遂成为亚洲各族经济文化交流的中心。唐太宗、高宗开始，唐王朝的疆域不断开拓，对中国及亚洲各族社会的发展及彼此文化经济交流起了促进作用。唐朝是当时亚洲各国经济文化交流的中心，唐文化的流布促进了亚洲各国文化的发展，亚洲各国文化的传入，也丰富了华夏人民的经济文化生活。唐朝也是世界性帝国，唐都城长安是国际性大都会。

第八章　隋唐五代的文化与科技

隋唐五代时期，文化和科技有进一步的发展。发展的主要原因：一是封建社会在隋唐时期有进一步的发展。文化是上层建筑，随经济基础的发展而发展，如唐诗的社会生活背景、题材，市民对文学形式的影响等。二是唐代继承并发扬了中国优秀的文化和科技遗产。有些在前代萌芽，至唐代成熟，如诗歌（近体诗）、绘画（南宗、北宗），以及各类百工技艺。三是由于魏晋以来各族文化的大量输入及唐代与各国各地区各族接触的频繁，使中国文化和科技吸收了新的成分，发出了更大的光辉。

第一节　史学与经学

一、史学

科举制的发展促进了隋唐社会的文化普及和精神需求，激发了文人的创作，丰富了历史学领域的官私著述，加之官方更加重视资料的搜集整理，文字著录比较丰富完整，有系统的起居注、实录等，也为修史提供了便利，取得了很多重要的成就。在本书绪言的"基本史料"一节中，对隋唐五代时期的著述，以及历代的有关资料汇辑、整理做了概述，这节就不详赘述，仅择其有开创意义的著作重点介绍。隋唐五代时期的史学成就及贡献主要有以下几个方面。

1.国家重视修前朝史

正式设置史馆，建立官修史书的制度，任命史官编撰前代和本朝国史，并令宰相为监修。唐以前，史书以私修为主，从唐太宗开始，国家设史馆官修正史和宰相监修成为定制一直沿袭下来。史馆藏书丰富，并汇集了最优秀的史学人士，有利于修史工作的顺利进行。影响大而又流传广的是官修八部正史，即房玄龄等监修的《晋书》，魏徵领衔修撰的《隋书》，姚思廉修撰的《梁书》和《陈书》，令狐德棻主编的《周书》，李百药修撰的《北齐书》，李延寿父子私修后转定为官修的《南史》《北史》。鉴于史馆所修的梁、陈、北齐、周、隋五史都没有志，唐太宗乃于贞观十五年（641年）下诏命于志宁、李淳风、韦安仁、李延寿、敬播等人续修《五代史志》，最初由令狐德棻监修，唐高宗永徽三年（652年）改由长孙无忌监修，显庆元年（656年）修成并奏上。虽成书于众多史臣之手，但都是饱学之士，术有专长，内容充实，质量上乘，备受称誉。八史参与实际编修的大多是史臣，并有家学渊源，如姚察、姚思廉父子，其中《梁书》就是姚思廉在其父撰写的基础上修改扩充而成书的，并参与了当朝国史的修撰。李延寿则继承其父李大师遗志，以16年功夫，独立修成《南史》和《北史》，他还参与了《隋书》《五代史志》（即《经籍志》）、《晋书》及当朝国史的修撰。

2.重视对历史经验的总结，注重史学对当代国家治理的镜鉴功能

从司马迁的"究天人之际，成一家之言"，强调史家个人对历史规律的独立的认识，到唐代君臣重视"以史为鉴"，强调和重视史学的政治镜鉴功能。修撰的正史，开创新体例《通典》《史通》等，无不以此为编撰的重要目的。

3.在史书体例上多有开创性成就

（1）第一部行政法典的诞生——《唐六典》。它是中国现存最早的一部行政法典。唐朝被誉为律令格式之国，重视制度建设，也重视澄清、梳理和总结制度沿革。详尽的行政法典的编撰，说明行政法典已经成熟和趋于完善。

《唐六典》仿周礼天、地、春、夏、秋、冬六官，实际是按照唐行政系统及结构分列于六官之下。由唐玄宗下诏，丽正书院（后更名集贤院）总其事，先后有张说、萧嵩、张九龄等人主持，足见对其编撰的重视。前后历经14年成书。三师、三公、尚书都省合为一卷；以下依次为吏、户、礼、兵、刑、工六部各为一卷；再次为门下、中书、秘书、殿中、内侍等五省各为一卷，御史台、九寺、五监、十二卫和东宫官属各为一卷；最后一卷记述地方职官，分叙三府、都督、都护、州县等各级各类行政组织。

《唐六典》是一部当时制度法令的资料汇编，是一部以开元年间现行的职官制度为本，追溯其历代沿革源流，以明设官分职的典章著作。书中保存了大量唐朝前期的田亩、户籍、赋役、考选、礼乐、军防、驿传、刑法、营缮、水利等制度和法令的重要资料。

《唐六典》保存了比较完整和详细的唐代的令、式，对职官制度源流的

追溯，多采用前代典籍，很多资料后世已经散佚，幸六典得以保存这些珍贵的第一手资料，具有较高的文献价值。曾有人对《唐六典》记述的职官制度及相关法令是否实行产生疑问，如均田令。但唐人撰的《通典》，五代撰的《旧唐书》，宋人撰的《新唐书》中的职官部分，基本是依据《唐六典》而写成的，足以说明当时和后世对其所记述的认可。敦煌文书的面世，发现了若干与均田制有关的土地文书，还发现几件完全按照《水部式》的指导原则编制的农田水利灌溉细则，也证明《唐六典》并非一纸具文。

（2）第一部典章制度沿革的通史——《通典》。杜佑（735—812 年）以前的史家，典章制度部分集中在纪传体史书的书和志的部分，如《史记》的《河渠书》，《汉书》的《艺文志》，受限很多，无法完整展现长时段制度发展演变过程。《通典》的成书，不仅弥补了此前的缺憾，还创设一门新的史书体例。《通典》是杜佑在刘秩《政典》的基础上加以扩充和改编的，他非常重视史学的社会功用，明确写作《通典》的目的就是"征诸人事，将施有政"①。因此不遗余力，前后花费 30 余年撰成此书。

《通典》的成书，正是自秦朝以来，专制主义中央集权体制逐步发展完善的基础上，统治的需要使官僚系统逐渐发展和完善，与之相应的各项典章制度也趋于严密完备的表现的结果。统治者包括隶属的史官，对这些制度的源流、沿革、其间的变化、系统结构以及在当代统治治理和国家机器运行中的作用等诸方面，都需要梳理和总结，而且在总结和评述中，历陈得失，发表史臣自己的见解，所梳理和收录的资料也都与资治有关，也关涉到经济、社会等诸多方面，并表明了撰写者的史观。如《通典》将食货置于首，就有杜佑本身对经济与社会和国家关系的深刻理解。在记述历代盛衰户口时，列举了官方的户口统计数字后，发表了自己的见解。他认为，虽然天宝籍帐官方统计为 890 万户，实际流失于外的户口至少有四五百万户。再如在选举典中，述及铨选制，搜集了一些对其弊端进行抨击的言论，涉及铨选制对社会经济和政治社会造成的种种影响，包括对京城经济与物价的影响，对个人与家庭经济负担的影响，对中央与地方社会结构和人才结构的影响等。

仿《通典》体例成书的《文献通考》，不仅将《通典》原文作为主要组成，还对《通典》已记述而评论未展开或作者马端临认为有必要进一步展开

---

① （唐）杜佑：《通典》卷 1《食货一》，中华书局 1988 年版，第 1 页。

的，又加以评述，而后人的这些评述很多更客观和更深入。由此我们也可以通过后人延伸到宋的发展变化的记述和评论，更客观、更具有发展眼光和更好地认识唐代的典章制度及其发展变化趋势。

杜佑的《通典》、宋人郑樵的《通志》、宋末元初人马端临的《文献通考》，并称"三通"，后人再续"三通"，清人又撰清"三通"，是为"九通"，又有近代人撰《清朝续文献通考》，遂称"十通"。形成典章制度史书的完整系列。

《通典》的成书还促使会要体即断代典制体史书的出现，历朝修撰的会要、会典，亦成系列。

（3）开创会要体的先河——《唐会要》。《唐会要》是中国最早的一部断代典制体史籍，后代历朝沿用，采自实录文案，有学者认为属于《通典》的衍生体。会要以记录为主，完全按照职官系统和系列记述有关诏敕法令，没有议论和评述，即不表达作者的主观意志，属于有系统的资料分类汇编。

《唐会要》中保存了不少两《唐书》和《通典》没有记述的资料，对系统、全面研究唐代典章制度非常重要，尤其是唐的起居注已不存，实录也仅有《顺宗实录》保存完整，其他只能在《资治通鉴》中找到零散佚文。此书可以用于校勘两《唐书》。

（4）第一部史学理论著作——《史通》。刘知几（661—721 年）集个人功力所撰《史通》，不仅是中国乃至是世界第一部史学理论专著，开创了新体例，也表明了当时人对史学功能认识的深化和提升。刘知几"三为史臣，再入东观"[1]，有机会遍览群书，并曾参与监修国史。他在《史通》一书中针对历代编写史书中的问题、史书编写的最高原则和准则等提出了自己的认识，对历代史家得失进行了评论。他主张"征求异说，采摭群言，然后能成一家"[2]，力倡直书，反对曲笔。他归纳了史学家的三个层次，敢于奋笔直书，彰善瘅恶，为第一等；善于编次而成为不朽之作，为第二等；高才博学，名重一时，为第三等。他还提出史学家必须具备"三长"，即史才、史学、史识，即具备基本的历史知识，能具有撰述的技巧和方法，又有深刻独到的历史见解。其中，史识是最重要的，而核心是忠于史实。说明史学的发展已经进入到如何对史学本身的认识和评价的阶段和层次。

---

① 《旧唐书》卷 102《刘子玄传》，中华书局 1975 年版，第 3168 页。
② （唐）刘知几：《史通》卷 5《采撰》，上海古籍出版社 2008 年版，第 84 页。

值得重视的是刘知几所持有的发展史观的立场，他认为由于历史是不断发展变化的，对历史人物和历史事件的评价应该具有客观的立场和眼光，不应"以先王之道持今世之人"①。对历代史书中刻意表现出的宿命论观点持批评态度，主张人的主观性对历史发展所起的重要作用不容忽视。

4. 重视典章制度的梳理和总结

上述所举四部具有开创性体例的史书，其中三部是典章制度的书，足以说明随着官僚系统的完善，各项制度法规的建设，更好地进行梳理和总结，已成为统治者和史臣的共识。

5. 重视地理学方面的著述

这与国家组织完善和深化，加强中央与地方的联系，在熟悉各地基本情况的基础上加强中央对地方的控制，与治理广大区域的需要有关，也与随着不断开拓疆土、视野扩大和政治、军事需要有关。主要体现在隋唐时期的史学家开始重视地志与图志的修撰，并取得很大成就。唐代重视编修全国和地方图经，即附有图画、地图的书籍或地理志。我们目前能见到的全国性的"图经"即《元和郡县图志》，可惜图已不存。地方编修的"图经"，保存下来的有敦煌遗书中的《沙州都督府图经》（P.2005、P.2695）、《西州图经》（P.2009）、《沙州伊州地志》（S.367）等。

隋裴矩（548—627年）撰写的《西域图记》，虽然原书已亡佚，但《隋书·裴矩传》收录了该书的序言。裴矩利用掌管西北互市的便利，多方搜集资料，寻访西域商人，记述了西域44国的山川形势、风土人情、珍异物产等，并记述了通往"西海"之路线，配有绘制的地图。《隋书·西域记》及北宋成书的《太平寰宇记》和《太平御览》都引用了该书的资料。

樊绰（生卒年不详）编写的《蛮书》，又名《云南志》《云南记》《云南史记》《南夷志》《南蛮志》《南蛮记》等，共10卷。作者利用任职安南经略使府之便，系统搜集资料而撰成此书。详细记述了云南地区自然地理、人文地理、政治、经济、军事、交通、城镇、社会风俗、各民族分布与生活习俗等，以及境外诸国的情况，是研究唐代云南地区和民族最珍贵的史料。

6. 大型类书的编纂

大型类书的编纂是文化提升和社会政治需要的反映。这与科举制的确立

---

① （唐）刘知几：《史通》卷8《模拟》，上海古籍出版社2008年版，第160页。

和发展关系密切，因为文人举子需要引经据典。类书的介绍在本书"绪言"的"基本史料概述"中已有较详细叙述，兹不赘言。

综上，隋唐五代时期的史学，主要是以唐代为主，取得的主要成就可归纳为：官修史书制度的建立，史书体例的创新，对史学政治与社会功能的强调和重视，对历史学发展历程的反思，史学家对史学观念的进一步深化。

二、经学

汉武帝独尊儒术后，经学可指儒家经典中的核心典籍，也可作为对儒家经典要义的研习。但经学自汉到唐，既有汉代的古文经、今文经之争，南北分裂的数百年，又有魏晋时期恪守古文经学派的王（肃）学与兼采今文、古文经的郑（玄）学之争，继而衍生出南北朝时期的南学与北学之争，不仅学出多门，各有师承，相互诘难，再加上长期分裂和战乱，儒学典籍散佚严重，流传在世的文本颇多错漏乖讹。

隋唐时期，学出多门的现状并不利于国家大一统的需要，尤其是确立了科举制在选官中的主导地位，以儒学取士，需要从国家层面确定取士的标准和考试的内容，进而推动经学适合统治国家的需要。尽快统一占主流地位的进士科和明经科的考试内容和录取标准，恰恰也体现了国家的意志与导向。

贞观时，唐太宗诏中书侍郎颜师古考定《周易》《毛诗》《尚书》《礼记》和《春秋》文字歧异，撰成《五经定本》，作为国家的统一课本颁行，完成了从六艺（诗、书、礼、乐、易、春秋，也称为"六经"）到五经的转变。后又将五经中的《礼》拆分为《仪礼》《周礼》与《礼记》，《春秋》拆分出《左传》《公羊传》与《谷梁传》，即唐九经。唐文宗开成二年（837年），郑覃"召宿儒奥学，校定六籍"[①]，将校定的文本刻于石碑，立于国子监，即《开成石经》，因所刻石经在九经之上又加上《尔雅》《论语》《孝经》，又称"开成十二经"。开成石经最终完成了五经在文字上的统一。五代十国时后蜀国主孟昶刻"十一经"，收入《孟子》，而将《孝经》《尔雅》排除在外。南宋时正式将《诗经》《尚书》《周礼》《仪礼》《礼记》《易经》《左传》《公羊传》《谷梁传》《论语》《尔雅》《孝经》《孟子》定为"十三经"。

为维护政治一统，以及思想和文化的一统，唐朝还非常重视对儒家经

---

① 《旧唐书》卷73《郑覃传》，中华书局1975年版，第4490页。

典，主要是五经的解释和引申。唐太宗在下诏考订《五经》文字的同时，还命孔颖达主持撰写《五经正义》，以传统的"疏不破注""注不违经"为原则，对《五经》的内容和思想进行解释，并以此作为官方统一的标准颁行。官学及科举考试，都以此为标准答案，不得自由发挥。《五经正义》参与撰写者50余人，于贞观十六年（642年）成书，被唐太宗誉为不朽之作。又经马嘉运校定，长孙无忌、于志宁等增损，于唐高宗永徽四年（653年）正式颁行，历时30余年，不仅是应科举考试的士子必须依据的范本，所试义理须全据《正义》，也标志着为结束儒学门派纷争、实现一统所做的努力。

此外，陆德明撰《经典释文》的统一注音，贾公彦撰《周礼疏》《仪礼疏》，杨士勋撰《春秋谷梁传疏》以及徐彦撰《春秋公羊传疏》等，他们大多参与了《五经正义》的修撰，他们所作的疏传，都收入后来的《十三经注疏》中，成为定本，对于促进儒家经学的统一都作出了贡献。

唐中叶以后，官学以及官方儒学的衰落，《五经正义》的约束力也明显松弛，一些文人突破束缚，倡导自由解经，如啖助、陆质对《春秋》的解释，完全不受《春秋三传》的束缚，专凭臆断，自由发挥。这种随意阐发、解释经学大义的方式，对于"空言说经，任意附会"的宋儒学风有很大影响。

总之，唐朝统治者致力于儒学归于一统，刊刻石经公示范本并立于官学，统一（五经）文字和思想、以官方五经定本及正义作为取士的依据，都在经学发展过程中、十三经的形成过程中起了重要乃至关键性的作用。对东亚的日本和朝鲜半岛也产生了重要影响。

第二节　哲学

隋唐五代时期，出现了一批著名的哲学思想家，儒、佛、道三方都有杰出的代表人物。除佛教外，主要有韩愈、李翱、柳宗元、刘禹锡、傅奕、吕才、卢藏用等，道教哲学思想家司马承祯、李荃等。隋唐五代的哲学，可以归纳为几个方面。

一是佛学占有相当大的比重，这与佛教理论的发展与成熟有很大关系，宗教与哲学逐步分离。

二是一般哲学的关注点，沿袭中国传统哲学的道路，虽然也涉及本体论，但并非重点。重点大多是探讨人与天的关系和人本身的问题（如品性、人性）。如韩愈（768—824年）继承董仲舒的性三品说，把人性按照五德（仁、义、礼、智、信）的标准分为上、中、下三品。"上之性，就学而愈明，下之性，畏威而寡罪，是故上者可学，而下者可制也。其品则孔子谓不移也"①。刘禹锡（768—824年）撰《天论》三篇，探讨天人关系。李翱（772—842年）的《复性书》，认为人性本善，但情欲则是邪恶的。圣人不受情欲干扰，所以不失本性，而凡人往往受情欲束缚而迷失本性。只有摒弃一切情欲，弗思弗虑，才能恢复善的本性成为圣人。虽然吸收了佛学思想，但实质是探讨人性的问题。

三是儒、佛、道三家虽然矛盾始终存在，但并行兼容发展，对一些哲学命题从不同方面进行了深化，某种程度上有三教融合或三教归一的趋势。很多学者也是兼采儒学、佛学、道教等不同学说，并非执着的固守一说，反对佛教和神鬼信仰的也并非坚定的无神论者。如李翱探讨人性问题时吸收了佛教的思想。韩愈因反对唐宪宗迎法门寺所藏佛骨而上书《谏迎佛骨》，为此"一封朝奏九重天，夕贬潮州路八千"②，被贬到遥远的边地，但他实际上则是排佛与容佛并举。道教的司马承祯（647—735年）主张"主静去欲"重视"修养"，具有一定影响，但他的思想也具有融合儒、道、佛三者的特征。武则天时召集47人集体编修的《三教珠英》（唐武宗时改名《海内珠英》）共计1313卷，是一部大型诗文集类书，可惜已亡佚，但从书名和编修时的立意可知，编修是书的目的是汇集儒、道、佛三教精英的经典作品，力图能彰显武则天三教并举的国策。

四是唯物主义哲学的发展，重点是在反对佛教和反对鬼神信仰方面。有学者直接针对鬼神信仰提出质疑和批判，主张无神论。如卢藏用（664—713年），他的代表作是《析滞论》，认为国家的兴亡得失，并关人事，反对当时社会盛行的迷信思想。李华（约700—766年）所具有的无神论思想更为彻底，著有《卜论》，对占卜、祭祀、算命都提出自己的看法。刘知几主张是人的主观努力决定国家的兴亡，反对强调"天命"的观点，在撰写《史通》时，从各个方面阐明他进步的历史观。柳宗元的唯物主义思想集中体现在他

---

① （唐）韩愈撰，（清）方世举编年笺注：《韩昌黎诗集编甲笺注》卷10《左迁至蓝关示侄孙湘》，中华书局2012年版，第573页。

② （唐）韩愈撰，刘真伦校注：《韩昌文集汇校笺注》卷1《原性》，中华书局2010年版，第48页。

的《天说》《天对》《答刘禹锡天论书》《封建论》《非国语》等文章中，认为天地、元气、阴阳都是客观存在的自然现象。他认为人事与天并没有直接关系，对君权天授（神授）的观点提出批判，指出治乱兴衰不取决于天或神，而是取决于人的作用。刘禹锡认为天是有形之物，宇宙万物都经历生长的自然发展过程，他并不主张割裂人与天，但他这里的天是指自然规律，提出天与人的关系是"交相胜，还相用"，天和人都有其能，也有其所不能，强调发挥人的主观作用。李荃（生卒年不详）信奉道教，但在宇宙起源、自然变化与人事变动的关系等问题的解释上，显示了他所具有的唯物主义思想，他的哲学思想主要保存在其所著的《阴符经疏》一书中。但一些反对迷信、鬼神的学者，也会在一定程度上具有唯心主义思想，如相信"宿命论"。如吕才就认为人的命运即富贵贫贱不是由风水决定的，而是取决于是否"积德"。因此可知上述提到的唯物主义哲学家所持有的唯物主义观点并不彻底。

五是从国家层面上对思想的掌控有所加强。统治者以儒家经典为士人研习的重点和核心，在对待佛教和道教的态度有所摇摆，不同君主态度也不相同，如发生在唐武宗朝的"会昌废佛"。虽然会有所偏倚，有所限制，但基本政策还是以兼容为主，在一定程度上对外来宗教也采取宽容的政策。把包括佛教和道教在内的宗教都纳入国家行政的统一管理体系中，包括寺院的等级、各寺院的编制、剃度资格等，都由国家设立的专门机构和官员进行管理，并且允许在官府的主导下，不同学派设坛论辩。

六是在哲学发展史上起到上承魏晋玄学、下开宋明理学的重要作用。

第三节　宗教

一、佛教

1.求法高僧与佛经翻译

隋唐统治者大多提倡佛教，唐初佛教非常盛行。由于僧侣有免赋役的特权，所以出家的人很多，寺院也集中了大量土地。

隋唐时期佛经也大量被翻译过来。早在公元4—5世纪时，译经便已盛行。隋及唐初都设译经馆，主管译经的事。其办法多为番僧口译、华僧笔授，文臣学士润色。译经事业改由中国人主持，是从唐太宗时的玄奘（596—664年）开始的。玄奘于唐太宗贞观三年（629年）从长安经今甘肃、新疆、中亚去印度求法取经。出国共历17年，贞观十九年回国，带回许多佛经。唐太宗令他把所携梵本佛经于弘福寺译为汉文，并召集了硕学沙门50余人相助整理。在此后19年内，昼夜以继，先后整理出佛经1330卷。

《佛》，（唐）阎立本绘

此外，出游印度25年之久的义净在公元7世纪末归国之后，也以十几年工夫译出230卷佛经。由于这些精通梵语的大师的翻译及唐政府的大力协助，故译经人数虽不及公元4—5世纪之多，而成就反在其上。经过这样大量翻译，印度佛教中的各种派别如法相宗又称唯识宗、密宗、禅宗等，或初来东土，或更为盛行。而一般士大夫及民众之中对佛教、佛学之传习亦更为广泛。

2. 中土佛教宗派及其影响

从南北朝到隋唐，有多种佛教宗派流行，盛行的凡十宗。影响最大的是净土宗、法相宗及禅宗。净土宗不讲高深哲理，只教人一心宣念佛号，心想佛像、佛德，死后即可往升净土，故在下层社会流传极广。善导大师于唐初在长安传教，门徒甚众，长安肉店几无人买肉。信徒有念弥陀经10万卷至50万卷，有的每天念佛1万声至10万声。此后，成为弥勒教或白莲教之中一脉，对元明清农民起义有影响。法相宗讲心、性、情、意识、忠道、三学（戒、定、慧），在各宗派中最精、最密，给宋儒理学建立了一定基础。禅宗不说法、不著书，讲思考、话语、行动，反对迷信、反对权威。

由于佛教学说在中国广为流行，新罗、高句丽、日本都有人到中国来学佛，中国代替印度成为佛教中心。天台宗、华严宗、法相宗实际是中国化的佛教。

佛教在中国已成为古代中国意识形态的不可分割部分。佛教经典很多是一半小说体、一半戏剧体的文字。由于阐述佛经，又出现所谓变文。这种形式，对后来中国俗文学，如弹词、评话、小说、戏剧的发展和盛行都有直接或间接的影响。平易流畅的翻译佛经，对古文运动有重大的影响。

佛教中的禅宗提倡顿悟、轻视习惯的道德，这对中国思想界有很大的影响。当时许多文人都过着放纵、无拘束的生活。禅宗及法相宗对宋元理学的形成有很大的影响。

佛教的传入也深刻影响了中国人民生活习惯。长期流行的吃斋、中原道场、盂兰盆会、进香、烧纸钱等都是从唐流传下来的。

3. 会昌灭佛

佛教流传之后，儒、佛、道三者在思想上展开激烈的斗争，并且互相渗透。而这一矛盾的基础，在于寺院地主与世俗地主之间在经济上有一定的矛盾，政治上、思想上却都要互相倚靠利用，因此就使斗争及关系十分复杂。

唐武宗李炎像

由于僧尼有免除赋役的特权，寺院并且参加土地的兼并，因此，和一般世俗地主之间有一定的矛盾。唐前期，已有不少地主阶级的代表人物反对尊崇佛教，唐朝中央政府也几次下令限制佛教的发展。到唐后期，反佛最有名的人物便是韩愈。

唐武宗尊崇道教，反对佛教，会昌五年（845年）下令毁佛。当时封闭的寺院有4600余所，勒令还俗的僧尼有26.05万人，没收的良田有数千顷（一说万顷），奴婢15万人。

但是，佛教对统治阶级究竟还是有利的。而且，佛教的流行有深厚的社会基础，很难禁绝。唐武宗死后，佛教又盛行起来。

二、外来宗教

1. 火祆教

公元前6世纪，波斯的琐罗亚斯根据波斯拜火旧俗，创立了一种宗教。说天地间有善恶二神，善神清净而光明，恶神污浊而黑暗，人应当弃恶就善、弃黑暗就光明。以火代表善神，用以崇拜。中国称这种教为火祆教（祆为天神之意）。226年，波斯萨珊王朝定火祆教为国教，一时盛行于中亚。

南北朝时传入中国。625年大食灭波斯，据有中亚，火祆教徒迁入中国的渐渐多起来。信徒以伊朗系的粟特人为最多。同时，伊朗系文化也传入中国。

唐初统治者对火祆教颇为优待，在长安、洛阳及西北诸州均建有祆祠。武宗毁佛时，排斥外来宗教，火祆教被禁。唐武宗死后，禁令渐废。经过五代、两宋，祆祠还有存在的。但火祆教徒来中国并不传教，也不翻译经典，信奉的只有胡人而无汉人，后来也就渐渐衰落了。

2. 景教

景教是基督教的一派，发源于公元5世纪的叙利亚。安都主教聂（涅）斯托里（留），被当时的基督教斥为异端，聂斯托里一派在西方站不住脚，便向中亚一带传教。

唐太宗贞观九年（635年），聂斯托里派教士叙利亚人（当时称大秦国人）阿罗本等数人来中国传教。这派基督教到中国后，遂名为景教，被视为最早进入中国的基督教派。贞观时，长安有几处景教教堂，称为波斯寺。唐玄宗改波斯寺为大秦寺。唐武宗毁佛，景教也连带被禁，勒令还俗的教徒有2000人。后来景教也渐渐衰落了。明末，陕

大秦景教流行中国碑（拓片），出土于陕西周至，现藏陕西省西安市碑林博物馆

西出土一块唐德宗建中二年（781年）的"大秦景教流行中国碑"。唐时景教流行中国情况从碑文中可知大概。

3. 摩尼教

摩尼教是公元3世纪波斯人摩尼所创，又称明教、明尊教、牟尼教等，混合火祆教、印度教、基督教教义。武则天时，摩尼教徒到中国传教，主要传布在西北各地，后也传布到福建，回纥人信的尤其多。当时寺院被称作"大云光明寺"。唐武宗时也被禁，但在民间仍十分流行。后与佛教、道教教

《香山九老图》，（明）周臣绘，现藏天津博物馆

"香山九老"指唐代白居易、胡杲、吉旼、郑据、刘真、卢慎、张浑、狄兼谟、卢贞9人。唐代东都洛阳设有完整的中央留守机构，即分司官，其职轻事简，待遇丰厚，聚集了大量官僚士大夫。文学活动较为活跃，观风赏月，唱和诗文的集会频见于史料记载。安史之乱后，洛阳远离政治斗争中心，诗文活动活跃。大和至会昌初年，洛阳的诗歌唱和达到高潮，以白居易为代表分司东都的文人士大夫显示出群体意识，出现文人群体的结社活动——香山九老会。

义汇合，成为民间的秘密宗教，如白莲教，成为农民阶级斗争的一种组织形式。

4. 伊斯兰教

麦加人穆罕默德（唐译摩呵莫）在公元7世纪时创伊斯兰教，教随大食人至中国。但因不传教，故唐无专门名称，杜环《经行记》中称之为"大食法"，并说明宗教内容。这是中国著述中关于伊斯兰教最早的记述。

伊斯兰教与回回产生联系则是在元代，当时称西域之伊斯兰教徒为回回人。至于回回教易名，则见于明初著述。

第四节　文学

一、唐诗

1. 唐代诗歌发达的原因

唐代是中国诗歌发展的最高峰。无论从作品、作家的数量、有名的篇

章、作品的艺术水平、题材的新颖广泛、作品的形式等方面来看，都是如此。清人彭定求等辑录的《全唐诗》，共计 900 卷，收唐五代诗歌 490403 首，残句 1555 条，作者 2837 人，大致按时代前后排列，并附作者小传，是中国最大的诗歌总集。唐代诗歌发达的原因有以下几个方面：一是由于社会生活的安定与经济的发展，及各族接触的频繁，物质生活的丰富是诗歌创作的基础。唐代作家的眼界与情感大为扩张，不但题材广阔、形式多样，而且作风方面也大多健康、淳朴、浑厚、雄壮，充满了时代精神。

二是市民阶层及中小地主大量出现。唐朝的政治氛围比较宽松，门第之风也大为衰退。中下层阶级多少呈现一种自由、活泼的精神。文学也就因此从半贵族式的宫体作风上转变为越来越贴近大众，走向民间中。它为一般平民所爱、所歌、所创作，因此得到丰富的创作源泉，涌现出大量作家。

三是科举制度与学校制度使大批中小地主有受教育的机会，扩大了知识分子的队伍。进士科的考试项目中，加进了诗赋等所谓杂文一项。一方面反映了社会的风尚，另一方面也给了唐诗发展以极大的推动力。

四是唐代诗歌继承前代文学优厚的遗产，民歌臻于成熟。一方面是古代乐府歌词与当代民歌相结合，而推陈出新，进一步提高。另一方面，五言、七言诗，特别是七言诗这种形式及声律对仗到南北朝时已有相当的发展。格律诗的技巧与形式被唐代诗人继承发展并注入新的内容，从而形成成熟、完美的作品。此外，骈文的优点也被揉到诗中。

五是城市的发展、科举的实行和交通的完善，使众多文人士子或聚集到都城，或游历各地，他们聚会应酬、饮酒作诗、唱和往来蔚然成风，涌现了大量优秀的作品。

2. 唐代诗歌的演变

唐诗发展时代很长，作家极多，题材风格十分多样。从文学史角度一般可以分作四个阶段。

（1）初唐至开元以前。初唐诗歌一方面承袭六朝遗风，如尚声律、雕琢、虚浮等等。但在表现上，已注意典型、洗练及思想感情的真实表现，熔南北朝的纤巧与质朴风格于一炉。在形式上，律诗已成定格，七言诗大量出现。著名的诗人便是王勃、杨炯、卢照邻、骆宾王、沈佺期、宋之问、杜审言、陈子昂等。其中王、杨、卢、骆被誉称为"初唐四杰"。

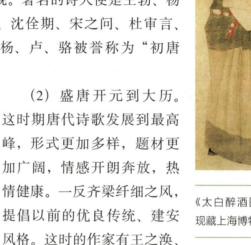

《太白醉酒图》，（清）苏六朋绘，现藏上海博物馆

（2）盛唐开元到大历。这时期唐代诗歌发展到最高峰，形式更加多样，题材更加广阔，情感开朗奔放，热情健康。一反齐梁纤细之风，提倡以前的优良传统、建安风格。这时的作家有王之涣、孟浩然（田园诗）、高适、岑参（边塞诗）、李白、杜甫等。同时经历了安史之乱，杜甫写下了大量关注现实反映民间疾苦的诗篇。

（3）中唐大历到太和。由于社会矛盾的尖锐，此时不少诗人注意到民生疾苦，诗歌现实性较强。形式方面更加注意格律、排比（排律）。著名诗人有元稹、白居易、韩愈、贾岛、李贺、李益、刘禹锡等。他们创作的诗深入浅出，各有特色，但也被认为艺术性与现实性的结合却渐行渐远。

（4）晚唐太和以后。诗风有所变化，温庭筠、李商隐，并称"温李"，成为晚唐五代"花间诗派"的鼻祖，以婉约、柔弱为风格，更多地表现诗人内心的悱恻之情。著名宰相杜佑之孙杜牧成就卓著，有"小

贾岛像

贾岛（779—843年），字浪仙，范阳人。早年为僧。官终普州司仓参军。其诗喜写荒凉枯寂之境，颇多苦寒之辞。注重词句锤炼刻苦求工，"推敲"的典故即由其斟酌诗句"僧推月下门"或"僧敲月下门"而来。其诗在晚唐、宋初和南宋中叶很有影响。

杜"之美誉，一首《清明》诗，脍炙人口。皮日休的诗能反映社会真实情况，注意人民疾苦。

3. 唐代的著名诗人

（1）李白（701—762年）。李白的籍贯，说法不一，但他从小生长在四川，主要生活在唐朝的强盛时期，即开元天宝之际。当时城市繁华，有些文人过着放纵、浪漫的生活，在诗歌中也出现一种浪漫的风格。李白就是这种风格的代表。

他的诗想象丰富，感情豪放。愿意无拘无束的饮美酒，游名山。他写了许多诗来歌颂祖国山河的壮丽、歌咏酒和月。李白又是新格律的创造者。在他以前，诗人多半承袭了六朝颓靡、淫靡、形式主义作风。李白冲破了旧传统的束缚，创造了新的、自由的、真实的诗的作风，被誉为"诗仙"。

（2）杜甫（712—770年）。杜甫比李白稍小，是李白的好友。少年生活优渥，但仕途不遂，经历坎坷，中年以后一直过着比较穷困的生活，能体察到民众的痛苦。他40岁左右正值天宝末年。他看到统治阶级的腐化，也看到劳动人民的痛苦，就用诗来描述这些。他看到开往边疆的兵士出发时的凄惨景象，听到他们诉说自己痛苦的悲凉谈话，就写出第一首替人民说话的诗——《兵车行》，车声、马声、哭声，烘托出生离死别的惨烈场景。他想到贵族豪华的生活与长安街头的饥民，于是写出千古名句"朱门酒肉臭，路有冻死骨"[①]。

安史之乱时，杜甫经历了艰苦、危险的逃亡生活。在逃亡途中，他把看到、听到的人民的悲剧写成很多首伟大的诗歌，如《三吏》《三别》等。在这些诗歌里，他一方面替人民诉苦，一方面又为国家着想，鼓励人民去抵御来犯的异族军队。这是杜甫写作最重要的时期。杜甫是一个现实主义的大诗人，有"诗圣"之称。

（3）白居易（772—846年）。白居易生活在唐后期，他非常推崇杜甫的诗。他经过藩镇的变乱和大灾

白居易像

---

① （唐）杜甫著，（清）仇兆鳌注：《杜诗详注》卷4《自京赴奉先县咏怀五百字》，中华书局1979年版，第270页。

荒，对于人民的痛苦体会更深。主张诗应当"为实""为世"而作。也就是说，要结合现实生活，有目的而作。他写了许多讽喻诗，深刻地描写了劳动人民的勤劳和贫困，并且揭露了当朝宦官、武将、贵族的奢侈与残暴。他希望当时的皇帝看了他的诗以后能够改良政治，改善人民的生活。他的《秦中吟》10首和《新乐府》50首就是其中最有名的。他的一些描写情感的长诗也属经典之作，如《长恨歌》《琵琶行》等。白居易的诗脍炙人口，妇孺皆能吟诵，故流传甚广。

二、古文运动、新乐府运动

1. 古文运动

从东晋南朝以来，盛行讲究辞藻、声律对仗的骈文（四六）。这些文章

往往辞藻华丽，朗读顺畅，但内容空虚，记事累赘，不擅说理。从唐初开始，就有人主张改革这种文体。到唐后期的韩愈完成了这种文体的改革，即古文运动。韩愈主张复古，也就是文体要回到三代两汉的体裁去，回到儒学道统。在这种复古口号下，他们实际上完成了文体的革新。此后，文章的体裁便变为平易通畅的散文。

与韩愈同时的"古文"作家还有柳宗元（773—819年）。他在古文运动中的地位仅次于韩愈。著名的《永州八记》是散文的典范作品。

古文运动倡导者主张文章要反映现实生活，要有思想内容，提出的文以贯道、文以明道，对后世影响深远。

韩愈像

2. 新乐府运动

新乐府运动的代表者是白居易、元稹（779—831年）等人。白居易主张"文章合为时而著，歌诗合为事而作"①，提倡恢复古代的采诗制度，贴近社会与生活，用通俗化的乐府体写作诗歌。白居易的《新乐府》《秦中吟》，

---

① （唐）白居易撰，谢思炜校注：《白居易诗集校注》卷8《与元九书》，中华书局2011年版，第327页。

元稹的《田家词》《织妇词》，都是反映下层劳动大众的真实生活，揭露了战争给人民带来的苦难、统治阶级对劳苦大众的剥削和压榨、社会贫富不均、贵族官僚地主骄奢淫逸、腐朽堕落的生活等现实。如李绅的《悯农》诗中的"锄禾日当午，汗滴禾下土。谁知盘中餐，粒粒皆辛苦"[①]，脍炙人口，千古传颂。新乐府运动对晚唐的诗人与诗歌创作题材也有很大影响。

古文运动和新乐府运动的代表人物，都希望正视民众疾苦，通过政治改良，缓和社会矛盾，重振唐朝往日的辉煌。

三、传奇小说

由于佛教经典之流行，其文章之结构与体裁，其记述长篇故事的办法，其丰富的想象力，均给中国文人以极大的影响，而为后世加以模拟，在六朝志怪小说的基础上，遂有唐传奇小说之出现。曲折的情节，鲜明的人物，明确的主题，中国文言小说自此步入成熟阶段。

另外，唐代举子纳卷、请托之风极盛。为了使达官贵人有兴趣，又能表达自己的才能（史才、诗章、议论），则小说体的传奇是最合适的一种形式。因此，当时的文人做了不少传奇小说。其中有不少优秀作品流传久远，并成为以后戏曲的题材，如白行简的《李娃传》、沈既济的《枕中记》、李公佐的《南柯太守传》、陈鸿的《长恨歌传》等。最有名的如元稹的《莺莺传》，讲述的是贫寒书生张生和崔莺莺的恋爱故事，是一篇典型的传奇作品。后世有名的《西厢记》就是根据这个传奇故事改编的。

四、变文

变文是唐代兴起的一种说唱文学体裁，韵文和散文交错，并往往结合图解（图像），属于通俗文学。最早的变文主要为佛经故事，随着佛教的中国化和世俗化，内容也扩大到历史故事、当代人物、民间传说，如《大目乾连冥间救母变文》《伍子胥变文》《张议潮变文》等。公元19世纪末20世纪初，甘肃敦煌莫高窟藏经洞内发现的变文是目前已知变文的最早实物文本。变文对后代的讲唱文学、杂剧等都有重要影响，变文丰富的题材也为后代戏曲文学提供了大量素材。

---

① （唐）李绅著，卢燕平校注：《李绅集校注·悯农》，中华书局2009年版，第3页。

《五牛图》，（唐）韩滉绘，现藏北京故宫博物院

第五节 艺术

一、绘画

1. 著名画家

隋唐五代时期是中国绘画史发展上极为重要的时期。无论题材、画风、画技都有较大发展，并涌现出众多著名的画家。山水画开始独立出来，宗教画趋于世俗化，经变画的表现内容更加贴近生活，文人诗意入画。石窟寺中保留了大量珍贵的壁画，既是这一时期的重要特征，也是这一时期画家和画工对中国绘画史做出的重要贡献。五代虽然时间短促，但却为宋代的山水画和花鸟画的发展奠定了良好的基础。

隋代展子虔（545—618 年）的《游春图》被认为是中国山水画史上第一幅完整独立的山水画卷，开启青绿山水之滥觞，影响深远，李思训（651—716 年）、李昭道（675—758 年?）父子为最著名的青绿山水大家，史称"大小李将军"。传为李思训所画《江帆楼阁图》和李昭道的《春山行旅图》是各自的代表作。

著名的画家吴道子（约 680—759 年），有"画圣"之称。善画人物、梵画，笔法飘逸灵动，其画风被誉为"吴带当风"。作品流传甚广，民间争相效仿，被称为"吴家样"。著名作品有《地狱变相》《送子天王图》《八十七神仙卷》等。甘肃敦煌莫高窟第 103 窟的《维摩经变图》，被认为是他的画风。目前保留下的石窟寺壁画，很多都秉承了吴道子的风格。

再如阎立本（约 601—673 年）的《历代帝王像》《步辇图》，韩滉（723—

787 年）的传世作品《五牛图》，张萱（生卒年不详）的代表作《虢国夫人游春图》卷和《捣练图》，五代顾闳中（约 910—980 年）的《韩熙载夜宴图》，或珍本，或摹本，都代表了不同风格的画派，也展示了这些画家在各自领域取得的卓越成就。

2. 石窟寺壁画、墓室壁画

隋唐五代时期对中国绘画史的另一个重要贡献是众多的石窟寺群和各种墓葬中保留了大量的壁画，展现了当时的绘画风格、绘画技巧和绘画成就。

石窟寺壁画。石窟寺中保留最多并且最完整的壁画当属敦煌莫高窟。莫高窟开凿时间从公元 4—14 世纪，窟内四壁及窟顶上绘有大量的尊像画、本生故事画、佛传故事画、因缘故事画、大幅经变画、历史与当代人物画、神话传说、民俗风情画等，表现了佛教传播过程中壁画从题材到人物形象、服饰、装饰、器物、建筑等的变化，也体现了中外文化艺术的交流与交融。从本生故事画到经变画，再到更多表现世俗内容的风俗画，正是佛教本土化、世俗化、中国化的过程。尤其是唐代的大幅经变画，色彩斑斓、场面宏大、人物众多，天上人间一片祥和，充分表现了大唐盛世的歌舞升平景象。

墓室壁画。墓室绘制早已有之，但唐代，因国力强盛，从帝王到权贵，普遍盛行厚葬。经考古发掘，发现了墓室中保存了大量精美的壁画，尤其是帝陵周围的大量陪葬墓中的壁画，如乾陵陪葬墓——懿德太子李重润墓室中的城阙、仪仗队壁画，永泰公主李仙蕙墓中的宫女图，章怀太子李贤墓中的《狩猎出行图》，唐中宗定陵陪葬墓节愍太子李重俊墓中的《升仙太子图》。墓室壁画，堪称精品。从中原到西北地区，都发现了大量的墓室壁画。虽然绝大部分不是出自名家之手，但可以展现当时名家的样式与技艺，以及工匠们高超的技能。描绘的墓主人的生活场景，是研究古代绘画史的珍贵资料，也是历史研究珍贵的图像资料。

3.《历代名画记》

唐人张彦远（815—907年）《历代名画记》，是中国第一部系统、完整的绘画艺术通史，内容包括绘画理论和绘画发展史及其评论、鉴识与收藏、历朝著名画家传记，收录了从远古时代开始到唐武宗会昌年间，主要是魏晋南北朝隋唐时期的画家。被认为是中国绘画史上具有里程碑意义的著作。

二、书法

隋唐时期是中国书法史上的重要时期，因这一时期，社会经济发展，国家统一，社会生活丰富多彩，科举制度确立与发展，书法作为考生必考的技艺，书学作为科举考试的一个科目，都为书法艺术的发展与创新提供了良好的社会和文化基础，是书法艺术发展史上继晋之后的又一高峰。尤其唐代，名家众多，精品迭见。书体流派、字体已经形成，多有创新。书法艺术已臻成熟。

各书体名家辈出，真楷、行、草、篆、隶各体书中都出现了影响深远的书法家。篆书有李阳冰，汉隶有韩择木，草书有张旭、怀素、孙过庭。真体、行体是朝野通行的书体。尤其是真书、张旭和怀素草书的影响更大。

唐初四大家有欧阳询（557—641年）、虞世南（558—638年）、褚遂良（596—658或659年）、薛稷（649—713年）；唐中后期有颜真卿（709—784年）、柳公权（778—865年）等大家。欧体的险峻严谨、颜体的雄浑圆厚、柳体的遒劲挺秀，成为流行于世、争相仿效的书体，并有"颜筋柳骨"之称誉，影响深远。虞世南的《孔子庙堂碑》，褚遂良的《三藏圣教序》《雁塔圣教序》，颜真卿的《颜氏家庙碑》《颜勤礼碑》《多宝塔碑》，柳公权的

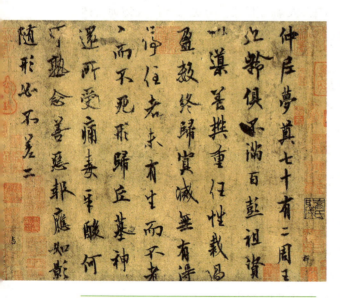

《仲尼梦奠帖》，（唐）欧阳询书，现藏辽宁省博物馆

《李成碑》《唐大达法师玄秘塔碑》，怀素（737—799 年）的《自叙帖》等，都是传世名作。

孙过庭（646—691 年）著《书谱》二卷，已佚，仅保存了《书谱序》，分溯源流、辨书体、评名迹、述笔法、诫学者、伤知音 6 部分，是一部重要的书法理论著作。

由于佛教的盛行，信徒众多，继承北朝而来的写经体也成为一种流行的字体。敦煌莫高窟藏经洞发现的文书，绝大部分是抄写的经卷。

三、雕塑

隋唐五代时期是中国雕塑艺术发展的高峰，数量庞大，制作精美，种类繁多，材质各异，技法丰富，承前启后，兼具继承性、创新性。盛唐时期塑造的形象大多丰满、开朗、自信，具有明显的时代特征。

隋唐五代时期的雕塑主要集中在寺庙道观（包括石窟寺）、陵墓、摩崖造像、木俑，材质有石雕、木雕、彩塑（木胎或石胎，再以胶泥敷充形体，外着色）等。

著名的敦煌莫高窟、大同云冈石窟、洛阳龙门石窟、天水麦积山石窟四大石窟，隋唐五代时期的塑像是数量最多、水平最高、表现最丰富的。洛阳龙门石窟奉先寺的卢舍那大佛，石雕通高 17.14 米，头高 4 米，耳长 1.9 米。气势雄伟，浑然天成。敦煌莫高窟盛唐 45 窟的一铺七身彩塑，一佛、二弟子、二菩萨、二天王，造像精美，人物形象各异，生动而逼真，服饰色彩斑斓，堪称佳作。

摩崖石刻的代表作当属四川的乐山大佛。开凿于唐玄宗开元元年（713 年），唐德宗贞元十九年（803 年）才最后完工，前后花费约 90 年。大佛高 71 米，为弥勒佛坐像，是中国也是世界最大的一尊摩崖石刻大佛造像。在大佛左右两侧，沿江的崖壁上，还有两尊护法天王石刻，身高超过 16 米，构成一佛二天王格局。此外，周围还有成百上千尊石刻塑像，汇集成庞大的佛教石刻艺术群，屹立在长江岸边，气魄宏伟。

唐朝帝王陵的石像，保留了很多石雕艺术的精品。太宗的昭陵六骏，仿照唐太宗战争中所乘六匹战马的形象用石浮雕塑造而成，英姿飒爽、栩栩如生，工艺精美。高宗武则天乾陵前分列神道两旁的 61 蕃臣石像，又称"宾王像"，是唐王朝藩属前来参加唐高宗葬礼的各国各族君长、贵族、官员、使节。石像背部刻有国别、官职和姓名，装束服饰各不相同。可惜因天灾人祸，石人像的头部都被毁掉。武则天母亲杨氏顺陵的东西石雕走狮，由整块青石雕刻而成，雄狮高大威猛，雌狮圆浑健美，充满动感。

雕塑造型的写实、生动、精美，色彩艳丽、气魄宏伟，因地制宜的选材，佛教大发展的时期也是雕塑艺术发展的高峰。佛教世俗化、本土化、中国化的轨迹在塑像造像变化过程中脉络清晰，兼容并蓄。

唐代涌现出很多著名的雕塑家，如宋法智、韩伯通、杨惠之等。代表人物杨惠之（生卒年不详，主要创作活动在开元年间）有"塑圣"之美誉。

四、音乐和舞蹈

隋唐时期结束了几百年的分裂局面，实现了大一统，各地区、各民族及域外的文化艺术交流也非常活跃。音乐和舞蹈也都具有丰富多彩、兼容并蓄的时代特征。

1. 专门机构

隋唐五代都有专门的机构掌管乐舞。太常寺是掌管礼乐的最高行政机构，太常寺下辖的音乐机构有大乐署、鼓吹署，而属宫廷管辖的有教坊和梨园。乐工最多时达数万人。教坊掌管宫廷教习乐舞，训练和培养乐工，并承担演出的机构。

梨园创设于唐玄宗开元时期，主要职责是训练宫廷乐工，教习"法曲"（宫廷燕乐，集歌、舞、器乐的表演形式），有数百到上千名艺人排练和表演新曲，如《霓裳羽衣舞》即为法曲。后世戏曲界奉唐玄宗李隆基为祖师。梨园界、梨园行称谓，戏曲演员称梨园弟子，都是由此而来。

2. 音乐

隋唐时期的音乐主要有雅乐与燕乐。雅乐所托为先王之制，但南北分裂，久已沦亡。隋初文帝重视制作礼乐，诏太常卿牛弘等议定雅乐，几经周折，最终采纳南朝宋、齐、陈旧乐，属"华夏正声"，始定为雅乐。唐初沿袭隋制，后又重新修订，唐太宗贞观时修成。雅乐主要用于祭祀、朝贺、飨宴、郊庙等正式的场合，所用乐器多为钟鼓，配以相应的乐舞。但由于使用场合和表现形式都有局限，在隋唐时期已经走向衰微。著名和常用的曲目立部伎有《太平乐》《破阵乐》等，坐部伎有《燕乐》《天寿乐》等。燕乐又称"宴乐"，主要用于宫廷宴会，吸收了大量西域的"胡乐"。唐玄宗时燕乐最

为兴盛。

　　大曲是一种大型套曲，有对汉魏以来传统清乐大曲的继承，也包含了陆续吸收的其他民族音乐。大曲在唐代很兴盛，坐部伎和立部伎大都采用大曲作品。其中，清乐大曲艺术性最高，演奏难度也最大。

　　俗讲与变文（前述文学中提到），也称俗讲，是一种说唱结合、韵散结合的说唱形式，宣讲佛教经义，劝人行善，后也发展出民间传说、历史故事、当代英雄等更丰富和更贴近民众生活的内容。对后世的说唱文学产生了重要影响。

　　公元 19 世纪末 20 世纪初，甘肃敦煌莫高窟藏经洞发现了敦煌曲谱，其中保留了一些唐代乐谱。

　　3. 舞蹈

　　隋唐时期的舞蹈，可以分为文舞和武舞。文舞《九功舞》，武舞《七德舞》，文武兼采《上元舞》都为唐代所创。宫廷乐舞皆为歌舞相伴。从舞蹈风格上一般分为软舞和健舞两种，舞蹈时配以乐曲，载歌载舞。软舞柔软婀娜，轻舒腰肢，健舞刚健雄武，故得名。软舞曲有《凉州》《绿腰》《苏合香》《甘州》等，健舞曲有《棱大》《柘枝》《剑舞》《胡旋》《胡腾》等，吸收和采纳了很多外来的元素。非常流行的柘枝舞，来自中亚石国，原属健舞，经过长期演变，渐渐接近软舞。盛唐乐舞以"霓裳羽衣舞"为代表，唐玄宗宠妃杨玉环擅长表演的《霓裳羽衣舞》，原名《婆罗门》，是一首乐曲，可配以歌舞。白居易曾专门写诗详细描述此舞表演时的壮观场景。

4. 宫廷与民间的交流

唐代宫廷乐舞和民间乐舞的交流是很重要的特点。很多著名艺人出入宫廷，风行民间，宫廷乐人经常在民众聚集和游乐节庆时进行表演，民间著名的艺人也往往被请到宫中表演。如因杜甫的一首诗《观公孙大娘弟子舞剑器行》而闻名的公孙大娘。公孙大娘是唐玄宗开元盛世的舞人，以舞《剑器》而闻名于世，出入民间与宫廷之间，她的《剑器》舞风靡一时，表演时观者如堵。再如李龟年，属于梨园弟子，经常受邀到公卿贵族举办的宴会上演出，在文人和民间都有很高的知名度。再如唐朝人郑綮所著《开天传信记》记载，唐玄宗曾举办大酺（国家举办的大宴），御长安城东兴庆宫勤政楼，楼下开辟戏场，纵民众观看百戏，观者如潮，秩序一度大乱，金吾卫士白棒雨下，不能制止，只好画地为牢，严惩犯禁者。君民同乐之盛况可见一斑。很多乐人来自西域，很多流行的乐器也来自西域，尤其是弹拨乐，如琵琶、箜篌、二胡、五弦等。活跃在唐德宗到唐宪宗时期的宫廷乐师康昆仑，善弹琵琶，就是来自中亚昭武九姓之一的康氏家族。

隋唐时期产生了很多著名的音乐家，如隋朝的牛弘、郑译、万宝常等。万宝常（？—595年）所著《乐谱》64卷，"具论八音旋相为宫之法"[1]。唐朝的祖孝孙、王长通、白明达、曹善才、米嘉荣、李龟年等，影响都很大。如以擅长弹奏琵琶而闻名于世的曹保、曹善才、曹纲祖孙三代，来自中亚的曹国。还有来自中亚米国的米嘉荣，善歌；以吹笛而著名的李龟年、李謩。杜甫诗歌《江南逢李龟年》："岐王宅里寻常见，崔九堂前几度闻。正是江南

_____

① 《隋书》卷78《万宝常传》，中华书局1973年版，第1784页。

好风景，落花时节又逢君。"① 既是对李龟年精妙技艺的追忆，也反映了盛世音乐的辉煌。被奉为梨园祖师爷的唐玄宗善音律，会作曲，击羯鼓堪称绝妙。史载，玄宗亲自挑选坐部伎 300 人，宫女数百人，在梨园亲自教以音声，排练歌舞。

大唐乐舞还远播海外，日本来华的遣唐使中就有人专门学习乐舞和乐器，传入日本的乐舞有《破阵乐》《武媚娘》《夜半乐》等。

第六节　建筑

隋唐五代时期，建筑、艺术和技艺都有较大的发展，取得了卓越成就。

一、宫城建筑及布局

隋唐时期国力强盛，社会经济繁荣，以都城长安、洛阳为代表的城市建筑不仅达到中国历史上的顶峰，也是世界城市建筑史上独一无二的宏大而壮

---

① （唐）杜甫撰，（清）仇兆鳌注：《杜诗详注》卷 23《江南逢李龟年》，中华书局 1979 年版，第 2060 页。

观的都城建筑工程经典之作。

著名建筑设计家宇文恺（555—612年），领衔设计了隋大兴城，在大兴城基础上扩建为唐长安城，又设计建筑了隋唐洛阳城。隋唐时期，以都城为代表的城市建筑从建筑布局、建筑设计、建筑艺术都趋于成熟，达到古代城市建筑的高峰，不仅有宏伟壮丽的宫殿群，还有市民和工商业者生活和进行社会活动的外郭城。唐长安城和洛阳城遗址正在陆续发掘并加以保护。

唐长安城的布局最为典型。内外三重城，即宫城、皇城和外郭城。三重城区中，变化最显著的是外郭城的坊市区，唐宋城变化的关键即指坊市制度逐渐被突破。再如长安城东北角的大明宫极为雄伟，就现在所发掘的遗址测量，面积相当于明清紫禁城（故宫）总面积的3倍多。

长安与洛阳的设计和建筑，规模宏伟，布局严整，集古代城市建筑之大成，又在宫殿、民居、市场、街道、水源、航运、绿化、基建等方面，对日本平安京和新罗平壤的设计与建造产生了直接及重要影响。

二、建筑技术及形式

隋唐五代的建筑形式注重吸收、融合外来因素，很多制度为后代所继承。广泛应用的木结构建筑技术体系和高层结构建筑技术体系，在古代建筑发展史上具有重要影响和地位。北宋官方颁布的建筑设计、施工的规范用书《营造法式》中保留了不少唐代的法式、制度，如宫室、木构、台基、斗拱等。

隋唐五代时期佛教盛行，佛教建筑遍布各地。寺庙供奉的虽然是外来的佛和菩萨，塔则是引入的建筑形式，但在造型、材质、形制、布局等方面都逐渐中国化。如寺庙，即是中国传统四合院的布局。最典型的是塔，有五种形式：庭式、单层密檐式、楼阁式、窣堵波式、金刚宝座式。最著名的保留下来的是建于长安城内的大、小雁塔。大雁塔建于唐高宗永徽三年（652年），是为保存玄奘取经带回的经卷，因建在大慈恩寺内，又名"慈恩寺塔"。由玄奘主持修建，仿照印度风格设计的，后又进行过改建。保留至今的塔呈方形，七层，通高64米，是现存最早、规模最大的唐代四方楼阁式砖塔。唐朝进士及第者，按惯例于此处题名留念，即"雁塔题名"。小雁塔建于唐中宗景龙年间（707—710年），因小于大雁塔，故有是称。小雁塔为密檐式方形砖构建筑，塔高43米，原有15层，今存13层，塔型秀丽，门楣图案雕刻和塔底四周装饰砖雕精美。大雁塔和小雁塔都被列入全国重点文物保护单位。大雁塔作为中国、哈萨克斯坦和吉尔吉斯斯坦三国联合申遗的"丝绸之路：长安—天山廊道的路网"中的一处遗址点成功列入《世界遗产名录》。

唐长安大雁塔今貌

中国古代的建筑大多为木构建筑，现存完整的唐代木构建筑仅有四处，都在今山西，即五台山南禅寺大殿、五台山佛光寺东大殿、芮城五龙庙正殿和平顺天台庵正殿。而五代仅存的木构建筑三处在山西，即平顺大云院大佛殿（后晋）、平遥镇国寺万佛殿（北汉）、平顺龙门寺。佛光寺东大殿斗拱气势雄伟，规模甚大，是中国唯一集唐代建筑、彩塑、壁画、题记、经幢于一殿的建筑。

三、桥梁建筑

这一时期在桥梁建筑史上最伟大的成就为隋代修造的赵州桥。赵州桥又名安济桥，坐落在河北省石家庄市赵县的洨河上，由隋代工匠李春设计和参与建造的。桥体全部用石料，桥长 50.82 米，跨径 37.02 米，桥高 7.23 米，两端宽 9.6 米，中间行车马，两边走人，不建桥墩，只有一个长 37.4 米的拱形大桥洞横跨河上，大桥洞顶上两肩各开两个拱形小桥洞，不仅节约石料，减轻桥身和桥基的负重，而且可以起到分水的作用，在河水暴涨时，便于排洪，增强了桥的稳定性，减轻大水对桥身的冲击。桥身结构科学合理，大拱由 28 道拱圈拼成，类似同样形状的弓合龙在一起，形成弧形的桥洞。每道拱圈都能独立支撑上面的重量，一道坏了，其他各道并不受到影响。桥上石栏石板都有古朴精美的雕刻。整个桥体雄伟壮观，浑然天成。

赵州桥从 605 年建成至今，已经 1400 多年，其间遭受了多次水灾、战乱和地震，尤其是还经受了 1966 年 3 月 8 日中国河北省邢台发生的 7.6 级

隋安济桥石栏板

地震，赵州桥距离震中只有 40 多千米，没有受到严重损害。历朝多次修缮，但至今仍然保持完好。赵州桥是世界上现存保存最完整的单孔敞肩石拱桥，是中国建筑发展史上的伟大成就，体现了中国古代桥梁建筑工匠的高超技术和卓越创造力。

四、石窟寺建筑艺术

佛教传入中国以后，为礼佛崇佛，信徒们开凿石窟，雕塑尊像，在窟内绘制壁画。从中亚到今新疆地区，再普及到内地，石窟建筑群逐渐遍布南北。甘肃敦煌莫高窟、山西大同云冈石窟、河南洛阳龙门石窟和甘肃天水麦积山石窟，是著名的四大石窟群。

隋唐五代时期，石窟建筑艺术达到高峰，数量众多、题材丰富、造型精美。尤其是敦煌莫高窟，洞窟形制主要有中心塔柱窟（北朝主流形制）、覆斗顶形窟（集中在隋唐）、殿堂窟（唐代后期及五代流行）、涅槃窟（卧佛）、大像窟（亦称大佛窟，窟内一尊大立佛）、背屏窟（五代流行）、禅窟（供修行）、影窟（为纪念高僧而建，莫高窟 17 窟藏经洞，即是高僧晚唐河西释门都僧统洪辩的影窟）。洞窟形制的类别及其演变，是研究中国古代建筑艺术的重要资料，各类型洞窟也是研究中外建筑艺术交流、融会的重要宝库。

第七节　五代十国的文学与艺术

唐朝是诗歌的黄金时代，"黄河落天走东海，万里写入胸怀间"。[1] 初唐四杰的诗清丽，李白的诗飘逸，杜甫的诗厚重，白居易的诗平实。宋朝则是

---

① （唐）李白著，（清）王琦注：《李太白全集》卷 9《赠裴十四》，中华书局 1977 年版，第 487 页。

词的天下。其间五代十国时期是重要的发展过渡阶段。

一、"儒衣书服盛于南唐"

五代虽然是充满暴力与血腥的时代，但文人的创作却趋向婉约与温柔。陆游认为这是逃避现实的一种隐晦心理所致。南唐立国39年，一共有3主。前主李昪，开国之君，可称一代枭雄，执掌吴国朝政并最终取而代之。李昪胆识、谋略过人，虽然出身微贱，少年从军，文化素养不高，但以文艺自好，设太学，兴科举，广建书院、画院，由此吸引了很多避乱的北方士人，"儒衣书服盛于南唐"，"文物有元和之风"[①]。南唐是一个文化繁盛的时代，元和是唐后期宪宗的年号，元和时期文风炽盛，南唐延续了崇文重学的国风。李昪死后，他的儿子李璟继位。李璟可谓文武兼修，既打破前主李昪的"息兵安民"的国策，主动发动对吴越国的战争，与吴越屡有战事，又有灭亡楚、闽两国的战功，同时又具备较高的文学素养，"时时作为歌诗，皆出入风骚"[②]。著名词人韩熙载、冯延巳都是他的宠臣，一句"小楼吹彻玉笙寒"传诵千古。

李璟死后，其子李煜继位。赳赳武夫的祖父已经被温柔儒雅的翩翩少年取代。李煜书法、绘画、音律无不精通，诗和文均有佳作，尤其是凭借作词方面的成就，成为历史名人。五代词人不少，但著名者当首推李煜。他的词流露出末世情怀，弥漫着感伤、颓废、哀怨、悱恻，已经没有创业者的慷慨豪放之气魄了。宋代的重文轻武，从南唐三代君主的蜕变来看，其实已经走完了全程。从敢于策划和发动政变夺取皇位的宋太祖赵匡胤，到以瘦金体闻名于世的宋徽宗赵佶，历史似曾相识，也可以说南唐似乎是浓缩了的北宋，非常值得回味。李煜和赵佶都不以君王业绩闻世，而或以词章，或以书法，虽然登峰造极，但都体现了末世君主的情怀。

975年，南唐亡于北宋，李煜被押解到开封，先被封为违命侯，后又被封为陇西公，两年后郁郁而亡，年仅42岁。李煜亡国后所作的词影响最大，流传最广，造诣也最高。李煜传世的词共有30多首，"风流才子，误作人

---

① （宋）马令：《南唐书》卷13《儒者传》，中华书局1985年版，第89页。

② （南唐）李璟、李煜著，王仲闻校订：《南唐二主词笺注》附录2《南唐中主李璟》，中华书局2013年版，第205页。

主"，这是后人的评价。他的词风对宋初的文人影响很大。李璟、李煜周围还围拢着一批文人，如冯延巳、韩熙载等，形成"南唐派"。

二、花间西蜀

与"南唐派"东西呼应的是"西蜀派"。因后人编选了一本词集《花间集》，"西蜀派"又被称为"花间派"，最著名的人物当属温庭筠和韦庄。

温庭筠（一说为812—866年）是晚唐人，并没有活到五代，却被奉为"花间派"的鼻祖。

韦庄（约836—约910年）晚年入蜀，襄助王建自立为帝，建立前蜀。韦庄前期（即唐亡前）的作品多写实，影响最大、流传最广的长篇叙事诗是《秦妇吟》，颇有白居易之风。《秦妇吟》通过一位从长安逃难出来的女子即"秦妇"的叙说，描写黄巢起义军与唐军反复争夺长安以及最后被围长安粮绝的情形，反映了战争给人民带来的深重灾难。全诗情节曲折，结构严密，

语言精工，在当时就受到人们的称赞，韦庄也因此得到"秦妇吟秀才"的雅称。同时这也是一首乐府诗，后人把它与汉乐府《孔雀东南飞》、北朝乐府《木兰辞》并称为"乐府三绝"。《秦妇吟》失传 1000 余年后在敦煌藏经洞中被发现，完整的抄本弥足珍贵。韦庄后期（入蜀 10 年间）的作品以词为主，是名副其实的"花间派"，词风哀怨而婉约。两个时代居然在一个诗人身上体现得如此泾渭分明。

　　韦庄最为人称道的诗是《台城》。唐僖宗广明元年（880 年），黄巢军队攻陷长安，韦庄于中和二年（882 年）春从长安逃往洛阳，西登太行，北抵长城，南下扬州、金陵，又经苏州、湖州赴浙东，然后返回卜居地衢州。今存韦庄诗大多作于乱离之后，《台城》即作于逗留金陵期间，诗云：

　　江雨霏霏江草齐，六朝如梦鸟空啼。

无情最是台城柳，依旧烟笼十里堤。[1]

此外，韦庄还作过很多思念故国和故乡的词，如《菩萨蛮》组词五首，其中一首云：

人人尽说江南好，游人只合江南老。春水碧于天，画船听雨眠。炉边人似月，皓腕凝双雪。未老莫还乡，还乡须断肠。[2]

韦庄寄居他乡，漂泊难归，这种思念的情怀和格调充溢在其作品中，但情感上的痛楚程度没有超过失去国家的李煜，因此这些作品的知名度也就不如李煜的作品。集中在蜀地的文人，他们的词风大体相近。东西相映成趣，也代表了长江上游和下游两地的文化，引领当时的时代潮流。

一个时代的作品，既有相承于前朝的余韵，也有自身时代的痕迹。五代的军阀们致力争城夺地，面临内部军阀的强势与外部契丹的虎视眈眈，扩大势力是他们的首要目标。南方各国，有韦庄这类他乡始终非故乡的流落文人，也有李煜、韩熙载这类醉生梦死、朝不保夕的君臣。随着经济重心向南方转移，文化重心也随之南移，因此五代十国时期，南唐和蜀成为当时文化繁盛之地也是历史的必然。两地山清水秀，物产丰富，人文荟萃，相对稳定，所以文人云集。

三、绘画成就

五代十国时期的艺术成就主要表现为绘画，创作大多在中原、西蜀、江南三地进行。绘画从唐到宋有一个转型，而五代介于其中，向世俗化和商业化发展，盛行成立画院。不仅是南唐和蜀，就连西北的敦煌，其统治者归义军节度使也在当地成立画院。晚唐五代时期在敦煌开凿了洞窟，窟内的壁画和雕塑展示了这一时期的艺术水平。

最有名的绘画作品是南唐画家顾闳中（约 910—980 年）的《韩熙载夜

---

[1] （唐）韦庄：《台城》，载（清）彭定求编：《全唐诗》卷 697，中华书局 1960 年版，第 8021 页。

[2] （唐）韦庄：《菩萨蛮》，载（清）彭定求编：《全唐诗》卷 892，中华书局 1960 年版，第 10075 页。

宴图》，堪称经典。南唐的画家多加入北宋的画院，对北宋的画风应该有很大的影响。

五代十国不仅是由唐到宋的过渡时期，也是一个在文学和艺术上有自己的时代特点和风格，承前启后，有杰出贡献的时代。

第八节　科技

一、雕版印刷

1. 雕版印刷的起源

中国最早的文字是刻在龟甲和兽骨上的，也有铸或刻在铜器上的。其后，又有刻在石上或玉版上的。战国时，书籍写在缣帛或竹木简上，但缣贵而简重，形成文字不易，对文化的发展有限制。至迟西汉末年（前 12 年），近似布制纸的缣帛已出现，东汉和帝末年，蔡伦（？—121 年）又改良造纸法，制出廉价的纸，写本书籍随之大量出现。

随着纸的大量生产，中国劳动人民又发明了印刷。印玺可以说是印刷的雏形。汉末以后出现拓本，六朝时其中有反字拓的。道教徒扩大用印的范围。东晋有印章 120 字的。用印之法是盖，拓之法是刷印。扩大印（汉文）、章面积应用拓碑方法，就是印刷二者之结合。

日本皇室曾于 770 年刻成陀罗尼经四部藏在小木塔里分赠各寺院，至今尚有存者。这种雕版印刷方法，应是由唐传入的。因此可以断言，中国有雕版印刷至迟为公元 8 世纪前半期的事。

2. 雕版印刷的发展

初期的雕版印刷，多刊印一些大量需要的佛像、日历及有名的诗文。例如白居易的诗，就有人刊印在市上卖。日历印量也很大。本来日历应当由政府颁布，但唐末期，往往每年政府尚未颁布新历，四川、淮南等处印本历书已满天下。唐政府几次下令禁止都无效。这种历书曾在敦煌发现，但已被法国人伯希和盗走。

佛教徒也常利用雕版印刷来做宣传工具。他们有时刻些佛像，如观音、千佛之类。有时刻些短的佛经。现存最完整、最早的佛经印本，就是

五代耀州窑青釉刻花提梁倒流壶
该壶造型新颖别致，壶盖与器身连为一体，通体施以淡青釉色。在设计构思上，此壶是一种可以把液体从壶底注入，并从壶嘴正常倒出的壶。根据物理学中的"连通器液面等高"原理制成。

敦煌莫高窟藏经洞发现的《金刚经》，用七张纸缀合而成，前面有一幅画，以下是经文，末有"咸通九年"（868 年）等字样，距今已一千余年。这卷子的图和经文，线条劲挺，笔法圆熟，已是成熟期的作品。但这卷中外驰名的唐印本，已被斯坦因劫掠至英国。

从唐末到五代，雕版印刷发展很快，篇幅较大的书也能印行了。当时印刷的中心是四川和开封。刻书的范围也很广，文集、诗集、小学、字书亦有印者。后唐宰相冯道建议官府刻《九经》及《论语》《孝经》等书。这一空前未有、规模巨大的出版工程，历唐、晋、汉、周四朝才全数刻成。这就是后世盛传的五代监本。五代监本今已不传，但今传的某些南宋刻本是根据它刻成的。前面提到的唐懿宗咸通年间的金刚经，是目前发现保存最早的雕版印刷品。

在发明印刷术以前，一部比较大的书往往要花几个月甚至几年去抄写，印刷术发明以后，很快就可以印出大批书籍。印刷技术的提高，印刷业的发展，对文化传播具有重要意义。雕版印刷术传入新罗、日本和波斯，经波斯传到埃及与欧洲，推动了世界文明的传播，也影响了世界文明的进程。

二、天文历法

隋唐五代都设有专门的掌管天文历法的机构。隋称太史监，唐先后改称太史局、浑天监、浑仪监、司天台等，五代沿用司天台。长官为太史令、司天监等。司天台设置有天文博士，掌管天文，制订历法，教习天文观生、天文历生等，前者属于专业伎术官员，后者则为专业学生。

隋朝在天文历算方面取得很多成就。刘焯（544—610 年）经过几十年研究撰成《皇极历》，是一部非常精密的历法，它确定岁差为 75 年差一度，已接近准确值，是中国古代现存最早给出完整的太阳运动不均匀改正数值（日躔表）的历法。在制定此历时，刘焯吸取北齐张子信有关太阳视运动不均匀的成果，发明了等间距二次内插法，来推算每天的太阳视运动速度，为世界首创。耿询（？—618 年）曾任职于太史局，善于制作天文仪器，所造的浑天仪用水力转动，观察天象相当准确。他还创造性地制作"马上刻漏"来测算昼夜时间，非常精妙。张胄玄据说是祖冲之的学生，主要贡献在历法测算、观测天象、推测天体运行、建立日食理论等方面。

唐朝优秀的天文学家，如李淳风、僧一行、傅仁钧等，在天文测量、修订历法、改进测量仪器等方面取得卓越成就。最突出的当为僧一行。僧一行（683—727 年），魏州昌乐人，俗名张遂。从小博览经史，尤精历象、阴阳、五行之学。唐玄宗开元五年（717 年）被征召入宫后，开始专门从事天文历法的研究与实践。主要的贡献，一是在李淳风的《麟德历》基础上重新修编新历，在天文观测的基础上，制订了更加精确的《大衍历》，并沿用了 800 多年；二是与梁令瓒合作，制作观测天象的铜浑天仪和黄道游仪；三是组织了中国古代也是世界史上第一次天文大地测量，在全国各地设观察站测量日影，实测地球子午线长度；四是在天文观测中发现了恒星移动的现象，正确地掌握了太阳在黄道上运行速度变化的规律，创造了不等间距的二次内插法公式，不仅对天文计算有重要意义，对世界数学的发展史也做出了贡献。

隋唐时期，产生了一批优秀的天文学家，天文数据更趋于精确，陆续发现了一批新的天文现象，历法中运用数学计算方法等方面也取得了突出成就，建立了完善的天文历法体系，并留下了大量珍贵的天文观测资料。

三、数学

隋代天文学家和数学家刘焯（544—610 年），首先创立了等间距的二次内插公式，并用于他所制订的《皇极历》，是数学发展史上的重大突破。

唐代注重对算学人才的培养与选拔。算学作为科举考试的科目之一，即"明算"科，主要考查考生对数学专业典籍的熟悉程度。唐高宗时，令太史令李淳风与算学博士梁述、太学助教王真儒等人注释十部算经，即《周髀算经》《九章算术》《孙子算经》《五曹算经》《夏侯阳算经》《张丘建算经》《海岛算经》《五经算术》《缀术》《缉古算经》十部汉唐以来的著名数学著作，亦称为《算经十书》，作为教授和考试算学生的教科书。国子监设有算学博士、助教、典学等教官，并招收算学生。

李淳风（602—670 年），唐代著名数学家，精通天文、历算、阴阳、道家之说。在数学方面的主要成就，是编定和注释十部算经，纠正了其中的多处错误。

此外，陈从远、龙受益、边刚、刘孝孙等人也在数学领域中取得一定的成就。

四、地理学

1. 贾耽《海内华夷图》

贾耽（730—805 年），唐代著名地理学家，也是地图制图学家。最重要的贡献是将魏晋时期裴秀开创的古地图绘制学又推进到新的阶段。裴秀创立了具有划时代意义的制图理论"制图六体"。即绘制地图须遵守的六项原则，分率（比例尺）、准望（方位）、道里（距离）、高下（地势起伏）、方邪（倾斜角度）、迂直（河流、道路的曲直）。贾耽历经 17 年，组织画工绘制成《海内华夷图》，于唐德宗贞元十七年（801 年）呈上。图长 3 丈 3 尺，宽 3 丈，继承并创造性地运用六体方法编绘，比例是一寸折百里，用墨色标注古地名，用朱色标注今地名。中国部分以裴秀绘制的《禹贡地域图》为本，域外部分以班固《汉书》所记述的为依据，山川、形势、名称、方位等都有记载，是一幅古代中国及邻近地区的

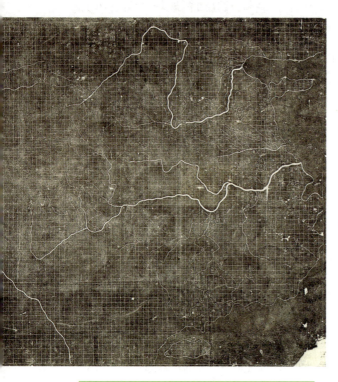

宋代石刻禹迹图拓本（局部），现藏西安碑林博物馆

巨幅地图。在中国和世界绘图制图史上具有里程碑的意义。此外，贾耽还运用六体法，撰成《古今郡国县道四夷述》《贞元十道录》《关中陇右山南九州别录》《皇华四达记》及《吐蕃黄河录》等。其中，《古今郡国县道四夷述》，相当于《海内华夷图》的说明。这些著述大都没有能保留下来，所幸《海内华夷图》在 1137 年时被缩刻成《华夷图》和《禹迹图》石刻。

2. 方志的修撰

隋炀帝大业年间（605—617 年），下令在全国范围大规模开展编撰方志，并汇总全国各地上报的地志和图志，集篡成《诸郡物产土俗记》131 卷，《区宇图志》129 卷，《诸州图经集》100 卷。隋炀帝时，裴矩主管西域贸易事务，撰《西域图记》，是记录西域各国地理资料为主的地方志，也是中国古代有关中西交通重要文献。可惜上述诸书都已散佚。

唐朝有专门的机构和官员负责掌管图经。兵部的职方郎中和员外郎，掌管地图等；专门负责接待外来使臣的鸿胪寺负责了解和记录来访国的地理形势与风土人情。中央规定每三年（后改为五年）以道、州（府）、县各级行政区划为单位编纂图经，广泛征引各类文献及民间资料，与户籍一起上报中央。新报的图经则对旧有图经不断进行修改和补充，作为中央了解和掌控全国地理形势、风物人情的重要依据。目前保存下来的有甘肃敦煌莫高窟藏经洞中发现的《沙州都督府图经》（P.2005），是中国现存最早的唐代图经之一，原件为残卷，现存巴黎法国国家图书馆。

唐宪宗朝宰相李吉甫编纂的《元和郡县图志》，是中国第一部保存下来的比较完整的全国地理总志。该书以唐太宗贞观时划分的十道为纲，配以唐宪宗时的 47 镇，每镇绘制地图，分别记述各州县行政等级、地理沿革、山川形势、贡赋物产、垦田和军事设置等，保存了大量丰富的历史资料，对后世方志、地理志等的编纂产生了重要影响。遗憾的是图和目录均已亡佚。

魏王李泰主持修撰了大型地理著作《括地志》，以贞观十道为纲，保留了大量六朝地理书中的珍贵资料。唐初王玄策三次出使印度，回国后撰写了《西域行传》。唐太宗贞观年间，玄奘西行取经，回国后口述、弟子辨机笔录著成《大唐西域记》。唐玄宗天宝（742—756 年）年间，杜环在中亚、西亚、地中海等大食管辖区内留居十余年，回国后撰写有《经行记》。樊绰记述云南地区民族、风物的《蛮书》。这些都是地理学、地志学方面的重要著述。

上述诸书，《大唐西域记》保存完整，《括地志》《经行记》和《蛮书》散佚，今有辑本。《西域行传》亡佚。

五、医药学

隋唐时期，医学药学都有显著进步，主要表现是：涌现了一批名医；专科医学发展，分科更为细化；医疗手段和方法更为先进；在总结前人经验的基础上，结合医疗实践，有多部医药学著作面世，对后世产生重要影响。

隋朝在医学上有显著进步，当时的医学家有许智藏、许澄、巢元方、甄权等人。巢元方（550—630 年）曾为隋炀帝大业年间（605—618 年）医学博士，著有《诸病源候论》50 卷，分 67 门，1720 目，是中国第一部研究病因、疾病分类、鉴别、诊断和预防的综合性病理学专著。书中还记述了用肠吻合手术治疗外伤断肠、血管吻合、拔牙等外科手术，对后代医学影响很大。甄权（541—643 年）是隋唐之际的针灸名医，隋鲁州（今山东曲阜）刺史库狄嵚患风痹，手不能拉弓，甄权为之针治，一针而愈。官方还组织修订了大型方剂著作《四海类聚方》，可惜已佚。

唐朝在医学上成就更大，不但分科较细，有杂疗、疮疡、少小、耳目、口齿、角注等科，而且名医辈出，其中最著名的是孙思邈（581—682 年）。他将毕生精力贡献于医药学，认为"人命至重，有贵千金"，先后著有《备急千金要方》和《千金翼方》各 30 卷。书中总结了唐以前历代的医学理论和实践，收集了 5300 多个药方，记载了 800 多种药物，并重视对药物的采集、配置和施治进行研究。在炼丹术的实践过程中，还对火药的发明作出了一定贡献。由于他在药物学和医学上的巨大贡献，并且具有良好的医德，受到人民的尊敬和爱戴，被后世尊为"药王"。

唐高宗显庆四年（659 年），苏敬（599—674 年）等人奉命编纂了《唐新本草》53 卷，这部书图文并茂，收集药物 844 种，是世界上第一部由国家编定颁布的药典。书中纠正了《本草经集注》记述错误的药物 400 多种，增加了从波斯和南海传来的药物 114 种。唐玄宗天宝十一载（752 年），王焘（670—755 年）撰成《外台秘要》40 卷，是一部综合性医学著作，汇集了前代的药方精华 6900 多个，至今对临床治疗仍有参考价值。

唐代的针灸学具有很高的水平，有比较系统的经络理论，有细密的针灸图谱。

医药学，在隋唐时期极为繁荣，有专门从事医药学管理和教育的官署太医署，有比较完备的医药学教育体系，而且由于当时中医学处于领先地位，对近邻如日本、朝鲜等国的影响更大。中医药在中外医学交流中，也吸取了国外的用药经验、处方、药物，甚至医学理论。这些相互间的交流，对发展和丰富中国医药学，保障人民身体健康，发挥了明显的作用，对促进世界医学发展也作出了有益的贡献。

六、农学

隋唐的农业生产取得了辉煌的成就，农业生产耕作技术的发展，农业工具和水利事业的发展，积累了丰富的经验，农学有关的理论、实践和著作也很丰富。有专门的农事管理机构与相关的法律法规，如唐代的《水部式》，就是迄今保存相对完整、最早的农田水利管理法规。

1. 农学的发展

隋唐时期，农业生产和农业生产技术达到个体小生产农业所能达到的新高度，处于世界领先地位。中国传统农业在利用土地、保持地力方面创造了当时世界的最高水平。精耕细作、集约经营的农业生产模式，成为世界上土地利用率较高的国家之一。农业生产中广泛地运用了轮作、连作、间作套种和混作等耕种方式，南方地区几乎没有休耕轮作，复种指数高，粮食作物的投入与产出比始终居于世界前列。

以曲辕犁为代表的农业生产工具改革在犁耕农业发展史上具有划时代意义。曲辕犁又称"江东犁"，是为适应南方稻作生产需要而发明的，由十一个零件组成，即犁镵、犁壁、犁底、压镵、策额、犁箭、犁辕、犁梢、犁评、犁建、犁盘。其中除犁镵和犁壁是由金属铸造而成的以外，其他皆为木制。用于起垄、翻土，操作灵活，便于进退转弯，可调节犁铧入土深浅。适合个体小生产以家庭为主体的生产经营方式，也适合土地分割零散的状况。

唐代发明了利用水流原理推动转轮提水灌溉的筒车，还对水排、龙骨水车等取水、提水、灌溉和排水工具不断改进，并且广泛应用于南方地区。

隋唐及五代各政权重视水利灌溉，各地成规模地因地制宜开展水利兴修。北方水利事业主要是对旧有渠道和河道的疏浚和改造，开辟新的灌区，尤其是关中地区水利事业尤为发达。南方地区继续对湖塘海塘的修建和完善，使得南方地区尤其是江南成为粮食产出的主要地区。

培育良种并增进地力是农业实现高产稳产的重要条件，在充分而合理地利用土地的同时，重视中耕除草等田间管理，重视施肥和培育良种，土地潜力借此得到更好的开发、利用。

茶叶的栽培和生产取得很大成就。茶叶成为国内市场长途贩运及对外贸易出口的大宗商品。

畜牧业在选育良种，积累和完善兽医学知识等方面都有显著的发展，唐代兽医针灸术也取得相当大的成就，还出现李石（783—845年）编著的《司牧安骥集》，是一部相马、医马的专著。

2.重要的农书

《四时纂要》是一部农书，作者为唐末或五代人韩鄂（一作韩谔），书中的资料大多取材于北魏贾思勰的《齐民要术》，少量取自西汉的《氾胜之书》、东汉崔寔的《四民月令》和唐代道士王旻的《山居要术》等，还汇集了一些医方书，并加上作者自己的经验与概括。全书5卷，698条，体例仿《四民月令》，以时令为纲，按类编排生产与生活资料，以农业生产及技术、农副产品加工和制作为主，涉及多种经营，也包括商业经营、文化教育、医药、占候、祈禳、禁忌等内容。该书填补了自《齐民要术》以来近6世纪农书著作的缺失。原书已散佚。1961年在日本发现1590年朝鲜庆尚左兵营刊本的重刻本。2017年在韩国发现迄今最古老的版本1403—1420年之间以癸未字印刷本。

《耒耜经》是中国第一部农具专著。作者陆龟蒙（？—881年），全书仅600余字，但却详细地记载了在江南地区普遍使用的"江东犁"，即曲辕犁，还记述了爬（耙）、碌碡和礰礋等三种农具。书中的《渔具十五首并序》及《和添渔具五篇》，对捕鱼工具和捕鱼技术也有比较详细的记载。《和茶具十咏》则是对茶具的叙述。

《茶经》是中国乃至世界现存最早、最完整、最全面的茶叶专著。是书有"茶叶百科全书"之誉，作者陆羽（733—804年）被誉为"茶圣""茶仙""茶神"。《茶经》3卷传世，分为十门，包括一之源、二之具、三之造、四之器、五之煮、六之饮、七之事、八之出、九之略、十之图，分别记述了茶的生产、采茶所用器物、茶叶的加工、饮茶之法、茶及茶具的发展史、名茶产地、对茶叶的分级和优劣评判、野外加工茶叶、茶道药用价值、与茶有关的典故等方面，并且用图画加以描绘。在博览群书、广泛采集茶家经验的基础上，《茶经》不仅有对此前历代种茶、制茶、饮茶等知识和经验的总结，也融入作者的亲身实践和经验。

《耒耜经》和《茶经》的出现，也是中国经济重心南移、南方经济发展的具体表现。

主要推荐阅读书目

阎守诚、宁欣主编：《中国大通史·隋唐五代卷》，学苑出版社 2018 年版。

白寿彝主编：《中国通史·隋唐五代卷》，上海人民出版社 2004 年版。

唐长孺主编：《中国大百科全书·中国历史·隋唐五代史》，中国大百科全书出版社 1988 年版。

吴宗国：《隋唐五代简史》，福建人民出版社 2006 年版。

郑学檬：《五代十国史研究》，上海人民出版社 1991 年版。

杜文玉：《五代十国制度研究》，人民出版社 2006 年版。

唐长孺：《魏晋南北朝隋唐史三论》，中华书局 2011 年版。

陈寅恪：《隋唐制度渊源略论稿》，上海古籍出版社 1984 年版。

陈寅恪：《唐代政治史述论稿》，上海古籍出版社 1982 年版。

黄永年：《唐史史料学》，上海书店出版社 2002 年版。

胡戟等主编：《二十世纪唐研究》，中国社会科学出版社 2002 年版。

宁欣等：《唐史十二讲》，中国国际广播出版社 2009 年版。

隋唐五代世系表

隋朝帝系表

①文帝杨坚——②炀帝广——[杨昭]——③恭帝侑—④皇泰帝侗

唐朝帝系表

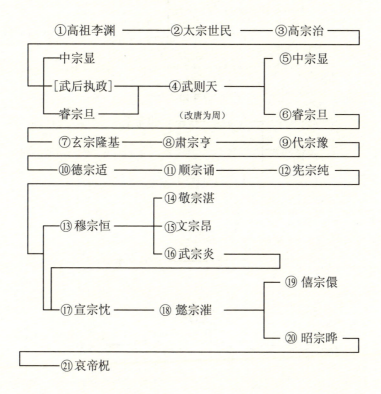

五代帝系表

[后梁]

①太祖朱温 ————②末帝（均王）友贞（瑱）

[后唐]

[后晋]

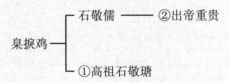

[后汉]

①高祖刘知远（暠）————②隐帝承祐

[后周]

①太祖郭威 ——②世宗柴荣（郭威养子）—— ③恭帝宗训

十国帝系表

［吴］

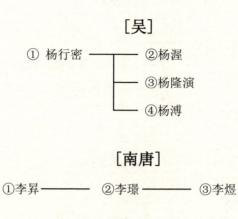

① 杨行密 ——— ②杨渥
　　　　　　　 ③杨隆演
　　　　　　　 ④杨溥

［南唐］

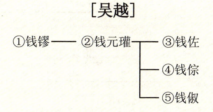

①李昪 ——— ②李璟 ——— ③李煜

［吴越］

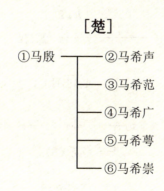

①钱镠 —— ②钱元瓘 —— ③钱佐
　　　　　　　　　　 ④钱倧
　　　　　　　　　　 ⑤钱俶

［楚］

①马殷 ——— ②马希声
　　　　　　　 ③马希范
　　　　　　　 ④马希广
　　　　　　　 ⑤马希萼
　　　　　　　 ⑥马希崇

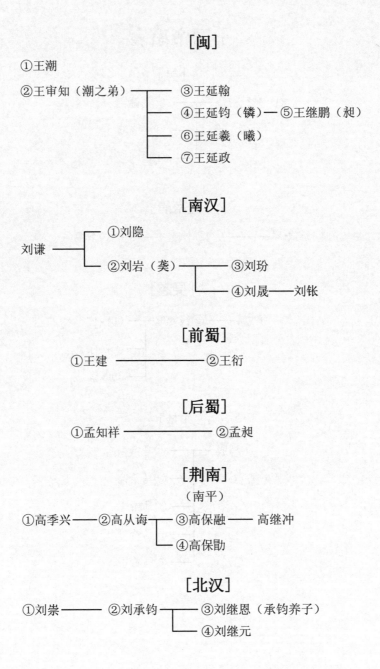

[闽]

①王潮
②王审知（潮之弟）——③王延翰
④王延钧（鏻）——⑤王继鹏（昶）
⑥王延羲（曦）
⑦王延政

[南汉]

刘谦——①刘隐
②刘岩（龑）——③刘玢
④刘晟——刘铱

[前蜀]

①王建————————②王衍

[后蜀]

①孟知祥————————②孟昶

[荆南]

（南平）

①高季兴——②高从诲——③高保融——高继冲
④高保勖

[北汉]

①刘崇——②刘承钧——③刘继恩（承钧养子）
④刘继元

隋唐五代年号表

（仅列年号元年）

隋（581—618 年）	
文帝杨坚（541—604 年）	开皇（581 年）仁寿（601 年）
炀帝杨广（569—618 年）	大业（605 年）
恭帝杨侑（605—619 年）	义宁（617 年）
唐（618—907 年）	
高祖李渊（566—635 年）	武德（618 年）
太宗李世民（598—649 年）	贞观（627 年）
高宗李治（649—683 年）	永徽（650 年）显庆（656 年）龙朔（661 年） 麟德（664 年）乾封（666 年）总章（668 年） 咸亨（670 年）上元（674 年）仪凤（676 年） 调露（679 年）永隆（680 年）开耀（681 年） 永淳（682 年）弘道（683 年）
中宗李显（656—710 年）	嗣圣（684 年）
睿宗李旦（662—716 年）	文明（684 年）
武后摄政	光宅（684 年）垂拱（685 年）永昌（689 年） 载初（690 年）
武周（690—705 年）	
则天大圣皇帝武曌（624—705 年）	天授（690 年）如意（692 年）长寿（692 年） 延载（694 年）证圣（695 年）天册万岁（695 年） 万岁登封（696 年）万岁通天（696 年）神功（697 年） 圣历（698 年）久视（700 年）大足（701 年） 长安（701 年）
武周还政于唐	
中宗李显	神龙（705 年）景龙（707 年）
殇帝李重茂（695—714 年）	唐隆（或作唐元、唐兴、唐安）（710 年）
睿宗李旦	景云（710 年）太极（712 年）延和（712 年）
玄宗李隆基（685—762 年）	先天（712 年）开元（713 年）天宝（742 年）
肃宗李亨（711—762 年）	至德（756 年）乾元（758 年）上元（760 年）

代宗李豫（726—779 年）	宝应（762 年）广德（763 年）永泰（765 年）大历（766 年）
德宗李适（742—805 年）	建中（780 年）兴元（784 年）贞元（785 年）
顺宗李诵（761—806 年）	永贞（805 年）
宪宗李纯（778—820 年）	元和（806 年）
穆宗李恒（795—824 年）	长庆（821 年）
敬宗李湛（809—826 年）	宝历（825 年）
文宗李昂（809—840 年）	宝历（826 年）大和（或作太和）（827 年）开成（836 年）
武宗李炎（814—846 年）	会昌（841 年）
宣宗李忱（810—859 年）	大中（847 年）
懿宗李漼（833—873 年）	大中（859 年）咸通（860 年）
僖宗李儇（862—888 年）	乾符（874 年）广明（880 年）中和（881 年）光启（885 年）文德（888 年）
昭宗李晔（867—904 年）	龙纪（889 年）大顺（890 年）景福（892 年）乾宁（894 年）光化（898 年）天复（901 年）天祐（904 年）
哀帝（昭宣帝）李柷（892—908 年）	天祐（904 年）

五代十国

后梁（907—923 年）

太祖朱温（852—912 年）（唐僖宗赐名朱全忠，继位后改名朱晃）	开平（907 年）乾化（911 年）
郢王朱友珪（？—913 年）	凤历（913 年）
末帝朱友贞（888—923 年）（继位后改名朱锽，后再改名为朱瑱）	乾化（913 年）贞明（915 年）龙德（921 年）

后唐（923—936 年）

庄宗李存勖（885—926 年）	同光（923 年）
明宗李嗣源（867—933 年）（继位后改名李亶）	天成（926 年）长兴（930 年）
闵帝李从厚（914—934 年）	应顺（934 年）
末帝李从珂（885—937 年）	清泰（934 年）

后晋（936—947 年）	
高祖石敬瑭（892—942 年）	天福（936 年）
少帝（出帝）石重贵 （914—974 年）	天福（942 年）开运（944 年）
后汉（947—950 年）	
高祖刘知远（895—948 年） （继位后改名刘暠）	天福（947 年）乾祐（948 年）
隐帝刘承祐（930—951 年）	乾祐（948 年）
后周（951—960 年）	
太祖郭威（904—954 年）	广顺（951 年）显德（954 年）
世宗柴荣（921—959 年）	显德（954 年）
恭皇帝柴宗训（953—973 年）	显德（959 年）
吴（902—937 年）	
太祖杨行密（852—905 年）	天复（902 年）天祐（904 年）
烈祖杨渥（886—908 年）	天祐（905 年）
高祖杨隆演（897—920 年）	天祐（908 年）武义（919 年）
末帝杨溥（900—938 年）	武义（920 年）顺义（921 年）乾贞（927 年） 大和（929 年）天祚（935 年）
南唐（937—975 年）	
烈祖（前主）李昪（889—943 年） （原名徐知诰）	升元（937 年）
元宗（中主）李璟（916—967 年） （原名徐景通，后复姓李，继位 后改名李瑶，后又改名李璟，向 后周称臣后，又避后周信祖讳， 而改名李景）	保大（943 年）中兴（958 年）交泰（958 年） 显德（958 年）建隆（960 年）
后主李煜（937—978 年） （原名李从嘉）	建隆（960 年）乾德（963 年）开宝（968 年）
吴越（907—978 年）	
武肃王太祖钱镠（852—932 年）	天祐（907 年）天宝（908 年）凤历（913 年） 乾化（913 年）贞明（915 年）龙德（921 年） 宝大（924 年）宝正（926 年）广初（不详） 正明（不详）
文穆王世宗钱元瓘（887—941 年）	长兴（932 年）应顺（934 年）清泰（934 年） 天福（936 年）
忠献王钱弘佐（928—947 年）	天福（941 年）开运（944 年）

忠逊王钱倧（929—975 年） （本名钱弘倧，后避宋太祖之父 赵弘殷讳而改）	天福（947 年）
忠懿王钱俶（929—988 年） （本名钱弘俶）	乾祐（948 年）广顺（951 年）显德（954 年） 建隆（960 年）乾德（963 年）开宝（968 年） 太平兴国（976 年）
前蜀（907—925 年）	
高祖王建（847—918 年）	天复（907 年）武成（908 年）永平（911 年） 通正（916 年）天汉（917 年） 光天（或作光大、广大）（918 年）
后主王衍（899—926 年）	乾德（919 年）咸康（925 年）
后蜀（934—965 年）	
高祖孟知祥（938—965 年）	明德（934 年）
后主孟昶（934—年）	明德（934 年）广政（938 年）
楚（907—953 年） 马殷于 907 年受后梁封为楚王，927 年受后唐封为楚国王	
武穆王马殷（852—930 年）	开平（907）
衡阳王马希声（898—947 年）	长兴（930 年）
文昭王马希范（899—947 年）	长兴（932 年）应顺（934 年）清泰（934 年） 天福（936 年）开运（944 年）
废王马希广（？—950 年）	天福（947 年）乾祐（948 年）
恭孝王马希萼（900—953 年）	保大（950 年）
留王马希崇（生卒年不详）	
闽（909—945 年）	
太祖王审知（862—925 年）	开平（909 年）乾化（911 年）贞明（915 年） 龙德（921 年）同光（923 年）
嗣王王延翰（？—927 年）	天成（926 年）
惠宗王延钧（？—935 年）	天成（926 年）长兴（930 年）龙启（933 年） 永和（935 年）
康宗王继鹏（？—939 年） （后改名王昶）	通文（936 年）
景宗王延曦（？—944 年） （后改名王曦，又作王羲）	永隆（939 年）
福王王延政（？—951 年）	天德（943 年）

荆南（924—963 年）	
又称：南平、北楚	
武信王高季兴（858—929 年）（本名高季昌，避后唐献祖李国昌讳改名高季兴）	同光（924 年）天成（926 年）乾贞（928 年）
文献王高从诲（891—948 年）	乾贞（929 年）天成（929 年）长兴（930 年） 应顺（934 年）清泰（934 年）天福（936 年） 开运（944 年）天福（947 年）乾祐（948 年） 贞懿王高保融：乾祐（948 年）广顺（951 年） 显德（954 年）高保勖（亦作高保勗）建隆（960 年）
末帝高继冲（943—973 年）	建隆（962 年）
南汉（917—971 年）	
高祖刘䶮（889—942 年）（初名刘岩，又名刘陟，后改名刘䶮）	乾亨（917 年）白龙（925 年）大有（928 年）
殇帝刘玢（920—943 年）	光天（942 年）
中宗刘晟（920—958 年）	应乾（943 年）乾和（943 年）
后主刘鋹（942—980 年）	大宝（958 年）
北汉（951—979 年）	
世祖刘旻（895—954 年）	乾祐（951 年）
睿宗刘钧（926—968 年）	乾祐（954 年）天会（957 年）
少主刘继恩（935—968 年）	天会（968 年）
英武帝刘继元（？—992 年）	天会（968 年）广运（974 年）

大事记

581 年，北周外戚杨坚取代后周称帝，建立隋朝，定都大兴，年号开皇。

582 年，隋文帝命著名建筑设计大师宇文恺主持兴建大兴城。颁布均田令。

583 年，确立三省六部制。颁行《开皇律》。始颁行赋役令，民众负担轻于北周。突厥分裂为东、西两部。

584 年，自大兴城东至潼关开凿广通渠。

585 年，大索貌阅，颁行《输籍法》，严格核实户口。

587 年，隋废西梁。

589 年，隋灭陈，结束了自东汉末年以来的分裂局面（其间西晋曾实现短暂的统一），重新实现了全国统一。

590 年，改革府兵制，实行"兵农合一"。

590 年，工匠李春开始主持建造安济桥，又称"赵州桥"，为世界现存最早、最完整的大型石拱桥。

598 年，隋文帝发 30 万人，分道进攻高句丽。陆军因逢水燎，粮食不济，水军遭风而均失败。

599 年，东突厥突利可汗降，隋封突利为启民可汗。

581—600 年，隋文帝废止九品中正制，始设秀才、明经两科，分科考试取士，为科举制之开端。

604 年，隋文帝在仁寿宫离世，死因不明，终年 64 岁，庙号高祖，葬泰陵。次子杨广继位，是为隋炀帝。

605 年，改元大业。营建东都洛阳。赵州桥建成。

605 年，隋炀帝下诏恢复隋文帝 601 年一度废除的各级学校。颁布新均田令，免除妇女、奴婢和部曲的租调，并不再授田。

607 年，隋炀帝定十科举人，创设进士科。发丁男百余万筑长城，西到

大事记

榆林，东到紫河（今张家口），是隋朝多次修筑长城工程中规模最大的一次。隋炀帝令朱宽入海求访异俗，到达流求。

605—610 年，开凿以洛阳为中心，北抵涿郡，南至余杭，沟通海河、黄河、淮河、长江和钱塘江五大水系的大运河，主要由通济渠（605 年开凿）、永济渠（608 年开凿）、江南河（610 年始修）组合成，成为沟通南北政治、经济、文化的重要动脉。

610 年，隋炀帝派陈稜和张镇州率军入流求。此后大陆和台湾有了经济、文化联系。

611 年，长白山地区（今山东章丘）爆发王薄领导的起义，自称"知世郎"，作"无向辽东浪死歌"，号召民众反对征高句丽战争，揭开隋末农民战争的序幕。

611 年，河北窦建德据高鸡泊（今河北衡水故城西南）起义，逐渐发展为隋末农民起义军三大主力之一。

612 年，隋炀帝亲自指挥第一次征高句丽，分陆海两路进军，因指挥失当惨败。

613 年，隋炀帝第二次征高句丽，因贵族杨玄感起兵反叛而退兵。翟让与同乡人徐世勣等起兵于瓦岗（今河南安阳滑县南）。

614 年，山东章丘人杜伏威与辅公祏率众入长白山（今山东章丘）起义。后率军南下，逐渐占据了江淮的广大地区，成为隋末农民起义三大主力之一。

614 年，隋炀帝准备第三次征高句丽，高句丽国王遣使请降，隋军班师。

615 年，突厥始毕可汗率兵围炀帝于雁门。

616 年，李密投奔翟让领导的瓦岗军。

617 年，瓦岗军攻取兴洛仓（又名洛口仓），开仓赈济贫民，李密被翟让推为主，义军迅速发展至数十万，占有河南大部分郡县，成为反隋的主力军。窦建德于乐寿（今河北献县）称长乐王，攻占河北郡县。太原留守李渊起兵，攻下长安，拥立隋炀帝之孙代王杨侑为帝，遥尊隋炀帝为太上皇，年号义宁。

618 年，隋将司马德戡与贵族宇文化及，发动兵变，在江都杀死隋炀帝，拥立隋炀帝侄子杨浩为帝，不久即废。李渊迫隋恭帝杨侑禅位，建立唐朝，定都长安，建元武德，是为唐高祖。瓦岗军遭到宇文化及军和王世充军夹击，瓦岗军与王世充在偃师决战，溃败，李密西逃，降唐。王世充据洛阳，拥越王杨侗为帝。李世民率军消灭薛仁杲，平定陇西。

619 年，王世充在洛阳废杨侗，自立为帝，国号郑，年号开明。隋亡，历 3 帝，享国 38 年。唐高祖颁行新的租调制，与前朝相比农民负担明显减轻。废《大业律》，颁新格 53 条，因《开皇律》而增损，凡律 500 条。唐军平定割据河西的李轨。

620 年，李世民率军击败刘武周、宋金刚，收复太原。

621 年，窦建德出兵救援王世充，为秦王李世民所败，被俘，押往长安处死。窦建德部将拥刘黑闼在漳南起兵。李世民击败王世充，同年七月，王世充被仇人所杀。唐军顺江东下，消灭了割据荆湖的萧铣。杜伏威统一江南。

623 年，刘黑闼为唐军所败，北逃被部将擒杀。

624 年，唐军攻破丹阳，辅公祏败死，江南悉平。定均田租庸调法。

626 年，玄武门事变，太子李建成、齐王李元吉被杀，高祖李渊次子李世民迫高祖禅位，是为太宗，李渊为太上皇。

627 年，改元"贞观"。精简中央机构，留文武官 643 员，后扩为 730 员。更定律令凡 500 条，分 12 卷，比隋律者减大辟者 92 条，减流入徒者 71 条，主修者为房玄龄、长孙无忌等。

大事记

628 年，平定最后一个割据势力朔方梁师都，完成全国统一事业。

629 年，唐僧玄奘从长安出发西行，历时 17 年，跋涉 5 万余里远赴天竺取经。

630 年，李靖俘颉利可汗，东突厥亡，唐辖境扩至阴山以北、大漠以南。西北各部尊太宗为"天可汗"，于大漠南北开辟"参天可汗道"。日本遣唐使抵唐。

633 年，颁行颜师古考定的《周易》《尚书》《毛诗》《礼记》《左传》五经。

635 年，李渊病逝，庙号高祖，葬献陵。基督教聂斯脱利派传入中国，称景教。《梁书》成书，56 卷，姚思廉撰。《陈书》成书，36 卷，姚思廉撰。《北齐书》成书，50 卷，李百药撰。《周书》成书，50 卷，令狐德棻主编。上述四部史书均属二十四史，与唐初房玄龄等编撰的《晋书》（成书时间不详）、魏徵等编撰的《隋书》、李延寿主编的《南史》《北史》并为唐官修"八史"。

636 年，《隋书》成书，85 卷，唐魏徵等撰。整编府兵，各地设折冲府，每府设折冲都尉，及左右果毅都尉统之。

637 年，颁行新修订的唐律，较隋律更为宽简，即《贞观律》。

638 年，唐太宗命高士廉等撰《氏族志》，诏令"止取今日官爵高下作等级"，以皇族为首，外戚次之，山东士族崔氏降为第三等。下诏允许景教传教建寺。

640 年，始设安西都护府，治所位于高昌（今新疆吐鲁番），后移至龟兹，领龟兹、于阗、焉耆、疏勒四镇，是为"安西四镇"。始于贞观六年修撰的《氏族志》完成。

641 年，李勣出兵攻薛延陀，大败之，薛延陀降。铁勒诸部相继降于唐，大漠以北归入唐的版图。文成公主入藏和亲，嫁于吐蕃赞普松赞干布。

642 年，魏王李泰等撰《括地志》成书。

645 年，玄奘取经还，抵长安。在大慈恩寺内主持译经。唐太宗征高句

大事记

丽（辽东），无功而返。

646 年，玄奘口述、门人辩机奉唐太宗之敕令笔录编集而成的《大唐西域记》成书，记述了玄奘 17 年间游历印度、西域及旅途中的见闻。

649 年，唐太宗去世，庙号太宗，葬于昭陵。太子李治继位，是为唐高宗。

651 年，唐高宗命长孙无忌等在《贞观律》基础上修订，新删定律令格式，其中律 12 卷，是为《永徽律》。

653 年，将长孙无忌等新撰疏议分附于律文之后颁行，计 12 篇，共 30 卷，称为《永徽律疏》，即《唐律疏议》。颁行孔颖达等撰《五经正义》。

655 年，高宗废王皇后，立武昭仪为后。

657 年，唐灭西突厥。唐朝完全控制天山北路乃至咸海以西地区。

659 年，废《贞观氏族志》，修订《姓氏录》，升后族武氏为第一等，其余仍以当朝官爵为高下，大批名门望族因无官不录被排除在外，而以军功升至五品者即可入选，被士族目为"勋格"。苏敬等人奉命编纂《唐新本草》53 卷，图文并茂，收集药物 844 种，是世界上第一部由国家编定颁布的药典。

663 年，唐军接受新罗请求出兵击败百济，并在白江口（锦江）一战中打败前来救援的倭军，烧倭船 400 艘。

666 年，唐高宗尊老子为太上玄元皇帝。

668 年，唐高宗出兵灭高句丽，在平壤设置安东都护府。《法苑珠林》成书，共计 100 篇，668 部，唐道世法师据各种经典编纂而成，堪为佛教百科全书。

670 年，吐蕃占领今新疆南部，唐被迫放弃安西四镇。

674 年，武则天加号"天后"，与高宗并称"二圣"，参与朝政。

676 年，安东都护府撤回辽东。

大事记

683 年，唐高宗去世，葬乾陵，庙号高宗。高宗第七子、武则天第三子李显继位，是为中宗，政事悉决于太后武则天。

684 年，武则天废中宗李显为庐陵王，改立李旦为帝，为唐高宗与武则天第四子，是为睿宗，武则天临朝称制，裁决一切政事。李勣之孙、袭爵英国公徐敬业在扬州以匡扶中宗复辟为由，起兵反叛，兵败为部下所杀。

689 年，宗秦客改造天、地等十二字献武后，后发展为十八字即武周新字全国统一颁行。武后自名曌。

690 年，武则天改唐为周，称圣神皇帝，定都洛阳，称"神都"。李旦被降为皇嗣，赐姓武氏，迁居东宫。武曌亲策贡士，进士殿试自此始。

692 年，武威道总管王孝杰大破吐蕃，收复安西四镇。

694 年，波斯人拂多诞持摩尼经典《二宗经》来朝，摩尼教始传入中土。

702 年，武则天置北庭都护府，与安西都护府分治天山南北，维护西域统一及丝绸之路畅通。始行武举。

705 年，宰相张柬之等发动"神龙革命"，迫武则天退位，拥立唐中宗复辟。唐中宗上武则天尊号为"则天大圣皇帝"。同年十一月，武则天去世，年八十二。唐中宗遵其遗命，改称"则天大圣皇后"，以皇后身份入葬乾陵与高宗合葬。

710 年，唐中宗李显暴崩，韦后摄政。唐睿宗第三子李隆基与太平公主发动政变，杀死韦后、安乐公主及其党羽，唐睿宗复位，立李隆基为皇太子。金城公主入藏和亲，嫁吐蕃尺带珠丹赞普。以幽州镇守经略节度大使薛讷为左武卫大将军兼幽州都督，节度使之名自讷始。刘知几撰写的中国第一部史学理论与史学批评著作——《史通》成书。

711 年，以贺拔延嗣为凉州都督充河西节度使，节度使遂成为正式官职。

712 年，唐睿宗传位太子，自称太上皇，李隆基继位，是为玄宗。

大事记

713 年，唐玄宗封东北粟末部首领大祚荣为渤海郡王。

716 年，唐睿宗去世，葬桥陵，庙号睿宗。

721 年，设九节度和经略使。

723 年，改政事堂名为中书门下，改政事堂印为"中书门下之印"，其后分列吏、枢机、兵、户、刑礼五房，中书门下体制正式建立。废府兵更番、戍卫之制，称新募兵为长从宿卫。

724 年，僧一行第一次实测出地球子午线长度。

729 年，施行僧一行所作《大衍历》。

732 年，颁行《大唐开元礼》，萧嵩奉敕修撰，共计 226 目，载 152 仪，分吉、宾、嘉、军、凶五礼。

733 年，唐玄宗准许民间立私学。

737 年，边镇戍兵实行招募制，长期服役，号称"长征健儿"。第三次颁布均田令，增加了关于狭乡与宽乡授田的不同政策、土地买卖、官吏给田等方面的内容。

738 年，《唐六典》成书，唐玄宗撰、李林甫奉敕注，30 卷，实际撰写者为张说、张九龄等人，是中国现存最早的行政法典。唐玄宗封南诏首领皮逻阁为云南王，都大和城（今大理南）。此后，十三代南诏王中十个受唐封。

739 年，追尊孔子为文宣王。

745 年，东突厥汗国为回纥所灭，回纥尽有东突厥故地。

749 年，吴兢去世，其所撰《贞观政要》一书，记录了唐太宗君臣间的对话，为总结治理国家经验与教训的经典之作。

751 年，高仙芝率唐兵与黑衣大食（阿拉伯）交战，败于怛罗斯，中国造纸术西传。

754 年，唐鉴真和尚应日本天皇邀请东渡，历经艰险，终抵达日本，传授佛法及中国文化。

大事记

755 年，身兼平卢节度使、范阳节度使、河东节度使的安禄山据范阳（今北京地区）与平卢兵马使史思明起兵，安史之乱爆发。

756 年，安禄山在洛阳称大燕皇帝，改元圣武。叛军攻破潼关，唐玄宗西逃，行至马嵬驿发生兵变，杨国忠与杨贵妃相继身死，太子李亨（唐玄宗第三子）分兵北上至灵武（今宁夏银川）继位，唐玄宗追认，自封为太上皇。叛军攻入长安。

757 年，安禄山被其子安庆绪所杀。朔方节度使郭子仪联兵河东节度使李光弼收复河北。唐军收复长安。河南节度副使张巡、睢阳太守许远等率军民坚守睢阳（今河南商丘南），阻止叛军南下。

761 年，史思明被其子史朝义所杀。

762 年，唐肃宗去世，葬建陵，长子李豫继位，是为代宗。

763 年，史朝义兵败自杀，安史之乱结束，河朔三镇形成。

779 年，唐代宗去世，葬元陵，长子李适继位，是为德宗。

780 年，唐德宗采纳宰相杨炎建议，废除租庸调法，颁行两税法，"量出制入"确定税额，从以人丁为本转为"唯以资产为宗"，按照实有田亩和资产征税，分夏秋两次交纳。

781 年，成德、魏博、淄青、山南东道四镇联合起兵反唐，史称"四镇之乱"。"大秦景教流行中国碑"立碑。

782 年，成德等反叛四镇共推幽州节度使朱滔为盟主而各自称王，史称"五镇连兵"。

783 年，泾原军兵变，拥立朱泚为帅，唐德宗逃往奉天。

788 年，回纥上表请求改名"回鹘"取"迅捷如鹘然"之意。唐德宗允准。

790 年，吐蕃陷北庭，唐朝势力最终退出西域。

796 年，设立左、右神策军护军中尉，分别由窦文场和霍仙鸣担任，宦官掌握了禁军统率权。

大事记

801 年，杜佑集 36 年之功力撰成《通典》，共计二百卷，是中国第一部典章制度通史，记述了历代制度沿革变迁，唐朝部分尤为详尽，分为食货、选举、职官、礼、乐、兵、刑、州郡、边防九门（典）。

803 年，四川乐山大佛修凿完工，前后花费约 90 年，为弥勒佛坐像，高 71 米，是中国最大的一尊摩崖石刻大佛造像。

804 年，被誉为"茶圣"的陆羽去世，所撰写的《茶经》一书为世界首部关于茶叶的专著。

805 年，唐德宗去世，葬崇陵，长子李诵继位，是为顺宗。唐顺宗推行"永贞革新"，打击宦官势力，旋即失败。参与革新的官僚士大夫以王伾、王叔文为首，韦执谊、韩泰、陈谏、柳宗元、刘禹锡、韩晔、凌准、程异八人，俱被贬为远州司马，史称"二王八司马"。宦官拥立唐顺宗长子李纯（原名李淳）即位，是为唐宪宗，唐顺宗退位称太上皇，史称"永贞内禅"。

806 年，唐顺宗去世，葬丰陵。唐遣神策军攻入四川，削平刘辟。

807 年，削平镇海节度使李琦。

808 年，牛李党争开始。

812 年，魏博镇田弘正归顺朝廷，放弃割据。《元和姓纂》成书，林宝撰，为中国唐代谱牒姓氏之学之专著。

813 年，《元和郡县图志》成书，40 卷，李吉甫撰，南宋以后图佚，故称《元和郡县志》，是中国现存最早的地理总志。

817 年，唐邓节度使李愬雪夜突袭，攻下蔡州，俘虏吴元济，削平自李希烈后割据淮西 30 余年的吴氏家族势力。

818 年，讨平淄青割据势力李师道。

820 年，唐宪宗去世，葬景陵，宦官梁守谦、王守澄等人拥立唐宪宗第三子太子李恒继位，是为穆宗。欲拥立唐宪宗次子李恽的宦官吐突承璀等被赐死。

大事记

823 年，吐蕃刻石立《唐蕃会盟碑》，因唐穆宗长庆元年（821 年）唐蕃先盟誓于长安，又称"长庆会盟碑"，次年盟誓于逻些（拉萨）。碑用汉藏两种文字对照，立于拉萨大昭寺门前，约定双方为甥舅之关系，世代友好。

824 年，唐穆宗去世，葬光陵，长子李湛继位，是为敬宗。

826 年，唐敬宗为宦官刘克明等所弑，葬庄陵，宦官王守澄等拥立唐穆宗次子李昂（本名涵）继位，是为文宗。

829 年，南诏大举入侵蜀地，留居成都西郭十日，大肆抢掠子女、百工数万人及珍货而去。

835 年，唐文宗任用李训、郑注策动翦除宦官，事败反为宦官劫持，大臣等前后死者数千人，史称"甘露之变"。

840 年，宦官神策军中尉护军仇士良、鱼弘志借唐文宗病重之机，矫诏废皇太子，立唐穆宗第五子李炎（本名瀍）为皇太弟。唐文宗去世，葬章陵，李炎继位，是为武宗。回鹘为黠戛斯所破，残众向西迁徙。

845 年，唐武宗敕毁天下佛寺，勒令僧尼还俗二十六万余人。史称"会昌废佛"。

846 年，唐武宗去世，葬端陵，唐宪宗第十三子皇太叔李忱（本名怡）继位，是为宣宗。

848 年，沙州敦煌人张议潮率各族民众驱逐吐蕃守将，自领州事。

851 年，张议潮兄议潭入朝，献沙、瓜、伊、肃、鄯、甘、河、西、兰、岷、廓等十一州图籍。唐宣宗遂于沙州置归义军，领沙、瓜等十一州，以张议潮为节度使。

859 年，唐宣宗去世，葬贞陵，长子李漼（本名温），在宦官神策军中尉王宗实拥立下继位，是为懿宗。浙东爆发裘甫起义，揭开唐末农民战争的序幕。

868 年，桂州戍卒因久戍不得更替，杀都将数人，推举粮料判官庞勋为

大事记

首，自行北归，活动范围主要在江西、江苏、安徽一带。王阶刻印《金刚经》，是世界上现存最早有明确时间记载的雕版印刷本，发现于敦煌莫高窟藏经洞。

873 年，唐懿宗去世，葬简陵，第五子李儇（本名俨）在宦官田令孜等拥立下继位，是为僖宗。

874 年，濮州（今河南濮阳）人王仙芝及尚让等聚众数千在山东长垣起义，王仙芝自称"天补平均大将军"兼"海内诸豪都统"。

875 年，黄巢响应王仙芝，在冤句（今山东菏泽市西南）聚众数千人起义。自称"冲天大将军"。

877 年，南诏王死，继位者遣使唐朝求和亲，双方签订停战议和。

878 年，王仙芝兵败被杀。

879 年，黄巢率军转战南下，开仙霞岭七百里山道，从浙江进入福建，占领广州，发布檄文，遂北上进军长安。

880 年，黄巢攻下长安，国号大齐，建元金统。唐僖宗逃往成都。

881 年，陆龟蒙去世，所撰《耒耜经》为中国最早的农具专著，详细记载了最为先进的江东犁（曲辕犁）的部件结构和功能。

882 年，义军将领朱温降唐。

883 年，迫于十四路唐军及沙陀骑兵的合围，黄巢撤出长安，退守河南。

884 年，黄巢兵败，退至泰山狼虎谷襄王村（今山东莱芜西南）牺牲，起义失败。

888 年，唐僖宗去世，葬靖陵，唐懿宗第七子李晔（原名杰，后又改名敏）继位，是为昭宗。

901 年，宦官劫持唐昭宗奔至凤翔，朱温进兵围攻。

902 年，唐淮南节度使杨行密受封为吴王，建都广陵（今江苏扬州），

大事记

故称"杨吴"，亦称"南吴"。南诏权臣郑买嗣建大长和国，蒙氏南诏王朝灭亡。

903年，宣武节度使朱温拥唐昭宗还京，诛杀宦官800人，宦官专权局面宣告结束。

904年，朱温劫持昭宗迁都洛阳。朱温弑唐昭宗，葬和陵。朱温心腹枢密使蒋玄晖假传遗诏拥立唐昭宗第九子李柷（本名祚）继位，政事取决于朱全忠（温）。

905年，朱温诛杀被贬朝官三十余人于白马驿，投尸于河，史称"白马驿之祸"。

907年，唐哀帝颁《禅位册文》，唐朝灭亡，历21帝，享国290年（含武周代唐十五年）。朱温派人毒杀唐哀帝，葬温陵。朱温即帝位，建立后梁，都开封，是为后梁太祖。原唐蜀王据四川的王建称帝，是为前蜀高祖。朱温封长期割据两浙地区的钱镠为吴越王。以湖南为中心的割据势力马殷被后梁封为楚王，史称"马楚"，亦称"南楚"。朱温封高季兴为荆南节度使。契丹首领耶律阿保机推翻遥辇氏的统治而成为各部共主。

909年，王审知受后梁封为闽王，是为闽太祖。

916年，耶律阿保机称皇帝，正式建立契丹国，建元神册，是为辽太祖。

917年，刘龚即皇帝位，建立南汉，是为南汉高祖。

923年，代北沙陀人李存勖灭后梁（当时为末帝朱友贞，朱温第三子），遂在魏州称帝，建立后唐，是为后唐庄宗，并迁都洛阳。

924年，后唐封高季兴为南平王，正式建国，亦称荆南，主要割据以荆州（今湖北江陵）为中心湖北南部的部分地区。

925年，后唐攻克成都，前蜀亡，历2主，共18年。

926年，耶律阿保机死，子耶律德光继立，是为辽太宗。契丹灭渤海国。

大事记

927年，后唐封马殷为楚国王，都长沙府（潭州）。

929年，高季兴死，后唐追封其为楚王，故南平又别称北楚。

934年，后唐西川节度使孟知祥称帝，建立后蜀，是为后蜀高祖。

936年，后唐河东节度使石敬瑭联合契丹南下灭后唐，建立后晋，是为后晋高祖。割幽云十六州与契丹，并许岁输帛30万匹。后唐历2世4帝，共14年。

937年，吴国大将徐温养子徐知诰（原名李昪），建立南唐，吴国亡。吴历4主，共36年。

938年，后晋高祖定开封为东京，洛阳为西京。

945年，闽国为南唐所灭，历8主，共37年。《旧唐书》成书，200卷，署名后晋宰相刘昫撰，实为赵莹主持编修。

946年，契丹南侵，攻破开封，后晋出帝石重贵及皇族被俘。后晋灭亡，历2帝，共12年。

947年，契丹改国号为辽。后晋河东节度使、沙陀人刘知远借契丹北退，领兵入开封，建立后汉，是为后汉高祖。

950年，后汉邺都留守、天雄军节度使郭威攻入开封，后汉灭亡，历2帝，共4年。

951年，郭威建立后周，是为后周太祖。后汉高祖刘知远之弟刘崇建立北汉，改名刘旻，是为北汉世祖。楚国马氏政权为南唐所灭，历6主，共56年（从896年唐廷任马殷为武安军节度使始）。

955年，周世宗敕令废佛，敕额外僧尼一律还俗，禁止私度僧尼，悉毁天下铜佛像用以铸钱。

958年，南唐中主李璟去皇帝尊号，称江南国主，并向后周称臣。

959年，后周世宗柴荣亲自领兵北伐，大军直入瓦桥关（今河北雄县西南），收复石敬瑭所割瀛、莫二州。因病班师回汴京，升赵匡胤为检校太傅、

大事记

殿前都点检，不久病逝。

960年，时任后周归德军节度使、检校太尉赵匡胤借统军北上抵御契丹和北汉联兵之机，发动陈桥兵变，建立宋朝，后周灭亡，历3帝，共10年。

963年，南平为北宋所灭，历5主，自后唐同光二年（924年），共39年。

965年，后蜀为北宋所灭，历2主，共31年。

975年，宋军攻占金陵（今江苏南京），后主李煜出降，南唐灭亡，历3帝3世，共39年。

978年，吴越国主钱弘俶（后改名钱俶）以两浙十三州之地"纳土归宋"。

979年，五代十国最后一个政权北汉为北宋所灭，历4帝，共29年。

后 记

本书的底稿是我父亲宁可于1954年入职北京师范学院后，为本科生讲授的隋唐五代史课程讲义。他在几十年的教书生涯中积累了多本讲义，一律使用活页蓝格讲义稿纸，紫皮硬壳封面，用线绳穿扎，摞在一处。六十年代，父亲手稿大都"遗失"，《隋唐五代史讲义》等讲义书稿也不知所踪，那时家中书籍少得可怜，一些有嫌疑的书都被包上报纸封皮，尽可能放在书架底层或某个不显眼的角落里。我们姐妹几人翻遍了犄角旮旯，把能阅读的书刊都寻了个遍，能读的都读了，但并没有发现包括《隋唐五代史讲义》在内的厚厚一摞讲义，可见它们很可能属于劫后余生的那部分书稿。

父亲生前虽然一直珍藏陆续写成的这些讲义，但并不主张出版。他认为讲义转引、转借的部分较多，自己创造性的内容不多，不值得出版。但在整理编辑《宁可文集》时，与主编郝春文教授商讨选编内容时，他认为讲义如果能整理出版，也可以代表一个方面的积累和成就。于是，请我的博士研究生王溪同学（硕士和博士都是我的学生，现任职国家博物馆）朗读录音；父亲的博士后现为河北师范大学教授陈丽老师具有听音快速打字的"绝活"，主动承揽了根据王溪录音而录入的艰苦工作。录入讲稿的工作，陈丽老师除了亲力亲为，也组织了一些同学帮助录入，我最后进行了校对和修订，她们的前期工作令我非常感动。

作为一本讲义，其实缺失的部分比较多，我原本计划适当加以补缺，可形成一本完整的讲义，但鉴于正在整理的《宁可文集》（人民出版社待出）遵循整旧如旧的原则，尽量保持原貌。因此，人民出版社约《隋唐五代史》一稿时，我考虑，一是我多年讲授隋唐五代史课程并没有完整的讲稿，其因是每个授课周期课程名称虽然不变，但讲授内容变化较大，基本是把我新的研究心得进行讲授，很难形成相对稳定的讲稿；二是我还是希望在父亲《隋唐五代史讲义》的基础上，尽量对缺、漏、讹的部分进行修补，和父亲联手完成一部相对完整的《隋唐五代史》，虽然有狗尾续貂之嫌，但却想通过"四手联弹"之举，表明我们曾经并将永远是在"同一战壕"之中。

整部书稿的构成如下：

绪言部分，对我父亲原有"导言"进行了调整，以我父亲撰写的"隋唐时期的中国与世界"为基础，转用了阎守诚教授为《中国大通史·隋唐五代卷》（阎守诚、宁欣主编，学苑出版社 2018 年版）改写的"隋唐时期的中国与世界"，我加写了"（五）隋唐五代时期的文化与科技"（原稿只有提纲）。

第一章"隋的统一与灭亡"，基本框架不变，对题目、内容和用语进行了适当的修改、调整并增加了少量内容。

第二章"唐前期的经济与政治"，加写了唐初平定西北割据势力和江南地方武装、玄武门之变、唐初统治集团的构成、法典体系等内容；修改并大量增加了行政机构、官僚制度、教育与学校、科举制、门荫制、铨选、考课、门荫、官吏身份、品级及相应的规定、官员管理制度、军事制度等内容；增加了高宗武则天朝的政局、政治与经济举措及弊端，中宗、睿宗以及玄宗朝的政局与改革举措、盛世繁荣的具体表现等，把"私家田庄的发展"调整到了第四章。

原第三章"唐边境各族、唐和亚洲各国的关系"，调整为第七章和第八章并改写和增加了部分内容。

第三章"安史之乱与乱后的唐王朝"，增加了"东北亚格局的变迁"，增加了城市、商业、市民阶层等内容，加写了经济重心的南移，加写了"第四节唐后期的政治格局"，改写了"朋党"一节，加写了"第六节唐后期的制度变革"，将第二章的"私家田庄的发展"内容调整到本章，将"两税制"的内容调整到"唐后期的制度变革"的"财政和赋役制度的变革"小节中，调整了部分内容的位置。

第四章"唐末农民战争与唐朝的灭亡"属于新分出的一章。

原讲义是将隋唐五代划分为隋（581—618 年）、唐前期（618—755 年）、唐后期（755—875 年）、唐末五代（875—960 年）。现书稿还是按照王朝体系，分为四段，隋（581—618 年）、唐前期（618—755 年）、唐后期（755—907 年）、五代十国（907—960 年）。内容较原稿并没有增加。

第五章"五代十国"，原稿内容较少，我重新进行了改写，增加了很多新的内容，对章节的顺序及题目进行了调整和修改。

第六、七章见前述，形成现在的"隋唐五代的民族关系""隋唐五代的对外关系"两章。

第八章"隋唐五代的文化与科技"，原稿缺的内容较多，现书稿比较完整地保留了原稿中的"农学"，对宗教、文学进行了修改；加写了哲学、艺术（原稿文字极少）、建筑（原稿文字极少）；科技一节原稿仅写了雕版印刷，本书稿大幅增加了科技部分的内容；加写了"第七节五代十国的文学与艺术"。

全书统一规范和增加了对引用史料的注释，对过于主观性强而又带有比较浓郁的时代特点的语句进行了修改，调整了部分节、段的位置和题目。

本书稿对原讲义中已有的一些制度和措施进行了章节的调整，使得整体结构更为顺畅和合理。对各章节及大小标题都进行了审定，适当加以调整、修改和增删。增加了附录，包括参考及推荐阅读书目、大事记、王朝世系表，希望对学习这时期的历史提供一些帮助。

"联手"完成的书稿也留下一些遗憾，毕竟联手双方位于两个不同的世界，不能直接交流，但凭心灵间的沟通。

原讲义注重分析，注重理论方面的探讨，注重对重要历史人物、事件、制度等的评述，各章都有小结，但存留一些时代的痕迹，有些主观性的论述和评价过多，显然是希望将重要问题的讨论带入教学，启发学生的"问题意识"和更深入的思考，但作为一本相对完整系统的隋唐五代史，一些历史事件、制度沿革、文化科技等方面还有很多需要补充，当时的讲义是与课堂教学紧密结合的，推测有些内容因课时的关系也被省略了。

原讲义中对一些焦点和重大问题的评述，如"让步政策"、均田制等，有的学界已经达成共识，有的已经依据新出资料进行了重新定义，有的已经不具有继续展开讨论的意义，因此进行了适当的省略。由于本书的基础属于讲义性质，因此很大一部分还是以叙述史实为主。

感谢人民出版社的策划和组织，感谢刘松弢编辑的辛勤付出，感谢潘钰华博士、白玥同志参与了全书稿的校对工作，感谢美术编辑杜维伟为本书拍摄图片。

今年是父亲去世九周年，仅以此书稿作为纪念，纪念我们在不同历史时期和同一历史时期伴随着学习和研究隋唐五代史所度过的充实而愉悦的时光。

宁欣谨识

2023 年 2 月

责任编辑：刘松弢

责任校对：白　玥

封面设计：汪　阳

图书在版编目（CIP）数据

隋唐五代史／宁可，宁欣　著 . —北京：人民出版社，2023.9

ISBN 978 - 7 - 01 - 025747 - 1

I. ①隋⋯　II. ①宁⋯　②宁⋯　III. ①中国历史 - 研究 - 五代十国时期　IV. ① K240.7

中国国家版本馆 CIP 数据核字（2023）第 100654 号

隋唐五代史

SUITANG WUDAI SHI

宁可　宁欣　著

人民出版社 出版发行

（100706　北京市东城区隆福寺街 99 号）

中煤（北京）印务有限公司印刷　新华书店经销

2023 年 9 月第 1 版　2023 年 9 月北京第 1 次印刷

开本：710 毫米 × 1000 毫米 1/16　印张：25.5

字数：385 千字

ISBN 978 - 7 - 01 - 025747 - 1　定价：70.00 元

邮购地址 100706　北京市东城区隆福寺街 99 号

人民东方图书销售中心　电话（010）65250042　65289539